ISBN 978-7-5427-8114-7

定价：148.00元（全二册）

上海科技工作者法律知识丛书

民事法律知识问答

Knowledge of Civil Law

Q & A

叶青 马兴发 主编

下

上海科学普及出版社

上海科技工作者法律知识丛书
编辑委员会

主 任　马兴发　叶　青

编 委　（以姓名笔画为序）

　　　　吕国强　吴人杰　张　君　张明春
　　　　陈亚娟　陈建伟　季　诺　俞卫锋
　　　　顾跃进　陶鑫良　黄武双　盛雷鸣
　　　　谭朴珍　薛　凡

《民事法律知识问答（下册）》

主　　　编　叶　青　马兴发

副 主 编　刘竞元　彭建波　夏文涛　孙嘉伟

执 行 主 编　杨代雄

执行副主编　刘竞元

编 写 人　王　锋　陈天宇　陈道宽　王　珏
　　　　　赵晨伊　潘云哲　张静纯　沈　倩
　　　　　张立群　金子文　王　翔

目 录

351 **第四部分 人格权**

353 **第一章 一般规定**
353　　人格权包括哪些权利？
354　　【案例】死者的人格利益受法律保护吗？
356　　合同违约造成严重的精神损害，可以请求精神赔偿吗？
358　　【案例】向法院申请行为禁令的条件是什么？
360　　认定行为人承担人格权民事责任时会考虑哪些因素？
362　　什么情况下构成对人格权的合理利用？
363　　消除影响、恢复名誉、赔礼道歉等民事责任该如何承担？

364 **第二章 生命权、身体权和健康权**
364　　什么是生命权、身体权和健康权？

366	【案例】什么样的人负有法定救助义务？
368	人体捐献应遵循什么样的原则？
369	哪些人可以决定人体捐献，需要采取什么样的形式？
370	进行人体临床试验有什么前提条件？
372	从事人体基因、人体胚胎等有关的医学和科研活动时有何种义务？
373	性骚扰的认定标准是什么？
374	单位有什么反性骚扰的义务？
375	剥夺、限制他人行动自由或者搜查他人身体违法吗？

376　第三章　姓名权和名称权

376	什么是姓名权和名称权？
377	【案例】孩子该如何选取姓氏？
379	名字或名称变更后，对原来的法律行为有影响吗？

380　第四章　肖像权

380	什么是肖像权？

381 【案例】 影视剧中的角色形象受保护吗?

383 什么是肖像权的合理使用?

385 对肖像许可使用条款的理解有争议时该怎么办?

386 肖像许可使用合同的任意解除规则是什么?

388 **第五章 名誉权和荣誉权**

388 什么是名誉权?

390 【案例】 消极地评价他人作品会侵害作者的名誉权吗?

391 新闻报道、舆论监督等行为在哪些情形下构成对他人名誉权的侵害?

393 新闻媒体怎样才算尽到合理的核实义务?

395 【案例】 文学作品会侵犯他人名誉权吗?

396 新闻报道失实的该怎么办?

397 发现征信机构对自己信用评价不当的该怎么办?

399 什么是荣誉权? 荣誉权受到侵害的该怎么办?

400 **第六章 隐私权和个人信息保护**

400 什么是隐私权?

401 侵害隐私权的行为有哪些？

403 什么是个人信息？

404 **【案例】 个人信息该如何保护？**

405 处理个人信息有什么原则和条件？

407 处理个人信息有免责事由吗？

408 信息主体享有哪些权利？

409 信息处理者有什么义务？

410 国家机关及其工作人员对所知悉的个人隐私和信息有保密义务吗？

413　第五部分　婚姻家庭

415　第一章　一般规定

415 婚姻家庭关系的基本原则包括哪些？

415 婚姻自由原则的内容包括哪些？这一原则有什么意义？

417 一夫一妻原则的内容包括哪些？这一原则有什么意义？

419 **【案例】 与第三人同居的一方是否违反一夫一妻**

原则，是否构成重婚罪？

421　男女平等原则的内容包括哪些？这一原则有什么意义？

422　保护妇女、未成年人、老年人和残疾人的合法权益原则的内容包括哪些？这一原则有什么意义？

425　对夫妻关系和家庭成员关系的倡导性规定有哪些？各自的内容和意义是什么？

427　收养应当遵循何种原则？

429　亲属、近亲属以及家庭成员的成员范围在法律上是如何界定的？

430　**第二章　结婚**

430　结婚的要件有哪些？

432　结婚需要经过哪些程序？

433　无效的婚姻有哪些类型？

435　可撤销的婚姻有哪些类型？

436　如何请求撤销可撤销的婚姻？

438　**【案例】**"网恋"后被网友强迫结的婚可否被撤销？

440　无效婚姻和可撤销婚姻的法律后果是什么？

441　第三章　家庭关系

441　**第一节　夫妻关系**

441　夫妻间的人身关系的内容包括什么？姓名权和人身自由权的具体内容是什么？

443　夫妻共同财产制的内容包括什么？

445　【案例】　股权转让行为是否有效？

447　夫妻法定个人特有财产制的内容包括什么？

448　夫妻约定财产制的内容包括什么？

450　【案例】　夫妻约定财产的协议是否成立生效？产生了何种法律效果？

451　在何种情况下夫妻一方可请求分割共同财产？

452　夫妻相互扶养义务的概念和特征是什么？

453　夫妻相互继承权的内容包括什么？

455　**第二节　父母子女关系和其他近亲属关系**

455　父母与子女之间的权利义务包括哪些？

458　什么是非婚生子女？其法律地位是否等同于婚生子女？

459　继父母子女关系是否等同于亲生父母子女关系？

461　父母或子女一方能否要求确认或否认亲子关系？

463	【案例】 父亲一方否认亲子关系
464	在什么情况下，(外)祖父母和(外)孙子女之间需要履行抚养或赡养义务？
466	在什么情况下，兄弟姐妹之间需要履行扶养义务？

468　第四章　离婚

468	登记离婚的条件和程序是什么？
471	诉讼离婚如何进行？
474	分居与离婚的关系是什么？
475	什么是离婚冷静期？
477	【案例】 离婚冷静期届满后，夫妻选择撤销离婚诉讼
478	哪些情况下，夫妻一方不得提出离婚？
481	离婚时，子女的抚养权和抚养费如何确定？
484	离婚后不共同生活的一方针对子女是否享有探望权？
486	离婚时，夫妻财产应如何分割？
490	【案例】 离婚时一方坚持要求分割公司股权，如何处理？

491　离婚时,如何对生活困难一方给予帮助?

493　离婚时,如何处理夫妻共同债务?

494　离婚时,一方主张损害赔偿的条件是什么?

496　**第五章　收养**

496　哪些人可以被收养?

497　收养人应当具备哪些条件?

499　哪些人可以作为送养人?

501　收养关系成立的实质要件是什么?

503　收养关系成立的形式要件是什么?

505　**【案例】** 捡到的孩子可以直接收养吗?

506　收养条件放宽的特殊情形有哪些?

509　**【案例】** 成年人可以被收养吗?

511　收养人数有何限制与例外?

511　无配偶者收养异性子女有何限制?

513　外国人可以在我国收养子女吗?

514　收养有何法律效力?

516　哪些收养行为是无效的?

517　**【案例】** 成年养子女对生父母是否有赡养义务?

519	何种情况下可以解除收养关系?
521	解除收养关系需要遵循怎样的程序?
522	收养关系解除后的法律后果有哪些?

525　第六部分　继承

527　第一章　一般规定

527	我国分配遗产有哪些途径?
528	继承从何时开始?
530	相互有继承关系的人在同一事件中死亡而死亡时间难以准确确定时如何处理?
531	【案例】 相互有继承关系的数人在同一意外事故中死亡时,如何确定各自的死亡时间?
532	自然人遗产的范围是?
534	【案例】 哪些财产是根据其性质不得继承的遗产?
535	法定继承、遗嘱继承和遗赠、遗赠扶养协议的优先顺位?
536	继承人可放弃继承?
537	受遗赠人需作出接受遗赠的表示?

538	【案例】受遗赠人接受或放弃受遗赠的意思表示是否可以口头形式作出？
539	法定代理人代理被代理人行使继承权、受遗赠权有哪些限制？
540	【案例】法定代理人代理被代理人放弃继承权的行为在什么情况下有效？
542	继承人、受遗赠人丧失继承权或受遗赠权的情形有哪些？
544	【案例】继父家暴母亲，儿子因此杀害了继父，是否可继承继父的财产？

545	**第二章 法定继承**
545	法定继承按照什么顺序？
546	继承人是否包括胎儿？
547	【案例】作为继承人的胎儿娩出为死体如何处理？
547	什么是代位继承？
549	【案例】何时适用代位继承以及具体遗产份额如何计算？
550	法定继承中如何分配遗产？

551　　遗产分割争议如何解决?

553　**第三章　遗嘱继承和遗赠**

553　　什么是遗嘱执行人?

554　　遗嘱继承与遗赠的区别是什么?

555　　什么是遗嘱信托?

556　　遗嘱的形式与要求?

559　　哪些人不可以成为遗嘱见证人?

561　　遗嘱中需要为某些继承人保留必要份额吗?

562　　哪些遗嘱类型可撤回、变更? 可以何种方式撤回、变更?

563　　【案例】 何种行为可认定为"与遗嘱内容相反的民事法律行为"?

565　　哪些情形下遗嘱无效?

567　　在附负担的遗嘱或遗赠中,若继承人或者受遗赠人没有正当理由不履行义务,此时有什么救济措施?

568　**第四章　遗产的处理**

568　　谁可以担任遗产管理人?

570	遗产管理人的职责有哪些？
572	遗产管理人在履行职责时存在不当行为，如何追究其责任？
573	遗产管理人是否可以请求报酬？
574	继承开始后，谁来通知继承人？
575	若继承开始后，继承人没有表示放弃继承，并于遗产分割前死亡的，如何处理？
576	遗产若为夫妻共同财产／家庭共有财产，如何处理？
577	哪些情况下应当按照法定继承处理被继承人的遗产？
579	如何进行遗产的分割？
580	什么是遗赠扶养协议？
582	在分割遗产时，被继承人依法应当缴纳的税款和债务何时清偿？
583	若遗产已经分割，如何清偿债务和税款？
584	不同类型的继承人和受遗赠人之间如何分担税款债务？
585	【案例】 既有法定继承人又有遗嘱继承、遗赠的，

在遗产已经分割之后，如何清偿债务？

586　无人继承又无人受遗赠的财产归谁所有？

589　**第七部分　侵权责任**

591　**第一章　一般规定**

591　侵权责任编保护哪些权利、法益？

592　什么是过错？侵权责任的归责原则是什么？

594　法律上的因果关系怎么理解？

595　什么是侵权行为？

597　面对将要或正在发生的侵权行为，当事人能够采取什么样的救济手段？

598　什么是多数人侵权？

599　什么是共同加害行为？

601　**【案例】** 争执中肢体冲突能认定为共同加害行为吗？

602　什么是教唆、帮助他人实施侵权行为？

604　教唆、帮助无民事行为能力人或限制民事行为能力人实施侵权行为的，侵权责任由谁承担？

605　什么是共同危险行为？

606	【案例】 未成年人玩耍中致害是否可能认定为共同危险行为？
608	什么是无意思联络的数人侵权？
609	什么时候无意思联络的数人侵权，侵权人负连带责任？
610	什么时候无意思联络的数人侵权，侵权人负按份责任？
611	什么是受害人过错？
612	什么是过失相抵、受害人故意？
613	什么是自甘风险？
614	什么是自助行为？

615	**第二章　损害赔偿**
615	什么是损害？
616	侵权人造成他人人身损害，承担赔偿责任的赔偿范围是什么？哪些主体可以请求主张人身损害赔偿？
618	什么是人身权益、人格物、精神损害赔偿？
620	【案例】 骨灰盒遗失能否请求精神损害赔偿？

621	【案例】 被当众侮辱后能否请求精神损害赔偿?
623	什么是侵害财产?
624	【案例】 如何计算侵害财产的可得赔偿数额?
626	《民法典》第一千一百八十五条保护的知识产权范围有哪些?
627	损害赔偿的支付方式有哪些?

628　第三章　责任主体的特殊规定

628	监护人的责任性质是什么?
629	监护职责的规范目的是什么?
629	委托监护的责任分配如何?
630	怎样可以认定尽到了监护职责?
631	【案例】 如何认定监护能力? 监护人不明时的法律责任由谁承担?
633	哪些属于用人者责任?
633	用人者责任的归责原则是什么?
635	【案例】 同一用人单位,一工作人员因执行职务行为造成另一工作人员损害时,责任如何认定?

636	如何判断是否在执行工作任务或者提供劳务？
637	用人者承担损失后是否有追偿权？
637	提供劳务一方自身受害如何救济？
638	定作人的责任承担为什么和用人者不同？
639	网络侵权行为包括哪些类型？
640	通知移除规则中通知的内容包括什么？
640	网络服务提供商被通知后有什么义务？
641	【案例】微信小程序服务提供者是否适用"通知删除"义务？
643	网络用户有什么权利可以对抗权利人？
644	安全保障义务的主体是谁？
645	安全保障义务的性质是什么？
645	安全保障义务的类型包括哪些？责任承担是否有所不同？
646	如何判断是否尽到安全保障义务？
647	哪些属于教育机构？如何界定学习、生活期间？
648	【案例】春游等活动存在第三方时，如何认定春游的性质？
649	教育机构责任包括哪些以及分别有怎样的归责原则？

651	与其他侵权责任的关系怎样？
652	**第四章 产品责任**
652	产品责任的归责原则——生产者和销售者之间什么关系；如果是产品的运输者、仓储者等第三人原因是否不同处理？
653	产品跟踪责任的措施有哪些？
654	惩罚性赔偿的数额如何确定？
655	《消费者权益保护法》《食品安全法》惩罚性赔偿是怎样规定的？
656	**第五章 机动车交通事故责任**
656	何为机动车交通事故责任？
658	机动车交通事故责任的构成要件是什么？
660	【案例】交通事故认定书能否作为侵权责任分配的唯一依据？
661	租借之机动车发生交通事故，何人承担责任？
663	转让机动车未办理登记时发生交通事故，何人承担责任？

664	挂靠之机动车发生交通事故，何人承担责任？
665	未经允许驾驶他人机动车发生交通事故，何人承担责任？
666	拼装的机动车发生交通事故，何人承担责任？
667	盗抢机动车发生交通事故，何人承担责任？
669	在好意同乘情形下，侵权方如何承担责任？
670	交强险、商业保险与侵权人的偿付顺序是什么？
672	何时道路交通事故社会救助基金将提供给付？

673	**第六章　医疗损害责任**
673	何为医疗损害责任？
674	医疗损害责任的构成要件是什么？
675	【案例】 错误出生能否请求损害赔偿？
676	什么是医务人员的说明及取得同意义务？
678	【案例】 医院违背患者意愿采取有利患者之方案，患者能否提起侵权之诉？
679	如何认定医务人员尽到相应的诊疗义务？
680	在哪些情形推定医疗机构存在过错？
680	医疗机构的免责事由包括哪些？

681　第七章　环境污染和生态破坏责任

681　何为环境污染和生态破坏?

681　【案例】　购物中心外墙安装的LED显示屏属于光污染吗?

682　生态环境损害责任的构成要件是什么?

684　【案例】　企业能否以其排放行为符合标准为由否认赔偿责任?

685　如何确定多人生态环境损害中的责任归属?

687　生态环境损害之侵权人何时需承担惩罚性赔偿?

687　生态环境损害责任承担方式包括哪些?

689　第八章　高度危险责任

689　什么行为属于高度危险作业行为?什么是高度危险责任?

689　高度危险责任的具体类型有几种?

690　高度危险责任的归责原则和构成要件是什么?

691　高度危险责任中,责任人的责任减轻和免除事由有哪些?

692　【案例】　天然气加气活动是否属于高度危险行为?

　　　　　高度危险责任的承担是否需要以加害人过错为构成要件？

693　民用核设施和核材料包括哪些？

693　民用核设施责任的责任主体是什么？

694　民用核设施责任的免责事由是什么？

694　民用航空器造成他人损害指什么？民用航空器对运输的旅客或货物造成损害时如何处理？

695　【案例】 民用航空器造成他人损害的，责任主体怎样认定？

697　民用航空器对地面第三人造成损害的侵权责任如何判断？

698　【案例】 外国航空器在中国境内对地面第三人造成损害的，适用哪一国法律？

699　民用航空器责任的责任主体是什么？减轻和免责事由有哪些？

701　如何理解高度危险物？

704　何为占有、使用高度危险物？

704　什么叫"高度危险物非法占有人"？

705　如何界定高空作业？

705	【案例】他人擅自攀爬高空施工作业的，责任由谁承担？
707	如何界定地下挖掘致害？
707	高度危险行为责任主体是什么？有哪些减免责事由？
708	什么是高度危险活动区域？什么是高度危险物存放区域？
708	高度危险活动区域责任中，责任减轻和免责事由是什么？
709	【案例】行人擅自闯入高速公路的，高速公路管理人是否应承担责任？

第九章　饲养动物损害责任

711	什么是"饲养"？
712	动物致害的归责原则为何？如何体现？
713	如何界定"饲养动物造成他人损害"？家养小狗将行人绊倒、家养乌龟将行人砸伤是否构成此处的饲养动物造成他人损害？
714	【案例】家养宠物坠楼造成他人损害的，如何处理？
715	长期投喂流浪动物的人是否属于动物饲养人或管理人？

716 【案例】 长期投喂的流浪猫造成他人损害的,如何处理?

717 若第三人和动物饲养人、管理人均有过错的,责任如何分配?

718 **第十章 建筑物和物件损害责任**

718 建筑物、构筑物指什么?其他设施指什么?

719 建筑物、构筑物或其他设施倒塌、塌陷时,归责原则是什么?

722 建筑物、构筑物或者其他设施及其搁置物、悬挂物脱落、坠落致他人损害时,归责原则是什么?

724 【案例】 致害物由于第三人原因脱落的,致害物的所有人是否应承担责任?

725 "可能加害的建筑物使用人"如何判断?

727 【案例】 从建筑物中抛掷物品致他人损害,不能确定具体责任人的,可能加害人如何承担责任?

727 "堆放人"如何界定?

728 【案例】 堆放物致他人损害的,责任主体如何确定?

729 因堆放、倾倒、遗撒的物品造成他人损害的归责原则是什么?

730 【案例】 行为人实施堆放、倾倒、遗撒行为,且管理人未尽管理义务的,如何处理?

731 林木的管理人如何定义?小区内的树木折断致人损害,小区物业是否需承担侵权责任?

732 【案例】 物业管理公司对于小区内的树木是否具有管理职责?

733 断裂林木致使行人不慎摔倒,而造成损害,谁承担责任?

733 地面施工致害责任归责原则是什么?

734 公共场所如何界定?

734 若因地面施工,致使地下设施管线遭到破坏,并因此给他人造成损害,是否可适用《民法典》第一千二百五十八条?

735 施工人如何界定?

735 《民法典》第一千二百五十八条第二款所称"管理人"如何界定?

736 【案例】 第一千二百五十八条第二款所规定的管理人如何界定?

第四部分

人格权

Part Four

Personality Rights

第一章 一般规定

人格权包括哪些权利?

答 人格权是以人格保护为内容的权利。人格权的主体为自然人、法人和非法人组织,客体为民事主体固有的人格利益。人格权具有固有性、专属性和非财产性,不得放弃、转让或者继承。民事主体的人格权受法律保护,任何组织和个人不得非法侵害、限制或剥夺他人的人格权。

随着社会的快速发展以及科学技术的不断创新,新型人格权不断出现,人格权益的类型也越来越多,涉及的法律关系也越来越复杂,侵害人格权的方式也越来越多样,造成的法律后果也越来越严重。强化对人格权的保护是目前国际上立法和司法的趋势。我国将人格权独立成编,适应了对人格权保护法定化、类型化的要求,也是我国《民法典》的一大创新和特色。

人格权编调整因人格权的享有和保护产生的民事关系。《民法典》第九百九十条第一款规定了具体人格权。具体人格权包括:生命权、身体权、健康权、姓名权、名称权、肖像权、名誉权、荣誉权、隐私权等。该条第二款规定了一般人格权。一般人格权是自然人基于人身自由和人格尊严而产生的其他人格权益。一般人格权有创造功能、解释功能和补充功能。具体人格权之外，基于人格尊严产生的其他人格利益都在一般人格权的范围内。

此外，《民法典》第一千零一条规定了对于自然人因婚姻家庭关系等产生的身份权利的保护，在《民法典》第一部分总则、第五部分婚姻家庭和其他法律没有相关规定的情况下，可以根据其性质参照适用人格权保护的有关规定。

【案例】 死者的人格利益受法律保护吗？

案例简介：1941年秋，在河北易县发生了著名的狼牙山战斗，马宝玉、胡德林、胡福才、葛振林、宋学义五名战士为抵抗侵华日军跳崖，被称为"狼牙山五壮士"。新中国成立后，五壮士的事迹被编入义务教育教科书，五壮士被视为民族英雄。2013年，时任《炎黄春秋》杂志社执行主编的洪振快先后在财经网、《炎黄春秋》杂志及其网站，发表了《小学课本〈狼牙山五壮士〉有多处不实》和《"狼牙山五壮士"的细节分歧》等文章。通过援引不同来源、不同内容、不同时期的报刊资料等，对"狼牙山五壮士"事迹中的细节提出质疑。如"在何处跳崖""跳崖是怎么跳的""敌我双方战斗伤亡""'五壮士'是否拔了群众的萝卜"等。"狼牙山五壮士"两名幸存者的后人葛长生和宋福宝认为洪振快的文章肆意抹黑狼牙山五壮士英雄形象和名誉，在社会上产生了恶劣的负面影响，分别向北京市西城区人民法院提起诉讼，要求被告洪振快立即停止侵犯行为并公开道歉。洪振快称发表的文章是学术文章，行使的是宪法赋予公民的思想自由、学术自由、言论自由权利。[1]

知识点：《民法典》第九百九十四条规定："死者的姓名、肖像、名誉、荣誉、隐私、遗体等受到侵害的，其配偶、子女、父母有权依法请求行为人承担民事责任；死者没有配偶、子女且父母已经死亡的，其他近亲属有权依法请求行为人承担民事责任。"人的权利能力始于出生、终于死亡，人死后便不再具有权利能力，也不再具有人格权，但对死者的人格利益仍

---

[1] 案例改编自最高人民法院指导案例99号：葛长生诉洪振快名誉权、荣誉权纠纷案。

有保护需要。侵害死者人格利益的情形包括但不限于：擅自使用死者姓名、肖像等；以侮辱、诽谤、贬损、丑化或者违反社会公德等方式，侵害死者的名誉、荣誉；非法披露、利用死者隐私等行为。侵害死者人格利益的，死者的配偶、父母、子女有权请求行为人承担民事责任，在死者没有配偶、子女且父母已经死亡的情况下，其他近亲属也有权提出请求。另根据《英雄烈士保护法》第二十五条第二款的规定，对于侵害英雄烈士的姓名、肖像、名誉、荣誉等行为的，英雄烈士没有近亲属或者近亲属不提起诉讼的，由检察机关向人民法院提起诉讼。

在本案中，洪振快的文章引导读者对"狼牙山五壮士"这一英雄烈士群体英勇抗敌事迹和舍生取义精神产生怀疑，从而否定基本事实的真实性，进而降低他们的英勇形象和精神价值，不仅侵害了死者的名誉和荣誉，也侵害了相应的公共利益。葛长生和宋福宝分别作为葛振林和宋学义的儿子有权诉讼洪振快承担民事责任。

合同违约造成严重的精神损害，可以请求精神赔偿吗？

答 精神损害赔偿是指行为人因侵害他人的人身利益造成

严重精神损害时，应向受害人支付的精神损害抚慰金。在传统违约责任和侵权责任二分的体系下，精神损害赔偿被限定在侵权责任中，违约责任中只能主张财产损害。损害赔偿的宗旨是填补受害人遭受的损害，无论是违约行为还是侵权行为均可能造成他人精神损害，因此，违约行为造成严重精神损害的也应该进行填补。《民法典》第九百九十六条规定，因当事人一方的违约行为，损害对方人格权并造成严重精神损害，受损害方选择请求其承担违约责任的，不影响受损害方请求精神损害赔偿。在违约中请求精神损害赔偿应符合以下条件。

（一）一方当事人的违约行为同时侵害了对方当事人的人格权。

违约责任与侵权责任在构成要件、法律后果等方面有很大不同，能够在违约中请求精神损害赔偿的前提是一方当事人的违约行为同时构成了对对方当事人人格权的侵害。如，在婚庆服务合同中，公司因重大过失造成新婚夫妇结婚的唯一的全程录像带被不可恢复的损害；在医疗合同中，院方擅自改变手术方案造成手术失败，患者遭受严重身体伤害。婚庆公司、医院均存在违约行为，并且该违约行为同时侵害了合同当事人的人格权。

（二）一方当事人的违约行为给对方造成了严重的精神损害。

《民法典》第一千一百八十三条规定侵害自然人人身权利造成严重精神损害的，被侵权人有权请求精神损害赔偿。因此，只有当违约行为造成了严重的精神损害，受害人才可以在主张违约责任的同时请求精神损害赔偿。

【案例】 向法院申请行为禁令的条件是什么？

案例简介：2013年5月20日，北京中贸圣佳国际拍卖有限公司发布消息，称将于同年6月21日举办"《也是集》钱锺书书信手稿专场"的拍卖会，拍品主要为钱锺书、杨绛夫妇及他们的女儿钱瑗与李国强的私人往来书信。

随后，杨绛通过媒体发表声明，坚决反对拍卖这些私人书信，并委托律师向北京市第二中级人民法院提交诉前行为保全，请求责令停止侵害著作权。2013年6月3日，法院作出裁定，要求中贸圣佳国际拍卖有限公司不得实施侵害钱锺书、杨绛、钱瑗写给李国强的涉案书信手稿著作权的行为。裁定书认为："书信作为人类沟通感情、交流思想、洽谈事项的工具，通常是写信人独立构思并创作而成的文字作品,可以成为著作权法保护的作品,其著作权应当由作者即发信人享有。"钱锺书去世后,杨绛作为其唯一继承人,有权依法继承其著作权中的财产权,保护其署名权、修改权,行使其发表权。[1]

知识点:《民法典》第九百九十七条规定了权利人向人民法院申请人格权行为禁令的条件:(1)行为人正在实施或者即将实施侵害其人格权的违法行为;(2)不及时制止将使其合法权益受到难以弥补的损害;(3)民事主体有相关的证据证明。

本案发生在《民法典》颁布之前,当事人依据的是《民事诉讼法》第一百零一条有关诉前行为保全规定向法院申请停止有关行为的措施。但诉前保全行为必然伴随着诉讼程序,申请人必须在人民法院采取保全措施后三十日内提起诉讼或者申请仲裁。申请人格权行为禁令,则不必然伴随诉讼程序。本案符合申请行为禁令的条件,在《民法典》实行后,权利人可以直接向人民法院申请行为禁令。

---

[1] 案例改编自《最高人民法院公报》2014年第10期"最高人民法院公布七起保障民生典型案例之二:杨季康(笔名杨绛)与中贸圣佳国际拍卖有限公司、李国强诉前禁令案"。

认定行为人承担人格权民事责任时会考虑哪些因素?

答 生命权、身体权和健康权被称为物质性人格权或生物性人格权,是自然人赖以生存的最重要的人格权,对其应给与最高程度的保护,侵害生命权、身体权和健康权的不需要在认定侵权责任时进行权衡。

行为人侵害生命权、身体权和健康权外的人格权的,需要根据个案中的具体情况进行综合考虑来认定其民事责任,以实现行为人和受害人之间的平衡利益。《民法典》第九百九十八条规定,认定行为人承担侵害除生命权、身体权和健康权外的人格权的民事责任,应当考虑行为人和受害人的职业、影响范围、过错程度,以及行为的目的、方式、后果等因素。对于该条规定的因素应作如下理解。

(一)行为人和受害人的职业。

人格权应受到法律平等的保护,但为了维护社会公共利益或其他利益往往会对特定职业的行为人或受害人的人格权进行限制。比如公众人物,相对于普通人来说,公众人物的姓名权、肖像权、隐私权等人格权在为了公共利益而实施新闻报道、舆论监督等行为中要受到更大的限制。同时公众人物有较大的社会影响,与普通人相比其行为应更加谨慎。如同样是转发可能损害他人名誉内容的微博,公众人物应该更加谨慎。

(二)影响范围。

影响范围是确定责任范围时应考虑的因素,行为人承担民事责任的范围应与其造成的影响范围相适应。如行为人在网络上公开损害他人名誉的,则应在网络上公开道歉。

(三)过错程度。

基于人格权的绝对性,无论行为人主观上是否存在过错都不影响人格权侵权的成立。但行为人的过错程度越高,其法律上的可谴责性就越强。为实现精神损害赔偿的惩罚功能,在精神损害赔偿数额的确定时,行为人的过错大小是考虑的重要因素。

(四)行为的目的、方式、后果。

行为人责任的承担也需要考虑行为的目的、方式、后果等因素。如,行为人是以公益为目的还是以侮辱、诽谤等私心为目的,是一次实施还是反复、持续地实施,是在私人场所还是在公共场所实施等,其行为对人格的侵害程度不同,在责任承担时亦不相同。

什么情况下构成对人格权的合理利用?

答 《民法典》第九百九十九条规定了人格权的合理利用,为公共利益实施新闻报道、舆论监督等行为的,可以合理使用民事主体的姓名、名称、肖像、个人信息等。在新闻报道、舆论监督等行为中对他人人格权的使用需要符合以下两个条件。

(一)实施新闻报道、舆论监督等行为的目的是为了公共利益。

在实施新闻报道、舆论监督等行为时可以不经权利人的同意而使用他人的姓名、名称、肖像、个人信息等的前提是为了实现公共利益。公共利益是指不特定多数人的利益。新闻报道、舆论监督等行为有助于保障公民的知情权、监督权等,对推动社会发展、实现公平正义有着极其重要的影响。如在对贪污受贿人员新闻报道时,必然要使用其姓名、肖像、个人信息等。新闻报道、舆论监督等行为中使用民事主体的姓名、名称、肖像、个人信息等并不构成侵权,人格权人负有容忍义务。

(二)实施新闻报道、舆论监督等行为须在合理的限度内。

在新闻报道、舆论监督中,对他人姓名、名称、肖像、个人信息等的使用必须是合理的。如，在进行新闻报道、舆论监督中，要客观、真实、准确，避免假冒、错用他人的姓名、名称、肖像等，避免使用带有歧视性、侮辱性的语言，避免非法暴露他人电话、家庭住址等私密信息。因不合理使用而侵害他人人格权的，行为人应当承担民事责任。

消除影响、恢复名誉、赔礼道歉等民事责任该如何承担？

答 消除影响、恢复名誉、赔礼道歉等民事责任的承担应与行为人造成不良影响相适应，适用比例原则。消除影响、恢复名誉主要使用于侵害名誉权的情形，且一般是公开进行的。如，行为人在网络上发表文章损害他人名誉权的，在责任承担时应通过网络上发表声明来消除影响、恢复名誉。赔礼道歉主要使用于侵害姓名权、肖像权、名誉权、荣誉权、隐私权等人格权的情形。赔礼道歉可以是公开进行，可以私下进行，可以是口头形式、也可以是书面形式，根据案件的具体情况而定。

法院判决行为人承担消除影响、恢复名誉、赔礼道歉等民事责任，行为人拒不履行的，受害人可以申请法院强制执行。《民法典》第一千条第二款规定，行为人拒不承担前款规定的民事责任的，人民法院可以采取在报刊、网络等媒体上发布公告或者公布生效裁判文书等方式执行，产生的费用由行为人负担。

第二章　生命权、身体权和健康权

什么是生命权、身体权和健康权？

答 生命权、身体权和健康权被称为物质性人格权，直接攸关自然人的生存、人格尊严和人格自由，是自然人最重要的人格权。

（一）生命权。《民法典》第一千零二条规定了生命权。生命权是指自然人享有的以维护生命安全和生命尊严为内容的权利。自然人生而享有生命权，生命权是其他所有权利的来源，是法律保护的最高利益。生命权的义务主体是除权利主体以外的任何组织或者个人。生命权的内容包含：生命安全和生命尊严。生命安全主要是指自然人能够维持其生命，并防止他人侵害自己的生命权。生命尊严主要是指自然人作为生命主体的尊严得到应有的尊重。生命权不仅是要维护生命在生物意义上的延续，更是要提升生命的尊严和品质。"安乐死"目前在我国并不合法，部分国家允许依法进行"安乐死"的价值基础就在于生命尊严，允许符合特定情况的患者能够有尊严地离开。

（二）身体权。《民法典》第一千零三条规定了身体权。身体权是指自然人享有的以身体完整和行动自由受法律保护为内容的权利。身体是生命的物质载体，任何组织或者个人不得侵害他人的身体权。身体包括头颅、躯干、四肢以及毛发指甲等各种人体组织和人体器官。自然人死后便不再享有身体权，因此遗体、骨灰等不属于身体的部分。与身体相分离的部分，原则上已属于独立的物，也不属于身体的部分，如剪掉的头发、指甲。但对于短暂与人体分离的假牙、假肢，或者为了为维护或实现某种身体机能而被取出的身体器官、精子、卵子等可以认定属于身体的一部分。身体权与健康权密切相关，如因交通事故造成他人重伤，同时侵害他人的身体权和健康权。但两者存在区别，侵害身体权主要是指从外部破坏身体组织的完整，而侵害健康权主要是指从内部破坏身体组织的完整和功能。

（三）健康权。《民法典》第一千零四条规定了健康权。健康权是指自然人享有以身心健康受法律保护为内容的权利。身心健康包括身体健康和心理健康。侵害身体健康是指破坏他人正常的生理机能，如殴打他人致他人脾脏损伤，医疗过程中过失切除他人胆囊。侵害心理健康是指给受害人造成各种精神或心理上的疾病，如精神衰弱、抑郁。身体健康和心理健康对于维持自然人的正常生存是同等重要的，任何组织和个人不得侵害他人的健康权。

【案例】 什么样的人负有法定救助义务？

案例简介：2011年10月13日下午5点30分，在广东佛山南海黄岐的广佛五金城里发生一场悲剧，一名2岁的小女孩小悦悦在巷子里不慎被一辆面包车撞倒并被碾压，几分钟后又被一辆小货车碾压过去。七分钟内在女童身边经过的18个路人，并未上前帮助，最后第19个路人，一名拾荒阿姨上前把小悦悦抱到路边并找到她的妈妈。2011年10月21日，小悦悦经医院全力抢救无效离世。"小悦悦事件"引发国人思考，很多人建议立法，防止见死不救事情的发生。

知识点：《民法典》第一千零五条规定了法定救助义务，法定救助义务的产生要符合以下条件：（1）适用的范围是自然人的生命权、身体权、健康权，其他人格权不适用；（2）生命权、身体权、健康权受到侵害或者处于其他危难情形。法律义务不同于道德义务，不能以较高的道德标准去要求每个人，以致混淆了道德义务和法律义务，救助义务应限定在法律规定的范围内。当发生救助情形时，负有法定救助义务的单位或组织负有救助的义务。负有法定救助义务的主体包括：（1）特别法规定的救助主体。《医疗机构管理条例》中规定的医疗机构，《执业医师法》规定的医师，《人民警察法》中规定的警察，《人民武装警察法》中规定的武装警察，《国防法》中规定的军人，《消防法》中规定的消防员，《海商法》中规定的船长等；（2）民法上规定的救助主体。父母对子女的救助义务，夫妻之间的救助义务，用人单位及其工作人员的救助义务，宾馆、商场、银行、车站、机场、体育馆、娱乐场所等经营场所经营者、管理者以及群众性活动组织者等负有安全保障义务人的救助义务，教育机构的救助义务等。负有法定救助义务的组织和个人应当及时进行救助或者以联系国家机关、救助机构等方式进行救助，不得以未支付费用拒绝或者拖延救助。没有采取相应救助措施的，应当承担侵权责任。

本案中，18名路人和拾荒阿姨不属于特别法规定的特定主体，也不属于《民法典》中规定的主体，不负有法定救助义务，仅仅只有道德上的救助义务。

人体捐献应遵循什么样的原则？

答 人体捐献包括人体细胞捐献、人体组织捐献（血液、骨髓）、人体器官捐献（肺、肝、肾等）和遗体捐献。《民法典》第一千零六条第一款规定了人体捐献应遵循自主和无偿原则。

（一）自主捐献原则。自然人有权决定是否捐献自己的人体细胞、人体组织、人体器官，或者是死后的遗体。在进行活体捐献时，医疗机构有义务充分告知捐赠事项，自然人在了解摘取手术的过程、风险及可能的后果等信息后自主作出是否捐献的意思表示。捐赠的意思表示必须是捐赠人的真实意思，任何人不得违背、强迫、欺骗、利诱他人进行人体捐献。自然人可以在生前作出死后捐献遗体的意思表示，自然人生前明确不同意捐献的，任何人不得将其遗体捐献。对于人体捐献的意思表示，自然人享有任意的撤销权，可以在捐献前的任何时候撤销。

（二）无偿捐献原则。人体捐献应当是无偿的，人的身体不能作为买卖的客体，法律禁止以任何形式买卖人体细胞、人体组织、人体器官或遗体。但无偿捐献原则，并不是等同于不许捐献人收取任何费用。捐献人可以收取医疗费、营养费、误工费等费用。

哪些人可以决定人体捐献，需要采取什么样的形式?

❓《民法典》第一千零六条规定了可以决定人体捐献的主体和形式。

（一）完全行为能力人。有权决定人体捐献的主体为完全民事行为能力人，即年满18周岁的成年人。无民事行为能力人或限制行为能力人无法做出有效的人体捐献的意思表示。依据《民法典》第三十五条"监护人应当按照最有利于被监护人的原则履行监护职责"的规定，监护人也不能代替被监护人作出人体捐献的意思表示。《人体器官移植条例》第九条明确规定："任何组织和个人不得摘取未满18周岁的公民的活体器官用于移植。"

完全民事行为能力人决定人体捐献的，应当采取书面形式或遗嘱。《民法典》第一千一百三十四条至第一千一百三十九条规定了遗嘱的形式：自书遗嘱、代书遗嘱、打印遗嘱、口头遗嘱、以录音录像形式立的遗嘱、公证遗嘱。

（二）完全民事行为能力人的近亲属。自然人生前未表示不同意捐献的，自然人死后，其配偶、成年子女、父母可以共同决定捐献。配偶、成年子女、父母中如有一人反对遗体捐献的，则捐献将难以进行。配偶、成年子女、父母共同决定捐献的，也应当采用书面形式。

进行人体临床试验有什么前提条件？

答 人体临床试验是指为了研制新药、医疗器械或者发展新的预防和治疗方法的目的而以人体为研究对象的生物医学试验。人体临床试验的范围限定在：研制新药、医疗器械；发展新的预防和治疗方法。超出此范围的人体临床试验都是违法的，同时也排除了商业目的的人体临床试验。

人体临床试验对医学的发展具有重要意义，但由于人体临床试验涉及受试者的生命、身体、健康，涉及受试者的人格尊严，法律对其设定了较为严格的条件。《民法典》第一千零八条规定了进行人体临床试验须具有如下前提条件。

（一）依法经相关主管部门批准并经伦理委员会审查同意。《疫苗管理法》第十六条第一款、《药品管理法》第十九条以及《医疗器械监督管理条例》第十九条等法律法规均规定了进行人体临床试验时需要经国务院药品监督管理部门的批准。《涉及人的生物医学研究伦理审查办法》对伦理审查工作的管理责任主体、伦理审查的组成与职责等进行了全面的规定。

（二）受试者知情并同意。（1）进行临床试验须向受试者或者受试者的监护人告知试验目的、用途和可能产生的风险等详细情况，并以受试者能够理解的文字进行表达；（2）受试者或者其监护人同意参加临床试验的意愿必须真实合法，任何组织或者人不得强迫、引诱、欺骗等；（3）知情同意必须采用书面形式，确保受试者真实的意愿；（4）受试者可以在任何阶段无条件地退出研究。即使受试者的生命健康等未收到任何损害，受试者也享有随时退出的权利。

（三）不得向受试者收取试验费用。进行人体临床试验是免费的，不得向受试者收取试验费用。《涉及人的生物医学研究伦理审查办法》第十八条第三项、《药物临床试验质量管理规范》第二十九条、《医疗器械临床试验质量管理规范》第六十五条等法规也作出了同样的规定。

从事人体基因、人体胚胎等有关的医学和科研活动时有何种义务?

答 从事人体基因、人体胚胎等有关的医学和科研活动,能够推动医学的发展并造福人类,如通过基因诊断、基因制药、基因治疗等手段能够预防和治疗重大疾病,通过人体胚胎技术进行辅助生殖。但同时它也可能给人体生命健康安全和伦理道德等方面带来一系列风险,如对胚胎干细胞的基因编辑,则可能影响人类基因组的安全,对未来人类健康以及伦理道德造成很大冲击。

《民法典》第一千零九条对从事与人体基因、人体胚胎等有关的医学和科研活动划定了红线,即:(1)应当遵守法律、行政法规和国家有关规定;(2)不得危害人体健康;(3)不得违背伦理道德;(4)不得损害公共利益。违反前述义务而进行人体基因、人体胚胎等有关的医学和科研活动的,都属于应当禁止的违法行为。

性骚扰的认定标准是什么？

答 依据《民法典》第一千零一十条第一款的规定，构成性骚扰应符合以下条件。

（一）行为人对他人实施了与性有关的骚扰行为。性骚扰的行为多种多样，法律列举了性骚扰行为方式。性骚扰一般以言语、文字、图像、肢体行为等方式实施。如，以下流语言挑逗对方，给对方发送黄色笑话、色情文艺等与性有关的语音、文字、图片、电子信息等，故意触摸、碰撞、亲吻对方脸部、乳房、腿部、臀部等部位，向对方裸露自己身体私密部位。性骚扰可以发生在公共场所，也可以发生在非公共场所；可以发生在上下级之间，也可以发生在同事、同学等平级之间；可以发生在熟人之间，也可以发生在陌生人之间；可以发生在同性之间，也可以发生在异性之间。

（二）行为人具有主观故意。性骚扰以故意为要件，行为人通常明知或应知其行为或言辞违背对方的意愿。如行为人在地铁中因为拥挤而无意识触碰到他人的私密部位，则不构成性骚扰。

（三）违背了他人的意愿。违背他人意愿是性骚扰构成的核心，如行为人明确表示拒绝、发出警告或者通过其他行为进行反抗或表示反感的均可认定为违背了他人意愿。受害人迫于压力而表现自愿的，同样违背了受害人的真实意愿。

单位有什么反性骚扰的义务？

❀ 《民法典》第一千零一十条第二款规定了单位反性骚扰的安全保障义务。机关、企业、学校等单位有采取合理的预防、受理投诉、调查处置等措施以防止和制止利用职权、从属关系等性骚扰的义务。

机关、企业、学校等单位作为管理机构，对其工作人员具有管控能力，使单位负有采取合理的预防、受理投诉、调查处置等措施的义务能够有效防止和制止性骚扰的发生和继续。单位未尽到采取合理措施义务的，受害人有权使其承担民事责任。

利用职权、从属关系进行性骚扰是比较典型的行为，如以开除、罚款等向他人施加压力，或以晋升、奖励等利益为交换条件对他人实施性骚扰。发生在机关、企业、学校等单位中的性骚扰行为多种多样，对于未利用职权、从属关系进行性骚扰的，机构、企业、学校等单位同样负有采取合理的预防、受理投诉、调查等措施的义务。

剥夺、限制他人行动自由或者搜查他人身体违法吗？

答 人身自由权是对自然人极其重要的人格权。人身自由权包含行动自由权和精神自由权。在现实社会中，侵害自然人精神自由的并不多见，侵害自然人行动自由却时常发生。《民法典》第一千零一十一条规定，以非法拘禁等方式剥夺、限制他人的行动自由，或者非法搜查他人身体的，受害人有权依法请求行为人承担民事责任。

非法剥夺、限制他人的行动自由的方式很多，并不限于非法拘禁方式。非法拘留、非法逮捕、绑架、非法强制医疗等均属于非法剥夺、限制他人的行动自由。《民法典》对行动自由权的保护主要采取反面推定的模式，即，任何非依法律规定的权限和程序限制和剥夺他人的行动自由的，都构成对他人行动自由的侵害。非法搜查他人身体多发生在超市、商场等场所，比较容易识别，只要没有法定的权限及手续搜查他人身体的均属于违法行为。

第三章　姓名权和名称权

什么是姓名权和名称权？

答　姓名和名称均是民事主体用于区别他人的标识和符号，是为了适应社会交往而产生的。

（一）姓名权。《民法典》第一千零一十二条规定了姓名权。姓名权是指自然人享有依法决定、使用、变更或者许可他人使用自己姓名的权利。姓名权具有四项权能：（1）姓名决定权。自然人有权决定自己的姓名。在自然人刚出生尚不具有行为能力时，由其父母或其他监护人来行使姓名决定权。（2）姓名使用权。自然人有权使用自己的姓名。自然人可以在合同书、申请书等文件上签署自己的名字，或者将自己的名字印在广告、名片、作品上等。（3）姓名变更权。自然人有权变更自己的姓名。自然人在接受父母命名后可以依照法律规定变更自己的姓名。（4）许可他人使用权。自然人有权许可他人使用自己的姓名。自然人可以将其姓名许可他人使用并取得经济收益。自然人在决定、使用、变更或者许可他人使用自己姓名时不得违背公序良俗。

（二）名称权。《民法典》第一千零一十三条规定了名称权。名称权是指法人和非法人组织享有依法决定、使用、变更、转让或者许可他人使用自己名称的权利。名称权与姓名权的功能类似，名称权也具有决定名称、使用名称、变更名称和许可他人使用名称等权能，但两者也存在着区别：(1)名称权具有财产属性，因此，法人和非法人组织的名称可以进行依法转让。(2)对名称权法律上的限制性规定和禁止性规定比较多。法人或非法人组织在决定、使用、变更、转让和许可他人使用名称时，需要符合相关的法律规定。

姓名权和名称权除了上述积极权能外，尚具有消极权能，即任何组织和个人不得以干涉、盗用、假冒等方式侵害他人的姓名权或者名称权。

【案例】 孩子该如何选取姓氏？

案例简介：2009年，济南市民吕某、张某夫妻因酷爱诗词歌赋和中国传统文化，给女儿起名"北雁云依"，"北雁"是姓，"云依"是名，并以"北雁云依"为名办理了新生儿出生证明和计划生育服务手册新生儿落户备查登记。但在办理户口登记时，被当地燕山派出所以姓名"北雁云依"，既不随父姓也不随母姓，不符合办理户口登记条件为由而拒绝。为此，吕某于2009年12月17日以被监护人"北雁云依"的名义向济南市历下区人民法院提起行政诉讼。2015年4月25日济南市历下区人民法院作出（2010）历行初字第4号行政判决，驳回了原告"北雁云依"要求确认被告燕山派出所拒绝以"北雁云依"为姓名办理户口登记行为违法的诉讼请求。[1] 该案成为全国首例姓名权行政诉讼案。

知识点：姓氏文化是中国文化的重要组成部分，体现了血缘传承和伦理秩序。《民法典》第一千零一十五条规定了自然人姓氏选取的规则。（一）原则上自然人应当随父姓或者母姓。随父姓或者随母姓，由夫妻双方协商决定。（二）在例外的情况下，自然人可以选取父姓和母姓之外的姓氏：（1）选取其他直系长辈

---

[1] 案例改编自最高人民法院指导案例89号："北雁云依"诉济南市公安局历下区分局燕山派出所公安行政登记案。

血亲的姓氏，如祖父母、外祖父母的姓氏。这主要考虑到我国具有认祖归宗的习俗；（2）因由法定扶养人以外的人扶养而选取扶养人姓氏。收养关系确立后，原来的身份关系也发生了变化，养子女可以保留原姓，也可以变更为养父姓或养母姓；（3）有不违背公序良俗的其他正当理由。该款作为兜底条款，须由法官根据具体的案件进行认定。（三）少数民族自然人的姓氏可以遵从本民族的文化传统和风俗习惯，不受随父姓或随母姓的限制。

本案中，吕某、张某夫妻给其女儿选取的"北雁"姓氏，不随父姓不随母姓，也不符合选取父母姓之外姓氏的条件，因此，其诉讼请求不能支持。

名字或名称变更后，对原来的法律行为有影响吗？

答 自然人有权决定、变更自己姓名，法人或非法人组织有权决定、变更或者转让自己名称。根据《民法典》第一千零一十六条第二款规定，民事主体变更姓名、名称的，变更前实施的民事法律行为对其具有法律约束力。

姓名和名称是民事主体的外在标识，姓名和名称变更后，民事主体的实质并未发生改变，权利义务的归属主体也未改变。但作为民事主体，自然人、法人或非法人组织会参与各种民法活动，并取得权利和承担义务，其姓名或名称的变更不仅会对自己产生影响，还可能严重影响他人的利益。因此出于公法上管理的需要，姓名或名称的决定、变更必须依法进行，符合法律规定的程序。除法律另有规定的，自然人决定、变更姓名的需要到公安机关进行办理登记手续。法人或非法人组织决定、变更、转让名称的需要到国家工商行政管理局和地方各级工商行政管理局办理登记手续。

第四章　肖像权

什么是肖像权？

答　肖像是通过影像、雕塑、绘画等方式在一定载体上所反映的、特定自然人可以被识别的外部形象。而所谓肖像权，则是指自然人对其肖像，所享有的制作、使用、公开或许可他人使用的权利。

《民法典》第一千零一十八条第一款规定，"自然人享有肖像权，有权依法制作、使用、公开或许可他人使用自己的肖像"。由此，肖像权的内容包括如下四个方面。

（一）依法制作自己的肖像，即自然人有权通过摄影、绘画等形式，再现自己的外部形象。例如，用手机自拍，便是在行使制作自己肖像的权利。

（二）依法使用自己的肖像，即自然人有权将自己的肖像，用于任何合法或者不违背公序良俗的目的。例如，对于自拍照，可以上传至社交媒体以分享生活，也可存放至相册留作纪念，或者进行展览供大家欣赏。

（三）依法公开自己的肖像，即自然人有权对外公开自己的肖像。例如，将自拍照上传至社交媒体，用于分享生活的同时，也是在行使公开自己肖像的权利。

（四）依法许可他人使用自己的肖像，即自然人可以通过有偿或无偿的方式，许可他人使用自己的肖像。例如，某明星有偿地许可他人将自己的肖像用于广告宣传，或无偿地许可他人将自己的肖像用于公益活动。

【案例】 影视剧中的角色形象受保护吗?

案例简介：甲公司在其推出的网络游戏《西游记》中，

使用了"孙悟空"这一角色形象，电视剧《西游记》的饰演者章某，因此向法院诉请甲公司侵害其肖像权。章某认为，"孙悟空"的形象，是以其本人面部轮廓为基础，通过其精湛的艺术表演展现给社会公众的，公众可以从这一形象中，识别出本人的面部特征。甲公司则认为，涉案"孙悟空"形象已经脸谱化，无法脱离"尖嘴缩腮，金睛火眼"等特征，是一个经过艺术加工的、根据剧情需要和导演意图所饰演的角色形象，而不同于公民基于其各自专有的、独特的肖像。[1]

知识点：要认定某一角色形象是否属于该演员的肖像，应当考虑肖像的特征——可识别性，即该角色形象是否能够反映演员本人的体貌、外貌特征，他人能否直观清晰地通过某一角色形象，辨认出演员本人。

本案中，"孙悟空"是经过特殊造型化处理的虚构人物，其角色形象与演员本人的真实相貌差异巨大。但是，经过章某长期的演绎和宣传，电视剧《西游记》中的"孙悟空"形象和演员本人都已为人所熟知，使得一般人能够将该形象与演员紧

---

[1] 案例改编自（2013）一中民终字第05303号民事判决书。

密地联系起来，仅凭第一印象，他人便可以识别出演员本人。因此，北京一中院最终认可了章某对电视剧《西游记》中"孙悟空"形象所享有的肖像权。

什么是肖像权的合理使用？

答 所谓肖像权的合理使用，是指虽然未经肖像权人的同意，而实施了制作、使用、公开自然人肖像的行为，但基于法律的特别规定，不构成侵犯肖像权的违法行为。

《民法典》第一千零二十条规定了以下五种合理使用肖像权的情形。

（一）为个人学习、艺术欣赏、课堂教学或者科学研究，在必要范围内使用肖像权人已经公开的肖像。例如，为了学习研究杂交水稻技术，展示袁隆平在试验田中观察研究水稻的照片。不过，此处仅限于必要范围内，使用已经公开的肖像。

（二）为实施新闻报道，不可避免地制作、使用、公开肖像权人的肖像。新闻报道具有极强的社会公共利益性质。因此，在这种情形下，新闻媒体也不构成对肖像权的侵犯。但是，此种合理使用须限定为"不可避免"，若能避免而不避免的，依然构成侵权。

（三）为依法履行职责，国家机关在必要范围内制作、使用、公开肖像权人的肖像。例如，为了通缉罪犯，公开其照片，则不构成侵权。但是，本项规定有两个限制条件：一是依法履行职责，若警方明知并非罪犯而通缉的，则不属于依法履职；二是在必要范围内实施前述行为，例如仅在省内通缉罪犯的，就不必在外省市的媒体上公开罪犯的照片。

（四）为展示特定公共环境，不可避免地制作、使用、公开肖像权人的肖像。例如，春晚的直播现场中，对某位观众作了一秒的特写，来展示直播现场的欢快氛围。但是，这也要求行为是"不可避免"的，若作了十秒甚至更长的特写，则属于可以避免的情形。

（五）为维护公共利益或者肖像权人合法权益，制作、使用、公开肖像权人的肖像的其他行为。该项属于兜底性规定，实践中情形复杂，法律难以作出全面规定，也难以完全适应实践的发展。因此，该项确立了肖像权合理使用的两个条件：一是为了公共利益或者肖像权本人的利益；二是在必要范围之内实施前述行为。

对肖像许可使用条款的理解有争议时该怎么办?

答 许可他人使用自己的肖像,是自然人行使自己肖像权的方式之一。而肖像许可合同在实际履行过程中,难免会产生争议,此时便涉及合同的解释问题。

(一)合同条款解释的一般规则。

原则上,合同的解释按照《民法总则》第一百四十二条第一款、第四百六十六条的规定,按照使用的词句、结合习惯以及诚信原则等进行解释。而在格式合同中,考虑到一般个体对于银行、用人单位等机构提供的格式合同,处于只有同意签订,而无讨价还价余地的弱势地位,因此《民法典》第四百九十八条规定:"对格式条款有两种以上解释的,应当作出不利于提供格式条款一方的解释。"

(二)肖像权许可使用条款解释的特殊规则。

肖像许可使用合同作为合同的一种,原则上,也应当适用合同的一般解释规则。但是,为了充分保护肖像权,避免被许可人作出有损肖像权人人格尊严的行为,在出现《民法典》第一千零二十一条的情形时,则应当优先适用该条的规定,即当事人对肖像许可使用合同中关于肖像使用条款的理解有争议的，应当作出有利于肖像权人的解释。应注意的是，如果肖像权人自己提供格式合同，出于本编贯彻人格权保护的立法目的，仍应当优先使用《民法典》第一千零二十一条，而非第四百九十八条关于格式条款的规定。

所谓"有争议"，是指对合同条款有两个以上可能的解释时，合同双方对于适用哪一个解释，存在着争议。这意味着，如果只存在一个合理的解释，便不可适用该条规定。例如，某明星以高于市场价的许可费用，许可甲公司使用其肖像来宣传甲公司所出售的手机，而没有明确约定用于宣传哪一款手机。如果合同签订时，甲公司正在出售一款A手机，此时有争议的是：肖像许可使用仅限于A手机的宣传，还是甲公司以后出售的所有手机的宣传？按照有利于肖像权人的解释方法，应当采用前一种解释。但是，如果约定的许可使用费用，远高于宣传一款手机的市场价格，则不存在解释上的争议。因为，此时只有一个合理解释，即肖像许可使用，至少是不限于A款手机的。

肖像许可使用合同的任意解除规则是什么？

❓ 肖像许可使用合同在履行中，会发生合同信赖基础的丧失，或者有损权利人人格利益等情形。此时，通过解除合同，可使双方脱离债务的束缚，并作相关的清算。按照是否约定了许可期限，可以将肖像许可使用合同的任意解除分为以下两类。

（一）未约定许可使用期限的任意解除规则。

《民法典》第五百六十三条第二款规定："以持续履行的债务为内容的不定期合同，当事人可以随时解除合同，但是应当在合理期限之前通知对方。"即在一般的不定期、持续性合同之中，考虑到合同以双方的信赖作为订立与履行的基础，因而赋予当事人任意解除的权利。或者，在承揽合同、保管合同中，基于法律特别规定，承揽人、寄存人也享有任意解除权。肖像许可使用合同作为一种持续性合同，若没有约定期限或约定不明时，即可以适用《民法典》第五百六十三条之规定，任意一方可以行使任意解除权。

（二）约定许可使用期限的任意解除规则。

肖像许可使用合同若明确约定了期限，当事人是否仍可以任意解除？按照"合同编"对任意解除的一般规定，肖像许可使用合同在明确约定期限的情形下，无法适用任意解除权。但是，《民法典》第一千零二十二条却作出了特别规定，在肖像权人有正当理由的情形下，即使明确约定了合同期限，肖像权人也享有任意解除权。这主要是考虑到肖像权不仅有其财产价值，更包含自然人的人格利益，被许可人虽然合法履行合同，但却仍有可能对权利人的人格尊严造成不利影响。例如，某国际明星许可他人使用自己的肖像进行广告宣传，但事后，用于宣传的照片因为文化差异，遭受到他国的舆论批评，该明星的社会评价进而遭到不利影响。不过，任意解除也有其限制：一是有正当理由，例如名誉权的贬损；二是需要在合理期限之前通知对方，以给对方一定的准备时间；三是因解除造成对方损失的，除不可归责于肖像权人的事由外，应当赔偿损失。

综上，如果合同没有约定期限或约定不明的，任何一方当事人均享有任意解除权；如果合同明确约定了期限，在有正当理由的情形下，肖像权人享有任意解除权。

第五章　名誉权和荣誉权

什么是名誉权？

答 名誉是民事主体的品德、声望、才能、信用等的社会评价。名誉权则是保持这种社会评价，并且不受他人侵害的权利。这一权利是以公众的社会评价作为对象，于自然人而言，社会评价将影响其人格发展，例如对自然人品德的积极评价，会促使其修身养德；于法人和非法人组织而言，社会评价则将影响其社会形象以及经济利益，例如对公司产品质量的负面评价，会减少其经济收益。

因此，《民法典》第一千零二十四条规定："民事主体享有名誉权，任何组织和个人不得以侮辱、诽谤等方式侵害他人的名誉权。"结合该条文，侵害名誉权需要满足以下三个条件。

（一）存在侵害名誉权的行为，且该行为指向特定的人。侵害行为主要包括侮辱与诽谤。侮辱是故意以暴力等手段贬低他人人格，或者用言语、图画、文字来辱骂、嘲笑他人的行为，例如强迫受害人去钻别人的裤裆。诽谤则是通过散布捏造，或者夸大事实来故意损害他人名誉的行为，例如捏造他人嫖娼的事实，并加以散布传播。

（二）造成他人社会评价降低。社会评价的降低一般可以通过他人对受害人的议论、指点、排挤等形式反映出来。例如，某女明星被诽谤有婚外恋，网络上因此出现负面舆论，指点该女明星生活不检点，甚至在女明星家门口贴大字报进行辱骂。

（三）行为人对侵害行为及后果存在过错。过错包括故意或者过失两种。故意是指明知自己的行为会造成受害人社会评价降低，还希望或者放任损害后果的发生；而过失则是应当知道自己的行为会造成受害人社会评价降低，却轻信可以避免或者没有预料到损害后果。

【案例】 消极地评价他人作品会侵害作者的名誉权吗？

案情简介：2012年8月，搜狐公司在其搜狐门户网站上举办了2012年首届全国十大最丑雕塑评选活动。12月底，经网民投票，郭某的作品入围"全国十大最丑雕塑"前十名单，国内诸多媒体如人民网、《重庆商报》、新浪网等均对该次评选进行了报道评论。随后，郭某以名誉权受损向法院起诉，认为搜狐网站在举办此投票活动、展示照片上存在重大过错，以新闻舆论误导公众，贬损郭某的作品和才能，降低了社会对其评价，侵害了其名誉权。[1]

---

[1] 案例改编自（2015）渝高法民申字第00672号民事判决书。

知识点： 侵害名誉权需要满足三个基本条件：一是存在侵害名誉权的行为且该行为指向特定人；二是造成社会评价降低；三是行为人对侵害行为及后果存在过错。

本案中，搜狐公司消极地评价郭某的雕塑作品的行为，不属于侮辱，因为对于雕塑作品的评价，仅仅是表达个人意见，无侮辱性的词汇；也不属于诽谤，因为搜狐公司在举办本次评选活动中，并未指明每个雕塑作品所对应的作者，也无捏造事实以损害他人名誉的行为。因此，搜狐公司的行为不满足侵害郭某名誉权的第一个条件——存在侵害名誉权的行为且该行为指向特定人。

新闻报道、舆论监督等行为在哪些情形下构成对他人名誉权的侵害？

答 对民事主体所享有的名誉权的保护，并非绝对的，在法律作出特别规定时，也需要对名誉权的保护加以一定限制。《民法典》第一千零二十五条便规定了一种公共利益免责的情形，即行为人为公共利益实施新闻报道、舆论监督等新闻，影响他人名誉的，不承担民事责任。因为，新闻报道、舆论监督的重要作用在于保障社会公众的知情权,即使因为"轻微失误"导致了失实报道,造成他人名誉权的贬损,虽满足了侵害名誉权的三个基本条件,但根据法律特别规定,无需承担侵权责任。

但是,如果新闻报道与舆论监督存在故意侵害他人名誉权,或者严重失误的情形时,仍然需要承担侵权责任。《民法典》第一千零二十五条规定了以下三种情形。

(一)捏造、歪曲事实。例如,捏造某官员贪污受贿,属于"诽谤"这一侵权行为,行为人主观上为故意,最终造成该官员社会评价降低。

(二)对他人提供的严重失实内容未尽到合理核实义务。例如,甲向媒体反映某化工厂排污,该媒体未经核实,便将此作为新闻报道,结果该化工厂却并无排污现象。值得注意的是,所谓"严重失实",是指新闻的主要内容不真实客观。在甲举报化工厂排污的案例中,如果举报内容为化工厂同时排放污水和废气,且情形严重,而实际上化工厂主要是在排放污水,废气排放较少,则不属于"严重失实"。

(三)使用侮辱性言辞贬损他人名誉。此种情形属于"侮辱"的侵权行为,行为人主观上为故意,也不符合"轻微失误"的免责条件。

新闻媒体怎样才算尽到合理的核实义务?

答 新闻报道、舆论监督在轻微失误导致侵害他人名誉权的情形下,可以免责。但是,如果新闻报道、舆论监督对他人提供的严重失实内容未尽到合理的核实义务,仍然会构成侵权。对于如何判断"尽到了合理核实义务",《民法典》第一千零二十六条规定了六种考量因素。

(一)内容来源的可信度。对于可信度高的内容,核实义务就低。例如公安机关悬赏缉拿逃犯,由于内容来源于国家机关,可信度高,新闻媒体仅需证明其尽到了较低限度的核实义务。

(二)对明显可能引发争议的内容是否进行了必要的调查。新闻媒体在发布信息之前,经过分析判断,能够预测到发布之后将明显可能引发相关领域争议的内容,其核实义务就高。例如接到举报称某知名学者学术造假,媒体便需要实地走访调查,将涉嫌抄袭的文章向相关领域的专家求证是否构成抄袭等。

(三)内容的时限性。新闻具有时限性,如不及时报道就会失去新闻价值,有些内容时限性高,媒体核实义务便低。例如重庆公交车坠江案中,起初的报道称是因为一名女司机逆行,而事后查证并非如此。但因为在如此重大的交通事故中,事故原因的时效性较高,一般媒体在发布此消息之前,仅需要尽到较低的核实义务。

(四)内容与公序良俗的关联性。关联性高,媒体的核实义务就高。例如某人举报一男明星在外包养第三者,由于包养第三者是一种违反公序良俗的行为,媒体便需要通过采访并向相关人员求证等方式进行核实。

(五)受害人名誉贬损的可能性。若信息内容使得他人名誉贬损的可能性大,核实义务便高。例如,举报某法官贪污,由于清正廉洁对法官意义重大,从而其名誉也更有可能受到贬损,此时核实义务就高。

(六)核实能力与核实成本。核实能力越强,成本越低,则核实义务就越高。对于全国性的新闻媒体,例如《人民日报》、《光明日报》等,其核实义务就高;而对于地方性新闻媒体,甚至是自媒体,例如某微信公众号,其核实义务就低。

应当注意的是,是否尽到核实义务,不仅仅是对上述某一个因素的考量,而需要综合六个考量因素后得出结论。

【案例】 文学作品会侵犯他人名誉权吗?

案情简介:2015年1月,网易网站发表了题为《横店昔日风月:上百男星曾涉嫖留案底》的文章,文中描述道"H姓、籍贯为台湾、性别为男、职业为演艺明星、演艺特点为接演多部古装戏且都在横店拍摄,而且拍摄了金庸名著改编电视剧的一位男影星,与一位'90后'女群演在夜总会结识后,有过多次往来,女孩还曾上传两人亲吻照到自己的微信朋友圈,经人提醒后删除,为了'封口',H姓男演员给了女孩数万元开网店",不少网络用户因此认为该"H姓男演员"指向影星霍某,并引起网络关注。事后,霍某对网易公司提起诉讼。[1]

知识点:文学、艺术作品的创作,享有基于《宪法》第三十五条的言论自由。但是,文学、艺术作品直接辱骂诽谤他人的行为,将可能构成侵权,而在含沙射影、未指明特定人时,则需要考虑实际上是否指向特定人。《民法典》第一千零

---

[1] 案例改编自(2017)京01民终6460号民事判决书。

二十七条第二款规定:"行为人发表的文学、艺术作品不以特定人为描述对象,仅其中的情节与该特定人的情况相似的,不承担民事责任。"但是,如果其中的情节使得一般读者不可避免地将作品中的人物与现实中的特定人物联系起来,便不符合本款所说"不以特定人为描述对象",从而不适用本款规定,若存在侮辱诽谤行为,则需要承担侵权责任。

本案中,H姓、籍贯为台湾、性别为男、职业为演艺明星、演艺特点为接演多部古装戏且都在横店拍摄,而且拍摄了金庸名著改编电视剧等内容,实质上已基本锁定范围,而霍某个人特征全部满足,且霍某在"台湾男演员、知名度及参演金庸名著改编电视剧"等要素上具有重要显著性,以至于一般公众在接受上述信息时,足以将二者直接或高度对应,从而认为文章中指称系霍某。

新闻报道失实的该怎么办?

答 新闻媒体报道失实侵犯名誉权的,权利人可以通过诉讼方式救济自己名誉权,但是会存在几方面的困难:一是诉讼时间长,待诉讼结束,名誉贬损已成既定事实且难以挽回;二是诉讼的专业性强，权利人的维权费用因而较高。因此，当损害较小时，权利人常常会放弃诉讼这一救济途径，在别无他法的情况下，也会间接助长侵权的发生。

有鉴于此，《民法典》第一千零二十八条规定："民事主体有证据证明报刊、网络等媒体报道的内容失实，侵害其名誉权的，有权请求该媒体及时采取更正或者删除等必要措施。"该条赋予权利人以更正权，使得权利人能够以成本较小，效率较高的方式维权，充分保护自己的名誉权。

不过，适用本条需要具备两个前提：一是新闻媒体报道失实，造成他人名誉权受损；二是名誉权人有确切证据证明。如果没有确切证据，便不能要求媒体更正删除，否则将影响媒体的正常报道。

媒体在接到名誉权人的更正通知后，拒不更正的，将构成《民法典》第一千零二十五条的三种例外情形之一，名誉权人便有权向法院起诉，要求其承担侵权责任。

发现征信机构对自己信用评价不当的该怎么办？

答 信用评价属于名誉的一部分，信用评价高的民事主体,能够获得更好的经济效益与便利,例如银行贷款、商业交易等。而对于信用评价低甚至被列入失信被执行人名单的民事主体,其出行、贷款、消费等都将受到一定限制。因此,国务院于2012年公布了《征信业管理条例》,设立专门的征信机构,例如央行征信中心,来对民事主体的信用状况进行评估,以建立社会诚信体系。

《民法典》第一千零二十九条规定:"民事主体发现自己的信用评价不当时,有权提出异议并请求征信机构采取更正、删除等必要措施。"因此,如果发现信用评价不当,民事主体有以下两种救济办法。

(一)请求征信机构删除或更正。这需要名誉权人提交必要的资料,征信机构经审查核实,如果确有错误的,应当删除或更正。如果征信机构拒不进行核查,或核查属实后不改正,则存在过错,将可能承担侵权责任。

(二)请求承担侵权责任。根据本编第一千零二十四条以及侵权责任编第一千一百六十五条,如果征信机构的信用评价已经公开,造成名誉权人的社会评价降低,则可以要求征信机构承担侵权责任。

什么是荣誉权？荣誉权受到侵害的该怎么办？

答 荣誉是国家和社会对在社会生产生活中作出突出贡献，或者有突出表现的民事主体所给予的积极的正式评价。荣誉权则是民事主体对这些正式评价所享有的保持、支配的权利。荣誉与名誉虽然都属于社会评价，但二者仍然有以下三点区别：一是荣誉为通过特别程序作出的正式评价，而名誉的评价则没有格式、程序的要求；二是荣誉由政府、单位或者社会组织等机关所给予，而名誉则由社会公众给予；三是荣誉为积极、褒奖性的评价，而名誉则既有积极的评价，又有消极的评价。

《民法典》第一千零三十一条规定民事主体享有荣誉权，并规定了任何组织和个人不得非法剥夺荣誉称号，不得诋毁、贬损他人荣誉。荣誉权如果受到侵害，可以采取以下三种救济方式。

（1）若荣誉称号没有记载或记载错误，可以请求相关单位予以更正、补充。

（2）相关单位经查证属实，仍然不予更正、补充的，权利人可以向人民法院提出诉讼，要求对方承担侵权责任。

（3）若荣誉遭受严重诋毁或贬损、或即将毁损难以修复的，权利人可以向人民法院申请人格权禁令，也可以向人民法院起诉，要求对方承担侵权责任。

第六章 隐私权和个人信息保护

什么是隐私权？

答 隐私是自然人的私人生活安宁和不愿为他人知晓的私密空间、私密活动、私密信息。所谓"私人生活安宁"，是指自然人享有的维持安稳宁静的私生活状态，并排除他人对其不法侵扰的合法利益。例如免受垃圾短信、垃圾邮件的侵扰；所谓"私密空间"，是指个人的隐秘范围，包括个人居所、私家车、日记、个人邮箱、个人的衣服口袋、身体的隐私部位以及旅行居住的宾馆客房等；所谓"私密活动"，则是指自然人所进行的与公共利益无关的个人活动，例如日常生活、家庭活动、婚姻活动、男女之间的性活动等；而所谓"私密信息"，则是指通过特定形式体现出来的有关自然人的病例、财产状况、身体缺陷、遗传特征、档案材料、生理识别信息、行踪信息等个人情况。

隐私权则是自然人对上述隐私的享有、维护以及公开的权利。具体来说，享有是指自然人有权对自己的私密信息、私密活动和私密空间进行隐匿，有权享有生活安宁状态；维护则是自然人维护自己隐私不受侵犯的权利，隐私权受到侵害之后，有权直接请求行为人停止侵害、排除妨碍，也有权请求司法机关予以保护；而公开则是在法律和公序良俗允许的范围内，公开自己隐私的权利。

隐私权具有两个基本性质：一是私人性，例如公共场所，便不属于私密空间；二是合理期待性，即自然人主观上对某一事物活动有隐私期待，并且一般公众也认为这种隐私期待是合理的。例如，期待自己的聊天记录为隐私，一般公众会认为这种期待是合理的，而期待自己的电话号码为隐私，在现今密集的社会交往中，这种期待则不被认为合理。

侵害隐私权的行为有哪些？

答 《民法典》第一千零三十三条规定了以下六种侵害隐私权的行为。

（一）以电话、短信、即时通信工具、电子邮件、传单等方式侵扰他人的私人生活安宁。例如，多次向他人发送垃圾短信、拨打骚扰电话，或强行向路人发放传单。

（二）进入、拍摄、窥视他人的住宅、宾馆房间等私密空间。例如，未经允许进入他人房间，或者通过摄像设备偷拍、偷录等，以及通过望远镜窥视他人的房间。

（三）拍摄、窥视、窃听、公开他人的私密活动。例如，在他人家中安装窃听设备，偷录他人的日常生活，甚至安装针孔摄像头，偷录他人的两性生活。

（四）拍摄、窥视他人身体的私密部位。私密部位在学理上被分类为"私密空间"，例如，在天桥下偷拍、偷录他人裙底的行为。

（五）处理他人的私密信息。例如，收集他人聊天记录、甚至他人基因信息。

（六）通过其他方式侵害隐私权。由于法律不可能对实际情况作出详尽的预测与规定，故设立该种情形，作为兜底条款。

以上六种即属于侵害隐私权的行为。但是，若为了公共利益的需求，且法律作出特别规定时，即使实施了上述行为，也可以免责。例如，为了追查犯罪活动，公安机关经过法定程序，在合理且必要的范围内，对嫌疑犯实施监听、追踪等措施。

什么是个人信息？

答 个人信息是以电子或其他方式记录的，能够单独或与其他信息结合从而识别特定自然人的各种信息，例如自然人的姓名、出生日期、身份证号码、生物识别信息、住址、电话号码、电子邮箱、健康信息、行踪信息等。

根据《民法典》第一千零三十四条的规定，个人信息的认定需要满足三个要件。

（一）具有识别性，即通过识别该信息，就可以直接或间接地将某一个自然人与该信息相联系。这一点与肖像、姓名等相似。例如，通过某人的身份证号码或电话号码可以直接识别出某人，而结合出生日期、姓名、住址则可以间接识别出某人。

（二）具有一定载体，个人信息的载体一般表现为纸质的，如档案，或者电子形式的，如手机通讯录。而未经一定载体所记载的信息则不属于个人信息。

（三）享有个人信息权益的，仅是自然人，而非法人或法人组织。

【案例】 个人信息该如何保护？

案情简介：原告凌某使用自己的手机号码注册登录抖音APP后，虽然没有许可该款APP读取其通讯录，却被推荐大量"可能认识的人"，凌某认为抖音APP非法获取其个人信息，侵害其个人信息权益和隐私权，将抖音APP的运营者北京微播视界科技有限公司诉至北京互联网法院。北京互联网法院认为，凌某的姓名、手机号码、社交关系、地理位置属于个人信息，在未征得同意的情况下收集并存储凌某的个人信息，侵犯了其个人信息权益。但是，凌某的上述信息不具有私密性，且推荐有限，未侵扰私人生活安宁，不构成侵犯隐私。

知识点：首先应当对私密信息和个人信息作出区分界定，个人信息中，不仅包括不愿为他人知晓的"私密信息"，还有已经公开的"非私密信息"。根据《民法典》第一千零三十四条第三款的规定，对于个人信息中的私密信息，适用有关隐私权的规定，没有规定的和个人信息中的非私密信息，则适用个人信息保护的规定。因此，私密信息可以按照隐私权进行保护，即申请人格权禁令、请求承担侵权责任；也可按照个人信息进行保护，即请求信息处理者删除错误的或违法处理的个人信息，对个人信息不轻易同意他人进行处理，也可以申请人格权禁令、请求承担侵权责任。

本案中，姓名、手机号码、社会关系（通讯录）以及个人位置，虽然均具有私人性，但由于不具有合理期待性，从而不属于隐私，也不属于私密信息，而属于其他个人信息。那么，凌某对于自己的姓名、手机号码、社会关系、个人位置，则应该谨慎同意抖音APP进行处理，或请求抖音APP进行删除，又或向人民法院起诉，请求其承担侵权责任。

处理个人信息有什么原则和条件？

答 自然人既然享有个人信息的权益，便自然涉及与信息处理者之间的关系问题。因此，《民法典》第一千零三十五条规定了以下三种信息处理原则和四种信息处理条件，以规范自然人与信息处理者之间的关系。

（一）处理原则。

（1）合法原则，即处理个人信息必须以合法依据为前提。此处的法，不只包括《民法典》，还包括《宪法》等其他法律法规。

（2）正当原则，即处理个人信息的手段、目的、手段和目的结合均为正当。例如，某些APP强迫用户授权收集不必要的个人信息，否则停止全部服务，属于手段不正当；若合法得到授权之后，用于其他目的而非为用户提供服务，则属于目的不正当；实践中所称"大数据杀熟"则属于手段和目的结合的不正当。

（3）必要原则，即处理个人信息应当有特定目的，不得超出目的范围。例如，疫情期间，由电信运营商收集的个人行程轨迹只能用于疫情防控，而不得将其用于推荐相应的漫游资费推荐。同样，收集的轨迹信息，具体到地级市，即可实现防控目的的，便不得再具体到某街道或某村镇。

（二）处理条件。

（1）知情同意，即信息处理者必先征得自然人的同意。例如，微信APP要求读取通讯录，以推荐联系人，则须先跳出对话框，征得用户的同意方可收集通讯录信息。

（2）公开处理，即处理信息的过程和规则应当公开。例如，微信APP若需要读取通讯录，则应当对通讯录的使用、加工、存储等一系列程序及相应规则加以公开。

（3）明示处理方式、目的和范围，使得信息主体充分知悉，以此作出合理的判断，决定是否同意处理、是否拒绝继续处理等。

（4）不违法、不违约，即信息处理者须遵循合法原则，同时也不能违背与信息主体之间的约定。

处理个人信息有免责事由吗？

答《民法典》第一千零三十五条规定了处理信息的原则与条件，以调整信息主体与信息处理者之间的关系。不过，该条侧重于对信息主体的保护、对信息处理者的限制。在特殊情形下，例如为了起诉立案，公安机关向查询人提供被告的身份证号码、住址等，并不需要征得被告的同意。因此，《民法典》第一千零三十六条便紧接着规定了处理个人信息的三种免责事由。

（一）在信息主体同意的范围内，合理实施的行为。例如，电商平台征得用户的同意，收集并加工其商品购买记录，从而在平台上为其精准地投放广告。但是，电商平台若未合理实施，例如常常通过电话、邮箱等投放广告，则不能免责。

（二）合理处理该自然人自行公开或已经公开的信息，但信息主体明确拒绝或者处理该信息将侵害其重大利益的除外。例如，银行收集用户已经公开的征信记录、被执行人信息等，对用户作出相应的信用评价，以决定是否发放贷款，即使未经同意，也可免责。

（三）为维护公共利益或者该自然人合法权益，合理实施的其他行为。此亦属于兜底条款，不过需满足两个适用条件：一是为了公共利益或该自然人的合法权益；二是合理地实施。

信息主体享有哪些权利？

答 自然人对其个人信息享有人格权法上的利益，因此需要对相应的法律关系作出调整，以保护信息主体的利益。不过，这需要建立在阐明个人信息利益内容的基础之上。根据《民法典》对个人信息保护的相关规定，自然人对其个人信息享有以下四种权利。

（一）知情同意权，即根据《民法典》第一千零三十五条的规定，原则上，信息处理者须经信息主体的同意，且须公开、明示处理目的、方式等，方可处理个人信息。

（二）查阅复制权，即根据《民法典》第一千零三十七条的规定，信息主体有权查询其个人信息被处理的情况，并有权进行复制。例如，旅客可以向铁路运营公司查询并复制自己的出行记录。

（三）更正删除权，即根据《民法典》第一千零三十七条第二款的规定，信息主体发现其个人信息有错误的，有权请求更正、删除等必要措施。例如，旅客发现自己在铁路运营公司的学生认证信息中始发地错误因而无法买到学生票，则可以请求其更正始发地。

（四）受保密权，即根据《民法典》第一千零三十八条的规定，个人信息不得被信息处理者泄露。

信息处理者有什么义务？

答 原则上，权利与义务相互对应，信息主体享有的权利对应着信息处理者所负有的义务。因此，结合信息主体的权利及本编的相关规定，信息处理者有以下五项义务。

（一）征求同意与公开明示义务，即信息主体请求行使此权利的，信息处理者应当履行。

（二）提供查阅复制义务，即信息处理者不但应当在信息主体请求查阅复制时履行此义务，还应当为查阅复制提供必要的条件。例如，开发查阅复制的网上通道、人工通道等。

（三）更正删除义务，即信息处理者须在信息主体请求履行时进行更正删除，其自行发现相应错误的亦当及时更正。

（四）保密义务，此为《民法典》第一千零三十八条第一款规定的义务，信息主体不得泄露、篡改、非法提供个人信息。

（五）安全保障义务，此为《民法典》第一千零三十八条第二款所特别规定的义务。例如，设置防火墙系统、动态验证码等信息技术，保障个人信息的安全存储，防止泄露、丢失。

国家机关及其工作人员对所知悉的个人隐私和信息有保密义务吗？

答 作为一类重要的信息处理者，国家机关相较于其他信息处理者,如电商平台、铁路运营公司、电信公司等,能接触到更多且更重要的个人信息与隐私。然而,实践中,国家机关及其工作人员的保密意识并不强,造成的后果也更为严重。例如,2016年,广西南宁的谢某曾向当地食药监局匿名举报称,吃了旺旺雪饼,并不会像广告宣称的那样"运气变旺",涉嫌虚假宣传。但该部门的工作人员却将匿名举报信内容上传至网络,上面载有谢某的姓名、家庭住址等个人信息,引发了网络上的舆论,谢某不得已辞去了工作。

有鉴于此,《民法典》第一千零三十八条对信息处理者的保密义务作出了规定,并在第一千零三十九条重申了国家机关及其工作人员的保密义务,以增强国家机关及其工作人员的保密意识。

同时,该条规定的立法目的也在于:个人与国家机关的悬殊地位导致其遭受国家机关侵害其隐私或个人信息时,不但难以收集证据证明,也缺乏与国家机关相当的专业能力与财力,因而提前对国家机关及其工作人员打好"预防针"。而是否可以据此立法目的减轻个人的证明义务,则有待实践检验。

第五部分
婚姻家庭

Part Five
Marriage and Family

第一章 一般规定

婚姻家庭关系的基本原则包括哪些?

答 根据《民法典》第一千零四十一条,婚姻家庭关系的基本原则包括婚姻家庭受国家保护原则、婚姻自由原则、一夫一妻制原则、男女平等原则以及保护妇女、未成年人、老年人、残疾人合法权益的原则。

婚姻自由原则的内容包括哪些?这一原则有什么意义?

答 婚姻自由原则是指参与婚姻关系的当事人享有自主决定自己的婚姻的权利。当事人依法有权根据自己的意志,自主自愿地在自己的婚姻问题上做出决定,而不受任何其他人的干涉和强制。这种自由与我国《宪法》第四十九条"禁止破坏婚姻自由"的规定相呼应。婚姻自由的内容包含结婚自由和离婚自由。

结婚自由有积极与消极两层含义。一方面,法律保障当事人有权依据自己的真实意思与他人缔结婚约，积极主动地实行结婚行为而不受婚姻关系的相对方或任何第三方的胁迫、欺骗、乘人之危等非法手段干涉；另一方面，结婚自由并不是无限制的自由，结婚的当事人应事先满足法定的结婚条件，且不存在法律所禁止结婚的情形，并遵循法定的结婚程序完成结婚。

离婚自由同样也有积极和消极两层含义。一方面，夫妻双方有权自主决定是否离婚以及何时离婚，任何人不得通过胁迫、欺骗、乘人之危等非法干涉手段介入其中。同时，夫妻双方也可以自行决定离婚的方式，或为协商离婚后到民政部门办理离婚登记手续，或为向人民法院提起诉讼请求法院判令离婚。另一方面，夫妻离婚要遵循法定程序，无论是协商离婚还是诉讼离婚，想要离婚的夫妻本人及其婚姻状况都应当符合法定的条件，双方应履行法定的程序，并最终承担相应的法律后果。

婚姻自由原则由结婚自由与离婚自由共同组成。二者为婚姻的正反两面：结婚自由使得婚姻关系依法缔结，离婚自由令婚姻关系依法消灭；结婚自由是婚姻关系的必要前提，离婚自由则是婚姻关系的必要补充；结婚自由所开始的婚姻为离婚自由所终结，而离婚自由又使得逝去的婚姻成为新的婚姻的起点。二者相辅相成，成为婚姻关系在社会上不断延续的助动力。

婚姻自由原则是婚姻家庭关系最为基础也是最为重要的基本原则之一，它否定了来自旧社会的包办、买卖婚姻，契合了日渐开放的时代潮流；同时，它也与轻率地决定缔结或是解除婚姻关系的态度划清了界限，鼓励、引导人们慎重对待婚姻这一终身大事，在新时代发挥着对社会婚恋观的重要指引作用。有家才有国，婚姻自由原则追求的正是为经过仔细思考后决定共度一生的人们，或是历经风雨而最终决定劳燕分飞的人们，提供一个自主决定自己婚姻的权利，让真正适合彼此的人们走到一起，建立幸福美满并长久存续的家庭，以优质的家庭为国家的发展提供更好的基础。

一夫一妻原则的内容包括哪些？这一原则有什么意义？

❷ 一夫一妻是一对男女双方结为配偶的婚姻关系，一夫一妻制即为一男一女结为夫妻，任何一方不得同时维持两个或两个以上配偶关系的制度。这一制度是社会发展的产物，

是男女平等在婚姻关系上的体现,也是社会主义婚姻制度的基本原则。

一夫一妻原则有两方面的含义:一方面,这一原则认可了一夫一妻的结合方式,否定了所有公开的、非公开的一夫多妻与一妻多夫的情形,并以法律条文的形式对一夫一妻的婚姻关系进行保障;另一方面,这一原则仍主张一男一女的异性婚姻,而并未承认同性婚姻的法律地位。这是我国文化传统和社会现实的传承,也有一般社会认可度的影响,还有立法者出于现阶段社会稳定的考虑。并且目前世界上大多数国家都不承认同性婚姻的合法性,已承认的国家的立法举措也争议颇多,故我国《民法典》中的一夫一妻原则仍维持传统的异性婚姻之规定。

一夫一妻制原则是男女平等的体现,也是男女平等的重要保障。自1950年我国第一部《婚姻法》颁布以来,一夫一妻均为婚姻法律关系的基本原则。这一原则表明我国一贯遵循男女平等的立法基点,以法律规范的形式保障妇女的合法权益,并以基本原则为指导提高妇女的家庭地位以及社会地位。同时,一夫一妻原则也有助于家庭的和睦美满,为未成年子女营造良好的家庭氛围,使其能够健康成长。

【案例】 与第三人同居的一方是否违反一夫一妻原则,是否构成重婚罪?

案例简介:男女双方依照传统习俗完成结婚仪式,但未办理结婚登记情形下,一方与第三人以夫妻名义同居生活,被发现后"被出轨"的一方起诉离婚。

知识点:《民法典》第一千零四十一条规定:"婚姻家庭受国家保护。实行婚姻自由、一夫一妻、男女平等的婚姻制度。保护妇女、未成年人、老年人、残疾人的合法权益。"对于"事实婚姻",在男女双方依照传统习俗完成结婚仪式,但未办理结婚登记情形下,一方与第三人以夫妻名义同居生活,被发现后被"出轨"的一方起诉离婚的,我国法律有特殊的规定。根据我国《关于适用〈中华人民共和国婚姻法〉若干问题的解释(一)》第五条之规定:"未按婚姻法第八条规定办理结婚登记而以夫妻名义共同生活的男女,起诉到人民法院要求离婚的,应当区别对待。(一)1994年2月1日民政部《婚姻登记管理条例》公布实施以前,男女双方已经符合结婚实质要件的,按事实婚姻处理。(二)1994年2月1日民政部《婚姻登记管理条例》公布实施以后,男女双方符合结婚实质要件的,人民法院应当告知其在案件受理前补办结婚登记;未补办结婚登记的,按解除同居关系处理。"此外,重婚在理论上分为两种情形:法律重婚与事实重婚。法律重婚指的是夫妻一方在婚姻关系未解除之前与他人办理婚姻登记;事实婚姻则指夫妻一方与他人虽未办理婚姻登记,但对外公开以夫妻名义共同生活。对于"事实重婚",最高人民法院于1994年12月14日在《关于〈婚姻登记管理条例〉施行后发生的以夫妻名义非法同居的重婚案件是否以重婚罪定罪处罚的批复》中的规定:"新的《婚姻登记管理条例》(1994年1月12日国务院批准,1994年2月1日民政部发布)发布施行后,有配偶的人与他人以夫妻名义同居生活的,或者明知他人有配偶而与之以夫妻名义同居生活的,仍应按重婚罪定罪处罚。"

在本案中,男女双方的行为符合事实婚姻的构成要件。若男女双方于1994年2月1日之前形成事实婚姻关系,则法律对这种法律关系予以认可,其中一方对外与第三人公开以夫妻名义同居生活构成事实重婚,违反了一夫一妻原则,但是否构成重婚罪则仍有所争议;若男女双方于1994年2月1日之后形成事实婚姻关系,若在案件受理前补办结婚登记,则构成婚姻关系。其中的一方以夫妻名义与他人同居的，根据最高法院的意见不仅违反一夫一妻原则，同时构成重婚罪；若男女双方未在案件受理前补办结婚登记的，法院认定其构成同居关系而非婚姻关系，故"出轨"一方的行为不违反一夫一妻原则，也不构成重婚罪。

男女平等原则的内容包括哪些？这一原则有什么意义？

答 男女平等原则是指男女双方在婚姻关系和家庭生活的各个方面都平等地享有权利，平等地承担义务。这一原则的内容涵盖结婚、离婚、家庭事务的处理以及其他男女家庭成员之间的权利义务关系。从结婚与离婚的角度来看，男女双方出于自己的真实意愿，在平等对话的基础之上共同作出结婚与离婚的决定，其意志均由其独立做出，而不应受任何人的强制、欺骗或乘人之危而落于不平等之境地；从家庭事务的处理来看，夫妻双方都有权在平等、自愿的基础之上对婚前财产和婚后财产做出约定。即使在未约定的情形下，夫妻双方在婚姻存续期间所获财产均依法属于夫妻共同财产，都对这部分财产有平等的占有、使用、收益和处分的权利；从其他男女家庭成员之间的权利义务关系来看,家庭中的兄弟姐妹均处于平等的地位,都有权要求父母承担抚养和教育的义务,在成年后也须承担赡养父母的义务,涉及继承问题时,在不存在遗嘱的前提下,家庭中的子女对父母的遗产享有平等的继承权。同时,祖父母、外祖父母、成年兄姐等亲戚均在未成年人不存在法定监护人的情况下依法平等地取得监护的权利,而不受性别之影响。

男女平等原则是我国男女两性平等地位在婚姻家庭领域中的直接体现,符合《宪法》第四十八条之精神。社会主义制度为这一原则创设了良好的经济、政治、文化和社会环境,而男女平等原则为建立美满和睦的家庭、促进经济社会的和谐健康发展提供了重要的保障。

保护妇女、未成年人、老年人和残疾人的合法权益原则的内容包括哪些?这一原则有什么意义?

答 本原则包含对妇女合法权益的保护、对未成年人合法权益的保护、对老年人合法权益的保护以及对残疾人合法权益的保护四个方面的内容。

(一)从保护妇女合法权益的角度来看,在男女平等原则之外强调对妇女合法权益的保护，二者并不冲突。男女平等原则是立法的基调，而保护妇女合法权益则是男女平等原则的保障。从纯粹的理论意义上来看，男女平等便意味着二者已经处于同等地位之上，不应在其他条文再行强调对男女中的某一方的特别保护；但从实际情况而言，我国几千年封建社会形成的男尊女卑、重男轻女的思想仍有残余，若仅仅在法条中强调男女平等而不再对女性加以特殊的保护，男女平等原则在社会生活中贯彻落实的实际效果可能并不理想。此外，男女两性在生理、心理层面均有差异，无视这种差异而一味强调男女平等，在现实中可能反而会引发事实上的不平等。一个典型的例子就是怀孕期间的女性，若丈夫以男女平等为由，无视妻子因怀孕而处于生活自理能力低下的情况提出离婚，则离婚后的妻子不仅会受到生理与心理上的双重打击，其经济状况也会大为恶化。在此种情况下，若法院支持了离婚的请求，怀孕中的女性很容易陷于生活难以自理、工作难以为继的不利境地，对男女平等的强调最终产生了事实上的不公平的结果。故法律在强调男女平等之外，仍须强调对女性的特殊保护，这是尊重女性独立地位以及维护女性权益的必然要求，也是使男女平等能够真正实现的必经之路。

（二）从保护未成年人合法权益的角度来看，未成年人是祖国的未来。未成年人在出生后通常应由父母抚养，在父母营造的家庭环境中成长，并接受父母的教导直至成年。父母应承担对未成年子女抚养、教育和保护的义务，并努力营造良好的家庭氛围。即使夫妻双方已经离婚，离异的原父母仍应继续承担上述法定义务。此外，所有子女地位平等，无论是婚生子女、非婚生子女、养子女还是继子女，其法律地位一律平等。父母不得侵害其子女的权利，也不得歧视或是以虐待的方式对待其子女。溺婴、弃婴和其他残害婴儿的行为被明确禁止，父母侵害子女利益的行为依具体情况单独处理。

（三）从保护老年人合法权益的角度来看，这一原则不仅符合我国的传统美德，也是构建和谐社会与和睦家庭的重要环节。父母在将子女养育成人后，劳动能力和生活能力随年龄的增长而逐渐丧失，子女应当不忘父母恩情，主动承担起赡养父母的义务。但与封建社会中的孝道不同的是，《民法典》中规定的赡养并非仅仅是社会出于道德而对子女提出的要求，其首先是国家以法律的形式确定下来的子女应当承担的法律义务。这与虚无缥缈的道德不同，若子女不愿履行自己应承担的赡养义务，甚至侵害自己父母的权益以谋求利益时，法律赋予了父母一方相应的请求权,以国家强制力确保子女履行自己应尽的赡养义务;合法权益受侵害的父母也有权要求子女停止侵害、赔偿损失以保护自己的合法权益。

(四)从保护残疾人合法权益的角度来看,这一部分是在《民法典》中全新增加的内容。保护残疾人合法权益契合了《宪法》第四十五条以及《残疾人保障法》第九条之规定,在婚姻家庭领域明确了残疾人保障的相关内容。残疾人是婚姻家庭关系中的弱者,相较于普通人,其更易受到包办婚姻等行为的侵害,同时也更容易受到家庭暴力的侵害、更容易被虐待或是被遗弃。家庭对残疾人的关怀与照顾是社会福利所无法比拟的,也是残疾人能够感受到的最为直接的温暖。保护残疾人的合法权益符合中华民族的传统美德,能够更好地促进家庭的和睦以及社会的和谐发展,营造良好的家庭氛围与社会环境,体现了法律的公平与正义。

对夫妻关系和家庭成员关系的倡导性规定有哪些?各自的内容和意义是什么?

答 根据《民法典》第一千零四十三条之规定,婚姻家庭编中对夫妻关系和家庭成员关系的倡导性规定包括"树立优良家风，弘扬家庭美德，重视家庭文明建设"，以及"夫妻应当互相忠实，互相尊重，互相关爱；家庭成员应当敬老爱幼，互相帮助，维护平等、和睦、文明的婚姻家庭关系"。

"树立优良家风，弘扬家庭美德，重视家庭文明建设"重点强调了婚姻家庭中家风的建设。家风是一个家庭所拥有的氛围与环境，更是家庭成员自觉遵守的价值准则。良好和睦的家风不仅能够提升家庭成员的幸福感，也能使未成年子女在重教养、知礼节的氛围中更好地成长。当今社会中许多家庭对家风建设的重视程度仍然不高，故《民法典》在"婚姻家庭编"部分将建设优良的家风作为法条内容加以列明，并指出了家庭美德与家庭文明的建设方向，使道德规范层面的家风建设法律化，这有助于未来家庭环境以及社会风气的整体改善。

"夫妻应当互相忠实，互相尊重，互相关爱；家庭成员应当敬老爱幼，互相帮助，维护平等、和睦、文明的婚姻家庭关系。"强调了夫妻之间应彼此忠诚、相亲相爱；家庭成员之间应当和睦相处、平等友爱。一个家庭的美满和睦不仅要有良好的家风，家庭成员之间的良好关系也必不可少。人与人之间的和睦相处是相互尊重并遵守彼此约定的前提，良好的感情基础也是一个家庭长久存续的关键。故"婚姻家庭编"将和睦的夫妻关系以及家庭成员关系列入法条作为倡导性规定,也同样是将道德层面的规范法律化,以倡导性规定的方式促进未来家庭关系的改善,并与良好的家风联动,为社会主义和谐社会的建设添砖加瓦。

收养应当遵循何种原则?

🅰 根据《民法典》第一千零四十四条的规定,收养应当遵循最有利于被收养人的原则。收养是指我国公民依法通过领养的方式,与他人之子女建立拟制的民事法律关系的行为。自氏族时代开始收养的概念便已产生,当时的"收养"是"为族之收养",即将外族人(无论男女老少)通过收养的方式吸收入本族,以使族群人丁兴旺,保有较强的生命力。而随着宗法制的废弛,到了资本主义初期,出现了"为亲之收养"。人们出于养儿防老的目的,为了自己能够安度晚年而为收养之行为。此时收养的目的是为了保障养父母的利益。直到第二次世界大战期间,孤儿、流浪儿的数量激增,社会上出现了以保护被收养的孩童为目的的"为子之收养"。最终此种收养延续至今，成为现在普遍意义上的"收养"。"婚姻家庭编"中对收养的规定，其目的也是为了保护被收养的未成年人，并更好地应对社会上遗弃非婚生子女、残疾子女或是单纯弃婴等社会现象。

《民法典》第一千零四十四条之规定来源于《收养法》第二条，并在此基础之上着重强调了"最有利于被收养人原则"。这一原则的内涵包括了《收养法》第二条中"收养应当有利于被收养的未成年人的抚养、成长""遵循平等自愿的原则"，以及"不得违背社会公德"的规定，这些内涵也在《民法典》婚姻家庭编的其他部分以具体条文加以体现。如《民法典》第一千零九十五条规定"未成年人的父母均不具备完全民事行为能力且可能严重危害该未成年人的，该未成年人的监护人可以将其送养"，体现了收养的产生应当以有利于未成年人的成长为出发点；第一千一百一十五条规定"养父母与成年养子女关系恶化、无法共同生活的，可以协议解除收养关系。不能达成协议的，可以向人民法院提起诉讼"，体现了养父母与养子女之间的收养关系应当根据双方平等自愿的原则构筑，若双方矛盾无法协调，则该收养关系的情感基础丧失，应允许双方合意解除收养关系；以及第一千一百一十八条第二款规定"生父母要求解除收养关系的，养父母可以要求生父母适当补偿收养期间支出的抚养费；但是，因养父母虐待、遗弃养子女而解除收养关系的除外"，体现了在养父母违背社会公德虐待养子女的情况下，在解除收养关系后仍要求养子女承担收养费，不符合社会公平正义，故法律否定了此种情形之下养父母的收养费请求权。

亲属、近亲属以及家庭成员的成员范围在法律上是如何界定的？

答 这三个概念在法律上的界定与生活中的一般常识可能有所出入。根据《民法典》第一千零四十五条之规定，亲属包括配偶、血亲和姻亲；近亲属包括配偶、父母、子女、兄弟姐妹、祖父母、外祖父母、孙子女、外孙子女；而家庭成员仅包括配偶、父母、子女和其他共同生活的近亲属。

就亲属而言，其中的配偶即夫妻，为男女结婚所生之关系，且必须为一男一女，我国并未承认"同性婚姻"，因而"生活伴侣"等用于称呼同性婚姻的词并不能被我国"配偶"的概念范围所涵盖；其中的血亲包括因自然的血缘关系产生的亲属关系以及根据法律拟制的抚养关系而形成的亲属关系，自然形成的血亲包括亲生父母与亲生子女等，而法律拟制的血亲则为养父母、继父母与养子女、继子女；而姻亲则为以夫妻的婚姻关系为中介而产生的亲属关系，包括血亲的配偶、配偶的血亲，以及配偶的血亲的配偶之间的关系。

就近亲属而言，其范围限定于五代以内的亲属。这一概念的界定主要服务于扶养义务的认定、继承发生时继承权的认定以及申请宣告失踪、宣告死亡时申请人资格的认定等。

家庭成员的划分则着重强调了在同一个家中共同生活。通常而言，家庭成员的信息处于同一个户口本内，各自的经济收入也通常整合构成家庭共同财产。但也存在不同的情形，如分居不同国家的夫妻，或是约定婚后财产分别所有的夫妻。

第二章 结 婚

结婚的要件有哪些？

答 结婚的要件分为积极要件和消极要件。《民法典》第一千零四十六条、第一千零四十七条规定了结婚的积极要件，即"男女双方必须完全出于自愿"和"男女双方必须达到结婚年龄";至于消极要件,除了《民法典》第一千零四十八条规定的"禁止一定范围内的亲属结婚",还有呼应前文所提到的"一夫一妻制"所延伸出来的"禁止重婚"的规定。

结婚的积极要件包含"双方自愿"以及"到达最低结婚年龄"两个部分。就"双方自愿"而言,这一部分包括两个方面:其一,这种自愿是双方的自愿,而非一方的一厢情愿,且双方的这种自愿指向彼此而非其他第三人;其二,这种自愿是本人的自愿,而非出于父母之命、媒妁之言,更非因第三人的胁迫、欺骗或包办、买卖等非法行为而产生。此外,虽有诸多限制性规定,但法律并未因此禁止当事人就婚姻询问父母或其他人的意见,也未禁止父母或其他关心当事人的第三人对当事人进行劝告、提出建议。而就"达到最低结婚年龄"而言,《民法典》沿袭了《婚姻法》的规定,仍将男性的最低结婚年龄规定在二十二周岁,将女性的最低结婚年龄规定在二十周岁。立法者在进行立法考量时,参考了婚姻法学者的观点,也就该问题征求了有关部门的意见,并委托国家统计局对公民结婚意向年龄进行了调查,在参考了我国公民的实际结婚年龄相关的统计数据和意向结婚年龄均高于法定年龄的调查结果后,最终立法者决定维持在《婚姻法》中规定的法定结婚年龄。

结婚的消极要件包括"禁止一定范围的近亲结婚"和"禁止重婚"。"禁止一定范围的近亲结婚"中的"一定范围"包括两个部分,其一为"直系血亲",其二为"三代以内的旁系血亲"。其中"血亲"的范围包括自然血亲以及拟制血亲,即在前文提到过的亲生父母与亲生子女、养父母与养子女以及继父母与继子女。这一规定不仅是出于维护社会伦理道德的考虑,同时也是追求优生的结果。

结婚需要经过哪些程序?

答 根据《民法典》第一千零四十九条的规定,无论男女双方是否已完成结婚仪式,都应当亲自到婚姻登记机关申请结婚登记,并由婚姻登记机关核发结婚证,最终完成结婚登记。在男女完成这一法定流程后,他们才算是真正完成了"结婚",即确立了合法有效的婚姻关系。如果说前文提到的结婚的积极要件和消极要件为男女双方结婚时应当具备的实质要件,那么结婚需经过的登记程序则为婚姻关系能够最终成立的形式要件。不同于意大利等承认结婚仪式完成即完成结婚的国家,也有别于英国等既要求结婚仪式也要求结婚登记才能完成结婚的国家，我国采取的是与日本、俄罗斯相同的单一登记制的结婚程序。

婚姻登记制是我国婚姻家庭关系制度的重要组成部分，这一制度使国家能够通过登记对公民的婚姻状况进行监督与管理，这也是国家据以确保法定结婚条件得到遵守的直接依据。这一制度能够维护当事人的合法权益，对重婚等违法婚姻的产生起到预防与制止的作用。同时，这一制度也契合了前文提到的婚姻自由、一夫一妻、男女平等婚姻家庭编的基本原则，是立法者基于我国国情做出的符合家庭社会需求的立法选择。

无效的婚姻有哪些类型？

答 无效的婚姻是指因法定的结婚条件未能满足而自始无效的婚姻关系。根据《民法典》第一千零五十一条之规定，无效的婚姻包括：当事人重婚、有禁止结婚的亲属关系和未到法定婚龄三种情形。

就重婚而言，如前文所述，我国是采取一夫一妻原则的国家，即一个男人只能有一个妻子，一个女人只能有一个丈夫，任何人都只能有一个配偶。一夫一妻原则是社会主义婚姻家庭制度的基本原则，是实现男女平等的重要保证，该原则天然且绝对反对重婚。重婚不仅是对《民法典》中规定的婚姻家庭制度的基本原则的严重违反，也是为刑法所直接规定的犯罪类型之一。因此，重婚的当事人不仅要面对婚姻无效的民事法律后果，甚至会因犯罪而受到刑事处罚。

就有禁止结婚的亲属关系而言，如前文所述，立法者考虑到对社会伦理道德的维护和出于对"优生"目标的推崇，将"禁止一定范围内的近亲结婚"作为结婚的消极要件予以列明。违反这一消极要件而通过欺骗的方式结婚的，当事人的婚姻关系当然无效。

就未到法定婚龄而言，根据《民法典》的规定，男性的法定最低结婚年龄为二十二周岁，女性的法定最低结婚年龄为二十周岁。值得一提的是，男女双方结婚时是否已达法定最低结婚年龄，首先要看男女双方在婚姻登记机关进行登记时的年龄，均满足条件的婚姻有效，而有一方或者双方均未满足条件的，则要看之后审查时双方是否均满足该年龄条件。若在审查时双方年龄符合法律规定，则婚姻关系应为有效，起始时间追溯到男女双方年龄符合规定之时；如双方在审查时仍未满足法定年龄的要求，则婚姻关系无效。

可撤销的婚姻有哪些类型？

答 可撤销的婚姻是指当事人因不真实的意思表示而成立的婚姻，有撤销权的一方可依法撤销彼此之间的婚姻关系，从而使已生效的婚姻关系失效。根据《民法典》第一千零五十二条与第一千零五十三条的规定，可撤销的婚姻包括当事人被胁迫以及一方当事人隐瞒重大疾病两种类型。

因胁迫而产生的婚姻关系主要是指当事人一方或者第三人对另一方当事人，通过威胁或是强迫的手段使其违背自己的意愿而与对方缔结婚约。这种威胁或是强迫一般表现为对婚姻关系中的另一方当事人的人身、财产等权益的侵犯宣言，或是对另一方当事人的近亲属的人身、财产等权益的侵犯宣言等。这些行为显然违反了婚姻自由原则，婚姻关系中的受胁迫一方的当事人显然也未出自真实意思而与对方结婚，故立法者规定在此种情形之下婚姻关系为可撤销。至于为何不直接规定为无效，立法者给出的理由是：婚后男女双方若形成了较为和睦的夫妻关系，或是因孩子的出生而与这个因胁迫而组成的家庭产生了难以割舍的关系，在这些特殊情况中，应当尊重当事人的意思。故立法者将受胁迫而产生的婚姻规定为可撤销的婚姻。

至于隐瞒重大疾病的情形，在《婚姻法》中，"重大疾病"原是作为禁止结婚的情形列出的。《婚姻法》第七条规定的禁止结婚的情形的第2项表述为"患有医学上认为不应当结婚的疾病"。但《民法典》并未在禁止结婚的情形中列入这一内容，而是作为可撤销的婚姻类型加以规定。立法者的考虑是：第一，"医学上认为不应当结婚的疾病"的类型难以具体界定，在实践中引发的争议也一直未能得到解决；第二，在当今社会，即使相对方身患重大疾病，但也有人愿意与其结婚，这是公民的个人选择，而这种选择符合结婚自由原则，应当被尊重；第三，从比较法的角度来看，美国、英国、德国、法国、瑞士、日本等国家均未将"重大疾病"作为禁止结婚的情形加以规定。故综合多方意见，立法者最终将重大疾病作为欺诈婚姻的形式，规定为可撤销的婚姻。

如何请求撤销可撤销的婚姻？

答 根据《民法典》第一千零五十二条、第一千零五十三条的规定，撤销权的行使有两个条件。

其一，有撤销权的当事人应当向人民法院提出撤销婚姻的请求，人民法院经过审查核实后做出该婚姻没有法律效力的宣告判决。受理撤销申请的机关是人民法院而非婚姻登记机关，同时，撤销权人应当为被胁迫结婚的一方当事人或是因对方隐瞒病情、未如实告知病情而陷于欺诈婚姻的一方当事人。需要注意的是，与被胁迫的当事人结婚的另一方当事人无权请求撤销婚姻，因为其在结婚时做出的希望与对方缔结婚姻的表示为其真实意思表示，而非因胁迫所做出的违背其真实意愿的表示；此外，隐瞒病情或是未如实告知病情的一方当事人实施欺诈婚姻的行为及其结婚表示均出于真心，故该方当事人同样不享有撤销权。

其二，撤销权人应当在法定的时间内提起撤销婚姻的诉讼。被胁迫的当事人应当自胁迫行为终止之日起一年内提出，如果该当事人被非法限制人身自由，则应当从其恢复人身自由之日起一年内提出；因对方隐瞒病情或是未如实告知病情而陷于欺诈婚姻的当事人，则应当自知道或者应当知道撤销事由之日起一年内提出。立法者对于撤销权的行使规定了相应的时限，是考虑到若有撤销权的当事人一直不行使该权利，婚姻关系就会处于一种不稳定的状态。这是因为无论受胁迫或是受欺诈的一方当事人是否想让现存的婚姻关系继续存在，其均可以自己的行为达成相应的法律效果。当事人不请求撤销的，自愿接受了这一婚姻关系，则法院就会尊重当事人的选择；若当事人请求撤销，则法院在核查相应事实后便会做出支持或不支持当事人诉请的判决。不加限制地允许当事人长期不行使该权利，意味着婚姻关系始终处于不稳定的状态。即使权利最终得到行使，法院也可能因经过时间太长而无法做出准确的判断。这不利于当事人权益的保护，也无益于社会的稳定。故立法者在此设置了相应的年限，以督促权利人行使撤销权。

【案例】"网恋"后被网友强迫结的婚可否被撤销？

案例简介：A与B相识于网络，经过一段时间的接触，男方A为女方B的温柔与体贴所深深地折服，心底的爱慕之情无法压抑，告白后二者成为恋人关系。但二人只在网络上交流，在现实中并无接触。在"网恋"过程中，A对现有的关系并不满足，希望更进一步，于是在经过一段时间的准备后向B求婚，但被B以现实中未有接触为由拒绝。A在多次碰壁后走向极端，威胁B如果不答应结婚就要去她的城市找她，并以自杀威胁B要求其与自己结婚。B无奈之下答应了A的请求。二者见面后登记结婚。

知识点：《民法典》第一千零五十二条规定，"因胁迫结婚的，受胁迫的一方可以向人民法院请求撤销婚姻。请求撤销婚姻的，应当自胁迫行为终止之日起一年内提出。被非法限制人身自由的当事人请求撤销婚姻的，应当自恢复人身自由之日起一年内提出"。在因胁迫而成立的婚姻关系中，被胁迫方有权在法定时限内请求法院撤销已成立的婚姻关系。"胁迫"的要求如前文所述。

在本案中，A并未以威胁B或其家人的人身或是财产等权益的方式对B实施胁迫，而是以自杀为筹码强迫B与其结婚。这看似与一般观念中的胁迫有所不同，但实际上A的行为依然使B违背了自己真实的意思做出了与A结婚的表示；并且A有胁迫的故意，实施了极端的胁迫行为使B心生恐惧，且胁迫行为与B的无奈答应有着直接的因果关系。故本案符合《民法典》规定的可撤销的婚姻的情形，A与B缔结的婚姻可被撤销。

无效婚姻和可撤销婚姻的法律后果是什么？

答 根据《民法典》第一千零五十四条之规定，无效和被撤销的婚姻自始没有法律约束力，双方当事人之间不存在夫妻的权利和义务。婚姻被认定无效或被撤销，则婚姻存续期间产生的相关财产的处理首先由当事人协商决定，协商不成的由人民法院根据照顾无过错方的原则判决。同时，无论采取哪种方式，无过错方都有权要求损害赔偿，对于子女的安排则适用《民法典》关于父母子女的规定。此外，在涉及重婚的情形下，原合法婚姻当事人的财产权益应受到保护，即当事人或法院对无效婚姻财产的处理不得损害该权益。

无效婚姻与被撤销的婚姻自始无效，这种无效具有溯及力，即从当事人结婚之时起便已无效。但无效婚姻的无效与可撤销婚姻的无效也有需要进一步明确之处。即无效的婚姻无需任何主张，其天然地溯及既往的无效；而可撤销的婚姻只有在当事人诉请法院且法院做出了撤销婚姻的判决后，才溯及既往的使婚姻归于无效。

实际上，这一条文在立法过程中是有争议的。从其他国家的立法来看，德国、日本、瑞士等国的婚姻法均规定撤销婚姻不会产生使婚姻关系溯及既往地无效的法律后果。这是出于将可撤销的婚姻与一般可撤销的民事法律行为进行区分对待的结果。立法者认为，婚姻关系被撤销之前，当事人以夫妻身份做出的法律行为所带来的身份事实是几乎不可能恢复原状的；同时，当事人出于家事劳动或是财产赠与等目的所为的法律行为若被完全"恢复原状"，则可能对当事人或其子女的合法利益造成损害。但在我国的司法实践中，被撤销婚姻的自始无效并未带来明显违反公平正义的结果；同时在征求意见的过程中，公众也并未对婚姻法有关无效婚姻和被撤销的婚姻自始无效的规定提出异议。故立法者保留了《婚姻法》的这部分规定，将其条款略作添补修正，列入了《民法典》中。

第三章　家庭关系

第一节　夫妻关系

夫妻间的人身关系的内容包括什么？姓名权和人身自由权的具体内容是什么？

❀　《民法典》第一千零五十五条规定"夫妻在婚姻家庭

中地位平等",表明无论是夫妻间的人身关系还是财产关系,双方均地位平等。在此基础之上,《民法典》第一千零五十六条、第一千零五十七条、第一千零五十八条、第一千零五十九条和第一千零六十条规定了夫妻双方享有独立的姓名权、人身自由权,对未成年子女有抚养、教育和保护的权利及义务,承担夫妻之间相互扶养的义务以及享有夫妻日常家事代理权。

姓名权的内容包括：姓名决定权、姓名使用权、姓名许可他人使用权以及姓名维护权。独立的姓名权是夫妻双方彼此独立的标志。在过去,无论是我国还是西方国家,大都要求妇女在婚姻关系缔结后使用夫家的姓,这是当时妇女社会地位低下、夫权婚姻占主导地位所造成的后果。到了近代,随着妇女社会地位的提高以及平权运动的发展,越来越多的国家和地区都允许已婚妇女使用自己原本的姓,同时也尊重妇女想要使用夫家之姓的意愿。我国《民法典》也采取了尊重夫妻双方独立人格的立场,赋予婚姻关系中当事人以平等的姓名权。

人身自由权主要包括：夫妻双方参加生产、工作的权利、参加学习的权利和参加社会活动的权利。人身自由权是婚姻关系中的当事人自由参加社会生活的基础,这一权利设置也同样受到了妇女社会地位提高的影响。过去的妻子在婚姻关系中是丈夫的附属，妻子只要在家负责"相夫教子"即可，无权过问家事且无权参与社会公共事务的管理。而随着社会的发展，妇女在社会中发挥着越来越重要的作用。故《民法典》承袭《婚姻法》的相关规定，将这条予以收录，继续保障妇女平等参与社会生活的权利。

夫妻共同财产制的内容包括什么？

答 夫妻共同财产制是夫妻财产制中界定夫妻共同财产范围的制度。从各国的立法来看，这一制度的类型主要可以分为一般共同制（除特定财产以外，婚前与婚后所得的一切财产，无论是动产还是不动产，均属夫妻双方共有）、婚前动产及所得共同制（夫妻双方于婚前所得的动产，以及婚后所得的一切财产均属夫妻双方共有）、婚后所得共同制（即婚姻关系存续期间，夫妻双方所得的一切财产均为双方共有，对于婚前财产法律不作强制性规定）、分别财产制（无论婚前还是婚后，夫妻双方财产均各自所有；但法律不反对夫妻一方将其财产的管理权或处分权交给另一方，或是双方约定共有财产部分），以及剩余共同财产制（虽然无论婚前还是婚后，夫妻双方财产均各自所有、独立管理，但婚姻关系结束时，按照夫妻双方增值财产的差额作为剩余财产，由夫妻双方共同享有）。

根据《民法典》第一千零六十二条第一款的规定，婚姻关系存续期间，即婚后夫妻双方所得之财产为夫妻共同财产，同时根据《民法典》第一千零六十五条第一款之规定，男女双方可自由约定成为夫妻共同财产的部分。故夫妻共同财产制采婚后所得共同制为主，约定财产制为辅的类型。其内容包括：夫妻双方各自的婚前财产，以书面形式约定在婚后为共有财产的，这一约定对夫妻双方具有法律约束力，这部分财产为夫妻共同财产；若婚前男女双方并未约定，则根据《民法典》第一千零六十三条之规定为夫妻一方的个人财产。婚后，在没有其他约定的前提下，夫妻双方在婚姻存续期间取得的工资、奖金、劳务报酬、生产、经营、投资的收益、知识产权的收益、继承或者受赠的财产（《民法典》第一千零六十三条第三项规定的部分除外），以及其他应当归共同所有的财产均为夫妻共有财产。

此外，《民法典》第一千零六十二条第二款规定，夫妻对共同财产，有平等的处理权。这一条款表明共有关系的实质是共同共有，即无论夫妻双方收入差异如何，二者均有平等的对夫妻共同财产占有、使用、收益和处分的权利；同时任何一方要对财产进行上述行为，均应征得另一方的同意，尤其是涉及对影响重大的事务的处理。夫妻一方若未征得另一方同意对财产进行管理，另一方明知但未反对的，视为其已同意，事后不得以未征得同意为由撤销该法律行为；但在另一方未知的情况下，该方可在事后请求法院撤销该法律行为。然而出于保护交易安全的考虑，这种撤销不得对抗善意第三人，即行为是否无效应以第三人的意愿为准。

【案例】 股权转让行为是否有效？

案例简介：彭某与梁某为夫妻关系，二人同时出资设立A公司，彭某占20%的份额，梁某占80%的份额。后梁某未经彭某同意，与王某签订股权转让协议，并通过股东会决议将自己以及彭某的全部份额转让给王某，同时梁某在合同上伪造了彭某的签字和手印。彭某对股权转让的事实知情且与梁某、王某就该转让事务有过协商讨论，在磋商过程中表现出了强烈的转让意愿，但其对伪造签字和手印一事并不知情；同时王某对伪造签字和手印一事也不知情。[1]

知识点：《民法典》第一千零六十一条规定，"夫妻在婚姻关系存续期间所得的下列财产，为夫妻的共同财产，归夫妻共同所有：（一）工资、奖金、劳务报酬；（二）生产、经营、投资的收益；（三）知识产权的收益；（四）继承或者受赠的财产，但是本法第一千零六十三条第三项规定的除外；（五）其他应当归共同所有的财产。夫妻对共同财产，有平等的处理权"。对于夫妻共同财产，夫妻双方有共同处理的权利。在无特别约定的情况下，对于夫妻共同财产的处分应当由夫妻双方共同商定，尤其是涉及对影响重大的事务的处理。夫妻一方若未征得另一方同意对财产进行管理，另一方明知但未反对的，视为其已同意，事后不得以未征得同意为由撤销该法律行为；但在另一方未知的情况下，该方可在事后请求法院撤销该法律行为。然而出于保护交易安全的考虑，这种撤销不得对抗善意第三人，即行为是否无效应以第三人的意愿为准。

本案中，A公司是由梁某与彭某婚后共同设立的，二者

---

[1] 案例改编自最高人民法院公报案例2009年第5期。

拥有的全部股份为夫妻共同财产。在对这些股份的转让的磋商中，梁某、彭某及王某都参与了密切的协商讨论，彭某也表现出了强烈的转让意愿。故就股权转让协议而言，彭某知情且相当希望转让该部分股权。后股份转让时，虽梁某伪造了签字和手印，但该转让股权的行为并不违背彭某的真实意思，梁某作为丈夫有权代理其妻子彭某处分二者的股份，该股权转让行为有效；即使认为梁某伪造签字和手印的行为违背了彭某的真实意思而可撤销，该撤销也不得对抗善意的合同相对人王某，该对外的股权转让行为仍为有效。

夫妻法定个人特有财产制的内容包括什么？

❓ 夫妻个人特有财产又称夫妻个人财产、夫妻保留财产，是指在夫妻共同财产制的背景下，依据法律规定或当事人约定，夫妻双方各自保留特定部分财产作为个人所有财产，而在婚后不被夫妻共同财产的范围所涵盖。夫妻个人特有财产分为夫妻法定个人特有财产与夫妻约定个人特有财产。《民法典》第一千零六十三条规定的就是夫妻法定个人特有财产制的内容：在没有其他特别约定的情形下，夫妻一方的婚前财产、夫妻一方因受到人身损害获得的赔偿或者补偿、遗嘱或者赠与合同中确定只归一方的财产、一方专用的生活用品和其他应当归一方的财产均为夫妻一方的个人财产。

这一制度设立的目的是为了保护婚姻关系中的双方当事人的独立地位和正当的财产权利。建立在平等基础之上的婚姻关系才是能够长久存续的，也是更为稳定的。这种平等基础的直接表现就是物质财富上的独立。为夫妻双方规定其能够享有的专属于自身的独立的财产部分，有益于平等的情感关系的建立，也有助于婚姻关系的长久稳固。

夫妻约定财产制的内容包括什么？

❷《民法典》第一千零六十二条和第一千零六十三条以法定的形式对婚姻关系的当事人在婚前以及婚后的财产的性质和范围作出了明文规定，但这两个条文都并未排除当事人对其财产以意思表示合意做出约定。而《民法典》第一千零六十五条则明确规定了关于夫妻约定财产制的内容。

首先，根据《民法典》第一千零六十五条第一款和有关意思表示的相关规定，由于夫妻之间关于财产做出的约定是意思表示的合意，故这一约定有以下生效要件：第一，做出财产约定的夫妻双方应具有合法的夫妻身份，且均具备完全民事行为能力；第二，做出财产约定的夫妻双方应出于自愿，且意思表示真实；第三，夫妻双方对于财产的约定应当合法，不得损害国家、集体、第三人的利益，也不得违背公序良俗；第四，该约定须采取书面形式。

其次，根据《民法典》第一千零六十五条第二款前半句之规定，夫妻对财产做出约定的时间不限于结婚前，在婚姻关系存续期间也可对其所得财产做出约定。即夫妻约定财产制涵盖的财产范围包括了婚前财产和婚后所得的财产。

最后，《民法典》第一千零六十五条第二款后半句以及《民法典》第一千零六十五条第三款之规定明确了夫妻之间的财产约定的效力范围。在夫妻之间，财产约定对夫妻双方具有法律约束力，任何一方不得任意违反该约定，侵害另一方的财产；如要对该约定进行变更或撤销，则须经双方协商同意，并经法定程序完成对该约定的变更或撤销。此外，夫妻间的财产约定不得对抗善意第三人。夫一方或者妻一方的债权人作为善意第三人，其在对夫妻财产约定不知情的情况下，这一约定对第三人不发生约束力，夫妻一方的财产可由该第三人请求法院以夫妻共同财产进行清偿；而第三人对该约定知情时，则应以夫或妻一方的个人财产进行清偿。

【案例】 夫妻约定财产的协议是否成立生效？产生了何种法律效果？

案例简介：唐某甲父母双亡，与李某生有一子，名为唐某乙，在此之前唐某甲与前妻育有一女，名为唐某。2010年10月2日，唐某甲与李某签订《分居协议书》，其中约定了将家中的房A与房B划分为唐某甲个人独立的财产，将房C与房D划分为的李某个人独立的财产。双方签订协议书后将协议书做了公证，并完成了房屋权属登记变更登记等相关手续。后唐某甲于2011年9月16日不幸身故。唐某、唐某乙以及李某皆为唐某甲遗产的第一顺位继承人。

知识点：《民法典》第一千零六十五条第一款规定，"男女双方可以约定婚姻关系存续期间所得的财产以及婚前财产归各自所有、共同所有或者部分各自所有、部分共同所有。约定应当采用书面形式。没有约定或者约定不明确的，适用本法第一千零六十二条、第一千零六十三条的规定"。若夫妻双方身份适格,且对财产有合法的特别约定,则在该约定的范围内法律认可夫妻双方对财产的划分。继承等事由也受其约束,合法的继承人所能继承的财产范围受夫妻双方财产约定的限制。

在本案中,唐某甲与李某于婚姻关系存续期间签订了分割家庭财产的协议书。协议书为作为合法夫妻的唐某甲与李某签订,经过公证,意思表示真实,协议书内容合法,故该协议书合法成立且生效。唐某甲与李某的夫妻共同财产根据该协议书进行了分割,且相关房屋已完成法定权属变更手续。故房C与房D不再为夫妻共同财产,应视为李某的个人财产,故不进入唐某甲的遗产范围。在处理遗产继承时,第一顺位继承人不能请求继承房C或房D,而只能就房A和房B请求分割。

在何种情况下夫妻一方可请求分割共同财产?

答 《民法典》第一千零六十六条规定了婚姻关系存续期间,夫妻一方可向人民法院请求分割共同财产的两种情况,即当一方有隐藏、转移、变卖、毁损、挥霍夫妻共同财产或者伪造夫妻共同债务等严重损害夫妻共同财产利益的行为时,以及一方负有法定扶养义务的人患重大疾病需要医治,另一方不同意支付相关医疗费用时。

这一规定所涉及的民法原理是"共同共有财产的分割"。根据《民法典》第三百零三条之规定,"共有人约定不得分割共有的不动产或者动产,以维持共有关系的,应当按照约定,但是共有人有重大理由需要分割的,可以请求分割;没有约定或者约定不明确的,按份共有人可以随时请求分割,共同共有人在共有的基础丧失或者有重大理由需要分割时可以请求分割。因分割造成其他共有人损害的,应当给予赔偿"。故在一般情况下,只有婚姻关系终止,夫妻双方才可以请求法院分割共同财产;只有在婚姻关系存续期间发生法定事由,夫一方或者妻一方才可以在特殊事由发生后、婚姻关系终止前请求法院分割共同财产。

夫妻相互扶养义务的概念和特征是什么?

答 夫妻相互扶养义务指的是夫妻之间相互扶助和供养的法定义务。这一法定义务基于夫妻彼此的配偶关系的建立而产生,随着婚姻关系的结束而终结,是家庭扶养功能的直接表现,对保障婚姻家庭生活的稳定、促进建立社会主义和谐社会有着重要意义。

根据《民法典》第一千零五十九条的规定,我国的夫妻相互扶养义务有以下特征:其一,夫妻之间的相互扶养义务产生的基础是婚姻关系的建立。只有双方当事人为夫妻关系,具备夫妻身份,才因此身份而承担相互扶养的义务。其二,夫妻间相互扶养的义务是对等的。夫妻双方都有要求对方扶养自己的权利,也承担着尽自己所能扶养对方的义务。其三,这种相互扶养的义务是强制性的。夫一方或妻一方若不履行扶养义务,另一方有权要求其给付扶养费。若不履行扶养义务的一方拒绝给付扶养费,另一方有权诉请法院,通过请求执行生效判决的形式强制对方履行扶养义务,给付扶养费。

夫妻相互继承权的内容包括什么?

答 根据《民法典》第一千零六十一条的规定,夫妻有相互继承遗产的权利。更为具体的继承事宜及流程的规定参见《民法典·继承编》的相关内容,第一千零六十一条的规定更多的是一种权利的宣示。根据民法原理以及法工委的释义,夫妻相互继承权包括以下内容。

其一,夫妻相互继承权产生的前提以合法有效的婚姻关系为基础。只有合法夫妻之间才具备继承彼此财产的权利,如"婚外情"关系中的另一方就不具备此种法定的继承权,无效、被撤销的婚姻关系的双方当事人亦是如此。此外,若双方当事人未登记结婚但以夫妻名义同居生活的,能够认定构成"事实婚姻"并被法院承认的情况下,继承问题可以在认定双方彼此为配偶的基础上进行解决;但不能够认定构成"事实婚姻"的,则只能按同居关系处理,另一方也不能以配偶的身份享有法定继承权。

其二,夫妻互为法定第一顺位的继承人。结合《民法典》第一千一百二十七条之规定,法定第一顺位继承人包括配偶、父母和子女。除非这一法定继承权因第一千一百二十五条之规定丧失,否则配偶的法定继承权不得以任何理由被剥夺、限制或干涉。

其三,夫妻相互继承权的行使要遵循一定的法定程序。在继承开始时,首先应当根据本法第一千零六十二条、第一千零六十三条和第一千零六十五条之规定对夫妻共同财产进行认定和分割,确定死亡一方具体的遗产价值与范围。在完成遗产的确认后,由生存一方配偶与子女、父母等第一顺位继承人依照本法继承编的规定开始继承程序,对遗产进行分割继承。

第二节 父母子女关系和其他近亲属关系

父母与子女之间的权利义务包括哪些?

答 在现代社会,父母与子女之间形成一种平等互助、养老育幼的关系。《民法典》第一千零六十七条至第一千零七十条明确规定了父母子女之间的权利义务关系,具体如下。

(一)父母对子女有抚养的义务。

《民法典》第一千零六十七条第一款规定:"父母不履行抚养义务的,未成年子女或者不能独立生活的成年子女,有要求父母给付抚养费的权利。"该条款表明,抚养子女既是父母的义务,也是子女享有的权利。

抚养是父母从物质上供养子女和在日常生活中照管子女,而抚养费一般包括子女生活费、教育费用、医疗费用等。无论父母双方是否离婚,均对子女有抚养的义务,且该义务自子女出生时起,至子女能够独立生活时为止。因此即使子女已经成年，若其不能独立生活，父母仍需履行对其的抚养义务。

(二)父母对未成年子女有教育和保护的权利义务。

《民法典》第一千零六十八条规定："父母有教育、保护未成年子女的权利和义务。未成年子女造成他人损害的，父母应当依法承担民事责任。"父母是子女出生后的第一个老师，应当按照法律和社会公德的要求，采用正确、适当的方法对子女加以教导和约束，使他们能够树立正确的价值观念，避免作出危害社会的不良行为。同时，父母享有保护未成年子女的权利和义务。未成年子女和成年人一样，享有民事权利能力，其人身权益和财产权益同样受到法律保护。但由于其年龄尚小，无法有效预防危险，且在遭受权益侵害时，恐不能完全凭自身能力来抵御和保护，因此需要父母来帮助加以维护。该保护既包括事前的危险预防和排除，也包括在子女权益受到侵害时请求救济的权利和义务。同时父母作为保护义务人，也不得实施虐待、遗弃未成年子女等不法行为。

该条第二句涉及父母对未成年子女致人损害的民事责任承担问题。原则上，我国法施行"责任自负"的原则，即在侵权行为发生时，由加害人来承担侵权责任。但由于未成年子女一方面存在心智不成熟、父母监管不力的问题，另一方面没有可供赔偿的财产，受害人存在无法获得合理赔偿的风险，因此交由父母来承担相应的责任。

（三）子女对父母有赡养的义务。

赡养老人不仅是道德义务，同时也为法律所明确。《民法典》第一千零六十七条第二款规定："成年子女不履行赡养义务的，缺乏劳动能力或者生活困难的父母，有要求成年子女给付赡养费的权利。"赡养包括经济上供养、生活上的照顾和精神上的慰藉。该条文强调，针对缺乏劳动能力或者生活困难的父母，在成年子女不履行赡养义务时，可直接要求其给付赡养费。而对于有劳动能力或生活有保障的父母，似乎被排除出该条的适用范围，但他们仍可要求子女对其尽其他的赡养义务，比如生活上的照料和精神上的慰藉。

《民法典》第一千零六十九条规定："子女应当尊重父母的婚姻权利，不得干涉父母离婚、再婚以及婚后的生活。子女对父母的赡养义务，不因父母的婚姻关系变化而终止。"该条强化了对父母婚姻自由的保护。无论父母是否再婚，成年子女都需要承担法定的赡养义务；若不履行，父母可根据《民法典》第一千零六十七条第二款要求给付赡养费。

（四）父母子女之间相互有继承权。

《民法典》第一千零七十条规定："父母和子女有相互继承遗产的权利。"因父母和子女都是彼此最近的直系血亲，有着最为紧密的人身关系和财产关系，因此双方之间能够相互继承亦无可非议。

什么是非婚生子女？其法律地位是否等同于婚生子女？

答 非婚生子女是指没有婚姻关系的男女所生之子女，包括未婚男女双方所生的子女或者已婚男女与婚外第三人发生两性关系所生的子女。而对于婚姻无效或被撤销的当事人所生子女，国外法律有不同的认定，我国法律未予以明确；但在《民法典》第一千零五十四条第一款最后一句明确了"（婚姻无效或被撤销的）当事人所生的子女，适用本法关于父母子女的规定"。

对于非婚生子女的法律地位是否等同于婚生子女的问题，《民法典》第一千零七十一条第一款作出了明确的回应，即"非婚生子女享有与婚生子女同等的权利，任何组织或者个人不得加以危害和歧视"。由此可知，非婚生子女同样平等地享有和承担《民法典》中关于父母子女之间的权利和义务,不得被歧视和危害。

同时第一千零七十一条第二款规定:"不直接抚养非婚生子女的生父或者生母,应当负担未成年子女或者不能独立生活的成年子女的抚养费。"这也是对现实问题的回应。一般情况下,非婚生子女多只与生父或生母一方共同生活,由该方直接抚养;而不直接抚养方通过支付抚养费的方式来承担抚养义务。因此,若不直接抚养方不支付抚养费,未成年子女或不能独立生活的成年子女即可通过该款以及第一千零六十七条第一款来要求给付抚养费。

继父母子女关系是否等同于亲生父母子女关系?

答 通常情况下,配偶一方对他方与前配偶所生的子女,称继子女;而子女对母亲或父亲的再婚配偶,称继父或继母。继父母和继子女的关系,是由于生父母一方死亡,另一方带子女再婚;或父母离婚后,另行结婚而形成的。继父母与继子女之间的法律关系在学理上分成三种类型:第一种是没有形成抚养关系,即在继父母再婚时,继子女已经成年并独立生活，或虽然没有成年但并未与继父母共同生活，因此没有形成事实的抚养关系；第二种是形成抚养关系，也称"共同生活型"，即未成年子女随生父母一方与继父或继母共同生活时，继父母承担了部分或全部抚养费，或继父母虽未承担抚养费用，但其与未成年子女共同生活，对继子女进行了教育和日常生活的照料，均可认为形成了抚养关系；第三种是收养型，即继父或继母经继子女生父母同意，收养该子女为其养子女时，继父母子女关系变为养父母子女关系，受到收养制度的调整。

《民法典》第一千零七十二条第二款规定："继父或者继母和受其抚养教育的继子女间的权利义务关系，适用本法关于父母子女关系的规定。"该条款明确了不是所有的继父母与继子女之间的权利义务都等同于本法规定的父母子女之间的权利义务。仅在继父或继母承担了对未成年继子女的抚养教育责任，形成了抚养关系，双方才成为法律上的父母子女关系，适用与亲生父母子女关系相同的法律规则，包括继父母对继子女有抚养、教育和保护的权利义务，继子女对继父母须履行赡养义务，双方之间可以相互继承。因此，当继子女在其生父或生母再婚时已经成年并独立生活的，该子女与继父或继母之间不发生权利义务关系。同时需要注意的是，继父母与继子女的关系不同于收养关系，其抚养关系的成立并不直接导致继父母与其亲生子女之间以及继子女与其亲生父母之间的法律关系终止，而是形成了双重权利义务关系，即继父母与亲生子女、继子女（或继子女与其亲生父母、继父母）都适用父母子女关系的规定。

《民法典》第一千零七十二条第一款规定："继父母与继子女间，不得虐待或者歧视。"该条款没有抚养关系的限制条件，因此是适用于所有的继父母子女之间，保障了双方的权利，防止因特殊的父母子女关系而受到不公正待遇。

父母或子女一方能否要求确认或否认亲子关系？

❓ 《民法典》第一千零七十三条规定："对亲子关系有异议且有正当理由的，父或者母可以向人民法院提起诉讼，请求确认或者否认亲子关系。对亲子关系有异议且有正当理由的，成年子女可以向人民法院提起诉讼，请求确认亲子关系。"可见，《民法典》原则上认同确认或否认亲子关系权利的存在，但在主体和条件上有所限制。

（一）主体方面的限制。

在主体方面，有权提起亲子关系确认之诉的人包括父母及成年子女。其中父亲可通过该诉讼来确认其非婚生子女的父亲身份，也可以确认抛弃子女等情形的母亲身份。母亲同样可以据此确认非婚生父亲的身份；同时，在采取人工生殖技术生育子女情形下，母亲也可以通过亲子关系确认之诉来确认自己的母亲身份，取得子女的抚养权。成年子女在与父母失散多年等情形下，可以要求确认亲子关系，确认后若该子女不能独立生活的，可以要求父母履行抚养义务；若已能独立生活的，则需要履行赡养义务。此处的子女仅包括亲生子女而不包括养子女、继子女。

而对于能够提起亲子关系否认之诉的主体，仅包括父母，不包括成年子女。理由在于，法律须平衡血缘关系与事实养育关系两者之轻重。事实养育对未成年子女的成长起到重大作用，其虽非血缘关系，但更胜于血缘关系，应当受到法律的确认和保护，不能仅因为无血缘关系而被否认亲子关系。因此，成年子女不能通过否认亲子关系来逃避赡养父母的义务。

（二）"有异议且有正当理由"的理解。

提起亲子关系确认或否认之诉的条件是"对亲子关系有异议且有正当理由"。首先，"对亲子关系有异议"是指父亲或母亲认为现存的亲子关系是错误的,自己不是或者才是他人生物学意义上的父亲或母亲,而成年子女是认为自己是他人生物学意义上的子女。在提出异议后,当事人还需要举证证明"有正当理由",条文没有具体的界定,实践中多是法院根据案件的具体情况来加以判断。例如,丈夫提供的医院开具其无生殖能力的证明,或者权威机构开具的亲子鉴定报告等。法院根据当事人提供的初步证据,经审查符合"有正当理由"的条件,对相应的亲子关系诉讼才能予以受理。

【案例】 父亲一方否认亲子关系

案例简介:钟某甲与徐某系夫妻,2015年婚生女儿钟某乙出生。三人户籍均登记于同户,登记户主为钟某甲。因怀疑钟某乙非其亲生女儿,钟某甲于2017年3月16日委托上海某司法鉴定所检验其与钟某乙之间是否存在亲生血缘关系。2017年3月22日,上海某鉴定所作出检验报告书,检验样本显示为被检父"钟某甲"和被检子"钟某乙"的毛发,检验意见为:依据现有资料和DNA分析结果,排除被检父为被检子的生物学父亲。2017年5月11日,钟某甲向原审法院提起诉讼,请求法院判决：确认钟某甲和钟某乙之间不存在亲子关系。审理中，徐某以保护钟某乙身心健康为由拒绝亲子鉴定。一审法院支持钟某甲的诉求，否认了钟某甲和钟某乙的亲子关系，二审法院作出维持原判的裁决。

知识点：本案发生在《民法典》出台之前，关于亲子关系的否认之诉适用的法律依据是《婚姻法解释三》第二条第一款的规定，即"夫妻一方向人民法院起诉请求确认亲子关系不存在，并已提供必要证据予以证明，另一方没有相反证据又拒绝做亲子鉴定的，人民法院可以推定请求确认亲子关系不存在一方的主张成立"。本案中，钟某甲已提交了初步证据，而被告徐某，没有相反证据且拒绝亲子鉴定，符合该条款规定，因此法院支持了钟某甲否定亲子关系的诉求。而根据《民法典》的规定，同样可作出相同结论。

在什么情况下，(外)祖父母和(外)孙子女之间需要履行抚养或赡养义务？

答 祖父母与孙子女，外祖父母与外孙子女是隔代的直系血亲关系,通常两者之间不会发生抚养和赡养的关系;但根据《民法典》第一千零七十四条规定,在特定情形下,双方会发生抚养或赡养的义务,这也彰显了养老育幼的家庭美德。

(一)被抚养人的父母、被赡养人的子女死亡或者无抚养、赡养能力。

首先,父母、子女的死亡可能包括自然死亡和依法被宣告死亡,同时这里的死亡主体包括父母双方(或所有子女)均已死亡。死亡的直接后果是导致本应尽的抚养或赡养义务无法履行。

其次,无抚养、赡养能力是指父母因经济能力不足导致以自己的收入无法满足子女的生活费、教育费等生活需要;或子女因为没有经济来源、身体状况异常等问题而没有赡养父母的能力。

(二)被抚养人、被赡养人确实有生活困难。

祖孙之间的抚养和赡养关系必须是以一方确实有生活困难为前提,如果该方有一定的经济收入或经济来源,完全能够负担自身生活所需,则不能要求另一方来承担抚养或者赡养义务。需注意的是,这里需被抚养的子女仅包括未成年子女,而不包括不能独立生活的成年子女。

（三）承担抚养、赡养义务的人有一定的负担能力。

负担能力是指祖父母、外祖父母既具备一定的经济条件，又具备一定的监护能力，在此条件下，才有可能对未成年孙子女、外孙子女承担抚养义务；另一方面，孙子女、外孙子女承担赡养义务同样要求其具备完全行为能力，且有足够的经济收入来赡养祖父母和外祖父母。如果存在数个孙子女、外孙子女且均具有负担能力的情况时，应根据他们的经济条件共同负担赡养义务。

在什么情况下，兄弟姐妹之间需要履行扶养义务？

答 兄弟姐妹是血缘关系中最近的旁系血亲，它包括自然血亲的兄弟姐妹和拟制血亲的兄弟姐妹（如同母异父或同父异母的兄弟姐妹、养兄弟姐妹、继兄弟姐妹）。和祖孙关系一样，兄弟姐妹之间在一般情况下不发生扶养关系，因为都是在父母的抚养照顾之下；但也会存在特殊的情形，如父母死亡等，兄、姐与弟、妹之间根据《民法典》第一千零七十五条的规定会产生扶养关系。

（一）兄、姐扶养弟、妹的条件。

1. 父母已经死亡或父母无力抚养。父母死亡包括自然死亡和依法被宣告死亡，且须满足父母均死亡的条件，否则仍可由父或母一方来承担抚养义务；父母无力抚养是指没有足够的经济能力来满足未成年子女的生活需要。

2. 兄、姐有负担能力。这里的负担能力是指兄、姐属于完全行为能力人，且在经济上能够承担得起弟、妹的生活需要，在身心健康方面能起正向引导作用。

3. 弟、妹尚未成年。接受兄、姐扶养的弟、妹须是未满18周岁且没有独立生活能力的未成年人。如果弟、妹已满16周岁，且能够以自己的劳动收入维持生活的，兄、姐不需要再承担相应的扶养责任。因《民法典》规定的仅是未成年弟、妹，所以弟、妹已经成年却没有独立生活能力、缺乏生活来源的情况，兄、姐也不承担扶养义务，但在道德上鼓励其帮助照顾弟、妹的生活。

（二）弟、妹扶养兄、姐的条件。

1. 兄、姐既缺乏劳动能力，又缺乏生活来源。缺乏劳动能力是指兄、姐因年老体弱、身体残疾等行动不便不能从事劳动；缺乏生活来源是指没有足够的财产来维持自己的生活，同时也缺少其他的抚养义务人如父母或成年子女，或这些义务人没有抚养能力。缺少劳动能力和缺乏生活来源必须同时具备。

2. 弟、妹由兄、姐扶养长大。在父母死亡或虽未死亡但没有抚养能力的情况下，兄、姐扶养未成年弟、妹长大成人的，从权利义务相一致原则角度来看，在兄、姐没有能力实现独立生活时要求弟、妹来承担扶养责任，具有合理性。反过来说，如果兄、姐没有实际扶养过弟、妹，弟、妹是由祖父母抚养长大的，则弟、妹也没有义务来扶养兄、姐。

3. 弟、妹有负担能力。和上述兄、姐扶养条件相同，即弟、妹必须是完全行为能力人，能够在维持自己生活的同时有足够的经济条件来扶养照顾兄、姐的生活。若其自身条件无论是经济还是身体状况存在不足，则不能强求其来承担扶养义务。

第四章　离　婚

登记离婚的条件和程序是什么？

答　离婚是夫妻双方依据法定的条件和程序解除婚姻关系

的法律行为。根据《民法典》第一千零八十条规定，我国的法定离婚方式包括登记离婚和诉讼离婚。登记离婚，又称为协议离婚，是指婚姻关系当事人自愿达成离婚合意并通过婚姻登记程序解除婚姻关系的法律制度。《民法典》第一千零七十六条的规定了登记离婚所需满足的条件和程序。

（一）登记离婚的条件。

1. 婚姻关系真实存续，申请人有合法的夫妻身份。解除婚姻的前提是存在婚姻关系，若本身不存在婚姻关系，则无所谓解除与否。因此，如果是未婚同居者，或已有配偶仍与他人同居者等未办理结婚登记的"事实婚姻"的当事人，如果申请办理登记离婚的，婚姻登记机关应不予受理。

2. 夫妻双方自愿离婚。夫妻双方在离婚问题上应达成合意，且双方的意思表示真实、自愿，不存在欺诈、胁迫的情形。

3. 夫妻双方订立书面离婚协议，就财产和子女问题达成合意。离婚协议必须以书面形式订立，且内容必须包括子女抚养、财产分割及债务处理等事项。协议内容亦必须合法有效。

（二）登记离婚的程序。

在离婚程序问题上，《民法典》第一千零七十六条仅规定夫妻双方亲自到婚姻登记机关申请离婚登记的程序，在细节问题上未予以明确；可以结合《民法典》第一千零七十八条和《婚姻登记条例》的相关规定来加以具体化。

首先，双方需要先提出离婚申请。根据《婚姻登记条例》第十条的规定，男女双方应当共同到一方当事人常住户口所在地的婚姻登记机关办理离婚登记。同时《婚姻登记条例》第十一条规定了办理离婚登记时应当携带的证件，包括本人户口簿、身份证，本人的结婚证，双方当事人共同签署的离婚协议书。港澳台居民办理离婚的，除上述证件外，还需要出具本人有效的通行证、身份证；华侨及外国人还应当出具本人有效护照或其他有效国际旅行证件。

申请完毕后，由婚姻登记机关进行审查。根据《婚姻登记条例》第十三条规定，婚姻登记机关应当对离婚登记当事人出具的证件、证明材料的完整性等进行审查并询问当事人是否自愿离婚，对于子女抚养、财产分割等问题是否达成有效协议；但这种审查属于形式审查，只要登记机关在审查中尽了必要的谨慎义务，其所作登记即为合法有效的。

审查后，登记机关即可做出登记或不予登记的决定。《民法典》第一千零七十八条规定："婚姻登记机关查明双方确实是自愿离婚，并已经对子女抚养、财产以及债务处理等事项协商一致的，予以登记，发给离婚证。"对于不予登记的，登记机关需要向当事人说明理由。

诉讼离婚如何进行？

答 诉讼离婚，又称"判决离婚"，是指夫妻一方基于法定离婚理由向人民法院提起离婚诉讼，人民法院依法通过调解或判决，解除当事人婚姻关系的一种离婚方式。与登记离婚的不同之处在于，诉讼离婚的适用情形是双方无法达成离婚合意或在财产、子女问题上存在争议，还包括未经过结婚登记的事实婚姻需要解除的，需要通过法院调解或裁决的方式来解决。根据《民法典》第一千零七十九条的规定，诉讼离婚大致可以分成两个部分，即调解和诉讼。

调解分为诉讼外调解和诉讼内调解。《民法典》第一千零七十九条第一款规定："夫妻一方要求离婚的，可以由有关组织进行调解或者直接向人民法院提起离婚诉讼。"此为诉讼外调解，即男女一方要求离婚的，可以先经有关组织进行调解，这些组织包括婚姻登记机关、当事人所在单位、人民调解委员会等。需要注意的是,诉讼外调解并非诉讼离婚的必经程序,当事人也可以直接向法院提起离婚诉讼。而诉讼内调解有所不同,根据《民法典》第一千零七十九条第二款规定,"人民法院审理离婚案件,应当进行调解",法院在受理离婚案件后,无论是在审理开始前,还是审理中,都可以依职权主动进行调解,尽量使双方达成协议。调解产生的后果可能包括:(1)双方和好,原告撤诉;(2)双方达成离婚合意,签署离婚协议,法院作成离婚调解书,根据《民法典》第一千零八十条规定调解书送达后发生法律效力,婚姻关系解除;(3)调解无效,双方没有达成离婚合意,继续审理并由法院作出判决;根据《民法典》第一千零七十九条第二款第二句规定,"如果感情确已破裂,调解无效的,应当准予离婚",法院可由此直接作出离婚判决。

诉讼外无法调解成功的,则一方可提起诉讼,进入诉讼程序。

首先,需要确定管辖法院。根据《民事诉讼法》规定,离婚案件一般由被告住所地法院管辖,也存在相关的例外规定,比如与经常居住不一致的,应当由经常居住地法院管辖;在特殊情形下由原告住所地或经常居住地管辖。

其次,需要确定判决离婚的条件。条件主要包括两个方面:夫妻感情确已破裂以及调解无效。夫妻感情是维系婚姻关系的重要纽带,若双方已无任何感情可言,用法律手段强行维持婚姻关系,未免强人所难,与婚姻自由的基本原则不符。对于认定夫妻感情是否确已破裂,需要结合《关于人民法院审理离婚案件如何认定夫妻感情确已破裂的若干意见》和《民法典》第一千零七十九条第三款的规定来讨论。该《意见》提出十四种视为感情确已破裂的情形,同时指出人民法院在审理离婚案件时,判断夫妻感情是否确已破裂,应当从婚姻基础、婚后感情、离婚原因、夫妻关系的现状和有无和好的可能等方面综合分析。而《民法典》第一千零七十九条第三款具体列举了四种情形,同时规定了兜底条款(第五项)。具体包括:重婚或者与他人同居;实施家庭暴力或虐待、遗弃家庭成员;有赌博、吸毒等恶习屡教不改;因感情不和分居满两年;其他导致夫妻感情破裂的情形。第五项兜底条款一定程度上保障了一方的权利,也给予了法院更大的裁量空间,可以根据感情确已破裂这一原则,结合案情作出正确判定。

《民法典》第一千零七十九条第四款规定:"一方被宣告失踪,另一方提起离婚诉讼的,应当准予离婚。"结合《民法典》

第四十条规定，自然人下落不明满二年的，利害关系人可以向人民法院申请宣告该自然人为失踪人。按照《民事诉讼法》规定被法院宣告失踪的，其配偶提起离婚诉讼，人民法院即可判决准予离婚。

通过法院判决的离婚，根据《民法典》第一千零八十条规定，在判决书生效时，婚姻关系解除。而判决书的生效时间需要区分情况。若为二审判决，因属于终审判决，在判决书送达当事人时即生效。若为一审判决，在上诉期间内判决当事人对此判决提起上诉的，一审判决并未生效，需等待二审法院作出裁决；若未提起上诉，则期限届满时一审判决生效，双方的婚姻关系解除。

分居与离婚的关系是什么？

答 分居是指夫妻之间不再共同生活，不再履行夫妻义务。其与离婚之间的关系包括如下两个方面。

首先，分居是准予离婚的理由之一。根据《民法典》第一千零七十九条第三款第四项的规定，因感情不和分居满二年的，且调解无效，人民法院应当准予离婚。需要注意的是：双方分居的原因是感情不和，而非工作、学习等其他原因；分居强调双方互不履行夫妻义务，而非一方不履行家庭义务；关于当事人已经连续分居二年的举证责任由原告方提出；夫妻分居已满二年，但未造成夫妻感情确已破裂或经调解尚有和好可能的，则不能认为已具备准予离婚的条件。

其次，根据《民法典》第一千零七十九条第五款的规定，"经人民法院判决不准离婚后，双方又分居满一年，一方再次提起离婚诉讼的，应当准予离婚。"该条款是对实际生活中存在的法院判决不准离婚后再次起诉离婚现象的回应。在实践中，可能存在经审理，法院作出不予离婚的判决，而双方继续分居的现象。若分居满一年，则能够说明感情确已破裂，已无和好可能，一方再次提出离婚诉讼的，法院应当判决准予离婚。该款规则具有可操作性，可以解决现实生活中久拖不决的离婚案件。

什么是离婚冷静期？

答 基于我国近年来离婚率不断攀升、登记离婚比例提高、轻率型离婚增多等现象的出现，《民法典》在登记离婚方面增加了离婚冷静期的制度，即夫妻双方协议离婚时，政府给予双方一段时间，强制当事人暂时搁置离婚纠纷，在法定期间内冷静思考离婚问题，充分考虑后再决定是否离婚。这个制度意在通过严格登记离婚程序以降低冲动轻率的离婚行为，稳定家庭关系。

《民法典》第一千零七十七条规定："自婚姻登记机关收到离婚登记申请之日起三十日内，任何一方不愿意离婚的，可以向婚姻登记机关撤回离婚登记申请。前款规定期限届满后三十日内，双方应当亲自到婚姻登记机关申请发给离婚证；未申请的，视为撤回离婚登记申请。"据此可以将离婚冷静期的效果分成期满前和期满后。

在夫妻双方向婚姻登记机关申请离婚之日起，离婚冷静期开始计算，冷静期限为三十日。在这三十日内，只要夫妻任何一方不愿意离婚的，即可向婚姻登记机关撤回离婚登记申请，双方的婚姻关系即存续；而在离婚冷静期届满后，夫妻双方均未撤回离婚登记申请的，婚姻登记机关仍不会立即登记并发给离婚证，而是需要双方在此后三十日内再亲自到婚姻登记机关申请发证，婚姻登记机关才会办理离婚登记并发给离婚证，此时双方的婚姻关系才真正解除。反之，若有任何一方未在三十日内亲自前往登记机关申请发给离婚证，就视为撤回离婚登记申请，登记机关则不会再发放离婚证，双方的婚姻关系并未解除。因此夫妻双方若想通过登记离婚的方式来解除婚姻关系，则自登记申请之日起至少需要三十日，而最长期限为六十日。

【案例】 离婚冷静期届满后，夫妻选择撤销离婚诉讼

案例简介：宵某与钟某于1986年登记结婚，育有一女。近年来，由于钟某养成酗酒与打牌的不良嗜好，双方缺乏交流和沟通，常为生活琐事发生争吵，导致夫妻感情产生裂痕。在2011到2012年期间，宵某曾两次向四川省彭州市人民法院提起离婚诉讼，经法院调解，两案均由宵某撤诉结案。2018年7月31日，宵某因不满钟某谩骂，再次向彭州市人民法院提起离婚之诉。此时，宵某已53岁，钟某已55岁，二人女儿也即将为人母。彭州市人民法院经庭前"问诊"认为：夫妻二人之间仍有感情，不属于死亡婚姻。综合全案情况，根据最高人民法院《关于进一步深化家事审判方式和工作机制改革的意见》（试行）第四十条规定，向双方当事人发出个性化订制的《离婚冷静期通知书》，给予双方当事人两个月冷静期。

冷静期通知书告诫离婚对子女带来的伤害，并要求双方

"在冷静期内均应保持冷静和理智,并积极与对方沟通,男方要积极改正缺点错误,女方应对男方的转变有所回应。双方要给予对方包容和理解,避免争吵和猜疑"。冷静期内,法官联合家事调查员多次走访、调解并动员当事人女儿居中调和,最终夫妻关系重归于好。

知识点:此案虽出现在《民法典》颁布之前,法院发出的离婚冷静期通知书依据的是试行的改革意见,因此具有合理性;但是根据《民法典》的规定,离婚冷静期仅适用于登记离婚场合,法院在诉讼离婚中似乎不再拥有适用离婚冷静期的权利。当然,最高院可作出其他的司法解释,赋予法院相应权利。总的来说,本案夫妻关系最终重归于好展示了离婚冷静期制度的价值与意义,证明了离婚冷静期制度可以为那些感情并未完全破裂、未成为死亡婚姻的"冲动型"离婚案件提供全新解决方案的实践可行性。

哪些情况下,夫妻一方不得提出离婚?

答 《民法典》基于对现役军人和妇女儿童权益的保护,

于第一千零八十一条和第一千零八十二条分别对一方的离婚诉权做了限制性规定。

（一）现役军人离婚的限制规定。

《民法典》第一千零八十一条规定："现役军人的配偶要求离婚，应当征得军人同意，但是军人一方有重大过错的除外。"

首先，本条适用的主体是现役军人和现役军人的配偶。其中现役军人指有军籍的人，包括在中国人民解放军服现役、具有军籍和军衔的军官、士兵以及中国人民武装警察部队成员（其虽不属于中国人民解放军的编制序列，但是在婚姻问题上仍按现役军人婚姻问题处理。）现役军人的配偶应为非现役军人，否则不属于该条规制的对象，即双方如果都是现役军人，则直接适用普通的离婚规定。

其次，本条强调的是现役军人的配偶方主动要求离婚，应当征得现役军人的同意，如果军人一方不同意，原则上法院应当判决不准离婚；若反过来是现役军人主动提出离婚，则按一般离婚纠纷来处理，而不适用该条规范。

再次，本条规定了例外规则，即如果军人一方有重大过错，则配偶一方的离婚要求不受军人身份的限制。但是这里军人一方的过错限定在"重大过错"而非一般的过错。重大过错的认定，可以参照《民法典》第一千零七十九条第三款关于感情破裂的情形以及第一千零九十一条无过错方要求损害赔偿的情形规定，具体可以包括军人一方重婚或与他人同居，事实家庭暴力或虐待、遗弃家庭成员，有赌博、吸毒等恶习屡教不改或其他违背公序良俗、严重伤害夫妻感情的行为。

（二）男方离婚诉权的限制规定。

《民法典》第一千零八十二条规定："女方在怀孕期间、分娩后一年内或者终止妊娠后六个月内，男方不得提出离婚；但是，女方提出离婚或者人民法院认为确有必要受理男方离婚请求的除外。"这是保护妇女儿童身心健康的特别规定，是在特定期限内对男方离婚请求权的限制。

对于男方的离婚诉权的限制，发生在女方的三个特别时期内：第一是女方在怀孕期间；第二是女方在分娩后一年内，此处只要存在分娩的事实，无论婴儿是否活着娩出，男方离婚均受限制；第三是女方终止妊娠后六个月内，终止妊娠的原因既包括因计划生育等主观原因，也包括医学等客观原因等。在这三个时期内，女方的身体和心理都处于恢复期，且胎儿或婴儿处在发育期间，需要父母的合力抚育，若提出离婚请求则可能会刺激到妇女，也会影响胎儿或婴儿的保育。

本条对此限制也作了例外规定：一方面，如果女方主动提出离婚，自愿放弃法律对其的特殊保护，说明其已对离婚有了思想准备，法院应当受理并依据相关规定作出判决；另一方面，法院认为确有必要受理男方离婚请求的，即存在比本条特别保护利益更为重要的利益需要关注的，比如危及生命安全等，法院应当予以受理；对于两者利益的衡量，由法院来做具体认定。

离婚时，子女的抚养权和抚养费如何确定？

答 无论是登记离婚还是诉讼离婚，子女抚养都是一个必须要合理解决的问题。根据《民法典》第一千零八十四条前两款的规定，夫妻双方即使离婚后，其与子女之间的关系并不消除，父母对于子女仍都有抚养、教育、保护的权利和义务。真正有争议、需要协议或裁判加以确定的是，由哪一方来直接抚养，而另一方提供抚养费，以及抚养费的具体支付方式等问题。

（一）直接抚养主体的确定。

首先需要明确的是，直接抚养主体确定的基本考量是儿童利益最大化原则，必须把维护子女利益放在首位，然后结合父母抚养条件和能力，综合考虑决定。

其次，《民法典》第一千零八十四条第三款根据子女的不同年龄段，做出了不同的具体办法：

若子女不满两周岁，以母亲直接抚养为原则。这是由哺乳期内的母婴生理特点所决定的，不满两周岁的子女还处于哺乳期内，由母亲直接抚养，有利于子女的生长发育；但当母亲存在不宜或不能抚养婴儿的情况时，父亲不能推卸抚养的义务。

若未成年子女已满两周岁，应当先由父母双方来协议，协议不成的，法院根据双方的具体情况，按照最有利于子女的原则来决定。在父母双方均要求子女由其直接抚养的，可参考最高人民法院《关于人民法院审理离婚案件处理子女抚养问题的若干具体意见》（以下简称"《离婚子女抚养的意见》"）第三条规定，一方若有以下情形的，法院应当优先考虑："（1）已做绝育手术或因其他原因丧失生育能力的；（2）子女随其生活时间较长，改变生活环境对子女健康成长明显不利的；（3）无其他子女，而另一方有其他子女的；（4）子女随其生活，对子女成长有利，而另一方患有久治不愈的传染性疾病或其他严重疾病，或者有其他不利于子女身心健康的情形，不宜与子女共同生活的。"

若未成年子女已满八周岁的，因其属于限制行为能力人，已经具有一定的认识和判断能力，因此在跟随父亲还是母亲生活问题上，应当首先询问该子女的意见，由其自己来作决定。

（二）抚养费的确定问题。

根据《民法典》第一千零八十五条第一款的规定，离婚后子女无论是由父亲还是母亲一方直接抚养，另一方都应当负担部分或全部的抚养费。负担费用的数额和期限，由双方协议；协议不成的，由人民法院判决。

在数额方面，参考《离婚子女抚养的意见》第七条的规定，应根据子女的实际需要，父母双方的负担能力和当地实际生活水平来确定。对于父母有固定收入的，抚育费一般可按其月总收入的百分之二十至三十的比例给付；负担两个以上子女抚育费的，比例可适当提高，但一般不得超过月总收入的百分之五十。对于父母无固定收入的，抚育费的数额可依据当年总收入或同行业平均收入，参照上述比例确定。在有特殊情况时，可适当提高或降低上述比例。同时，根据《民法典》第一千零八十五条第二款的规定，即便做出了关于抚养费的协议或判决，子女在必要时可以向父母任何一方提出超过协议或者判决原定数额的合理要求。例如原定抚育费数额不足以维持当地实际生活水平等情形。

在抚养费的给付期限方面，参考《离婚子女抚养的意见》第十一条、第十二条的规定，抚养费的给付期限，一般至子女十八周岁为止。如果子女年龄在十六周岁以上不满十八周岁，以其劳动收入为主要生活来源，并能维持当地一般生活水平的，父母可停止给付抚养费。而对于不能独立生活的成年子女，如丧失劳动能力或虽未完全丧失劳动能力，但其收入不足以维持生活的等，父母又有给付能力的，仍应负担必要的抚育费。

在抚养费的给付方法上，《民法典》未作明确规定，但可参照《离婚子女抚养的意见》第八条、第九条规定，抚养费可以定期给付，也可以一次性给付；同时对一方无经济收入或者下落不明的，可用其财物折抵子女抚育费。

离婚后不共同生活的一方针对子女是否享有探望权？

答 《民法典》第一千零八十六条赋予了离婚后不直接抚养子女的一方享有对未成年子女进行探望的权利，另一方有协助的义务。父母与子女的关系不因父母离婚而消除。法律给予非直接抚养方探望子女的权利，一方面维系了父母与子女之间的亲情，抚慰双方心灵，另一方面也给予了子女更加完整的关爱，有利于子女的健康成长。

在探望权的行使方面，行使该权利的主体是非直接抚养父或母一方，而另一方是义务主体，负有协助且不妨碍对方行使权利的义务。行使探望权的方式、时间由当事人以离婚协议或另定协议的方式来确定；若不能达成协议，探望权人可以向法院提出请求，由法院依法对探望的时间和方式作出判决。根据《婚姻法解释一》第二十四条规定，如果已经生效的离婚判决没有涉及探望权，双方又无法达成协议的，当事人也可以就探望权问题单独提起诉讼，法院应当受理。

《民法典》第一千零八十六条第三款规定了探望权的中止与恢复。若父或者母探望子女，不利于子女身心健康的，未成年子女、直接抚养子女的一方或者其他对子女负担抚养、教育义务的法定监护人应依法向法院申请中止，由法院依法中止探望权。对于"不利于子女身心健康"的情形，主要包括：（1）探望权人是无行为能力人或者限制行为能力人；（2）探望权人患有严重传染性疾病或其他严重疾病，可能危及子女健康的；（3）探望权人在行使探望权时对子女有侵权行为或者犯罪行为，损害子女权益的；（4）探望权人与子女关系恶化，子女拒绝探望的；（5）其他不利于子女身心健康的行为，如探望权人有酗酒、吸毒、骚扰子女的行为等。中止探望权只是暂时性的，并非完全剥夺权利。如果不利于子女身心健康的情形消失后，被中止探望权的人可向法院申请恢复探望权，法院应当根据实际情况裁定是否恢复其探望权。

离婚时，夫妻财产应如何分割？

答 离婚时对夫妻的共同财产进行处理是离婚所产生的法律后果之一。根据《民法典》第一千零八十七条第一款规定，夫妻双方在离婚时可以就共同财产如何分割达成协议；若无法达成协议的，则由法院根据财产的具体情况，按照照顾子女、女方和无过错方权益的原则来判决。但需要注意的是，分割财产的前提是明确双方的共同财产，这需要根据《民法典》第一千零六十三条和第一千零六十五条结合判断。

（一）分割财产应遵循的基本原则。

在双方协议不成时，需要由法院来判决分割。法院判决分割应当遵循以下几个基本原则。第一，男女平等原则。因为男女双方均有为这个家庭的付出，应当平等相待。第二，照顾子女权益原则。子女在离婚中是最为不幸的，应当将其利益放在首位，倾向于对直接抚养子女一方多分。第三，照顾女方权益原则。女方由于在家庭生活中付出较多，可能本身的工作能力、竞争力有所退化，在离婚后会遭遇工作难等问题，对生活造成影响。因此，有必要保障女方权益并给以适当的照顾。第四，照顾无过错方权益的原则。婚姻中可能存在一方违反夫妻间忠诚义务造成另一方损害而导致离婚的，对于过错方，在财产分割问题上应当加以惩戒。而认定过错与否，可依照《民法典》第一千零九十一条和第一千零九十二条来判断。

（二）分割财产时的具体问题。

1.土地承包经营权的保护。

夫妻作为农村承包经营户中的主要成员，与其他家庭成员共同享有在土地承包经营中的权益，对所承包的土地享有占有、使用和收益的权利。但在实际生活中，女方的土地承包经营权在离婚时会受到侵害。因此《民法典》第一千零八十七条第二款特别规定了，对夫或者妻在家庭土地承包经营中享有的权益等，应当依法予以保护。夫妻离婚后，所在的农村集体经济组织负责对原先家庭共同使用和承包的土地予以平等地划分和变更；若女方的户籍迁移另地的，由新居住地的农村集体经济组织负责为其划分承包地，若在新居住地未取得承包地的，原居住地的发包方不得收回原承包地。

2.离婚经济补偿问题。

《民法典》第一千零八十八条规定："夫妻一方因抚育子女、照料老年人、协助另一方工作等负担较多义务的，离婚时有权向另一方请求补偿，另一方应当给予补偿。具体办法由双方协议；协议不成的，由人民法院判决。"这是关于离婚经济补偿请求权的规定，一方面是对女方权益保护原则的补充和强化，另一方面也照顾到部分男性的利益。虽然该款是《婚姻法》第四十条的延续，但《民法典》将其适用范围从夫妻财产约定分别所有制扩张到所有类型的夫妻财产制，以加强对付出义务较多一方的保护，使其利益得到有效保障。

该请求权适用的主体是在家务劳动中付出了较多的时间和精力，如在抚养教育子女、照顾老人以及协助另一方工作方面等。对于具体的补偿方案，双方协议优先；若协议不成的，可由法院来作出判决决定，一方既可以结合照顾女方权益原则，在共同财产分割时主张多分，也可以要求对方从其个人财产中对已进行经济补偿。

3. 隐匿转移财产等行为的处理规则。

根据《民法典》第一千零九十二条规定，夫妻一方存在隐藏、转移、变卖、毁损、挥霍夫妻共同财产，或者伪造夫妻共同债务企图侵占另一方财产的情形的，在离婚分割夫妻共同财产时，对该方可以少分或者不分。离婚后，另一方发现有上述行为的，可以向人民法院提起诉讼，请求再次分割夫妻共同财产。总体上侵害行为可以分为擅自处分共同财产和侵占另一方财产两大类。而对其的惩罚，也是两个方面：首先是在离婚分割夫妻共同财产时给予侵害人少分或不分的处罚；其次，若一方在离婚时未发现上述行为，离婚后才发现，则其可向法院提起诉讼，要求再次分割夫妻共同财产。

4. 特殊财产分割。

《民法典》仅是对夫妻共同财产分割规则作了抽象规定，在实际生活中，会出现因财产的特殊性而造成的争议，如股权或其他出资、房屋、知识产权、一方继承的遗产等。解决上述问题，一方面可以通过《民法典》第一千零八十七条的原则性规定，由法官根据案件实际情况具体分析；另一方面可参考婚姻法相关的司法解释来补充适用。

【案例】 离婚时一方坚持要求分割公司股权，如何处理?

案例简介：卓辉公司成立于2004年，是在刘某、王某夫妻关系存续期间由王某出资设立的有限责任公司，应认定是夫妻共同财产。2006年9月18日，刘某、王某签订的《离婚协议书》对离婚后子女的抚养权归属、教育等均作了约定；对财产分割问题，王某承诺在两年内分四次支付刘某200万元（包括利息），承诺双方在广州购买的房屋归刘某所有等。该《离婚协议书》有双方的签字和按印，是双方自愿达成的，法院认定有效；但未就该公司股权分割问题进行处理，因此该公司股权属于离婚时未处理的夫妻共同财产。在本案二审审理过程中，刘某坚持要求分割股权，不同意折价补偿，也不同意评估股权价值，二审判决对刘某要求分割股权的诉讼请求不予支持。后刘某申请再审，再审法院根据《婚姻法解释二》第十六条的规定，认为人民法院审理离婚案件时，涉及分割夫妻共同财产中以一方名义在有限责任公司的出资额，另一方不是该公司股东的，若夫妻双方不能就股权分割问题达成一致意见，为了保证公司的人合性，应对另一方请求分割的股份折价补偿，因此支持二审判决，驳回再审申请。

知识点：《婚姻法解释二》第十六条对夫妻协商一致后如何分割有限公司股权作出了明确规定，但并未对夫妻无法取得一致的情形加以规定，因此在实务中存在不同的观点，有认为可以参照《婚姻法解释二》第十五条的规定，协商不成或者按市价分配有困难的，人民法院可以根据数量按比例分配；另一种观点是鉴于有限公司的人合性以及《公司法》对股权转让的限制性条件，未持股配偶一方不能成为股东并享有股权，应由持股方根据股权的实际价值向配偶另一方折价补偿。若未持股配偶一方不同意折价补偿的，坚持要求分割股权，人民法院应不予支持。从上述最高院的再审裁定中，我们可以发现其支持了第二种观点，即由持股方王某向刘某针对股权进行折价补偿的方式来处理共同财产。

离婚时，如何对生活困难一方给予帮助？

❷ 《民法典》第一千零九十条的规定："离婚时，如果一方生活困难，有负担能力的另一方应当给予适当帮助。具体办法由双方协议；协议不成的，由人民法院判决。"这是关于离婚时经济帮助的规定。经济帮助是指夫妻离婚时如一方生活困

难,经双方协议或法院判决,由一方从其个人财产中给予另一方适当资助的制度。对生活有困难的一方给予经济上的帮助,有助于消除生活困难一方特别是女方在离婚问题上的经济顾虑,有助于离婚自由的充分实现。

一方要求离婚经济帮助须满足三个条件。第一,一方有生活困难。根据《婚姻法解释一》第二十七条前两款的规定,生活困难是指依靠个人财产和离婚时分得的财产无法维持当地基本生活水平;同时如一方离婚后没有住处的,直接认定为生活困难。第二,经济帮助仅发生在一方离婚时有生活困难,而不是离婚后任何时间发生困难都可以要求另一方帮助。第三,提供帮助的一方须有负担能力,即仅限于其力所能及的程度。

给予帮助的方式,应先由双方协议,协议不成的,由法院根据具体情况来判决确定。首先,如果离婚时一方年轻有劳动能力,生活仅是暂时出现困难的,另一方可给予短期的或一次性的经济帮助。其次,结婚多年,一方失去劳动能力又无生活来源的,另一方应在住房和生活方面提供适当安排。根据《婚姻法解释一》第二十七条第三款的规定,离婚时,一方以个人财产中的住房对生活困难者进行帮助的形式,可以是房屋的居住权或者房屋的所有权。

需要注意该经济帮助制度与共同财产分割以及经济补偿之间的区分。离婚经济帮助是一方对困难一方有条件的经济帮助，从个人财产中支付；而夫妻共同财产分割是双方对共同财产享有的权利。不能用夫妻共同财产分割来代替经济帮助，否则是对一方权利的剥夺。与《民法典》第一千零八十八条的经济补偿相区别的是，离婚经济补偿只有当一方对婚姻承担了较多义务时才有权利提请；而经济帮助则是无论夫妻哪一方是否对婚姻共同体尽了较多义务，只要在离婚时本人存在生活困难的情况，就可以向对方请求经济帮助。

离婚时，如何处理夫妻共同债务？

答 夫妻共同债务的认定在《民法典》第一千零六十四条提及，即夫妻双方共同签名或者夫妻一方事后追认等共同意思表示所负的债务，以及夫妻一方在婚姻关系存续期间以个人名义为家庭日常生活需要所负的债务，属于夫妻共同债务；同时债权人能够证明夫妻一方在婚姻关系存续期间以个人名义超出家庭日常生活需要所负的债务，是用于夫妻共同生活、共同生产经营或者基于夫妻双方共同意思表示的，也属于共同债务。

而关于夫妻共同债务在离婚时如何处理的问题,《民法典》在第一千零八十九条规定:"离婚时,夫妻共同债务应当共同偿还。共同财产不足清偿或者财产归各自所有的,由双方协议清偿;协议不成的,由人民法院判决。"首先,共同财产在分割前应当先对已届期的债务进行清偿。其次,夫妻共同债务应当由双方共同偿还,在共同财产不足以清偿或离婚时债务尚未到期的,一方或双方不愿提前清偿,由双方协议确定各自所应承担的份额。但因共同债务对债权人来说属于连带债务,双方份额的约定对债权人并不产生约束力,债权人仍可要求一方承担全部的清偿责任。同时,在双方协议不成时,可向法院起诉,由法院根据双方的经济状况、经济能力以及照顾直接抚养子女一方和女方的原则,判决由双方按照一定比例来清偿。而法院的裁判也不对债权人产生拘束力,并没有改变夫妻共同债务作为连带债务的性质。

离婚时,一方主张损害赔偿的条件是什么?

答 根据《民法典》第一千零九十一条、《婚姻法解释一》第三十条、《婚姻法解释二》第二十七条以及侵权编的规则,离婚损害赔偿的构成要件包括以下几点。

1. 有妨害婚姻家庭关系的过错行为发生。行为人存在违反夫妻之间的法定义务，事实上损害了对方人身权、财产权或配偶权益的行为，具体可包括重婚、与他人同居、实施家庭暴力、虐待或遗弃家庭成员以及其他与前述过错相当的行为。

2. 行为人主观上出于故意，请求权人无过错。行为人明知自己的行为会侵害对方的权益仍然实施了该行为，进而导致离婚，损害其配偶的合法权益。同时行为人的配偶方应当不存在过错，根据《婚姻法解释三》第十七条规定，如果夫妻双方均存在过错情形的，法院不会支持任何一方的损害赔偿请求。

3. 存在损害事实。因一方的行为，导致夫妻感情破裂而离婚，给无过错方在人身、财产权益上造成损害。

4. 过错行为与损害事实之间存在因果关系。即一方人身或财产权益受损是由过错方的行为造成的。无过错方只需证明对方存在家庭暴力、婚外同居、虐待等行为导致离婚即可。

5. 程序性要件。若无过错方作为原告向法院主张离婚并要求离婚损害赔偿的，应当在起诉离婚时提出或离婚诉讼中经法院书面告知其权利后随即提出。若过错一方作为原告向法院提出离婚的，无过错一方可以在一审诉讼中提出离婚损害赔偿请求；无过错方如既不同意离婚，也不提出损害赔偿请求的，可以在离婚后一年内单独提出离婚损害赔偿请求。对一审法院判决离婚不服提出上诉的，可以在二审期间提出请求，经二审法院对离婚损害赔偿调解不成或没有提出的，可在离婚后一年内提出请求。若双方协议离婚，并已办理登记，无过错方仍可在登记后一年内向法院提出离婚损害赔偿的请求。

第五章 收 养

哪些人可以被收养？

答 收养是指通过法律拟制的方式在本无父母子女关系的人之间创设该关系的法律行为。《民法典》第一千零九十三条规定："下列未成年人，可以被收养。（一）丧失父母的孤儿；（二）查找不到生父母的未成年人；（三）生父母有特殊困难无力抚养的子女。"与原《收养法》第四条相比，该条扩大了被收养人的范围，删除了"不满十四周岁"的限制，被收养人的年龄范围从零至十四岁放宽到零至十八岁。根据该条规定，有三类未成年人可以被收养。

（一）丧失父母的孤儿。丧失父母是指父母死亡或者被宣告死亡。孤儿是指失去父母的未成年人。

（二）查找不到生父母的未成年人。查找不到是指通过各种方式均不能找到或者查找无望。本项将原《收养法》中"弃婴和儿童"的表述修改为"未成年人"，更加准确可避免误解和歧义。

（三）生父母有特殊困难无力抚养的子女。特殊困难可以是经济方面存在困难，也可以是身体方面存在困难。无力抚养是指无法或者不宜抚养子女。有特殊困难无力抚养的具体情形可能是无经济负担能力、患有严重疾病、丧失民事行为能力等，生父母是否符合有特殊困难无力抚养的应由有关部门根据当事人的具体情况来认定。

收养人应当具备哪些条件？

答 为了保障未成年人作为被收养人的合法权益，必须对收养人的资格进行严格的限制，收养人须具有实际的抚养能力。《民法典》第一千零九十八条对收养人条件作出了规定，要求收养人须同时具备下列五个条件。

（一）无子女或者只有一名子女。这是对收养人已有子女的数量的限制。相比于原《收养法》中"无子女"的严格限制，《民法典》对收养人已有子女数量的限制有所放宽，收养人在有一名子女的情况下，符合收养条件也能进行收养，扩大了收养人的范围。

（二）有抚养、教育和保护被收养人的能力。这是收养人必须具备的基本条件，与《民法典》第二十六条所规定的父母对未成年人子女所负有的抚养、教育和保护的义务相呼应。这要求收养人须具备完全民事行为能力，在经济条件、身体诉至、智力水平、思想品德等方面能够抚养、教育和保护被收养人。该项在《收养法》所规定的"有抚养教育被收养人的能力"基础上增加"保护被收养人的能力"，提高了对收养人能力的要求，强化了对被收养人合法权益的保护。

（三）未患有在医学上认为不应当收养子女的疾病。这是对收养人身体条件的限制。收养目的的实现不仅要求在经济上保障被收养人的生活，更要求为被收养人提供和谐良好的家庭环境，如果收养人患有医学上认为不应当收养子女的疾病，那么就会违反收养的目的。

（四）无不利于被收养人健康成长的违法犯罪记录。这是

《民法典》新增加的对收养人的限制。对于那些有曾侵害未成年人或者其他影响被收养人健康成长的违法犯罪记录的主体,即便符合其他的收养条件,也不允许其收养未成年人,这是为了防范收养人利用收养的名义侵害被收养人,减少出现收养人侵害被收养人情况,更好实现收养的目的。

(五)年满三十周岁。这是对一般收养条件下收养人年龄的限制规定。

哪些人可以作为送养人?

❓ 《民法典》第一千零九十四条规定:"下列个人、组织可以作送养人:(一)孤儿的监护人;(二)儿童福利机构;(三)有特殊困难无力抚养子女的生父母。"由此可见有三类人可以作为送养人。

(一)孤儿的监护人。孤儿是指生父母死亡或者宣告死亡的未成年人。这里的监护人是指生父母以外的对未成年人承担监护责任的人。在无遗嘱指定监护人的情况下,应当按照法律的相关规定确定监护人。《民法典》第二十七条规定:"未成年人的父母已经死亡或者没有监护能力的,由下列有监护能力的人按顺序担任监护人：（一）祖父母、外祖父母；（二）兄、姐；（三）其他愿意担任监护人的个人或者组织，但是须经未成年人住所地的居民委员会、村民委员会或者民政部门同意。"第三十条规定："依法具有监护资格的人之间可以协议确定监护人。协议确定监护人应当尊重被监护人的真实意愿。"《民法典》第三十一条规定："对监护人的确定有争议的，由被监护人住所地的居民委员会、村民委员会或者民政部门指定监护人，有关当事人对指定不服的，可以向人民法院申请指定监护人；有关当事人也可以直接向人民法院申请指定监护人。"《民法典》第三十二条规定："没有依法具有监护资格的人的，监护人由民政部门担任，也可以由具备履行监护职责条件的被监护人住所地的居民委员会、村民委员会担任。"另外孤儿的监护人虽然可以作为收养人，但是受到《民法典》第一千零九十六条的限制，即监护人送养孤儿的，应当征得有抚养义务的人同意。有抚养义务的人不同意送养、监护人不愿意继续履行监护职责的，应当依照本法第一编的规定另行确定监护人。

（二）儿童福利机构。此项主要是指各地民政部门主管的收容养育孤儿和查找不到生父母的未成年人的儿童福利院。本项修改了原《收养法》第五条"社会福利院"的表述，表达地更加准确，并且与其他相关法律规定衔接一致。

（三）有特殊困难无力抚养子女的生父母。该项与《民法典》第一千零九十三条第三项生父母有特殊困难无力抚养的子女可以作为被收养人的规定是一致的。生父母送养首先必须是在有特殊困难无力抚养子女的情形下，其次受到《民法典》第一千零九十七条的限制，即生父母送养子女，应当双方共同送养。生父母一方不明或者查找不到的情况下，才可以单方送养。除此之外还受到第一千一百零八条的限制，即配偶一方死亡，另一方送养未成年子女的，死亡一方的父母有优先抚养的权利。也就是说，在未成年人父母一方死亡另一方送养未成年人的情况下，祖父母或者外祖父母有优先抚养的权利。

只有上述三类个人和组织才可以作为送养人，除此之外其他的任何个人或者组织均不可以作为送养人。

收养关系成立的实质要件是什么？

答 收养关系成立实质要件是指成立收养关系所必须具备的条件，包括以下四个方面。

（一）被收养人符合法律规定的条件。被收养人必须是未成年人且属于《民法典》第一千零九十三条所规定的丧失父母的孤儿，查找不到生父母的未成年人，生父母有特殊困难无力抚养的子女三类中的其中一类。

（二）收养人具备法律规定的收养条件。收养人需要同时具备《民法典》第一千零九十八条所规定的无子女或者只有一名子女，有抚养、教育和保护被收养人的能力，未患有在医学上认为不应当收养子女的疾病，无不利于被收养人健康成长的违法犯罪记录，年满三十岁的五项条件。

（三）送养人满足法律规定的条件。送养人必须属于《民法典》第一千零九十四条所规定的孤儿的监护人，儿童福利机构，有特殊困难无力抚养子女的生父母三类中的其中一类。

（四）收养自愿原则。《民法典》第一千一百零四条规定："收养人收养与送养人送养，应当双方自愿。收养八周岁以上未成年人的，应当征得被收养人的同意。"因此在被收养人、收养人、送养人都具备相应的条件之外，还必须符合收养自愿原则。收养自愿主要体现在四个方面。

1.收养人收养意愿是真实自愿的。

2.送养人送养意愿是真实自愿的。

3.收养人收养和送养人送养在自愿的基础上达成了合意。

4. 如果被收养人是八周岁以上的未成年人，被收养人必须同意收养。否则即使收养人收养和送养人双方自愿也不能进行收养。该规定修改了原《收养法》"收养年满十周岁以上未成年人的，应当征得被收养人的同意"规定的十周岁的年龄标准，与《民法典》总则编第十九条"八周岁以上的未成年人为限制民事能力人……可以独立实施纯获利益的民事法律行为或者与其年龄、智力相适应的民事法律行为"的规定相一致。

收养关系成立的形式要件是什么？

答 收养关系成立的形式要件是指法律所规定的建立收养关系所必须履行的手续。收养关系的成立除了须满足实质要件之外，还必须要符合形式要件，即办理收养登记。《民法典》第一千一百零五条第一款规定："收养应当向县级以上人民政府民政部门登记。收养关系自登记之日起成立。"表明收养登记是收养法定程序，成立收养关系必须向县级以上人民政府部门登记，否则收养关系无效。该条第二款规定"收养查找不到生父母的未成年人，办理登记的民政部门应当在登记前予以公告。"这是登记程序的特殊要求，对于收养查找不到生父母的未成年人，民政部门在登记前有公告的义务。

在办理收养登记的法定程序之外，还有收养协议和收养公证两种补充程序。《民法典》第一千一百零五条第三款规定："收养关系当事人愿意签订收养协议的，可以签订收养协议。"收养关系的当事人可以根据情况，自愿选择是否订立收养协议，收养协议应当采用书面形式。只有书面协议但是没有办理收养登记，不产生收养的法律效果；相反，虽然没有订立书面协议，但是办理了收养登记，收养关系成立。《民法典》第一千一百零五条第四款规定："收养关系当事人或者一方要求办理收养公证的，应当办理收养公证。"如果收养关系当事人各方或者一方要求办理收养公证，那么应当办理公证；但没有办理公证，不影响收养的效力。

另外，《民法典》第一千一百零五条相较于原《收养法》新增了一款："县级以上人民政府民政部门应当依法进行收养评估。"目前各试点地区的收养评估工作包括收养能力评估、融合期调查以及收养后回访等。通过收养评估有助于实现《民法典》第一千零四十四规定的"收养应当遵循最有利于被收养人的原则，保障被收养人和收养人的合法权益。"

【案例】 捡到的孩子可以直接收养吗?

案例简介:某年8月晚上,村民吴某和她的儿媳曾某在晚饭后出门散步乘凉。散步时,吴某发现村道垃圾桶旁边有个纸箱中有响动,打开一看,是个女婴。翻开纸箱,里面只有几件小衣服和一张纸条,上面写明了婴儿的出生年月和遗弃原因。村里人都知道吴某家中的情况,于是都劝吴某和曾某把女婴抱回家收养,因天气闷热,纸箱里面的娃娃一直哭,曾某看着有些揪心,于是就将女婴带回家收养。曾某坦言,因为身体原因,结婚十年一直没有孩子,捡到这个孩子全家人都十分喜欢,希望能够收养,把娃娃养大。直到第二天,在邻居提醒下,一家人才反应过来,孩子捡来时并没报警,没有户口孩子打不了预防针,以后上学也会带来一系列问题。于是,一家人报警求助。接到报警后,某地派出所民警出警了解此事,之后派出所将女婴移交至福利院。

知识点:捡到的孩子能否收养,要看是否具备收养的实质要件及形式要件。具体来说,该女婴需符合作为被收养人的条件,曾某需要具备作为收养人的条件,女婴的送养人要具备作为送养人的条件，符合收养自愿原则，并且曾某需要办理收养登记。

本案中，曾某捡到女婴不能直接收养，而是需要第一时间向公安部门报案，公安将尽力帮该女婴寻找亲生父母，同时女婴将被送往儿童福利机构。如果该女婴被确认丧失父母或者查找不到生父母或者属于生父母有特殊困难无力抚养的子女，该女婴可以被收养。若曾某有意愿收养，根据《民法典》一千一百零一条规定她须和丈夫共同收养，因此曾某和她的丈夫须具备《民法典》第一千零九十八条规定的五项收养条件。另外送养人须符合送养条件。送养人送养和收养人收养须双方自愿，并且曾某须向县级以上人民政府民政部门登记。登记之日曾某和该女婴的收养关系成立，收养关系成立后，公安机关将按照国家有关规定为被收养人办理户口登记。

收养条件放宽的特殊情形有哪些？

答 《民法典》针对普通收养作出了严格的规定，但是针对一些特殊情形，《民法典》作出了放宽收养条件的规定，这主要有以下三个方面。

（一）收养三代以内同辈旁系血亲的子女。根据《民法典》第一千零九十九条规定，收养兄弟姐妹的子女、堂兄弟的子女、表兄弟的子女，收养条件有如下放宽：

1. 就被收养人而言，该未成年人不受"生父母有特殊困难无力抚养的子女"一项的限制，因此生父母并未因特殊困难而无力抚养的子女，也可以作为被收养人。

2. 就送养人而言，其不受"有特殊困难无力抚养子女的生父母"的限制，因此生父母并未因特殊困难而无力抚养子女，也可以作为送养人。

3. 就收养人而言，其不受"无配偶者收养异性子女的，收养人与被收养人的年龄应当相差四十周岁以上"的限制，因此若收养人和被收养人的年龄相差不到四十周岁，符合其他收养条件，也可以成立有效的收养关系。另外如果收养人是华侨，其不受"无子女或者只有一名子女"的限制。

（二）收养孤儿、残疾未成年人或者儿童福利院抚养的查找不到生父母的未成年人。《民法典》第一千一百条第二款规定："收养孤儿、残疾未成年人或者儿童福利院抚养的查找不到生父母的未成年人，可以不受前款和本法第一千零九十八条第一款的限制。"表明此类收养不受"无子女的收养人可以收养两名子女；有子女的收养人只能收养一名子女"和"无子女或者只有一名子女"的限制。因此收养孤儿、残疾未成年人或者儿童福利院抚养的查找不到生父母的未成年人不受收养子女人数的限制。

（三）收养继子女。根据《民法典》第一千一百零三条规定，继父或者继母经继子女的生父母同意，可以收养继子女，同时对收养条件放宽。

1.就被收养人而言，可以不受"生父母有特殊困难无力抚养子女"的限制，因此生父母并未因特殊困难而无力抚养的子女，可以作为被收养人。

2.就送养人而言，其不受"有特殊困难无力抚养子女的生父母"的限制，因此生父母并未因特殊困难而无力抚养子女，也可以作为送养人。

3.就收养人而言，不受收养人条件的限制。也不受收养子女人数的限制。

须注意的是，尽管对以上特殊情形，《民法典》作出了收养条件的放宽规定，但在放宽条件之外，收养仍需要满足法律规定的其他实质要件及形式要件。

【案例】 成年人可以被收养吗?

案例简介:李某和周某结婚已三十多年,夫妻感情很好,只是膝下无子。眼看着年纪越来越大,李某和周某都备觉晚年寂寞。李某提出收养一个子女,周某表示同意。李某和周某素来和侄子周某同来往密切,平日关系较好,考虑到周某同是他们的亲侄子,并且已经年满二十,为人踏实,可以对年事已高的李某夫妇进行照顾。于是李某和周某向周某同的生父母表示希望能收养侄子周某同,周某同的生父母也表示愿意将周某同送养。李某、周某与周某同商量收养之事,双方订立了收养协议,并到民政部门去办理收养登记。但是办理登记的工作人员却答复说,被收养人应当是未成年人,周某同已超过十八岁,不符合收养条件,不予登记。

知识点:收养三代以内同辈旁系血亲的子女,《民法典》第一千零九十九条作出了放宽规定,被收养人不受"生父母有特殊困难无力抚养子女"的限制,送养人不受"有特殊困难无力抚养子女的生父母"的限制,收养人不受"无配偶者收养异性子女的,收养人与被收养人的年龄应当相差四十周岁以上"的限制。以上放宽规定和《收养法》第十四条基本保持一致。但是《民法典》第一千零九十九条删除了原《收养法》第十四条中的被收养人可以不受"被收养人不满十四周岁"限制的规定，因此在《收养法》下收养人可以收养三代以内同辈旁系血亲的成年子女，但因《民法典》不再保留这一规定，将不再适用。被收养人受到第一千零九十三条的"未成年人"的一般条件的限制，因此被收养的三代以内同辈旁系血亲的子女必须是未成年人，收养人不能三代以内同辈旁系血亲的成年子女。

本案中，李某和周某收养三代以内同辈旁系血亲的子女周某同，属于《民法典》收养条件放宽的特殊情形，在放宽条件下，李某和周某具备法律规定的收养人条件，周某同的父母满足法律规定的收养人的条件。但是在放宽条件之外，收养必须满足《民法典》规定的其他收养的实质性要件，被收养人周某同须满足法律规定的条件。《民法典》第一千零九十三条规定，只有未成年人才能被收养，被收养人周某同已经年满二十，不符合被收养的条件，不能被收养。因为不符合收养的实质要件，所以登记机关不能为李某、周某和周某同办理收养登记。

收养人数有何限制与例外？

答 《民法典》第一千一百条规定了收养人数的限制和例外情况。与《收养法》第八条相比，《民法典》第一千一百条放宽了对于收养人数的限制，在《收养法》下收养人只能收养一名子女，在《民法典》下无子女的收养人可以收养两名子女，有子女的收养人能够收养一名子女。与《民法典》第一千零九十八条对收养人已有子女数量放宽限制的规定的相一致，这是基于《人口与计划生育法》以及"二孩政策"作出的重大修改。

原则上，无子女的收养人可以收养两名子女，有子女的收养人能够收养一名子女。例外情况下，可以不受这一限制。具体来说，收养孤儿、残疾未成年人或者儿童福利机构抚养的查找不到生父母的未成年人的特殊情形下，可以不受收养人数的限制。这是对特殊群体在收养方面的倾斜保护，鼓励社会对此类群体的收养，体现了救助弱者的人道主义性质，有助于保护这类群体的权益。

无配偶者收养异性子女有何限制？

答 《民法典》第一千一百零二条规定："无配偶者收养异

性子女的，收养人与被收养人的年龄应当相差四十周岁以上"。本条规定了无配偶者收养异性子女的年龄差的限制。

无配偶者是指因未婚、离异或者丧偶而没有配偶的人。法律保障无配偶者收养子女的权利，但是收养异性子女的情况下必须受到年龄差在四十周岁以上的限制。这是考虑到收养人和被收养人是拟制血亲，有可能出现收养人利用收养的名义侵害被收养人等不法现象，为了防范这种不法现象的出现，保护被收养人的权益，维护公序良俗和社会公德，《民法典》第一千一百零二条作出该限制规定。《民法典》一千一百零二条将《收养法》第九条中的"无配偶的男性收养女性"修改为"无配偶者收养异性子女"，体现了男女平等原则。不仅无配偶的男性收养女性需要遵守年龄差的限制，而且无配偶的女性收养男性也需要遵守年龄差的限制，这也将防范无配偶女性侵害男性，弥补了《收养法》第九条对男性被收养人权益保护的忽视。

原则上，无配偶者收养异性子女，收养人与被收养人的年龄应当相差四十周岁以上。但是在例外情况下，可以不受这一限制。具体来说，根据《民法典》第一千零九十九条规定，收养三代以内同辈旁系血亲的子女，收养人不受"无配偶者收养异性子女的,收养人与被收养人的年龄应当相差四十周岁以上"的限制。

外国人可以在我国收养子女吗?

🅰 《民法典》第一千一百零九条第一款规定:"外国人依法可以在中华人民共和国收养子女。"外国人符合我国法律规定的收养实质要件时可以在中国收养子女。根据《民法典》第一千一百零九条第二款第一句规定,外国人在华收养除了要遵守中国法律,还应当经过其所在国主管机关依照该国法律审查同意。

《民法典》第一千一百零九条第二款第二句规定了外国人在华收养的形式要件:"收养人应当提供由其所在国有权机构出具的有关其年龄、婚姻、职业、财产、健康、有无受过刑事处罚等状况的证明材料,并与收养人签订书面协议,亲自向省、自治区、直辖市人民政府民政部门登记。"第一千一百零九条第三款补充了对于证明材料的要求:"前款规定的证明材料应当经收养人所在国外交机关或者外交机关授权的机构认证,并经中华人民共和国驻该国使馆认证,但是国家另有规定的除外。"因此外国人在华收养须符合中国法律规定的收养实质要件,并遵守其所在国的法律规定;如我国无其他规定,其须提供经收养人所在国外交机关或者外交机关授权的机构认证,并经中华人民共和国驻该国使馆认证的相关证明材料;并与送养人签订书面协议;并亲自来华向省、自治区、直辖市人民政府民政部门登记。

综上可以看出,我国涉外收养程序较为复杂,有力保障了被收养人的合法权益,符合最有利于被收养人原则。

收养有何法律效力?

答 收养的法律效力是指收养关系成立后在当事人之间引起的权利义务关系的变化,主要包括拟制效力和解消效力。

(一)收养的拟制效力。《民法典》第一千一百一十一条规定,收养的拟制效力不仅及于养父母和养子女,而且及于养子女和养父母的近亲属。自收养关系成立之日起,养父母与养子女形成法律拟制的父母子女关系,养父母与养子女间的权利义务关系,适用《民法典》关于父母子女关系的规定;养子女和养父母的近亲属形成法律拟制血亲关系,养子女与养父母的近亲属间的权利义务关系,适用《民法典》关于子女与父母的近亲属关系的规定。养父母与养子女间的权利义务关系主要包括以下四个方面。

1. 适用《民法典》第二十六条第一款及一千零五十八条,养父母对未成年养子女有抚养、教育和保护的权利和义务。

2. 适用《民法典》第二十六条第二款,成年养子女对养父母负有赡养、扶助和保护的义务。

3. 适用《民法典》第一千零七十条,养父母和养子女有相互继承遗产的权利。

4. 适用《民法典》第一千一百十二条,养子女可以随养父或者养母的姓氏,经当事人协商一致,也可以保留原姓氏。

(二)收养的解消效力。《民法典》第一千一百一十一条第二款规定:"养子女与生父母以及其他近亲属间的权利义务关系,因收养关系的成立而消除。"收养的解消效力及于生父母以及其他近亲属。自收养关系成立之日起,养子女与生父母之间的权利义务关系消除,生父母不再对未成年子女有抚养、教育和保护的权利和义务;成年养子女对生父母不再负有赡养、扶助和保护的义务;生父母和子女之间也不再享有相互继承遗产的权利。自收养关系成立之日起,养子女与其他近亲属之间的权利义务关系也消除。

哪些收养行为是无效的？

🅰 收养行为无效，是指因为不符合法律规定的收养关系成立要件，导致收养行为无法律效力。根据《民法典》第一千一百一十三条，以下两类收养行为是无效的。

（一）有《民法典》总则编关于民事法律行为无效规定情形的收养行为无效。如果送养人与收养人之间的收养行为具有以下四种情形，该收养行为无效。

1. 根据《民法典》第一百四十四条，无民事行为能力人实施的收养行为无效。无民事行为能力人是指收养人或者送养人不具有相应的民事行为能力，例如不满八周岁的未成年人，不能辨认自己行为的成年人，或者不能辨认自己行为的八周岁以上的未成年人。

2. 根据《民法典》第一百四十六条，收养人和送养人以虚假的意思表示实施的收养行为无效。虚假的意思表示是指表意人明知其所表示内容和内心的真实意思不一致而作出意思表示。例如以收养为名行买卖儿童之实的收养行为无效。

3.根据《民法典》第一百五十三条，违反法律、行政法规的强制性规定或者违背公序良俗的收养行为无效。公序良俗是指公共秩序和善良风俗。

4.根据《民法典》第一百五十四条，收养人、送养人恶意串通，损害他人合法权益的收养行为无效。

（二）违反《民法典》婚姻家庭编规定的收养行为无效。这里是指收养行为不具备收养关系成立的实质要件，或者欠缺收养关系成立的形式要件，导致收养行为无效。

根据《民法典》第一千一百一十三条，无效的收养行为自始没有法律约束力。经过确认无效的收养行为，具有溯及既往的效力，即从行为开始时就没有法律效力，收养登记机关应撤销收养登记。如果无效收养的当事人违反法律，还须承担相应的行政责任，甚至刑事责任。

【案例】 成年养子女对生父母是否有赡养义务？

案例简介：吴某华夫妇有吴某刚、吴某伟两个儿子。因为吴某华的亲弟弟吴某平结婚后一直没有生育，吴某华夫妇在父母的劝说下，同意将自己两岁的儿子吴某伟送给吴某平夫妇收养。双方签订了收养协议,约定双方必须保守收养秘密,并向民政部门办理了收养登记。在养父母的抚养教育下,吴某伟完成了大学学业,并参加了工作。某年1月,吴某刚意外身亡,吴某华万分悲痛,产生将吴某伟从弟弟家要回来的念头。吴某华将收养的秘密告诉了吴某伟,希望吴某伟能够回到自己的身边,但吴某伟拒绝了吴某华的请求。吴某华见吴某伟不愿意回到自己身边,便提出吴某刚死亡后,自己年老没有收入需要赡养,吴某伟虽然送养给了弟弟一家,但毕竟血浓于水,吴某伟还是应当赡养亲生父母。吴某伟表示可以常去看看他,但自己收入有限,还要赡养养父母,无力也不愿赡养亲生父母。某年4月,吴某华将吴某伟诉至人民法院,要求吴某伟履行赡养父母的义务,每月支付相应的赡养费。

知识点:自收养关系成立之日起,发生收养的拟制效力和收养的解消效力。根据《民法典》第一千一百一十一条结合一千一百一十二条以及《民法典》关于父母子女关系的规定,自收养关系成立之日起,养父母与养子女形成法律拟制的父母子女关系,双方权利义务关系主要包括养父母对未成年养子女有抚养、教育和保护的权利和义务;成年养子女对养父母负有赡养、扶助和保护的义务;养父母和养子女有相互继承遗产的权利;养子女可以随养父或者养母的姓氏,经当事人协商一致,也可以保留原姓氏。同时,养子女与生父母之间的权利义务关系消除,体现在生父母不再对未成年子女有抚养、教育和保护的权利和义务;成年养子女对生父母不再负有赡养、扶助和保护的义务;生父母和子女之间也不再享有相互继承遗产的权利。

本案中,在吴某伟与吴某平的收养关系自收养登记之日起成立。自收养关系成立之日起,养父母吴某平夫妇与养子吴某伟形成拟制的父母子女关系,吴某伟与生父母吴某华夫妇之间的权利义务关系消除。吴某伟对养父母吴某平夫妇负有赡养、扶助和保护的义务,对生父母吴某华夫妇不再负有赡养、扶助和保护的义务。因此吴某伟对生父母吴某华夫妇没有法定的赡养义务。

何种情况下可以解除收养关系?

答 根据《民法典》第一千一百一十四条,首先对解除收养关系作出了禁止性规定,即原则上,在被收养人成年以前,收养人不得单方解除收养关系。并规定了协议解除和诉讼解除两种解除收养关系的方式。

（一）协议解除收养关系。以该种方式解除收养关系主要有以下三种情况。

1. 根据《民法典》第一千一百一十四条第一款规定，收养人、送养人双方协商一致，可以通过协议解除收养关系。但是养子女八岁以上的，必须征得本人的同意。

2. 根据《民法典》第一千一百一十四条第二款规定，收养人不履行抚养义务，有虐待、遗弃等侵害未成年人养子女合法权益行为的，送养人有权单方要求解除收养关系，送养人可以与收养人达成解除收养关系协议来解除收养关系。

3. 根据《民法典》第一千一百一十五条规定，成年养子女与收养人关系恶化、无法共同生活的，双方协商一致，可以协议解除收养关系，此时成年养子女无须征求送养人的同意。

（二）诉讼解除收养关系。以该种方式解除收养关系主要有以下两种情况。

1. 根据《民法典》第一千一百一十四条第二款规定，收养人不履行抚养义务，有虐待、遗弃等侵害未成年人养子女合法权益行为的，送养人有权单方要求解除收养关系，如果送养人与收养人不能达成解除收养关系协议。送养人可以向人民法院提起诉讼,请求法院判决解除收养关系。

2. 根据《民法典》第一千一百一十五条规定,成年养子女与收养人关系恶化、无法共同生活的,双方不能达成解除收养协议的,双方均可以向人民法院提起诉讼,请求法院对是否解除收养关系作出判决。

解除收养关系需要遵循怎样的程序?

答 解除收养关系有协议解除和诉讼解除两种方式,须各自遵循相应的法律规定的程序。

(一)协议解除收养关系的程序。《民法典》第一千一百一十六条规定:"当事人协议解除收养关系的,应当到民政部门办理解除收养关系登记。"在具体办理时,当事人应当携带必要的材料共同到民政部门办理解除收养登记。民政部门应审查解除收养关系登记申请书及有关材料,对符合解除规定的,办理解除登记。收养关系自解除收养关系登记之日起解除。

(二)诉讼解除收养关系的程序。诉讼解除收养关系需要遵循《民事诉讼法》的规定,当事人应向有管辖权的人民法院提起诉讼，人民法院依法受理并在案件审理过程中查明事实，依法作出调解或者作出判决。人民法院作出准予解除收养关系调解书或者判决书的，收养关系自准予解除收养的调解书或判决书生效之日起解除。

收养关系解除后的法律后果有哪些？

❷ 通过协议解除收养关系和诉讼解除收养关系都会产生解除收养关系的法律后果，具体包括解除收养关系的身份效力和财产效力。

（一）解除收养关系的身份效力。根据《民法典》第一千一百一十七条的规定，收养关系解除后，在当事人身份关系上会产生两重效力：

1. 养子女与养父母以及其他近亲属之间的权利义务关系即行消除。养子女和养父母之间自收养关系成立之日起产生的拟制的父母子女关系，在收养关系解除时终止，双方权利义务关系即行消除。同时，养子女和养父母的近亲属自收养关系成立之日起产生的法律拟制血亲关系，在收养关系解除时也终止。

2. 养子女与生父母以及其他近亲属间的权利义务自行恢

复。但是成年养子女与生父母以及其他近亲属间的权利义务关系是否恢复，可以协商确定。未成年养子女与养父母之间的权利义务关系消除后，养父母对养子女没有抚养、教育和保护义务，为确保未成年子女能够得到抚养、教育和保护，法律规定养子女和生父母以及其他近亲属间的权利义务自行恢复，无须办理任何手续，要求生父母承担对未成年子女的抚养、教育和保护的义务，以维护未成年子女的权益，促进其健康成长。而对于成年养子女，是否恢复生父母以及其他近亲属间的权利义务关系，应当尊重双方的意愿，养子女和生父母以及其他近亲属间的权利义务并不自行恢复，法律赋予成年养子女与生父母以及其他近亲属是否恢复权利义务关系的选择权。

（二）解除收养关系的财产效力。根据《民法典》第一千一百一十八条的规定，收养关系解除后，在当事人财产关系上会产生以下效力。

1. 经养父母抚养的成年养子女，对缺乏劳动能力又缺乏生活来源的养父母，应当给付生活费。因此成年养子女对缺乏劳动能力又缺乏生活来源的养父母有生活费给付义务。

2. 因养子女成年后虐待、遗弃养父母而解除收养关系的，养父母可以要求养子女补偿收养期间支出的抚养费。《民法典》

一千一百一十八条将原《收养法》第三十条第一款规定的"生活费和教育费"修改为"抚养费",扩大了养父母对成年养子女的抚养费补偿请求权的范围,维护了收养人的合法权益,符合公平正义的法律原则。

3. 生父母要求解除收养关系的,养父母可以要求生父母适当补偿收养期间支出的抚养费,但是因养父母虐待、遗弃养子女而解除收养关系的除外。生父母要求解除收养关系的,养父母对于生父母有抚养费补偿请求权,但是该请求权存在条件限制,如果因为养父母虐待、遗弃养子女而解除收养关系,养父母对于生父母不享有抚养费补偿请求权。

第六部分

继 承

Part Six

Succession

第一章 一般规定

我国分配遗产有哪些途径？

答 依据《民法典》继承编，我国分配遗产的途径包括继承、遗赠、遗赠扶养协议、适当分得遗产以及无人继承又无人受遗赠时归属于国家或集体所有制组织。

继承指法定继承人依据法律直接规定或被继承人生前设立的有效遗嘱，无偿取得被继承人死亡时遗留的个人合法财产，前者为法定继承，后者为遗嘱继承。法定继承人的范围依据《民法典》第一千一百二十七条确定。

遗赠指自然人以遗嘱的方式将个人合法财产中的部分或全部赠与给国家、集体或法定继承人之外的人，并于其死后生效的法律行为。遗赠为单方法律行为，只需遗赠人单独作出意思表示即可成立，而无需征得受遗赠人的同意。在遗赠人死亡后，受遗赠人享有决定是否接受遗赠的权利，依据《民法典》第一千一百二十四条，受遗赠人需于知道受遗赠后六十日内作出接受或者放弃受遗赠的表示，到期没有表示的，视为放弃受遗赠。

遗赠扶养协议指自然人与继承人以外的组织或者个人签订协议，约定由该组织或者个人承担该自然人生养死葬的义务并因此享有受遗赠的权利。遗赠扶养协议为双方法律行为，需双方达成合意。

适当分得遗产指在法定继承的场合，依据《民法典》第一千一百三十一条，继承人以外的与被继承人之间具有扶养关系的人可以适当分得遗产，包括继承人以外的依靠被继承人扶养的人以及对被继承人扶养较多的人。

依据《民法典》第一千一百六十条，无人继承又无人受遗赠的遗产，归国家所有，用于公益事业；如果死者生前是集体所有制组织成员的，遗产归所在集体所有制组织所有。

继承从何时开始？

答 依据《民法典》第一千一百二十一条第一款，继承从被继承人死亡时开始。本款为强制性规范，不可因被继承人单方意思或与他人的合意而排除适用。

死亡包括自然死亡和宣告死亡。自然死亡即生理上的死亡,《民法典》第十五条规定,自然人的死亡时间以死亡证明记载的时间为准,如果没有死亡证明,则以户籍登记或者其他有效身份登记记载的时间为准,如果有其他证据足以推翻以上记载时间的,以该证据证明的时间为准。宣告死亡指公民下落不明达到法定期限,人民法院经利害关系人申请,依法宣告失踪人死亡的法律制度。《民法典》第四十八条规定,被宣告死亡的人,人民法院宣告死亡的判决作出之日视为其死亡的日期;因意外事件下落不明宣告死亡的,意外事件发生之日视为其死亡的日期。

继承开始时,是确定继承人范围、受遗赠人范围的时点。如在被继承人死亡之前已经解除配偶关系的前夫或前妻,不可作为继承人。

继承开始时,是确定遗产范围的时点。只有属于被继承人生前合法所有的个人财产才能作为遗产继承。

继承开始时,是遗嘱生效的时点。被继承人生前设立的遗嘱在继承开始之前处于已成立但未生效的状态。

继承开始时,遗产发生概括继承,由继承人概括承受遗产上的权利和义务。当具体财产分配于继承人或交付于受遗赠人、遗赠扶养协议中的扶养人以及继承人以外有权适当分得遗产的人时,他们才取得该具体财产的权利。

相互有继承关系的人在同一事件中死亡而死亡时间难以准确确定时如何处理?

答 如果有客观证据可以准确证明死亡时间先后,则依据实际时间。若无法准确确定死亡时间,依据《民法典》第一千一百二十一条第二款规定,相互有继承关系的数人在同一事件中死亡,难以确定死亡时间的,推定没有其他继承人的人先死亡;都有其他继承人,辈分不同的,推定长辈先死亡;辈分相同的,推定同时死亡,相互不发生继承。本款规定的是如何对死亡时间进行推定。其中"其他继承人"指的是死者以外的继承人。

《中华人民共和国保险法》第四十二条第二项规定,受益人与被保险人在同一事件中死亡,且不能确定死亡先后顺序的,推定受益人死亡在先。这是针对人身保险金的特别规定,在这一特定情形下比作为一般规定的《民法典》第一千一百二十一条第二款优先适用。

【案例】 相互有继承关系的数人在同一意外事故中死亡时,如何确定各自的死亡时间?

案例简介:钱某与宋某为夫妻关系,育有一子钱甲,三人在同一交通事故中死亡,无法准确判断三人死亡时间先后。钱某的父亲钱某1和宋某的父亲宋某1、母亲张某尚在世。本案中三位死者生前均未设立遗嘱。[1]

知识点:本案中,钱某、宋某、钱甲三人相互有继承关系,现有证据不足以确定三人的死亡时间,故应根据《民法典》第一千一百二十一条第二款推定三人死亡时间的先后顺序。首先应判断三人是否有其他的继承人:钱某"其他的继承人"为钱某的父亲钱某1,宋某"其他的继承人"为宋某的父母宋某1、张某,钱甲"其他的继承人"为钱甲的祖父钱某1、外祖父宋某1和外祖母张某。三人都有其他的继承人,故推定三人中的长辈钱某、宋某先于晚辈钱甲死亡。钱某与宋某的辈

---

[1] 案例改编自浙江省湖州市中级人民法院(2017)浙05民终803号民事判决书。

分相同，故推定二人同时死亡，彼此之间不发生继承关系。本案中三位死者生前均未设立遗嘱，故按照法定继承的相关规定处理。

据此，钱某的法定第一顺序继承人为其父亲钱某1和其子钱甲，宋某的法定第一顺序继承人为其父母宋某1、张某和其子钱甲，钱甲无第一顺序继承人继承，第二顺序继承人为其祖父钱某1和外祖父母宋某1、张某。

依据《民法典》第一千一百三十条第一款："同一顺序继承人继承遗产的份额，一般应当均等。"钱某的遗产由法定第一顺位继承人其父钱某1和其子钱甲各继承一半，宋某的遗产由法定第一顺位继承人其父母宋某1、张某1和其子钱甲各继承三分之一。钱甲的遗产由法定第二顺序继承人其祖父钱某1、外祖父母宋某1、张某各继承三分之一。

自然人遗产的范围是？

答 《民法典》第一千一百二十二条对自然人遗产的范围采取概括式规定。

第一款规定："遗产是自然人死亡时遗留的个人合法财

产。"首先，遗产是自然人死亡时遗留的财产，即从自然人死亡到遗产分割之前这一特定时间段的财产，包括在此期间财产产生的孳息、因财产毁损灭失产生的赔偿金等。其次，遗产是被继承人个人所有的财产，针对夫妻共有、家庭共有等共有财产需要将其中归属于被继承人个人所有的部分析出方可作为遗产继承。同时，实践中认为死亡赔偿金属于死者近亲属所有，而非死者遗产。再次，遗产必须是被继承人生前合法取得的财产，排除枪支弹药、毒品等依法禁止持有的物品以及依不法手段取得的财产。最后，遗产必须是被继承人遗留的财产性权益，而不包括人格权利、人格权益等非财产性权益。

第二款规定："依照法律规定或者根据其性质不得继承的遗产，不得继承。"本款对遗产的范围进行了限制，对于某些财产即使符合第一款规定，由于依据法律或财产性质亦不可作为遗产继承。如《中华人民共和国公司法》第七十五条规定："自然人股东死亡后，其合法继承人可以继承股东资格；但是，公司章程另有规定的除外。"如果公司章程规定股东资格不可作为遗产继承，应遵循公司章程的规定。根据性质不得继承的财产主要是指具有人身专属性的财产权利或以特别信任关系为前提的财产权利。如继承人不可代替被继承人继续履行与用人单位签订的劳动合同。

【案例】 哪些财产是根据其性质不得继承的遗产?

案例简介:甲曾与乙发生纠纷,乙致甲轻微伤,二人就赔偿问题始终未协商达成一致。一年后乙因癌症去世,在甲去世前,甲尚未起诉乙。

知识点:就人身损害赔偿请求权,大多数学者认为具有人身专属性,不可继承。甲就人身损害可主张的精神损害抚慰金,依据《最高人民法院关于审理人身损害赔偿案件适用法律若干问题的解释》第十八条第二款,精神损害抚慰金的请求权不可继承,除非赔偿义务人已经以书面方式承诺给予金钱赔偿,或者赔偿权利人已经向人民法院起诉,而本案中不存在例外情形故不可继承。

依据《中华人民共和国社会保险法》第十四条第二句,个人死亡的,其基本养老保险账户余额可以继承。依据该法第十七条,参加基本养老保险的个人,因病或者非因工死亡的,其遗属可以领取丧葬补助金和抚恤金。故本案中甲的继承人可以继承甲的养老金。丧葬补助金和抚恤金不是遗产，而是直接给予死者遗属，故不发生继承问题。

法定继承、遗嘱继承和遗赠、遗赠扶养协议的优先顺位？

🅐 《民法典》第一千一百二十三条规定："继承开始后，按照法定继承办理；有遗嘱的，按照遗嘱继承或者遗赠办理；有遗赠扶养协议的，按照协议办理。"该条规定了遗赠扶养协议优先于遗嘱（包括遗嘱继承和遗赠），遗嘱优先于法定继承。

法律尊重当事人的意思自治，故自然人以签订遗赠扶养协议或设立遗嘱的形式决定死后其财产归属，优先于法定继承。遗嘱系单方法律行为，自然人生前设立遗嘱时成立该法律行为，至自然人死后才生效。遗赠扶养协议是自然人与法定继承人以外的组织或者个人之间成立的双方法律行为，由该组织或者个人承担该自然人生养死葬的义务并因此享有受遗赠的权利，该协议在自然人生前即生效。为保护遗赠扶养协议中扶养人的利益，就同一财产，遗赠扶养协议的效力优先于遗嘱。超过遗赠扶养协议范围的遗产、遗嘱扶养协议解除或遗赠扶养协议中的扶养人未尽相应义务，有遗嘱的依照遗嘱处理，没有遗嘱的依照法定继承的相关规定处理。

继承人可放弃继承？

答 继承人（包括法定继承人和遗嘱继承人）可自由处分继承权。放弃继承指继承人作出不继承被继承人遗产、不参与遗产分配的意思表示。依据《民法典》第一千一百二十四条第一款，放弃继承的意思表示必须在继承开始后、遗产处理前作出，在继承开始前作出的放弃无效，在遗产处理后放弃的不是继承权而是已经继承的具体财产的所有权。该条同时规定，放弃继承的意思表示必须以书面形式作出，旨在保存证据以及提醒继承人谨慎决定。

继承权放弃的效力溯及至继承开始之时。依据《民法典》第一千一百五十四条第一项，遗嘱继承人放弃继承的，遗产中的有关部分按照法定继承办理。如果法定继承人放弃继承的，则其本可分得的遗产份额在其他法定继承人之间分割。《最高人民法院关于贯彻执行〈中华人民共和国继承法〉若干问题的意见》第四十六条规定："继承人因放弃继承权，致其不能履行法定义务的，放弃继承权的行为无效。"如继承人以放弃对已故配偶遗产的继承权来规避对双方子女的抚养义务，放弃继承权的行为无效。

继承人放弃继承的意思表示必须明示作出，如果继承人在遗产处理前没有以书面方式作出放弃继承的意思表示，则视为接受继承。

受遗赠人需作出接受遗赠的表示？

答 依据《民法典》第一千一百二十四条第二款，受遗赠人应当在知道受遗赠后六十日内，作出接受或者放弃受遗赠的表示，到期没有表示的，视为放弃受遗赠。

虽然遗赠人设立遗嘱是单方法律行为，其成立无需征得受遗赠人的同意，但是受遗赠人有权决定是否接受遗赠，以避免遗赠人将自己的意思强加给受遗赠人。本款未对受遗赠人接受或放弃遗赠的意思表示的形式提出要求，故不必以书面形式作出意思表示。

依据《民法典》第一千一百五十四条第一项，受遗赠人放弃受遗赠的，遗产中的相应部分按照法定继承办理。

受遗赠人接受遗赠的意思表示必须明示作出，到期没有表示的,视为放弃受遗赠。

【案例】 受遗赠人接受或放弃受遗赠的意思表示是否可以口头形式作出?

案例简介:甲生前设立遗嘱,欲将其名下房屋在其死后留给孙子乙(20岁)。甲去世后,乙在得知遗嘱内容后即口头上表示尊重祖父的意愿。

知识点:依据《民法典》第一千一百二十七条第一款[1],被继承人的孙子并非继承人,故本案中甲设立遗嘱将其名下房屋留给乙属于遗赠。依据《民法典》第一千一百二十四条第二款,受遗赠人应当在知道受遗赠后六十日内,作出接受或者放弃受遗赠的表示,到期没有表示的,视为放弃受遗赠。乙在得知遗嘱内容后即作出接受遗赠的意思表示,且《民法典》第一千一百二十四条第二款并未对接受遗赠之意思表示的形式作

---

[1]《民法典》第一千一百二十七条第一款:"遗产按照下列顺序继承:(一)第一顺序:配偶、子女、父母;(二)第二顺序:兄弟姐妹、祖父母、外祖父母。"

出要求，故乙接受遗赠的意思表示有效。

法定代理人代理被代理人行使继承权、受遗赠权有哪些限制？

答 放弃继承权、受遗赠权为单方法律行为、非纯获利益的法律行为。无行为能力人需要法定代理人代理实施上述行为，限制行为能力人除非经其法定代理人事前同意或放弃行为与其年龄、智力相适应，也需要法定代理人代理实施。

依据《最高人民法院关于贯彻执行〈中华人民共和国继承法〉若干问题的意见》第八条："法定代理人代理被代理人行使继承权、受遗赠权，不得损害被代理人的利益。法定代理人一般不能代理被代理人放弃继承权、受遗赠权。明显损害被代理人利益的，应认定其代理行为无效。"被继承人的遗产应优先清偿被继承人所应缴纳的税款和债务，故继承人及受遗赠人通过继承或受遗赠通常能够获得财产利益，除非被继承人遗产不足以清偿或恰好清偿其生前所负债务。故司法实践中，法定代理人代理被代理人放弃继承权、受遗赠权通常会明显损害被代理人利益，从而代理行为会被认定为无效；如果法定代理人代理被代理人放弃继承权、受遗赠权已损害被代理人利益但未达到明显程度,在外部关系中该放弃行为有效,在法定代理人和被代理人内部关系中,依据《民法典》第一百六十四条,代理人不履行或者不完全履行职责而造成被代理人损害的,应当承担民事责任(如赔偿损害),代理人和相对人恶意串通,损害被代理人合法权益的,代理人和相对人应当承担连带责任。

【案例】 法定代理人代理被代理人放弃继承权的行为在什么情况下有效?

案例简介:王某某与蒋洪某于1973年登记结婚,婚后育有长子蒋某某、次子蒋小某,蒋洪某于1999年病逝,生前未立有遗嘱。蒋洪某母亲林某某尚健在,父亲已经去世。王某某于2013年溺水身亡,其生前立有公证遗嘱一份,主要内容为将其与丈夫共有的房屋中属于自己的一半份额和其应继承丈夫的份额,留给长子蒋某某继承,其他财产也由长子蒋某某继承。次子蒋小某与其妻子陶某某生育一女蒋某(现年14周岁),蒋小某于2010年因交通事故死亡。此后,陶某某(同时作为法定代理人代理女儿蒋某)与蒋某某就该房屋签订遗产分割协议，约定由蒋某某一次性付给陶某某人民币 25 000 元，房屋产权归蒋某某所有。该争议房屋经评估价值为 219 914 元。[1]

知识点：本案中被继承人蒋洪某的遗产为其与王某某共同所有的房屋的一半份额即二分之一，应当由蒋洪某的继承人林某某（母亲）、王某某（配偶）、蒋某某（长子）、蒋小某（次子）继承，依据《民法典》第一千一百三十条第一款："同一顺序继承人继承遗产的份额，一般应当均等。"四人每人继承争议房屋份额的八分之一。

蒋小某所应继承的房屋八分之一份额应当由其第一顺序继承人王某某（母亲）、陶某某（配偶）、蒋某（女儿）继承，即各占二十四分之一，实际价值约 9 163（219 914/24）元。蒋某的法定代理人与陶某某与蒋某某达成了遗产分割协议，约定给付的遗产分割款 25 000 元高于蒋某及陶某某依法应当继承的数额，故陶某某与蒋某某签订的遗产分割协议并未损害蒋某利益，陶某某代理蒋某放弃继承权的行为有效。

---

[1] 案例改编自辽宁省铁岭市中级人民法院（2013）铁民三终字第 00223 号民事判决书。

继承人、受遗赠人丧失继承权或受遗赠权的情形有哪些？

答 继承人在特定情形下会丧失继承权。《民法典》第一千一百二十五条第一款规定，继承人有下列行为之一的，丧失继承权：（一）故意杀害被继承人；（二）为争夺遗产而杀害其他继承人；（三）遗弃被继承人，或者虐待被继承人情节严重；（四）伪造、篡改、隐匿或者销毁遗嘱，情节严重；（五）以欺诈、胁迫手段迫使或者妨碍被继承人设立、变更或者撤回遗嘱，情节严重。

第一项继承人故意杀害被继承人，要求继承人主观上故意实施该行为，不要求其动机在于获得遗产，依据《最高人民法院关于贯彻执行〈中华人民共和国继承法〉若干问题的意见》第十一条，无论继承人故意杀人行为既遂还是未遂，其继承权均因此丧失。第二项要求继承人故意杀害其他继承人，且动机在于争夺遗产，无论继承人故意杀人行为既遂还是未遂，其继承权都因此丧失。第三项分为两种情形：继承人遗弃被继承人、虐待被继承人，只有后者要求情节严重。继承人虐待被继承人情节是否严重，可以从实施虐待行为的时间、手段、后果和社会影响等方面认定。第四项为继承人伪造、篡改、隐匿或者销毁遗嘱，都要求情节严重。根据全国人大法工委民法室主任黄薇主编的《中华人民共和国民法典继承编解读》，所谓的"情节严重"可以是继承人通过伪造、篡改、隐匿或者销毁遗嘱的行为侵占了被继承人的巨额遗产，也可以是导致其他继承人未能参与遗产分割以致生活困难等。第五项为以欺诈、胁迫手段迫使或者妨碍被继承人设立、变更或者撤回遗嘱，这些行为侵害了被继承人处分自己遗产的自由，要求构成情节严重。

因本条第一款第三项至第五项行为而丧失继承权的继承人，依据《民法典》本条第二款，如果该继承人确有悔改表现，被继承人表示宽恕或者事后在遗嘱中将其列为继承人的，该继承人不丧失继承权。即符合以下两个条件时继承权恢复：（1）实施第一款第三项至第五项行为的继承人确有悔改表现；（2）被继承人表示宽恕或者事后在遗嘱中将其列为继承人。

依据《民法典》第一千一百二十五条第三款，受遗赠人有本条第一款规定行为的，丧失受遗赠权。不同于继承人有恢复继承权的可能，受遗赠人一旦因实施第一款规定的行为而丧失受遗赠权，不得恢复。

【案例】 继父家暴母亲，儿子因此杀害了继父，是否可继承继父的财产？

案例简介：继父、母亲、继子三人共同生活，继子因无法忍受继父对母亲的家庭暴力杀害了继父。继父此前未设立遗嘱。

知识点：首先应判断继子此前是否享有对继父的继承权。依据《民法典》第一千一百二十七条，法定继承人中的子女包括有扶养关系的继子女，"扶养关系"包括继子女受到继父母抚养和继子女赡养继父母的情形。故继子此前是否享有对继父的继承权，应视他们之间是否存在扶养关系而定。

假设此前继父子之间存在扶养关系，因继子故意杀害了继父，实施了《民法典》第一千一百二十五条第一款第一项规定的"故意杀害被继承人"这一行为，继子就丧失了对继父的继承权，且继承权不可恢复。

第二章 法定继承

法定继承按照什么顺序?

答 依据《民法典》第一千一百二十七条,遗产按照下列顺序继承:(一)第一顺序:配偶、子女、父母;(二)第二顺序:兄弟姐妹、祖父母、外祖父母。继承开始后,由第一顺序继承人继承,第二顺序继承人不继承;没有第一顺序继承人继承的,由第二顺序继承人继承。《民法典》第一千一百二十九条规定,丧偶儿媳对公婆,丧偶女婿对岳父母,尽了主要赡养义务的,作为第一顺序继承人。

子女,包括婚生子女、非婚生子女、养子女和有扶养关系的继子女。父母,包括生父母、养父母和有扶养关系的继父母。继父母与继子女之间形成扶养关系的情形,包括继子女受继父母抚养,也包括继父母被继子女赡养。兄弟姐妹,包括同父母的兄弟姐妹、同父异母或者同母异父的兄弟姐妹、养兄弟姐妹、有扶养关系的继兄弟姐妹。有扶养关系的继兄弟姐妹,包括被继承人生前扶养的继兄弟姐妹,也包括扶养被继承人的继兄弟姐妹。

所谓"没有第一顺序继承人继承"包括第一顺位继承人不存在、死亡、丧失继承权、放弃继承等情形。如果被继承人的子女先于被继承人死亡，由被继承人的子女的直系晚辈血亲代位继承子女原本有权继承的遗产份额，此时第二顺序的继承人不能继承。

继承人是否包括胎儿？

❷ 《民法典》第十六条规定，涉及遗产继承、接受赠与等胎儿利益保护的，胎儿视为具有权利能力。如果胎儿处于《民法典》第一千一百二十七条规定的继承人范围，则其享有继承权。依据《民法典》第一千一百五十五条，在遗产分割时，应当保留胎儿的继承份额，包括法定继承份额、被继承人遗嘱中指定由胎儿继承的遗产份额。如果胎儿在娩出时尚有生命但不久后死去，则胎儿所继承的财产应当作为胎儿的遗产。如果胎儿在娩出时即为死体，依据《民法典》第十六条，其权利能力视为自始不存在，故原本为其保留的被继承人的遗产份额按照法定继承办理。

【案例】 作为继承人的胎儿娩出为死体如何处理?

案例简介：甲、乙为夫妻，甲因交通事故去世时，甲之母亲丙尚在世，乙已经怀孕。甲个人所有的财产包括银行存款200万、夫妻共有房屋（价值400万）中的一半份额。甲生前未立遗嘱。三个月后，乙因忧思过重难产，胎儿娩出时即为死体。

知识点：甲死亡时，由于甲生前未设立遗嘱、遗赠扶养协议，故应按照法定继承处理。依据《民法典》第一千一百五十五条，在遗产分割时应当保留胎儿的继承份额，甲之遗产由乙、丙、胎儿三人继承，每人分得遗产三分之一的份额。由于胎儿娩出时即为死体，原本为其保留的遗产的三分之一份额，应按照法定继承办理，即由甲之法定继承人乙、丙各再分得遗产的六分之一份额。

什么是代位继承?

答 代位继承指法定继承人无法继承时，由其直系晚辈血亲按照该继承人的地位和继承顺序继承被继承人遗产的制度。依据《民法典》第一千一百二十八条，代位继承分为两种情形：其一，被继承人的子女先于被继承人死亡的，由被继承人的子女的直系晚辈血亲代位继承；其二，被继承人的兄弟姐妹先于被继承人死亡的，由被继承人的兄弟姐妹的子女代位继承。

第一种情形中，"子女的直系晚辈血亲"包括子女的子女、孙子女、外孙子女等，不限制辈分，由辈分最大的直系晚辈血亲代位继承。该直系晚辈血亲取得被继承人的子女的地位和顺序，作为被继承人的第一顺序继承人代位继承。依据《最高人民法院关于贯彻执行〈中华人民共和国继承法〉若干问题的意见》第二十九条，丧偶儿媳对公婆、丧偶女婿对岳父母，无论其是否再婚，其因对公婆或岳父母尽了主要赡养义务而作为公婆或岳父母的第一顺序继承人参与继承，不影响其子女代位继承。

第二种情形中，只有被继承人的兄弟姐妹的子女才可代位继承，不包括其他直系晚辈血亲。且被继承人的兄弟姐妹的子女是作为第二顺序继承人参与继承，故只有在被继承人没有第一顺序继承人继承，也没有被继承人的子女的直系晚辈血亲作为第一顺序继承人代位继承时，被继承人的兄弟姐妹的子女才能代位继承。

《民法典》第一千一百二十八条第三款规定，代位继承人一般只能继承被代位继承人有权继承的遗产份额。即假设被继承人的子女或兄弟姐妹后于被继承人死亡时他们有权继承多少遗产份额，被继承人的子女的直系晚辈血亲或被继承人的兄弟姐妹的子女就有权代位继承多少遗产份额。如果存在法律规定的多分、少分或不分遗产等情形（如《民法典》第一千一百三十条），则代位继承的遗产份额可能会相应变化。

【案例】 何时适用代位继承以及具体遗产份额如何计算？

案例简介：甲、乙为夫妻，育有二子甲1、甲2。甲1与丙结婚并育有一子丁。甲1因交通事故意外去世，第二年甲亦因病去世。甲于甲1去世前曾设立遗嘱，其所有遗产都交由甲1继承。在甲1去世后，丙与丁独自生活。

知识点：依据《民法典》第一千一百五十四条第三项，遗嘱继承人先于遗嘱人去世的，遗产中的有关部分按照法定继承办理。本案中，甲1作为遗嘱继承人先于遗嘱人甲去世，甲的遗产按照法定继承办理。遗嘱继承不适用代位继承。假设甲1尚在人世，被继承人甲的第一顺序法定继承人为乙、甲1、甲2。丙作为丧偶儿媳并未对甲尽到主要赡养义务，不符合《民法典》第一千一百二十九条规定的作为甲之第一顺序继承人参与继承的要求。由于被继承人甲的儿子甲1先于甲去世，甲1的儿子丁有权代位继承按照法定继承办理时甲1本可继承的三分之一的甲的遗产份额。

法定继承中如何分配遗产？

❓ 《民法典》第一千一百二十六条规定，继承权男女平等。依据《民法典》第一千一百三十条，同一顺序继承人继承遗产的份额，一般应当均等。在以下情形下可予以适当调整：其一，对生活有特殊困难又缺乏劳动能力的继承人，分配遗产时，应当予以照顾。其二，对被继承人尽了主要扶养义务或者与被继承人共同生活的继承人，分配遗产时，可以多分。依据《最高人民法院关于贯彻执行〈中华人民共和国继承法〉若干问题的意见》第三十条，对被继承人生活提供了主要经济来源，或在劳务等方面给予了主要扶助的，应当认定其尽了主要扶养义务。其三，有扶养能力和有扶养条件的继承人，不尽扶养义务的，分配遗产时，应当不分或者少分。依据《最高人民法院关于贯彻执行〈中华人民共和国继承法〉若干问题的意见》第三十三条，继承人有扶养能力和扶养条件，愿意尽扶养义务，但被继承人因有固定收入和劳动能力，明确表示不要求扶养的，分配遗产时，一般不应因此而影响其继承份额。其四，继承人协商同意的，继承份额也可以不均等。

《民法典》第一千一百三十一条规定，对继承人以外的依靠被继承人扶养的人，或者继承人以外的对被继承人扶养较多的人，可以分给适当的遗产。本条仅适用于法定继承。如果被继承人生前通过设立遗嘱或遗赠扶养协议对自己的全部遗产进行了处分，导致遗产中不存在适用法定继承的部分，则本条不可适用。

遗产分割争议如何解决？

答 《民法典》第一千一百三十二条规定，继承人应当本着互谅互让、和睦团结的精神，协商处理继承问题。遗产分割的时间、办法和份额，由继承人协商确定；协商不成的，可以由人民调解委员会调解或者向人民法院提起诉讼。

继承人就遗产分割的时间、办法和份额等，在协商一致时可达成协议，有效协议对继承人均具有约束力。若协商不成，任一继承人可向人民调解委员会申请调解，经人民调解委员会调解达成调解协议的，可以制作调解协议书。依据《中华人民共和国人民调解法》第三十一条，经人民调解委员会调解达成的调解协议，具有法律约束力，当事人应当按照约定履行。该法第三十二条规定，经人民调解委员会调解达成调解协议后，当事人之间就调解协议的履行或者调解协议的内容发生争议的，一方当事人可以向人民法院提起诉讼。该法第三十三条规定，经人民调解委员会调解达成调解协议后，双方当事人认为有必要的，可以自调解协议生效之日起三十日内共同向人民法院申请司法确认，人民法院应当及时对调解协议进行审查，依法确认调解协议的效力。人民法院依法确认调解协议有效，一方当事人拒绝履行或者未全部履行的，对方当事人可以向人民法院申请强制执行。人民法院依法确认调解协议无效的，当事人可以通过人民调解方式变更原调解协议或者达成新的调解协议，也可以向人民法院提起诉讼。

就遗产分割问题，任一继承人亦可不经调解直接向人民法院起诉。最高人民法院《第八次全国法院民事商事审判工作会议（民事部分）纪要》第二十五条规定："被继承人死亡后遗产未分割，各继承人均未表示放弃继承，依据继承法第二十五条规定应视为均已接受继承，遗产属各继承人共同共有；当事人诉请享有继承权，主张分割遗产的纠纷案件，应参照共有财产分割的原则，不适用有关诉讼时效的规定。"

第三章　遗嘱继承和遗赠

什么是遗嘱执行人？

答 遗嘱执行人指通过一定步骤实现遗嘱内容的人。具备相应民事行为能力的自然人、法人和其他组织都可以担任遗嘱执行人。自然人须具备完全民事行为能力，可以是法定继承人，也可以是法定继承人以外的人。

《民法典》第一千一百三十三条第一款规定："自然人可以依照本法规定立遗嘱处分个人财产，并可以指定遗嘱执行人。"被指定的遗嘱执行人可以接受，也可以拒绝。如果遗嘱人没有指定，或者被指定的遗嘱执行人拒绝执行或丧失遗嘱执行资格，则需要另行确定遗嘱执行人。对此，我国法律未作规定，实践中通常由继承人担任遗嘱执行人。

遗嘱执行人职责主要包括：（1）将遗嘱内容及时通知相关继承人、受遗赠人；（2）在继承开始后担任遗产管理人，履行《民法典》第一千一百四十七条规定的职责，如清理遗产并制作遗产清单，向继承人报告遗产情况，采取必要措施防止遗产毁损、灭失，处理被继承人的债权债务，按照遗嘱或者依照法律规定分割遗产以及实施与管理遗产有关的其他必要行为。

遗嘱继承与遗赠的区别是什么？

答 遗嘱继承和遗赠主要根据遗产取得者的身份加以区分。

《民法典》第一千一百三十三条第二款规定："自然人可以立遗嘱将个人财产指定由法定继承人中的一人或者数人继承。"即遗嘱继承中是法定继承人中的一人或数人依据遗嘱取得被继承人的遗产。继承人一定是自然人。

《民法典》第一千一百三十三条第三款规定："自然人可以立遗嘱将个人财产赠与国家、集体或者法定继承人以外的组织、个人。"即受遗赠人可以是国家、集体，也可以是法定继承人以外的组织和个人。

什么是遗嘱信托？

答 《民法典》第一千一百三十三条第四款规定："自然人可以设立遗嘱信托。"

遗嘱信托是指以遗嘱方式设立的信托。指遗嘱人（委托人）以遗嘱的方式建立起委托人、受托人和受益人之间的信托关系，由受托人在遗嘱生效后以信托方式管理和处分财产的过程。

遗嘱信托是遗嘱和信托的结合。《信托法》第八条规定，信托应当采取书面形式，包括遗嘱等。因此遗嘱信托不能采取本编所规定的口头、录音录像形式。《信托法》第十三条第一款规定：设立遗嘱信托，应当遵守继承法关于遗嘱的规定。则遗嘱相较于其他书面形式设立的信托的不同点在于：（1）遗嘱为单方法律行为且为死因行为，故不以受托人的承诺而以遗嘱人的死亡为生效要件。（2）受托人拒绝接受财产或先于遗嘱人死亡，不影响遗嘱信托的效力。根据《信托法》第十三条第二款，遗嘱指定的人拒绝或者无能力担任受托人的，由受益人另行选任受托人；受益人为无民事行为能力人或者限制民事行为能力人的，依法由其监护人代行选任。遗嘱对选任受托人另有规定的，从其规定。

遗嘱信托相较于遗嘱具有以下的几种独特功能：（1）信托财产具有独立性，受托人仅取得名义上的所有权，财产收益不归受托人；受益人仅享有信托财产的收益权，不具有对信托财产的所有权。这种所有权与收益权的分离，可以让下一代继续享受委托人所创造和留存的财富，但却不能随意挥霍，也不得任由其个人处分。遗嘱信托这一独特功能在继承人年幼或丧失行为能力时尤为重要。（2）有效发挥遗产整体的功效，为维护遗产价值提供保障。现实中有些遗产不适应分割，或分割后并不能够发挥整体的功效，如被继承人的股权。且若家族亲属之间因继承发生纠纷，按照传统的继承模式，遗产可能处于无人管理的境地，易造成不必要的价值折损。而在遗嘱信托执行中，可直接由受托人接管遗产。

遗嘱的形式与要求？

答 《民法典》中规定了五种遗嘱的形式，即自书遗嘱、代书遗嘱、打印遗嘱、录音录像遗嘱、公证遗嘱和口头遗嘱。前四种遗嘱形式当事人可自由选择,口头遗嘱则需在危急情况中才能订立。形式要求是为了确保遗嘱为遗嘱人的真实意思表示,不满足对应的形式,遗嘱不生效力。若存在见证人,则需满足本法规定的见证人的资格条件。

(一)自书遗嘱有哪些形式要求?

自书遗嘱是指遗嘱人将其处分遗产的意思表示以亲笔书写的形式表现出来的遗嘱。其形式要件有以下三点。(1)遗嘱人亲笔书写全部内容,不得由他人代写,也不得打印。自书遗嘱不要求必须带有"遗嘱"字样,若被继承人在遗书中涉及死后个人财产处分的内容,满足自书遗嘱的形式要件,可按自书遗嘱对待。(2)遗嘱人签名。不要求在每一页签名,有签名能确认身份即可,但不能以盖章或捺印的方式代替。(3)注明年、月、日,确立遗嘱的设立时间。

(二)代书遗嘱有哪些形式要求?

代书遗嘱为遗嘱人口述遗嘱内容,由见证人之一代为书写的遗嘱。其形式要件有以下三点:(1)有两个以上见证人在场见证。两个以上包括两人,见证人需在现场。(2)由见证人中的一人代书。代书的人应为见证人,且遗嘱只能亲笔手写,不能打印。代书人必须忠实遗嘱人的原意和真意进行记录，不得对遗嘱内容进行篡改或修改。(3)遗嘱人、代书人和其他见证人均须在遗嘱上亲笔书写姓名。(4)注明年、月、日。

(三)打印遗嘱有哪些形式要求?

打印遗嘱是指遗嘱的内容由打印机等机器设备打印而成的遗嘱，为《民法典》新增的遗嘱形式，其形式要件由以下几点：(1)应当有两个以上见证人在场见证。(2)为了保证遗嘱的真实性，遗嘱人和见证人应当对遗嘱的每一页仔细核对并签名。(3)注明年、月、日。

(四)录音录像遗嘱有哪些形式要求?

录音遗嘱是遗嘱人口述遗嘱内容并用录音的方式记录而成的遗嘱。录像遗嘱是遗嘱人表达遗嘱内容（口述/打手语）并用录像的方式记录而成的遗嘱。需要满足的形式要件为：(1)两个以上见证人在场见证。(2)遗嘱人和见证人应当在录音录像中记录姓名或者肖像（必要：录音中口述，录像中展示）；在录音录像中记录年、月、日（口述或其他方式）。

(五)口头遗嘱有哪些形式要求?

口头遗嘱因其形式要件的简化，有适用条件的限制和失效的可能。遗嘱人必须在危急情况下（如生命垂危或遇到重大灾害或者意外等紧急情况）才能订立，并且在危急情况消除后，遗嘱人能够以其他形式订立遗嘱的，该口头遗嘱无效。口头遗嘱需要满足的形式要件仅为：需要两个以上见证人在场见证，遗嘱人以口述的方式表达其处分遗产的意思。

（六）公证遗嘱有哪些形式要求？

公证遗嘱由公证机构办理，要遵守本编关于遗嘱效力的规定和公证的法律规定，详见《遗嘱公证细则》第四、五、六、十四、十七、十八条。遗嘱人需亲自到住所地或遗嘱行为发生地的公证处提出申请，确有困难亲自到公证处的，可以书面或口头形式请求有管辖权的公证机关指派公证人员到其住所或者临时处所办理。

哪些人不可以成为遗嘱见证人？

答 遗嘱见证人只能由个人担任，任何人不得以组织名义担任见证人。除此之外，遗嘱见证人需满足两方面的要求：（1）遗嘱见证人的身体、心理条件应足以胜任见证事务；（2）遗嘱见证人应当不存在足以影响其客观、公证地履行见证职责的情形。

针对这两方面要求,《民法典》第一千一百四十条进行了反向列举:(1)无民事行为能力人、限制民事行为能力人以及其他不具有见证能力的人不能担任见证人。主要包括三类人:1.十八周岁以下的未成年人,但十六周岁以上能以自己的劳动收入为主要生活来源的公民除外;2.不能辨认或不能完全辨认自己行为的精神病人;3.虽为完全行为能力人,但有聋、盲等生理缺陷或不通晓遗嘱所用语言,不具有见证能力的人。(2)与遗嘱内容有利害关系的人,有直接的利害关系的人包括了继承人、受遗赠人,有间接的利害关系的人包括了与继承人、受遗赠人有利害关系的人(《继承法解释》第三十六条表明继承人、受遗赠人的债权人、债务人,共同经营的合伙人视为其利害关系人)。这些人员有可能为自己的利益而篡改遗嘱内容,若作为见证人则无法保证遗嘱内容的真实性,应当排除。

若存在失格见证人,除去该见证人外,其他见证人仍能符合法定见证的人数要求的(如三人变两人,该两人具备见证人资格),遗嘱之要件已具备,应认定遗嘱有效;反之,遗嘱因欠缺形式要件而无效。

遗嘱中需要为某些继承人保留必要份额吗?

答 《民法典》第一千一百四十一条规定,遗嘱应当为缺乏劳动能力又没有生活来源的继承人保留必要的遗产份额。

由于继承制度不仅体现意思自治和保护私有财产,还需要发挥遗产的抚养功能和维护基本的家庭伦理的功能,因此我国立法上对遗嘱自由作了一定限制,遗嘱中需要为某些继承人保留一定份额,该种制度即为必留份制度,主要内容为以下几个方面。

(1)必留份权利人需要为同时具备缺乏劳动能力和没有生活来源两个条件的法定继承人,既可以是第一顺位继承人,也可以是第二顺位继承人;(2)这两个条件是否满足的判断时点为遗嘱生效时(通常情况下为立遗嘱人死亡时)而非遗嘱设立时;(3)必要的份额无具体的标准,实践中要根据个案的具体情况来确定;(4)在权利的优先性上,若遗嘱人未保留缺乏劳动能力又没有生活来源的继承人的遗产份额,遗产处理时,应当为该继承人留下必要的遗产,所剩余的部分,才可参照遗嘱确定的分配原则处理。在遗产不足以清偿债务时,也应当为其保留必要的遗产;(5)在适用范围上,该必要份额的保留不仅适用于遗嘱继承，也适用于法定继承。

哪些遗嘱类型可撤回、变更？可以何种方式撤回、变更？

❷ 《民法典》第一千一百四十二条规定："遗嘱人可以撤回、变更自己所立的遗嘱。立遗嘱后，遗嘱人实施与遗嘱内容相反的民事法律行为的，视为对遗嘱相关内容的撤回。立有数份遗嘱，内容相抵触的，以最后的遗嘱为准。"

相较于《继承法》第二十条，《民法典》将"撤销"改为了"撤回"，并取消了公证遗嘱的优先效力。在遗嘱人生前，遗嘱仅成立而未生效，以死亡作为生效时点。而"撤销"是对已经生效的意思表示予以撤销，使其具有溯及力的消灭，因此用"撤回"更合理。若赋予公证遗嘱在适用效力位阶上的优先性，存在使遗嘱人的最终意愿不能实现，不当限制遗嘱自由等弊端。为切实保障遗嘱人的真实意愿，《民法典》中删除了相关规定。

因此，遗嘱人生前有权随时撤回和变更其所立遗嘱，而不论其为何种遗嘱形式。撤回指取消该遗嘱，变更指对遗嘱作出修改。遗嘱人可以明示或推定方式撤回和变更。明示方式主要指设立新遗嘱，推定方式指之后作出的法律行为跟之前的遗嘱是有冲突的，推定变更。此处强调遗嘱人实施的是法律行为，即要有设立、变更、终止民事法律关系的意思，若遗嘱人的行为并非出于自己的意愿，如因过失导致标的物灭失的，不构成对遗嘱的撤回。

【案例】 何种行为可认定为"与遗嘱内容相反的民事法律行为"？

案例简介：张某1提交了《遗嘱》，其中第一页内容为："我们（张某5和张某6）立遗嘱时头脑清醒，意见一致，想法相同，我们决定，北京市朝阳区×号房产由张某1继承，北京市宣武区×号房产由张某2居住用到去世。以上是我们真实意思的表示。特立此遗嘱为证。立遗嘱人：张某5（手印）张某6（手印）2012年11月30日。"第二页及第三页内容为："以上是我和张某6曾经一起签字、按手印的遗嘱，因为我们身体的原因和家中人员多乱，致使上面的遗嘱遗失。所以我现在证明我和张某6一起立过上面的遗嘱，同时再次表达我个人的真实意愿。张某1一直照顾我们，所以我所有的财产全部由张某1继承。第二,按照张某6的遗愿,朝阳区和平街11区16楼1单元1号房产由张某1继承。特立此遗嘱为证。立遗嘱人:张某5 2013年2月23日。"

2014年6月19日,张某5作为出卖人与张某4签订《存量房屋买卖合同》,将502房屋出售给张某4,成交价150万元,双方于当日将502房屋过户至张某4名下,张某4未支付房款。2017年张某2诉至一审法院,要求确认上述《存量房屋买卖合同》无效。一审法院作出(2017)京0105民初38290号民事判决书,判决上述合同无效。

知识点:若要让此类行为发生效力需要满足三个要求。1.遗嘱人的行为须为民事法律行为,需要满足法律行为成立生效的要件,遗嘱人须在实施行为时具有完全民事行为能力,意思表示系真实,无受欺诈、胁迫等情形。此类行为主要为遗嘱人自愿的对标的物所作出的与遗嘱内容相反的处分和遗嘱人故意废弃遗嘱载体。2.该民事法律行为应发生在立遗嘱后。3.遗嘱人的意思表示内容与遗嘱内容相反,则应涉及遗嘱中列明的标的物。

本案中,在张某5书写上述具有遗嘱意思的文件之后,将其名下两套房屋分别以买卖的形式过户给张某1、张某4且未收取房屋对价,虽然该房屋买卖合同经法院的生效判决被确认无效,但判决仅否定了双方之间的房屋买卖合同关系,并未扩展到双方隐藏的其他真实意思表示。从张某5以买卖合同的形式将房屋过户到张某1、张某4名下的行为来看,符合父亲以名为买卖实为赠与的方式将房屋处分给自己子女的真实意思,而且该行为亦反映出其对之前遗嘱内容的部分变更。[1]

哪些情形下遗嘱无效?

🉑 《民法典》第一千一百四十三条以反面列举的形式规定了遗嘱的生效要件。遗嘱作为要式法律行为,既需要满足总则编规定的一般要件,也要满足继承编的特别要件。在继承编规定和总则编有冲突时,依照特别法优于一般法的原则,适用继承编的相关规定。

因此,结合总则编第一百四十三至一百五十七条和继承

---

[1] 案例改编自北京市第三中级人民法院(2020)京03民终3363号民事判决书。

编第一千一百三十四条至一千一百三十九条、一千一百四十一条、一千一百四十三条的相关规定，遗嘱的有效需要满足以下三个方面。

（1）遗嘱人具有遗嘱能力。我国继承编坚持遗嘱能力的二分法原则，无限制遗嘱能力之说，并且将遗嘱能力等同于完全民事行为能力。无行为能力人、限制行为能力人所订立的遗嘱均无效。有无遗嘱能力的判断时点为订立遗嘱时，订立遗嘱后丧失行为能力的，不影响遗嘱的效力。

（2）遗嘱的意思表示必须真实。这体现在两个方面：一是遗嘱必须出于遗嘱人的自愿，是其自由处分财产的体现，遗嘱人因受欺诈、胁迫所立的遗嘱无效；二是遗嘱的内容真实可靠，确为遗嘱人真实的意思表示，伪造的遗嘱、遗嘱被篡改的部分无效。须注意，伪造的遗嘱整体不是遗嘱人的真实意思表示体现，因而全部无效。而遗嘱被遗嘱人以外的人篡改，则仅被篡改部分无效。

（3）遗嘱的内容必须符合法律的规定。主要包括以下三个方面：第一，遗嘱人只能处分遗嘱人自己的财产。第二，遗嘱应当为缺乏劳动能力又没有生活来源的继承人保留必要的遗产份额。第三，遗嘱的内容不得违反法律、行政法规的强制性规定,不得违背公序良俗,不得损害公共利益。比如,遗嘱不得附加侵犯他人婚姻自主权的条件。

在附负担的遗嘱或遗赠中,若继承人或者受遗赠人没有正当理由不履行义务,此时有什么救济措施?

答 首先,对义务的范围作一限定。《民法典》第一千一百四十四条第一句列明,遗嘱继承或者遗赠负有义务的,继承人或者受遗赠人应当履行义务。由该条可知,义务的履行是以继承人接受继承或受遗赠人接受遗赠为前提,若不接受,则不用履行义务。该义务的设定是遗嘱人意志的体现,只要该义务不违反法律的强制性规定并不违背公序良俗,是被法律所允许的。但根据遗嘱系遗赠人以给付受遗赠人恩惠为目的,遗嘱继承亦受限定继承规则之调整,故遗嘱/遗赠所附的负担不应超过遗嘱继承人/受遗赠人所受之利益。负担超过所受利益的,超过的部分无效。

其次,《民法典》第一千一百四十四条第二句列明救济措施:没有正当理由不履行义务的,经利害关系人或者有关组织请求,人民法院可以取消其接受附义务部分遗产的权利。该条明确了请求主体为利害关系人或有关组织,可以为法定继承人、遗嘱执行人、因遗嘱所附义务的履行而受益的自然人或组织。法律后果为取消其接受附义务部分遗产的权利,相较于《继承法》,《民法典》将可以取消接受的遗产范围界定得更为明确。

第四章 遗产的处理

谁可以担任遗产管理人?

答《民法典》中新增遗产管理人制度,遗产管理人是在继承开始后遗产分割前,负责处理涉及遗产有关事务的人。《民法典》第一千一百四十五条规定了四种遗产管理人的产生,四种情况具有依次的适用顺位,前一种情况不符合时才会考虑后一种情况。

(1)继承开始后,遗嘱执行人为遗产管理人。遗嘱执行人是在遗嘱中指定的执行遗嘱事务的人。遗嘱执行人都是遗嘱人所信任之人,由其管理遗产更符合被继承人意愿。并且执行遗嘱大多会涉及财产,由其担任更为便利。但管理人和执行人的概念并不完全重合,执行人所执行的事务可能只涉及部分遗产,遗嘱执行人可以表示不愿意担任遗产管理人。

(2)没有遗嘱执行人的,继承人应当及时推选遗产管理人。指的是全体继承人共同选举出一名或者数名继承人为遗产管理人。至于以何种方式推选,是多数决还是一致决,由继承人自己协商决定,法律并不予以限定。

(3)若继承人未推选的,由继承人共同作为遗产管理人。可能出于以下两种情况:1.继承人人数较少,没必要设定遗产管理人;2.继承人之间无法推选出一致认可的遗产管理人。

共同遗产管理人进行遗产管理负有相互协力的义务。对于遗产的处分行为,因系共同继承形成的共同共有,需要全体继承人共同作出,需协商达成一致,个别继承人不能单独为之。

(4)没有继承人或者继承人均放弃继承的,由被继承人生前住所地的民政部门或者村民委员会担任遗产管理人。此时遗产虽无人继承,但不排除被继承人对他人负担的债务需要清偿。此种遗产的归属和管理根据被继承人的身份作不同处理,若被继承人非集体所有制成员,遗产归国家所有,由民政部门担任管理人;若被继承人为集体所有制成员,遗产归集体所有，归其所在的村民委员会管理。

《民法典》第一千一百四十六条规定，若对遗产管理人的确定有争议的，利害关系人可以向人民法院申请指定遗产管理人。利害关系人一般包括遗嘱执行人、继承人、被继承人生前住所地的民政部门或者村民委员会，以及受遗赠人等与遗产有利害关系的人。此类遗产管理人纠纷也属于遗产纠纷，由特定法院专属管辖，即被继承人死亡时的住所地或者主要遗产所在地法院。

遗产管理人的职责有哪些？

答 《民法典》第一千一百四十七条规定，遗产管理人的职责主要包括了五项具体规定和一项兜底规定。

（1）清理遗产并制作遗产清单。此处的遗产指被继承人所有的遗产，包括动产和不动产、有形财产和无形财产、债权和债务等。此外，还应当将个人财产从家庭共同财产/夫妻共同财产中区分出来。遗产管理人在清理遗产后，应当制作书面的遗产清单，详细列明被继承人遗留的所有财产情况、债权债务情况等。

（2）向继承人报告遗产情况。首先此处的报告对象仅限于全体继承人，而不包括受遗赠人和被继承人的债权人。而继承人则包括了法定继承人和遗嘱继承人。其次报告的形式为以遗产清单的书面形式。最后遗产管理人应向继承人全面地报告遗产情况，若遗嘱中有特别说明某项遗产应当秘密归属于某个特定的继承人，则可以不告知全体继承人。

（3）采取必要措施防止遗产毁损、灭失。本项规定说明遗产管理人无须经他人授权可采取必要措施防止遗产毁损、灭失。需注意，遗产管理人没有确保遗产增值的义务，如无必要根据市场情况将股票出售以防贬值。此类措施原则上是指保存、改良、利用措施，而不包括处分行为。但对于鲜活易腐之物，遗产管理人可以采取必要的处分措施。若遗产管理人是由全体继承人共同担任，在全体协商一致的情况下对遗产实行必要的处分，也是可以的。

（4）处理被继承人的债权债务。此项职责在遗产分割前进行。若被继承人生前有债权的，遗产管理人应当依法向债务人主张债权，包括以诉讼的方式。若被继承人生前有债务的，遗产管理人应当以遗产偿还债务。若被继承人所遗留的债权债务尚处于诉讼程序之中，遗产管理人应当积极参与相关诉讼，依法维护所涉的权益，确保遗产利益最大化。处理完毕债权债务后，遗产管理人应当将处理情况向继承人报告。

（5）按照遗嘱或者依照法律规定分割遗产。遗产按照遗赠扶养协议、遗嘱、法定继承的优先顺序来进行份额。若存在遗赠扶养协议，优先以协议内容处理遗产；若无遗赠扶养协议、存在遗嘱，则要按照遗嘱内容，以被继承人的意愿将遗产分配给特定继承人或受遗赠人。若既无遗赠扶养协议，也无遗嘱，则按照法定继承的相关规定来分配遗产。

（6）实施与管理遗产有关的其他必要行为。该条为兜底性规定，只要基于遗产管理的需要，遗产管理人可以实施相关的行为，如参与涉及遗产的有关事项等，确保遗产得到妥善有效的管理。

遗产管理人在履行职责时存在不当行为，如何追究其责任？

答 遗产管理人需要实施与管理遗产有关的必要行为，有可能对利害关系人造成损害。《民法典》第一千一百四十八条规定："遗产管理人应当依法履行职责，因故意或重大过失造成继承人、受遗赠人、债权人损害的，应当承担民事责任。"

该条为继承人、受遗赠人、债权人请求侵权损害赔偿的依据，不要求遗产管理人与这些遗产的利害关系人之间存在合同。利害关系人，首先需要证明遗产管理人存在违反职责的行为，包括了违反继承编和其他有关法律的规定（如税法等）的行为，还包括了违反处理特定遗产时特殊的风俗习惯的行为；其次需要证明遗产管理人主观上存在故意或重大过失；最后需要证明己方存在损害且该损害与遗产管理人的不当行为之间存在因果关系。此处的损害指财产损害，通常是对遗产的损害，包括有形损害（如保管不当造成的损坏）和价值损害（如以较低的价格将遗产变卖）。

遗产管理人是否可以请求报酬？

❓ 遗产管理人为管理遗产付出了一定的劳动，并且有可能因自身的不当行为承担责任，按照权利与义务相对等的概念，《民法典》第一千一百四十九条规定了遗产管理人可以获得报酬。但现实中遗产管理人也有可能是全体继承人，为了自己的利益进行遗产的管理，不存在报酬的问题。

遗产管理人的报酬以遗产负担，具体的数额依照法律规定或者按照约定。该报酬若在遗嘱中有写明的按照遗嘱中的数额确定，无遗嘱或遗嘱中未写明的，可由遗产管理人与继承人或其全体达成协议确定，若无继承人或无协议确定的，则只能按照法律的规定，该条中的"法律"不限于全国人大及其常委会制定的法律。若是人民法院指定遗产管理人的，人民法院可以酌情确定遗产管理人的报酬。

继承开始后，谁来通知继承人？

❓ 继承开始的通知至关重要。继承开始意味着继承人范围的确定、继承人和受遗赠人能够作出接受与放弃的意思表示等。继承开始的通知直接指向利害关系人权利的行使和放弃，遗嘱执行人收到通知后才知晓需要履行职责。

根据《民法典》第一千一百五十条，通知的主体为已经知道被继承人死亡的继承人，若继承人中无人知道被继承人死亡或者知道被继承人死亡而不能通知的，由被继承人生前所在单位或者住所地的居民委员会、村民委员会负责通知。被继承人生前所在单位是被继承人生前最后工作的单位，可能是被继承人尚在服务的单位，也可以是被继承人退休的单位。通知的对象是其他继承人和遗嘱执行人，应通知的继承人包括法定继承人和遗嘱继承人。

由于通知行为的性质属于观念通知而非民事法律行为，因此即使是无民事行为能力人、限制民事行为能力人所做的通知也具有法律效力，皆可引起接受或放弃继承、受遗赠时间的起算。

通知应当及时发出，即立刻而不迟延地向其他继承人和遗嘱执行人发出，但不要求固定的形式，以口头、书面、电话、短信通知等均可以。

若继承开始后，继承人没有表示放弃继承，并于遗产分割前死亡的，如何处理？

❀ 《民法典》第一千一百五十二条表明，在此种情况下，该继承人应当继承的遗产转给该继承人的继承人，但是遗嘱另有安排的除外。遗嘱没有安排指的是被继承人在其遗嘱中，没有特别说明所留遗产仅限于继承人本人，不得转继承给他人。

该条是转继承的规定，面对的是第一、二次继承衔接的问题，解决的是第一次继承未完成，被转继承人尚未取得独立财产的问题。

转继承需要满足的时间要件为：继承开始后，继承人于遗产分割前死亡，并没有放弃继承。若继承人在被继承人死亡前死亡，则可能发生的是代位继承的问题。转继承的法律后果是：继承人应当继承的遗产转给其继承人。"应当继承的遗产"既可以是通过法定继承获得，也可以是通过遗嘱继承获得。"其继承人"包括所有法定继承人。

遗产若为夫妻共同财产/家庭共有财产，如何处理？

答 《民法典》第一千一百五十三条规定，夫妻共同所有的财产，除有约定的外，遗产分割时，应当先将共同所有的遗产的一半分出为配偶所有，其余的为被继承人的遗产。遗产在家庭共有财产之中时，遗产分割时，应当先分出他人的遗产。

在进行遗产分割前，应当确保所确定的"遗产"，被继承人在生前应享有完整的处分权。遗产的分配不能够侵害到他人的利益。《民法典》第一千一百五十三条列明了存在两种共有关系时的处理方式。

对于共同生活的夫妻，若夫妻实行分别财产制，则对于个别财产而言均不存在共同共有的问题，按照夫妻之间的约定确立各自的财产范围即可。若夫妻实行共同财产制，仍应当确定哪些是个人财产，哪些是夫妻共同财产，可根据婚姻家庭编第一千零六十二条、一千零六十三条确定。属于夫妻共同财产部分，除非被继承人与其配偶另有约定，原则上应按照各分一半的原则予以分割。若遗产在家庭共有之中，不能简单按照一半的比例分割，而应以出资情况、财产贡献、当事人约定等情况综合确定共有人所占比例。

哪些情况下应当按照法定继承处理被继承人的遗产？

答 在处理遗产时，若存在遗嘱，应当按照遗嘱处理遗嘱人的遗产。但《民法典》第一千一百五十四条规定，在下列的五种情况中，应当按照法定继承处理被继承人的遗产。

（1）遗嘱继承人放弃继承或者受遗赠人放弃接受遗赠。《民法典》第一千一百二十四条规定了继承开始后，在遗产处理前继承人可以书面形式作出放弃继承的表示；没有表示的，视为接受继承。遗嘱继承人可以只放弃遗嘱继承,也可以在放弃遗嘱继承的同时放弃法定继承遗产。受遗赠人应当在知道受遗赠后六十日内,作出接受或者放弃受遗赠的表示;到期没有表示的,视为放弃受遗赠。

(2)遗嘱继承人丧失继承权或者受遗赠人丧失遗赠权。《民法典》第一千一百二十五条规定了继承人丧失继承权、受遗赠人丧失受遗赠权的法定事由。遗嘱继承人丧失继承权,则其也不能再参与之后的法定继承。有关部分遗产由其他法定继承人继承。

(3)遗嘱继承人、受遗赠人先于遗嘱人死亡或者终止。本项明确了遗嘱继承人先于立遗嘱人死亡的,不发生代位继承。受遗赠人是法定继承人之外的自然人或组织,会发生自然人死亡或组织终止先于遗嘱人死亡的情况。

(4)遗嘱无效部分所涉及的遗产。《民法典》第一千一百四十三条规定了遗嘱无效的情形,包括了全部无效和部分无效。遗嘱违反法律要求的遗嘱形式导致无效的,属于全部无效。无效部分所涉及的遗产,按照法定继承处理。

(5)遗嘱未处分的财产。被继承人在遗嘱中可能只处分了部分遗产,则其余遗产应当按照法定继承处理。

如何进行遗产的分割？

❷ 《民法典》第一千一百五十六条确立了遗产分割的原则，应当有利于生产和生活需要，不损害遗产的效用。遗产的类型多样，需要根据遗产的具体情况进行分割。该条主要包括了三个方面的要求：（1）遗产分割要有利于生产，一方面不能损害遗产本身的生产性用途，比如不宜对一辆汽车进行分割，拆分成零部件分割给继承人。另一方面要考虑继承人的能力，如继承人中只有乙会操作挖掘机并在工作中需要使用，则应将遗产中的挖掘机分割给乙。（2）遗产分割要有利于生活，如将遗产房屋判决给居住的继承人，该继承人对其他继承人予以补偿。（3）要尽量维护遗产的使用价值和交换价值，充分实现遗产的效用。如分割股权会影响控股，则可以将股权分配给其中一个继承人，以利于将来公司的经营。

具体的遗产分割的方法，以遗嘱中确定的分割方法优先，若遗嘱未约定，继承人之间也可以通过协议约定分割的方法和时间。若既无遗嘱也无协议，则根据《民法典》第三百零四条第一款、第一千一百五十六条第二款共有四种分割方式：实物分割、折价补偿、变价分割和确定共有。继承人应当依照第一千一百五十六条第一款确立的原则就这四种方式进行选择。

（1）实物分割。遗产可以分割并且不会因分割减损价值的，应当对实物进行分割。如遗产是不成套的藏书若干，即可由每个继承人各分得若干件藏品。（2）折价补偿就是将待分割的遗产价值进行评估，由取得该遗产的继承人按照应继份比例，对其他继承人进行补偿。如涉及房屋分割时，房屋所有权归共同生活的继承人共有，对其他继承人进行折价补偿。（3）变价分割。变价分割就是将遗产拍卖或者变卖取得价款，然后对价款进行分割。（4）保留共有。若继承人愿意继续维持遗产的共有状况，则可以由继承人对该遗产继续享有共有权。但此时的共有属于按份共有，即根据各继承人应继承的份额共同享有所有权。

什么是遗赠扶养协议？

答 遗赠扶养协议是指遗赠人与扶养人之间签订的由扶养人承担遗赠人生养死葬的义务，遗赠人死亡时其财产遗赠给扶养人所有的协议。遗赠扶养协议是在我国农村"五保户"制度的基础上形成和发展起来的具有中国特色的法律制度。

遗赠扶养协议具有以下法律特征：（1）主体具有限定性。一方为自然人，即受扶养人。另一方必须为继承人以外的组织或者个人。法律不允许继承人以放弃遗产的继承权的方式来逃避赡养义务。现将经济组织扩大到了各种组织，既可以是法人组织，也可以是非法人组织。（2）该协议是双务、有偿、诺成性行为。首先，该协议不同于遗嘱、遗赠，需要双方意思表示达成一致才可以成立。其次，该协议为双务有偿的法律行为，扶养人有扶养的义务，受扶养人有按照约定将自己的遗产赠与对方的义务。最后，遗赠扶养协议需要以书面方式作出。合同一经成立就生效，双方不按照合同履行会产生相应的违约责任。

遗赠扶养协议应当包括以下内容：（1）协议双方当事人。（2）扶养人的义务和受扶养人的权利。扶养人须承担对受扶养人生活上的照料和扶助义务，以及负责办理受扶养人的丧事，协议中应尽量写明照料的标准和水平。（3）受扶养人的义务，协议中应写明受扶养人拟将哪些财产赠与扶养人。同时约定受扶养人在世期间不得对这些财产随意处分。（4）协议的解除和争议解决条款。

在分割遗产时,被继承人依法应当缴纳的税款和债务何时清偿?

答 根据《民法典》第一千一百五十九条、一千一百六十二条的规定,被继承人生前所欠税款和债务,应当在遗产分割前予以清偿。执行遗赠不得妨碍清偿遗赠人依法应当缴纳的税款和债务。

在处理完债权债务之后,才能按照遗嘱的内容处分剩余遗产,或赠与,或按照法定继承分割遗产。税款可以视为被继承人对国家所欠的债务,每个公民都有依法缴纳税款的义务,个人缴纳税款并不能直接获得对价,但可以享受政府提供的公共服务。本条所指的"债务"是狭义的债务,仅限于被继承人生前所负担的财产性债务。该债务既可能纯属个人债务,也可能是与他人形成的连带债务。所有类型的生前债务均应当获得清偿。

但是,在遗产不足以清偿被继承人生前所欠税款和债务时,《民法典》第一千一百五十九条对债务的清偿作了限制,在清偿债务之前,应当为缺乏劳动能力又没有生活来源的继承人保留必要的遗产。对象上需要同时满足没有劳动能力(年龄尚小而无劳动能力或年龄过大而丧失劳动能力）和没有生活来源两个条件的继承人，数额上为必要的遗产。

若遗产已经分割，如何清偿债务和税款？

答 虽然法律规定必须先清偿债务和税款，再分割遗产，但是现实中仍然存在先分割遗产的情况。此时被继承人所应承担的缴纳税款和债务的责任并未消灭，而是由具体的分配到遗产的继承人来予以偿还。根据《民法典》第一千一百六十一条的规定，继承人以所得遗产实际价值为限清偿被继承人依法应当缴纳的税款和债务。《民法典》采"限定继承主义"立法，如果遗产不足以清偿债务和税款，就会发生类似破产清算的情况，继承人须依据清偿顺序以及清偿比例，对遗产债务进行公平清偿。但若继承人自愿地对超过遗产实际价值部分的债务进行偿还，则仍然发生清偿的效果。

《民法典》第一千一百六十一条第二款还规定了如果继承人放弃继承的，则对被继承人依法应当缴纳的税款和债务可以不负清偿责任。此处继承人的放弃既包括了遗嘱继承，也包括了法定继承。该款规定也符合了限定继承的原理，继承人既然未继承任何遗产，自然不用负担任何债务。

不同类型的继承人和受遗赠人之间如何分担税款债务？

🅰 根据《民法典》第一千一百六十三条的规定，既有法定继承人又有遗嘱继承、遗赠的，由法定继承人清偿被继承人依法应当缴纳的税款和债务；超过法定继承遗产实际价值部分，由遗嘱继承人和受遗赠人按比例以所得财产清偿。

本条原来规定在《继承法》意见第六十二条，《民法典》删除了"遗产已被分割而未清偿债务"的限定条件，使得该条的适用范围扩张至遗产分割之前。法定继承的部分先用于偿还债务，是对被继承人意思的尊重，符合遗嘱自由原则。但是若法定继承的遗产仍不足以清偿的，此时立法又优先保护了债权人，规定可以遗嘱继承的遗产来偿还债务。而受遗赠人与遗嘱继承人、法定继承人不同，其在受领遗赠前本来不负担清偿义务，但此处赋予了其法定义务，被继承人的债权人可以在分割前向受遗赠人行使清偿债务的请求权。

在遗产分割前后，继承人和受遗赠人的内部责任分配是一致的，但是外部的责任形态有所差异。折中说比较符合我国法律的实际规定。即共同继承人于遗产分割前承担以遗产实际价值为限的连带责任，遗产分割后以各自所继承的遗产为限承担分别责任；而且对于法定继承人而言，遗嘱继承人和受遗赠人承担有限的补充责任。即若法定继承的遗产部分足以清偿债务的，债权人不享有对遗嘱继承人和受遗赠人的请求权。

在法定继承中，条文未说明各继承人之间在遗产分割后如何分配债务，但是从第一千一百六十三条对遗嘱继承人和受遗赠人的责任分配来看，法定继承人之间也应当按照比例以所得财产予以清偿。如甲死亡留下遗产100万，存在对债权人乙的债务60万，甲未立遗嘱，有两个法定继承人丙、丁各继承了50万，则乙只能向丙、丁各主张30万，而不能向丙一个人主张60万。

【案例】 既有法定继承人又有遗嘱继承、遗赠的，在遗产已经分割之后，如何清偿债务？

案例简介：死者甲留下价值500万的遗产，立下遗嘱指定由继承人乙继承价值200万的遗产，另将其中的100万遗产赠与了好友丙，其余遗产未作处理。遗产分割时，遗产管理人将遗产中的100万给了丙，乙按照遗嘱继承获得200万元，其余200万由继承人乙、丁各分得100万。后来发现甲还有380万的债务没有偿还。

知识点：此时根据《民法典》第一千一百六十三条的规定，先由法定继承人来清偿，法定继承部分的遗产不足以清偿债务的，再由遗嘱继承人和受遗赠人按比例清偿债务。

在本案中，需要先用乙、丁基于法定继承获得的200万元偿还债务，之后还剩180万元债务未还清。由于丙通过遗赠获得100万，乙按照遗嘱获得200万，则丙、乙二人按照1:2的比例偿还剩余债务，丙偿还60万，乙偿还120万。

无人继承又无人受遗赠的财产归谁所有？

答 形成无人继承又无人受遗赠的财产主要基于以下几个原因：（1）客观上既没有继承人，也没有受遗赠人；（2）没有继承人，仅在遗赠中处分了部分财产；（3）存在继承人或受遗赠人，但继承人或受遗赠人全部放弃继承和接受遗赠；（4）继承人与受遗赠人全部丧失继承资格。

遗产管理人应当清理遗产并处理被继承人的债权债务，《民法典》第一千一百六十条所指的情况应限缩解释为处理完毕债权债务后，仍然存在剩余的遗产，此时如何处理？根据法条，应当以死者的身份来确定遗产的归属，如死者为城镇居民，其遗留的无人继承遗产归国家所有，但是这些财产只能用于公益事业；如死者生前是集体所有制组织成员的，则该部分遗产归集体所有制组织所有，这也与死者生前一般会从集体所有制组织中获得经济利益的现实情况相符合。

第七部分
侵权责任

Part Seven

Tort Liability

第一章 一般规定

侵权责任编保护哪些权利、法益?

答 不同于《中华人民共和国侵权责任法》第二条,《民法典》第一千一百六十四条采取概括立法模式。并未列举《民法典》侵权责任编保护的具体对象。从法条文义分析,侵权责任的保护对象是"权益",即权利与法益的总体。

对于权利,《民法典》总则编第五章规定了"民事权利",包括自然人享有的生命权、身体权、健康权、姓名权、肖像权、名誉权、荣誉权、隐私权、婚姻自主权、由婚姻家庭关系产生的人身权利、财产权利(包括物权、债权、知识产权、继承权、股权和其他投资性权利)等权利。法人、非法人组织享有名称权、名誉权和荣誉权。

对于法益,《民法典》总则编第五章规定了自然人享有个人信息保护、数据、网络虚拟财产的保护,《民法典》人格权编还规定了自然人享有基于人身自由、人格尊严产生的一般人格权益。民事权益在生活中绝非仅有如上所列举的种类。但是受到侵权责任编保护的法益应该具有以下特性。

（一）合法性。受保护的法益必须是合法的。

（二）私益性。该法益必须是为确定的个体所享有，不得是由不特定公众共享的公益。

（三）确定性。该法益必须是确定的、稳定的，具有可识别的特征。

（四）可救济性。有些利益前三个要件都满足，但是因违反善良风俗而不具有可救济性，则也不在侵权责任编的保护范围之内。

什么是过错？侵权责任的归责原则是什么？

答《民法典》第一千一百六十五条规定了一般侵权行为的归责原则（过错原则）和过错责任的成立要件。

过错，是指故意或过失。故意是指行为人预见自己的行为将会导致某一损害结果的发生而追求或放任其发生的心理状态；过失是指行为人因为疏忽大意没有预见损害结果发生，或者预见损害结果的发生却轻信自己能够避免该损害而采取行为的心理状态。判断行为人是否存在过错，应从以下几个角度分析：第一，行为人是否违反了法律、法规所明确规定的义务；第二，行为人是否违反了"有理性的人"在相同情况下应负有的注意义务。要注意的是，专业人员在其从事专业行为时的行为标准应当比一般人的标准要高。

《民法典》侵权责任编上的归责原则正是建立在过错之上，为过错责任原则。该原则是指，过错是使行为人承担侵权损害赔偿的唯一归责事由，除非法律有特别规定。过错推定责任是过错责任的特殊形态，是指在满足成立侵权责任的其他要件的前提下，如果行为人不能证明自己对损害的发生没有过错，那么就从损害事实本身推定行为人在其行为时具有过错，进而成立侵权责任。要注意的是，过错推定必须由法律明文规定。

根据《民法典》第一千一百六十五条规定，过错责任原则下要成立侵权责任，必须满足以下几个要件：

（一）侵权行为。侵权行为是指当行为人所实施的侵害他人民事权益的行为；

（二）过错。过错即是行为人行为时在主观上具有过错；

（三）损害结果。损害结果是指权利人因民事权益受到侵害而受有的不利益；

（四）因果关系。该要件要求行为人的侵权行为与权利人的权益受有损害之间具有因果关系。

根据《民法典》第一千一百六十六条，侵权责任编还有一种归责原则为无过错责任原则。无过错责任原则下成立侵权责任不需要行为人在行为时具有过错。可见，无过错责任原则较过错责任原则对行为人的行为要求更为严格。因此，无过错责任原则仅在法律有明确规定时才适用。

法律上的因果关系怎么理解？

❓ 《民法典》第一千一百六十五条明确了成立侵权责任需要行为人的侵权行为与权利人的权益受有损害之间具有因果关系。本条中的因果关系不同于纯粹科学领域上的事物间的联系，而是指在法律上与人相关的某些行为与法律后果出现的联系。在侵权责任法中，因果关系显得尤为重要，因为只有当某人对某一损害结果的发生有法律上的原因力时，才能让其承担侵权责任。在大陆法系的传统上，因果关系被分为责任成立因果关系和责任范围因果关系。

判断行为人的行为是否与损害之间有因果关系，可以采用以下方法。首先，利用"条件说"判断责任是否成立。条件说是指,"无此条件则无此结果"。根据该判断标准,任何行为人不实施就不会发生某一结果的行为,都对结果具有因果关系。但是当出现双重因果关系,即一果多因并且每一个原因都足以导致结果发生时,条件说可能无法完全解决该问题。此时可以考虑"合乎法则条件说",即,检验具体的行为,在事实上因为合乎自然法则的联系,是否对具体后果已经产生影响;从反面说,检验某个没有实施的具体行为,是否在事实上本可能排除具体结果的发生。其次,在责任范围上利用相当性理论排除那些过于遥远的原因。根据该理论,如果行为人的行为以一种极为明显的方式通常提高了发生结果的客观可能性,那么该行为为该结果的相当条件。在运用相当性理论时,要以最优的观察者的角度观察全部情形。最后,要适用"规范目的说"。"规范目的说"即是考虑,被违反的义务是否旨在保护个案存在的法益侵害或损害方式。如果被侵害的法益,并不为行为人违反的义务的来源规范保护,那么行为人不具有可归责性,不成立侵权责任。

什么是侵权行为?

答 侵权行为,是指受人意志支配的,并且侵害他人民事权益的行为。具体来说，侵权行为必须是人的行为，必须是受到人的思想意志的控制，而不能是气象、地质活动等自然活动；并且，该行为必须侵害到了他人的民事权益。侵权行为可以是作为，例如甲殴打乙致其轻伤，该殴打行为即为侵权行为。侵权行为也可以是不作为，如果某人违反了作为的义务，其不作为也是侵权行为。这些作为义务的来源大致有以下几个方面。

第一，该义务源自受害人与行为人之间的特殊关系，例如父子关系。如果某成年男子甲不赡养其年迈的父亲乙，致乙饥寒交迫，甲就违反了《民法典》第二十六条规定的赡养义务。

第二，该义务来源于特定的职业要求。例如《人民警察法》第二十一条第一款第一句规定："人民警察遇到公民人身、财产安全受到侵犯或者处于其他危难情形，应当立即救助。"如果甲人身安全正遭到某犯罪分子侵害，在某报警后，接警警员并未指令派出所派出警察，那么接警警员就违反了其职业赋予的义务。

第三，该义务由行为人先前的行为引起。例如，某甲驾车驶于某乡间公路，不慎将路边树木撞倒，使其横于路面。

此时，甲有将该树木扶起，使之不影响后方来车的行车安全的义务。

某些特殊的情况下，善良风俗与诚实信用原则也将给行为人带来义务。例如某甲在城郊水库发现某乙落水，呼救不及，根据善良风俗与诚实信用原则，某甲至少有为其呼叫，寻求救助的义务。

面对将要或正在发生的侵权行为，当事人能够采取什么样的救济手段？

答 在《民法典》总则编中，第一百八十一条规定了正当防卫；第一百八十二条规定了紧急避险。在侵权责任编中，立法者为保护权利人，规定了行为人应承担的侵害停止和危险消除责任；在特殊情况下，权利人还可以通过自助行为保护自己。

根据《民法典》第一千一百六十七条规定，当面对将要或者正在发生的侵权行为时，当事人可以请求侵权人停止侵害、排除妨害和消除危险。虽然根据条文文义，停止侵害、排除妨害和消除危险是侵权责任的具体承担方式，但是权利人因此获得的是这三种具体的请求权。

停止侵害，是指权利人有权请求停止侵权行为；排除妨害，是指当侵权人的侵权行为对权利人的权利造成妨害状态时，权利人有权请求侵权人排除该妨害状态；消除危险，是指当行为人的行为有危险到权利人的权利行使的可能时，权利人有权请求行为人消除该危险。例如，甲在其开放式阳台晾晒被子时，抬头发现楼上邻居乙正在为盆栽翻盆，乙的花盆将有坠落损害其晾衣架之虞。此时，甲可以请求乙收好其花盆，以消除危险。

什么是多数人侵权？

答 多数人侵权，区别于一般侵权，是指两人以上实施侵权行为。多数人侵权在生活中非常常见，比如在日常交通中，常有"怒路症"司机互相"别车"，撞坏路边花坛或撞上行人的情况发生；又如在乡镇城郊，工业园区的数家高污染企业违规排放废水废气，造成环境污染。

多数人侵权案件中，数个侵权人的侵权行为与发生的损害之间的因故关系较为复杂，存在一果多因、一因多果的情况。因此，如何证明单个受害人成立责任，在数个侵权人之间如何分配责任,以及侵权人应以什么方式向受害人承担责任,都存在较为复杂的分析论证过程。为公平地分担数个侵权人之间的责任,充分保护受害人的合法权益,《民法典》特在第一千一百六十八条至一千一百七十三条中规定了多数人侵权。从理论上说,多数人侵权可以分为共同侵权与无意思联络侵权。前者包括共同侵权行为(第一千一百六十八条)、教唆帮助行为(第一千一百六十九条)和共同危险行为(第一千一百七十条);后者按照责任承担方式可分为连带责任(第一千一百七十一条)与按份责任(第一千一百七十二条)。

什么是共同加害行为?

答　《民法典》第一千一百六十八条规定:"二人以上共同实施侵权行为,造成他人损害的,应当承担连带责任。"学理上,共同加害行为,是指二人以上共同故意实施侵权行为造成他人损害,从而应当承担连带责任的情形。从受害人请求赔偿的角度来说,如果能认定共同加害行为,那么受害人可以向任何一个加害人请求全部的赔偿责任,而不必考虑侵权人之间的责任分配关系;在得不到全部赔偿时,还可以请求其他加害人承担剩余部分。这无疑是有利于受害人利益保护的。

具体来说,要判断是否存在共同侵权行为,要检验具体情况是否满足以下几个条件。

(一)须有两个以上的加害人,这是共同加害行为与单独侵权行为的重要区别。

(二)每一个加害人都实施了加害行为。

(三)数个加害人共同实施加害行为。这里强调的"共同",是指共同故意,即数个加害人明知、并且努力追求通过协作造成损害结果的发生。因此,这数个加害人之间是互相知道彼此的存在,并且其行为具有一定联系性。但是,此时并不要求证明具体某一行为人实施了侵害行为的哪一部分,只要存在意思联络即可。

(四)数个加害人的行为造成了受害人的权益损害。

对于共同实施加害行为的侵权人来说,其内部是存在责任分摊的。《民法典》第一百八十七条第二款规定:"连带责任人的责任份额根据各自责任大小确定;难以确定责任大小的,平均承担责任。实际承担责任超过自己责任份额的连带责任人,有权向其他连带责任人追偿。"因此,原则上各侵权人根据自己的责任份额,也就是各自行为的原因力大小和过错程度，分担责任；当无法判断原因力和过错大小，各加害人平均分担责任。在确定了承担的责任大小之后，当某个加害人依受害人请求承担了超过其份额的责任，可以向其他连带责任人追偿。

【案例】 争执中肢体冲突能认定为共同加害行为吗？

案例简介：2018年7月14日下午，刘某让金某用车拉东西，车辆碰坏了某小区北门西边的墙角。刘某、金某因小区墙角维修问题与小区物业发生矛盾，物业找来维修工李某。17时许，李某与刘某妻子发生争吵，刘某、金某上前将李某的腰部和头部打伤。后通过监控录像显示，金某与李某存在肢体冲突和推搡，刘某用脚将李某踹倒在地，造成李某受伤的事实。法院认定，金某与刘某属于共同加害行为。[1]

知识点：《民法典》第一千一百六十八条规定："二人以上共同实施侵权行为，造成他人损害的，应当承担连带责任。"

---

[1] 案例改编自（2020）鲁07民终1980号民事判决书。

根据法条，只要有两个以上的行为人以共同故意的方式，共同实施了侵权行为，并给对方造成了损害，就应当认为成立共同加害行为；所有侵权人承担连带责任。

在本案中，存在刘某、金某两个行为人。金某推搡李某、刘某用脚踹李某，导致了李某倒地受伤。并且，从这两个行为可以看出是金某、刘某都有共同加害李某的故意。虽然最后是刘某将李某踹倒在地受伤，但是金某的推搡行为导致了李某站立不稳，以至于其被踹后倒地受伤。因此，金某、刘某的行为都是侵权行为，两人都有故意，并给李某造成了损害。故而，在本案中，应认定刘某、金某二人行为是共同加害行为，两人应承担连带赔偿责任。

什么是教唆、帮助他人实施侵权行为？

答 《民法典》第一千一百六十九条第一款规定："教唆、帮助他人实施侵权行为的，应当与行为人承担连带责任。"教唆帮助行为，具体可以分为教唆行为与帮助行为。教唆行为是指，利用言辞说服他人、开导他人，或者是刺激、利诱、怂恿他人实施侵权行为；帮助行为是指，给予他人一定的帮助，例如从工具或者方法上，使该人方便实施侵权行为。从因果关系上说，教唆帮助行为并没有直接造成受害人的损害结果的发生，但是由于行为人的教唆帮助行为，促进了加害人的加害行为的实施，因此也需要承担相应的法律责任。

具体来说，成立教唆行为要满足以下几个条件。

（一）存在数个行为人。至少有一人实施了教唆行为，至少有一人实施了加害行为。

（二）存在双层因果关系。首先，教唆人的教唆行为与加害人的侵权行为之间存在因果关系。加害人的加害行为必须是因教唆人的教唆引起的。如果加害人本来就决定实施加害行为，或者加害人实施了与教唆人教唆内容以外的行为，那么这两个行为之间不存在因果关系，加害人应当单独承担侵权责任。其次，加害人的加害行为必须与损害结果的发生存在因果关系。

（三）教唆人与加害人之间存在共同的故意。

（四）存在损害。

帮助行为的成立条件与教唆行为相似。唯一的不同在于，帮助行为的因果关系条件存在于帮助人的帮助行为促进了加害行为的实施。

教唆、帮助无民事行为能力人或限制民事行为能力人实施侵权行为的，侵权责任由谁承担？

答 从《民法典》第一千一百六十九条第二款条文的规定来看，教唆人、帮助人与无民事行为能力人、限制民事行为能力人之间的责任分配较为复杂。根据法条，教唆人、帮助人必须承担责任；但无民事行为能力或限制民事行为能力行为人的监护人，只有在其没有尽到监护职责时，才承担相应的责任。如果监护人承担责任，两者是按份责任：教唆人、帮助人应当承担主要责任，而被教唆人、被帮助人的监护人承担次要责任。《民法典》规定为按份责任（法条用语为"相应的责任"），其原因是，不能对监护人要求过于严苛，因为无民事行为能力人、限制民事行为能力人毕竟是在教唆人、帮助人的教唆、帮助下才实施侵权行为；但是另一方面也不得对监护人太过宽厚。因此，监护人必须按其过错大小承担责任。因此，本法条原则上是采取单独责任，例外的情况下按份责任。

例如甲 11 周岁，由于监护人乙疏于监护，甲常与其邻居丙玩闹。某日丙怂恿甲偷小区内的电动车，甲盗窃后即被巡逻保安发现。此时该电动车主就可以要求乙、丙承担侵权责任。

什么是共同危险行为？

答 根据《民法典》第一千一百七十条条文，共同危险行为仅包含"不能确定具体侵权人"的情形，亦即共同危险行为是指二人以上实施危及他人人身、财产安全的行为，其中一人或数人的行为造成了他人损害的行为，但无法确定具体侵权人，各行为人承担连带责任的侵权情形。《民法典》规定共同危险行为的目的为了解决某些具体情形下，受害人只能辨认出有些人从事了危险的活动，但无法确定具体的侵权人，也无法确定行为人的主观状态。由于按照普通的侵权行为的认定模式，受害人将无法得到赔偿，因此《民法典》规定了特殊的共同危险行为。

要认定存在共同危险行为，须满足以下几个条件。

（一）受害人必须受有损害。损害是所有侵权责任成立的必要条件，没有该要件侵权责任不成立。

（二）是否需要行为人存在过错，应依照具体的侵权责任类型判断。共同危险行为仅仅是在特殊情况下对举证责任与因果关系的特殊规定，具体是否需要过错要件的判断应该依照相应的法条判断。

（三）二人以上实施了危险行为。二人以上实施危险行为的，行为人的行为不需要同时发生。只要能够确定行为人的行为极有可能会给受害人带来这样的损害，即便数个行为人的行为不发生在同一时空，也可以成立。

（四）数人之间不存在意思联络。如果数人之间存在意思联络，那该数人之间就成立了共同加害行为。

（五）具体的因果关系不明。受害人无法证明其损害成立的具体因果关系。

当成立共同危险行为后，实施危险行为的数个行为人必须承担连带责任。但是行为人如果能够证明因果关系存在于部分行为人的行为之上，则其可以免除责任。实践中比较严格的做法是行为人需要证明因果关系具体存在于哪个或哪几个行为人的行为之上。但是根据侵权法的一般原理，如果行为人能够证明损害与自己的行为没有因果关系，也可以免责。

【案例】 未成年人玩耍中致害是否可能认定为共同危险行为？

案例简介：2011年6月6日下午，徐某某、李某某、王某某三未成年人（均为8周岁以上）上下攀爬一辆违章停放在路边的卡车玩耍。其间，受害人欧某（3周岁）未听三位未成年人劝告也欲爬到车厢内玩耍，攀爬过程中左侧车厢挡板突然翻下，将欧某砸倒在地，经医院抢救无效因胸腹闭合性损伤死亡。涉案车辆为一中型自卸车，该车左侧挡板前端挂钩缺失，车主为高某某。[1]

知识点：《民法典》第一千一百七十条规定了成立共同危险行为的条件：（1）受害人必须受有损害；（2）如果成立侵权责任以过错为要件，需判断行为人是否存在过错；（3）二人以上实施了危险行为；（4）数人之间不存在意思联络；（5）具体的因果关系不明。

本案中，根据案情分析共同危险行为成立条件：（1）受害人欧某受害死亡；（2）三个未成年人在玩耍过程中未选择恰当的地点，虽然劝阻受害人欧某，但是鉴于欧某年纪过小，三个未成年人并没有恰当照料，存在过失；（3）据肇事车辆司机被告高某某陈述，该车虽仅有后端挂

---

[1] 案例改编自（2012）青少民终字第85号民事判决书。

钩，但只要挂钩挂好，其车挡板是不会无故打开的，且车挡板挂钩呈L型，根据一般的经验常识，需人为上翻180度才会打开，不会无故松脱。另据交警部门的现场模拟实验，涉案车辆左侧挡板在前挂钩缺失、后挂钩挂好的情况下，三个未成年人进行攀爬时挡板并没有脱落，故该车左侧挡板后挂钩应是人为原因造成上翻打开，导致挡板翻落。而案发时，被告徐某某、李某某、王某某先后沿着卡车左侧上下攀爬玩耍，其间没有其他人动过该车，据此有理由相信，虽三被告称事故发生时均离左侧挡板有一定距离，且均没有动过左侧挡板挂钩，但其三人各自的行为具有造成本案损害结果的高度可能性；（4）三个未成年人对于行为造成挂钩脱钩不存在共同的意思联络；（5）本案无法探明具体的因果关系。因此，本案符合共同危险行为的各要件，其三人的行为属于共同危险行为。

什么是无意思联络的数人侵权？

答 无意思联络的数人侵权，是指没有共同故意的数人，分别实施侵权行为，造成他人同一损害的情形。无意思联络的数人侵权与共同加害行为区别在于,前者要求实施侵权行为的数人之间存在意思联络,即共同故意,而后者中不存在共同的故意。另外,共同加害行为并不要求数个加害人的行为造成同一损害,但无意思联络的数人侵权要求必须具有同一损害。无意思联络的数人侵权与共同危险行为的区别在于,前者的因果关系是确定的,而后者不确定。

要成立无意思联络的数人侵权,要满足以下几个条件。

(一)二人以上分别实施了侵权行为。

(二)二人以上的侵权行为造成了同一损害后果。

(三)每个加害人的行为与结果都存在因果关系。

什么时候无意思联络的数人侵权,侵权人负连带责任?

答 要认定数个侵权人承担连带责任,必须对该数人的行为与损害结果的发生之间的因果关系进行判断。根据《民法典》第一千一百七十一条规定,每个加害人的加害行为与损害结果之间的原因力都达到"足以造成全部损害",则无意思联络的数个侵权人之间承担连带责任。立法者做此规定的原因在于,在本条文描述的情形下,每个加害人与损害结果的发生存在特殊的因果关系——"足以造成全部损害"。这一表述意味着并不是每个侵权行为都造成了实际上的损害。很有可能在第一个、第二个或中间某一个侵权行为之后，就造成了具体的结果。但是，必须肯定的是其中任何一个行为都可能造成全部的损害结果。亦即，法条中所指的"足以"，并非是指一定发生。之所以立法者在此对因果关系作出如此谨慎的规定，是由于该认定的后果是数个侵权人向受害人承担连带责任。但数个侵权人内部，应当按照各自责任的大小确定赔偿范围，难以确定责任的，平均分担责任。

什么时候无意思联络的数人侵权，侵权人负按份责任?

答 要认定数个侵权人之间承担责任的方式为按份责任，必须对法条规定的该数人的行为与损害结果存在的因果关系进行辨析。适用《民法典》第一千一百七十二条规定的因果关系较为复杂。比较典型的有以下两种。第一，数个侵权人分别实施了加害行为，但是每个人的行为都不足以造成全部的损害结果的发生。例如甲、乙、丙三人各自心生捉弄丁之意思，三人先后单独地在丁之水杯中投放泻药，每人所投计量只能使丁当日短时间腹泻。但三人总的投放计量使丁严重腹泻，以至急性脱水，不得不就医求治。在上述案例中，甲、乙、丙即符合该种因果关系。第二，分别实施侵权行为的数人，其中一人或数人的行为足以导致全部损害结果的发生，剩下的侵权人的侵权行为仅能导致部分损害。例如在上述案例中，如果甲、乙投放的剂量足以导致丁急性脱水的后果，则也符合本条中因果关系。

符合本条所描述的因果关系的，数个侵权人向受害人承担按份责任。在赔偿范围的分配上，如果能够确定责任大小的，数个侵权人各自承担相应的责任；难以确定责任大小的，数个侵权人平均承担赔偿责任。

什么是受害人过错？

答 受害人过错，在理论上仅仅是用以描述受害人的一方主观状态的。具体包括多种情况，例如过失相抵（第一千一百七十三条）、受害人故意（第一千一百七十四条）、受害人自甘风险（第一千一百七十六条）等等。

什么是过失相抵、受害人故意?

答《民法典》第一千一百七十三条规定的是受害人过失相抵的规则。这是指,当受害人对损害结果的发生或者扩大有过错的,可以以此规定减轻侵权人的赔偿责任。要适用这一规则,首先必须存在侵权人的侵权行为,并造成了损害结果;但是受害人对于损害结果的发生或者扩大也具有过错。亦即最后的损害结果出现,不仅是侵权人的侵权行为造成的,受害人的行为也是原因之一。

如果可以认定受害人的过错也是导致损害结果发生或扩大的原因的,过失相抵规则要求法官在确定侵权人的侵权赔偿时对范围予以缩减,范围与受害人过错大小相当。

《民法典》第一千一百七十四条即是关于受害人故意的规定。受害人故意,是指受害人的过错是损害发生的唯一的、排他的事由。根据本条的规定,受害人故意造成自身损害的,行为人不承担任何责任。因此,在类似"碰瓷"的事件中,行为人并不承担赔偿责任。这是符合民法的公平原则的。

什么是自甘风险?

答 自甘风险,是指受害人在知道有可能会遭受特定来源的损害时,仍然不顾风险,甘愿行事。因为受害人主观上愿意承担风险,因此侵权人可以相应地减轻赔偿责任。自甘风险与过失相抵的不同之处在于,并非所有自甘风险的情形中,受害人都是有过错的。例如行为人在体育活动中的正常身体对抗中受伤,就难以认定为行为人具有过错。

《民法典》第一千一百七十六条第一款规定:"自愿参加具有一定风险的文体活动,因其他参加者的行为受到损害的,受害人不得请求其他参加者承担侵权责任;但是,其他参加者对损害的发生有故意或者重大过失的除外。"根据该条文,在我国要构成自甘风险有如下特点。

(一)受害人必须完全了解到特殊文体活动的异常风险。该条将范围限缩于文体活动,是考虑到如果受害人参与任何具有风险的活动都要自担风险,显然对其不公平。"具有危险性的活动"的典型领域是一些激烈的对抗性竞技比赛,如足球、橄榄球、拳击、赛车、赛马等,或其他没有对手但仍然具有超出正常危险的体育或游乐活动,如帆船、滑板、秋千、雪橇、碰碰车等。

（二）受害人以合同的方式明示愿意承担活动中的风险，或自愿参与了极有可能造成损害后果的危险活动。

（三）适用本条第一款时，要注意风险来源是其他参与者——可能存在对抗或者活动关联，并且行为人或活动组织者并非出于故意或重大过失造成受害人的损害。

（四）适用本条第二款时，活动组织者未尽到安全保障义务，例如注意保障场地环境安全。

什么是自助行为？

答 自助行为是指权利人为了保护自己的权利，对于他人的自由或财产施以拘束、扣留或毁损的行为。《民法典》第一千一百七十七条规定了自助行为。要认定自助行为，要满足以下条件。

（一）自助人是为了保护自己的且依法可以强制执行的请求权，包括债权请求权以及物权请求权。

（二）必须是时间紧迫来不及请求公力救济。

（三）必须以法定的方法进行。

（四）不超过必要的限度，即自助行为不得超过排除危险所必需的限度。

与正当防卫相比，自主行为有如下不同。第一，正当防卫侧重的往往是消极防守，重在制止正在进行的不法侵害。自助行为是主动发起进攻。第二，正当防卫可以是为了保护自己的人身、财产等民事权益，也可以是为了保护国家、公共利益或者他人的人身、财产和其他权利。然而，自助行为中，行为人只能是为了保护自己的权利。第三，自助行为以时间紧迫来不及请求有关国家机关的公力救济为必要要件，正当防卫不以此为要件。第四，针对已经结束的侵害行为不能采取正当防卫，否则构成"事后防卫"，属于犯罪或者侵权行为。但是，自力救济在有些情况下可以针对已经结束的侵害行为。

第二章 损害赔偿

什么是损害？

❷《民法典》并没有规定什么是损害。根据学说，损害是指任何非自愿的物质或非物质利益的减少。确定损害的主要

方式是通过比较目前的利益状态与假设损害事件不存在时的利益状态。如果比较得出的是负的差额，那么就存在损害。根据受损的利益性质，损害可以分为财产损害与非财产损害（精神损害）。

财产损害，包括人身伤亡的财产损害与侵害其他民事权益的损害，其中后者又可以分为侵害其他人身权益的财产损害与侵害财产的财产损害。非财产损害，包括人身伤亡时的精神损害和侵害其他人身权益的精神损害。

侵权人造成他人人身损害，承担赔偿责任的赔偿范围是什么？哪些主体可以请求主张人身损害赔偿？

🅐 《民法典》第一千一百七十九条规定了一些赔偿项目。在具体实践中，人身伤亡财产损害赔偿，包括所受损害与所失利益。前者包括医疗费、护理费、交通费、其他为治疗和康复支出的合理费用、丧葬费和残疾生活辅助费；后者包括误工费、残疾赔偿金与被抚养人生活费、死亡赔偿金与被抚养人生活费。当然，残疾损害赔偿与死亡损害赔偿往往不能并存。

在计算损害赔偿数额时，由于我国各地情况不同，并不能在实际操作中一刀切,因此《民法典》并没有就计算方式作出统一规定。但是《最高人民法院关于审理人身损害赔偿案件适用法律若干问题的解释》中,相关条文作出一定的标准。在实践中,由各地法官根据具体的案件,综合各种因素后加以决定。

在实际要求侵权人赔偿时,请求人可以是受害人,也可能是其他人。例如在生命权遭受侵害的情况下,由于被害人死亡,根据《民法典》第一千一百八十一条,请求人是其近亲属或者其他支付被侵权人医疗费、丧葬费等合理费用的人。

同一侵权行为致多数人死亡,往往发生在事故致害的情况下。例如,在火灾、矿难、空难等事件中,侵权人一个侵权行为可能造成多人的生命权遭受侵害。《民法典》第一千一百八十条规定,因同一侵权行为造成多人死亡的,可以以相同数额确定死亡赔偿金。由于此种情况比较特殊,适用第一千一百八十条要符合如下条件。

(一)仅仅适用于"因同一侵权行为造成多人死亡"的情形,即重大事故。

(二)只适用死亡赔偿金的赔偿,对于其他人身伤害造成的财产损害不能适用。

（三）同一赔偿标准并非必须适用，因为法条用语为"可以"而非"应当"。

什么是人身权益、人格物、精神损害赔偿？

🅰 《民法典》第一千一百八十三条第一款中的"人身权益"既包括人身权利，也包括人身利益。前者有生命权、身体权、健康权、姓名权、名誉权、荣誉权、肖像权、隐私权、人身自由权、人格尊严、婚姻自主权等；后者如死者等姓名、肖像、名誉、荣誉、隐私等。第二款中"具有人身意义的特定物"，是指具有人格象征意义的特定物品。在实践中，例如亲人的遗物、凝结深厚感情的纪念物等等，都属于具有人身意义的特定物。

受害人要主张精神损害赔偿，必须满足以下条件。

（一）侵害的是人身权益。具体包括自然人的人格权与人格利益、自然人的身份权（荣誉权、婚姻自主权等）、死者的人格利益、具有人格象征意义的特定纪念品。

（二）遭受了严重的精神损害。一般来说，受害人死亡或残疾的情况下，死亡时受害人的近亲属或者受害人本人，可以请求精神损害赔偿。但没有出现受害人没有死亡和残疾的,受害人必须证明造成存在严重的精神损害,例如损害结果出现后精神严重失常。

在确定精神损害赔偿数额时,实践与学理上观点基本一致,应当考虑以下内容:

(一)侵权人的过错程度。如果侵权人是故意,则其承担的责任重于过失侵权人。

(二)侵害的手段、场合、行为方式等具体情节。如果情节并不严重,甚至是过失之举,侵权人的赔偿数额就不应当特别高;但如果侵权人手段恶劣,则必须提高精神损害赔偿数额以给受害人精神慰抚。

(三)侵权人承担责任的经济能力。如果不考虑侵权人的责任承担能力,那侵权人有可能将承受其远不能承受的负担,有可能将给其今后的人生造成过于严重的影响;如果侵权人财产状况非常好,也不允许其仅仅支付微不足道的精神损害赔偿,而使其忽视精神损害赔偿的教育作用。

(四)受诉法院所在地平均生活水平。由于我国各地经济发展水平不同,因此确定精神损害赔偿时,也应当顾及地方差异,不能一刀切。

【案例】 骨灰盒遗失能否请求精神损害赔偿?

案例简介:本案原告杨某的丈夫(其余六原告的父亲)黎某生前系被告羊场煤矿的在职职工。1989年5月11日,黎某被付某故意伤害致死(付某已判刑),被告羊场煤矿因未能通知到杨某,便在黎某亲属未到场的情况下,将黎某尸体运到某火葬场火化,并将黎某骨灰盒存放于一纸箱内(箱内放有写着黎某名字的笔记本纸一张)运回羊场煤矿,存放于矿医院停尸房。1990年下半年矿殡仪馆建成后,矿方工作人员将黎某的骨灰盒移至矿殡仪馆保管,在搬移的过程中,由于疏忽将装骨灰盒的纸箱丢弃,导致黎某的骨灰盒因无标志而与存放于殡仪馆的其他几个无标志的骨灰盒混同,无法辨认。后市公安局刑警大队同羊场派出所、羊场煤矿保卫科组成联合调查小组对黎某骨灰盒问题进行调查,结论是不能确定黎某的骨灰盒。原告杨某等七人要求被告赔偿精神损失。被告辩称,羊场煤矿无义务替其保管骨灰盒,因此羊场煤矿不存在侵权。[1]

---

[1] 案例改编自(2003)云高民一终字第138号民事判决书。

知识点：《民法典》第一千一百八十三条第二款规定："因故意或者重大过失侵害自然人具有人身意义的特定物造成严重精神损害的，被侵权人有权请求精神损害赔偿。"《最高人民法院关于确定民事侵权精神损害赔偿责任若干问题的解释》第三条规定："自然人死亡后，其近亲属因下列侵权行为遭受精神痛苦，向人民法院起诉请求赔偿精神损害的，人民法院应当依法予以受理：……（三）自然人死亡非法利用、损害遗体、遗骨，或者以违反社会公共利益、社会公德的其他方式侵害遗体、遗骨。"

本案中，羊场煤矿火化尸体后，应当保管该骨灰，等其近亲属领取。因此，羊场煤矿具有管理义务。此外，骨灰是人死亡后其亲人祭奠情思的有形物质，是具有人格象征意义的特定纪念品。由于被告羊场煤矿的过错，未尽善良管理之义务，黎某的近亲属即七原告丧失了祭奠已亡亲人的特殊载体，为此给七原告造成了一定的精神痛苦，原告要求精神损害赔偿的请求于法有据，应予赔偿。

【案例】 被当众侮辱后能否请求精神损害赔偿？

案例简介：2011 年 12 月 4 日，原告陈某某到白沙镇万宝超市选购一些发夹、糖果等,由于找不到收款人,也不知道有收银台,便走到超市门口想询问超市员工,但被告莫某某和邹某某疑其盗窃物品,于是被告便把其抓了起来,强行搜去原告身上仅有的三十多元,并解开其上衣,将其捆绑在超市门前的电线杆上,并挂上"小偷"牌子当街示众。陈某某在寒风中被捆绑几个小时,引发支气管炎,咳嗽不止。一些围观老人请求解开其身上的绳子,但被告不肯接受,直到白沙边防派出所的民警赶到,陈某某才得以脱身。两被告的行为对陈某某名誉和人格尊严造成严重的伤害,留下极大的心理阴影,经南宁市第五人民医院司法鉴定所鉴定为:创伤后应激障碍,目前处于发病期。陈某某遂诉至法院,请求精神损害赔偿。[1]

知识点:《民法典》第一千一百八十三条第二款规定:"因故意或者重大过失侵害自然人具有人身意义的特定物造成严重精神损害的,被侵权人有权请求精神损害赔偿。"《最高人民法院关于确定民事侵权精神损害赔偿责任若干问题的解释》第一条第一款规定:"自然人因下列人格权利遭受非法侵害,向人

---

[1] 案例改编自(2013)北民一终字第14号民事判决书。

民法院起诉请求赔偿精神损害的,人民法院应当依法予以受理:(一)生命权、健康权、身体权;(二)姓名权、肖像权、名誉权、荣誉权;(三)人格尊严权、人身自由权。"

本案中,陈某某的行为是否构成偷窃应由相关行政部门作出认定处罚,莫某某、邹某某不是行政机关工作人员,如发现陈某某行为违法,应移交相关行政部门依法处理,而不能采用将陈某某捆绑示众的方法惩罚。莫某某、邹某某的上述侮辱行为对陈某某的名誉造成一定程度的影响,依法应构成名誉侵权行为。又由于鉴定报告显示,陈某某患创伤后应激障碍的原因与莫某某、邹某某的故意违法行为有因果关系,因此莫某某、邹某某的行为造成了陈某某的重大精神损害,应给付精神损害赔偿。

什么是侵害财产?

答 侵害财产即是侵害财产权利,例如所有权、用益物权、担保物权、著作权、专利权、商标专用权、股权等。侵害财产权益带给受害人的损失分为所受损害与所失利益。所受损害,即为财产的直接减少。这既包括积极的财产减少,例如物品的毁坏;也包括消极财产的增加,例如修理毁坏物品所需支付的修理费。所失利益,是指受害人因为财产权利被侵害导致本应该获得的利益无法获得。例如甲的挖掘机的操作杆被乙损坏,导致十天的修理期内该挖掘机无法出租。十天修理期中无法获得的租金即为所失利益。

《民法典》第一千一百八十五条规定,侵害他人财产的,财产损失按照损失发生时的市场价格或者其他合理方式计算。因此,损害赔偿的计算时点应是损害发生时,亦即损害结果发生的时点。因此,如果虽然出现了损害行为,但是损害结果并没有同时发生,而是经过一段时间发生的,应以损害结果发生时为准。具体计算的标准为"市场价或其他合理方式计算";这是指,如果标的物存在交易市场的,应当按照市场价格为基准计算;如果标的物不存在交易市场的,可以通过其他合理的方式计算,例如通过第三方评估鉴定;如果存在市场价的,但是以市场价计算并不妥当,则也应当采取特殊的定价方式;这应由法官自由裁量。

【案例】 如何计算侵害财产的可得赔偿数额?

案例简介:某木门厂自 2010 年 5 月 1 日起租赁某公司厂

区内的四号厂房及综合楼的一半使用,后因某公司生产需要使用厂房,于是通知被告解除租赁合同。某木门厂同意并开始搬迁,2012年10月14日被告在搬迁过程中,引起火灾,导致原告四号厂房受损严重。该事故经某市公安消防支队处理并对火灾事故责任作出了认定。事后某公司与某木门厂曾多次协商,但均因分歧较大未果。某公司四号厂房被大火损坏,导致该公司无法正常开展生产经营活动,带来了巨大的经济损失。某公司诉至法院,要求某木门厂赔偿原本租赁四号厂房所失利益。[1]

知识点:《民法典》第一千一百六十五条第一款规定:"行为人因过错侵害他人民事权益造成损害的,应当承担侵权责任。"第一千一百八十四条规定:"侵害他人财产的,财产损失按照损失发生时的市场价格或者其他合理方式计算。"公民、法人的合法财产受法律保护,由于过错侵害他人财产的,应当承担民事责任。所赔偿的份额,应当包括所受损失与如果没有发生损害应得的利益。

---

[1] 案例改编自(2013)金东民初字第116号民事判决书。

本案中，某木门厂在搬迁过程中叫来刘某进入厂房为其进行气割拆除作业，某木门厂在明知四号厂房用于木门生产存在易燃物且缺乏必要消防设施的情况下，既未询问刘某有无特种作业操作资质，也未进行安全作业提示，更未在作业现场进行管理，致使因气割作业中高温残渣引燃厂房内废料导致火灾发生，某木门厂对火灾损害结果的发生存在较大过错，应对某公司所受财产损害承担主要责任。除直接财产损失，即修复四号厂房的费用，还包括所失利益，应按正常出租该厂房可得租金计算，即正常情况下平均每期租金乘以不能出租四号厂房的期数。

《民法典》第一千一百八十五条保护的知识产权范围有哪些？

答《民法典》第一千一百八十五条规定，故意侵害他人知识产权，情节严重的，被侵权人有权请求相应的惩罚性赔偿。本条所指的知识产权，是指《著作权法》《专利法》《商标法》中所规定的知识产权。惩罚性赔偿是指，侵权人所赔偿的数额，远高于实际损失，以起到惩罚侵权人的效果。要适用本条规定，必须确定侵权人是"故意"侵害受害人知识产权。这是由于惩罚性赔偿对于侵权人来说往往负担过重，需要其主观恶性加以匹配。另外，还必须是"情节严重"。情节严重的认定也属于法官自由裁量的范围，应考虑侵权的时间、手段、结果等等。

损害赔偿的支付方式有哪些？

❷《民法典》第一千一百八十七条规定了损害赔偿的支付方式。第一，当事人协商确定。民法尊重当事人的意思，因此关于损害赔偿的方面，主要还是首先考虑当事人之间的合意。当然，当事人合意的内容往往不仅仅包括损害的支付方式，还有赔偿项目、支付时间等等，这都可以由当事人约定。第二，如果当事人没有达成合意，那么原则上损害赔偿费用应当一次性付清。原因在于，一方面受害人客观上需要赔偿费用以支付各类账单，另一方面一次性的赔偿费用给付便于案件处理，解决纠纷。第三，如果侵权人一次性支付全部款项确实存在困难，那侵权人可以分期支付。至于"确有困难"如何确定，属于法官自由裁量的范围。但是侵权人分期支付，不能使

受害人获偿的可能性降低，因此，受害人有权主张侵权人提供担保，以保证赔偿费用的全部给付。

第三章　责任主体的特殊规定

监护人的责任性质是什么？

答 首先，监护人承担无过错责任，即只要被监护人造成他人损害，无论监护人对此是否有过错，均应当承担损害赔偿责任。但例外情形为在监护人没有任何过错并且尽到了监护义务，可以作为责任减轻的事由，但应注意并非完全免除责任。

同时，监护人责任是一种替代责任，虽然是由被监护人实施加害行为，但是需要监护人承担侵权责任。特别情形在于《民法典》第一千一百八十八条第二款规定了被监护人有财产的，应当首先从被监护人的财产中支付赔偿费用，监护人承担补充责任。规定该条款的重要意义在于，考虑到父母等亲属之外的人员或者单位承担监护人的情况下，为了保护被监护人，减少其他亲属成为监护人的顾虑，鼓励其成为监护人。另外，未成年人取得独立财产的现象变得越来越普遍，因此，该条款具有意义。

监护职责的规范目的是什么？

答 我国监护人责任的规范目的主要包括两个方面。一方面，因为加害人是无行为能力或者限制行为能力时，通常侵权人没有或者没有足够的独立财产，此时被侵权人受到的损失无法得到充分的赔偿，因此监护人承担侵权责任，不至于对受害人过于不公平。通过监护职责可以更好地保护被侵权人的合法权益。另一方面，因为加害人就是无民事行为能力人或者限制民事行为能力人，因此，对于自己的行为并不具有完全辨别的能力，此时需要监护人的介入。因此监护职责本身除了保护被监护人的合法权益之外，也是为了防止被监护人对他人造成损害。因此，无过错责任本身就是为了督促监护人对被监护人进行管教，有预防作用。

委托监护的责任分配如何？

答 根据《民法典》第一千一百八十九条，委托人可以把部分或者全部的监护职责交给受托人行使。委托监护的委托人与受托人之间达成委托协议，受托人依照约定为委托人履行监护职责，双方之间为合同关系。虽然委托人将监护职责交给了受托人，但是委托监护中，监护人承担无过错责任，受托人只有在有过错时才承担连带责任。

另需注意，委托监护和意定监护并不相同：（1）委托监护是非监护人代行监护人职责，而意定监护是确定监护人的协议；（2）委托监护适用于无民事行为能力人、限制民事行为能力人，而意定监护只适用于具有完全民事行为能力的成年人。

怎样可以认定尽到了监护职责？

答 《民法典》第一千一百八十八条，将尽到监护职责作为减轻侵权责任的事由，所以还须明确何为尽到监护职责。首先，对于该时间点的判断并非是看监护人在损害行为发生之前对被监护人是否尽到了合理的照看，而是在侵权行为发生之时，作为判断时点。但是，在实践中，不少法官认为，因为监护人需承担无过错责任，这当中存在一个推定，认为只要被监护人造成了他人的损害，就可以表明监护人没有尽到自己的监护职责。因此，只有在极少的情况下，才考虑责任减轻，最为典型的例子就是，在封闭式的学校里，因为监护人本身的监护因为学校的规定而受到限制，因此，在这种情况下，可能涉及监护人的责任减轻。

【案例】 如何认定监护能力？监护人不明时的法律责任由谁承担？

案例简介：宗某某和吴某某系夫妻关系。2012年，宗某某和吴某某将被害人吴某兰殴打致死。经鉴定吴某某系无民事行为能力人。并且本案中，宗某某已经年过80，他对自己都难以照顾，对应的佐证包括：在吴某某不肯服药时，宗某某并不能通过劝说使得对方听从自己的意见，并且时常被对方暴力威胁。另外，宗某红、宗某田、宗某苏、宗某铨四人系宗某某和吴某某的子女，但四人与父母并未居住在一起。[1]

---

[1] 案例改编自（2014）浙金民终字第365号民事判决书。

知识点1：最高院认为认定监护能力，应当根据有监护资格人的身体健康状况、经济条件，以及与被监护人在生活上的联系状况等因素确定。

因此，根据上述事实，宗某某对于无民事行为能力的吴某某难以形成有效的监护。另外，宗某某的经济能力不足以使其负担其妻子的医疗费用。故应当认为虽然宗某某与吴某某共同生活，并且具有夫妻关系，但是宗某某的年龄、健康状况及经济能力均难以承担监护职责。而他们的子女对于上述的条件都符合，另外，虽然不居住在一起，但是相隔并不遥远，平日可以来往和照料，故应认定宗某红等子女为顺序在前的有监护能力的人，应对吴某某造成的损失承担赔偿责任。

知识点2：监护人不明时的法律责任由谁承担？该问题可以参考《最高人民法院关于贯彻执行〈中华人民共和国民法通则〉若干问题的意见（试行）》第一百五十九条的规定："被监护人造成他人损害的，有明确的监护人时，由监护人承担民事责任；监护人不明确的，由顺序在前的有监护能力的人承担民事责任。"

因此，本案中在宗某某不承担监护责任时，由其子女承担。

哪些属于用人者责任？

答 在侵权法上，用人者责任可以区分为狭义的用人者责任和广义的用人者责任。狭义的用人者责任主要包括《民法典》第一千一百九十一条和第一千一百九十二条第一款第一句规定的所谓的雇主责任。而广义的用人者责任还包括《民法典》第一千一百九十二条第一款最后一句以及第二款规定的提供劳务一方受损害的责任。

狭义的用人者责任又分为一般的用人单位责任、劳务派遣中的用人单位责任和个人之间形成劳务关系的接受劳务一方的责任。《民法典》第一千一百九十一条中的用人单位包括企业、事业单位、国家机关、社会团体，也包括个体经济组织等。工作人员包括正式员工也包括临时工。虽然根据法条可以分为三类，但是，在狭义的用人责任的归责原则以及构成要件方面，并没有做区分的必要。

用人者责任的归责原则是什么？

答 此处仅讨论狭义的用人者责任，根据《民法典》第一千一百九十一条表述："用人单位的工作人员因执行工作任务造成他人损害的，由用人单位承担侵权责任。"表明采用无过错责任，只要工作人员实施的侵权行为造成他人损失，用人单位需要承担赔偿的责任。用人单位证明自己在选任或者监督方面尽到了相应的义务也并不能免除自己的责任。

首先，这有利于保护受害人。虽然在比较法上，德国、日本，以及我国的台湾地区都采取过错推定，但是，这些国家、地区在司法实务发展中通过不断减少雇主的免责事由或缩小抗辩事由的范围，在实际效果上，已经接近无过错责任。另外，特别是在大公司中，用人者一般很难证明自己对一个普通职员的入职尽到了选任监督义务。并且将导致用人者想方设法的证明，造成资源浪费。

劳务派遣应当作为特殊情形加以考虑，其特殊性在于对于该员工的雇佣人和对该劳动的使用并不属于同一主体。劳动派遣机关不是职业介绍机构，而是和劳动者签订劳动合同的一方。但因为实际上是接受劳务派遣的一方管理被使用者，所以一般由用工单位承担侵权责任，但是劳务派遣单位有过错的，如派遣了一个完全经验不足的维修工，造成损失的，也应当承担相应的责任。

【案例】 同一用人单位，一工作人员因执行职务行为造成另一工作人员损害时，责任如何认定？

案例简介：杜某某驾驶大型汽车与李某某驾驶的小型客车发生交通事故，造成李某某及其同乘人宋某某的死亡。交通事故认定书中认定杜某某应当负此事故的同等责任；李某某驾驶机动车同样违反交通安全法，应负此事故的同等责任；宋某某并不负责任。另外应当明确，李某某和宋某某都是同一单位的员工。[1]

知识点：用人单位不需要为一员工对其他员工的侵权承担用人者的赔偿责任。根据法院观点，工伤保险制度的目的在于，为用人单位负担为其职工缴纳工伤保险费的义务，使得侵权行为发生时补偿受害人，但同时也减轻了用人单位的负担，使其不需要再承受额外的负担。该风险应当包括自己员工在外执行公务时，被其他员工侵权。

本案中，应当认定此时不适用《民法典》第一千一百九十一

---

[1] 案例改编自（2012）郑民一终字第1437号民事判决书。

条第一款,受害人或其近亲属也不能主张员工为用人单位以外的第三人,要求用人单位承担用人者责任。

如何判断是否在执行工作任务或者提供劳务?

答 就用人者而言,司法实践中的难点往往在于如何判定"执行工作任务"这一构成要件,《民法典》一般采客观说,也就是说,从行为的外观判断,如果受使用人的行为外观具有执行职务的形式,或者客观上足以认定他在执行职务即可。具体而言,往往考虑两方面因素:(一)时间和地点。受使用人所实施的致害行为是否是在提供劳务的时间或者地点完成的。(二)实施该行为的目的和由谁受益。就是说受使用人实施的行为的目的是为了用人者的利益,在这种情况下,受使用人的行为可以被看作是执行职务的行为。另外,为执行职务所做的准备也应当被认定为是在执行工作任务或者提供劳务。举例来说,受使用人上班、下班途中,或者接到老板的指示,让他在早上8点去接自己。这些虽然在工作时间之外,但应当与执行工作任务有紧密的联系,所以仍在用人者责任的范围内。

用人者承担损失后是否有追偿权?

答 用人者是否享有追偿权以及在何种程度享有追偿权本身就是具有争议的问题,在之前的侵权责任法中没有规定,理由是认为对侵权责任法来说,追偿权是一把"双刃剑"。但是,随着实践的发展,根据诚实信用原则,被使用者对用人者有忠实和勤勉的义务,当被使用者没有尽到基本的注意义务造成了用人者的损失的,本身就应当承担适当的责任。但这里适当的责任仍需明确第一个是范围上,第二个是数额上的。范围上的是说根据公平的责任分配,以重大过失作为责任与否的分界线,不仅可以强化工作人员的注意义务,促进其在工作时认真对待,从而降低造成损害的可能性,另一方面用人单位也没有必要为被使用者造成的一切损害承担责任。数额上的是说,根据用人者和被使用人之间的过错等综合因素考虑追偿的比例。

提供劳务一方自身受害如何救济?

答 根据《民法典》一千一百九十二条第一款后半句,提供劳务一方因为劳务而受到损害的,根据双方各自的过错承担相应的责任。应注意,个人之间形成劳务关系的,不属于《工伤保险条例》调整范围,另外,个人之间的劳务关系的损害也不同于雇主情形下的损害,因为提供劳务一方有着较大的自主权,因此,由接受劳务一方承担无过错责任太过于严苛。根据双方的过错来进行分配更为合理。

另外,在原先的侵权责任法中没有规定在个人之间形成的劳动关系中,因为第三人的行为造成损害的情形,《民法典》一千一百九十二条第二款作了规定。由第三人承担侵权责任。但是应注意提供劳务的一方在受伤时,有权请求接受劳务的一方提供补偿。这是立法机关衡量接受劳务一方与提供劳务一方的利益后得出的结论。

定作人的责任承担为什么和用人者不同?

答 用人者与被使用人之间存在较强的控制关系,而在承揽关系中,大多数情况下,承揽人主要是依靠自己的技术和专业上的能力独立完成承揽工作,中途很少受到定作人的支配。因此,在承揽人造成第三人的损害时,并不应当要求定作人承担侵权责任。

另外，应当注意，承揽合同和劳务合同也不相同：承揽人所需交付的标的为特定的劳动成果，而劳动合同的标的是劳动，在学理上可能存在继续性与一时性的区分。

网络侵权行为包括哪些类型？

答 区分网络用户侵权和一般网络服务提供者利用网络侵害他人的民事权益。网络用户作为直接侵权人，其行为应当符合侵权法一般要件，而侵害的民事权益包括人格权、财产权益或者知识产权。

而网络服务提供者主要包括提供接入、缓存等网络技术服务提供者，也包括网络内容服务提供者以及电子商务平台。不同类型实施侵权行为的表现也不尽相同。网络技术服务提供者一般不需要对他人的侵权责任担责，除非如百度等搜索引擎中通过筛选以及编排，导致内容有高度的倾向性。而电子商务平台一般无需对其平台出现的侵权行为负责。而网络内容服务提供者一般对上传内容的真实性以及合法性负责。

通知移除规则中通知的内容包括什么?

答 现行《民法典》一千一百九十五条采用"通知移除规则",该规则为网络服务提供商创设了"通知—删除—免责"的程序,即权利人向网络服务商发出符合规定的通知,作为网络服务提供商承担损害赔偿的前提。此规则最早在美国《千禧年数字版权法》中规定。

应注意,此处的通知只需要构成侵权的初步的证据以及权利人的真实身份信息。身份信息应当但不限于权利人的姓名、住址、联系方式、电话、电子邮箱等。其次是构成侵权的初步证据,应当证明是权利人的权利被侵害,如著作权登记证书、专利证书、商标权证书、明显超出言论自由的诽谤等。另外,通知中还应当附有涉嫌侵权信息的网址链接或者其他可以定位侵权商品的方法。

网络服务提供商被通知后有什么义务?

答 当权利人通知后,网络服务提供者产生了义务。按照《民法典》第一千一百九十五条的规定,他应当及时将该通知义务转送给相关网络用户,并根据构成侵权的初步证据和服务类型采取必要措施。

具体而言,"通知移除"本身只是主张权利的一方的一面之词,不能要求网络服务提供商根据这些证据就轻易相信该主张权利的人确实被侵犯了权利,因此需要通知相关网络用户,让其知晓并提供回应。犹如在庭审中,一般需要双方当事人的证词,法官才能综合做出判断。

而采取必要措施,是根据不同类型的服务而有所不同。对于电子平台运营商,对相关产品采取断开链接、删除、屏蔽或者终止交易等措施。而提供接入、缓存服务的网络服务提供商,若在其技术范围内,则由其承担责任,但如果对其而言是不合理的负担,则应当通知相关的网站,此即为必要的措施。总而言之,最终的目的在于在技术能够做到的范围内避免侵害的进一步加深。

【案例】 微信小程序服务提供者是否适用"通知删除"义务?

案例简介:甲公司依法享有作品《武志红的心理学课》

的信息网络传播权等权利。乙公司未经许可，擅自通过其所有并经营的微信小程序，提供该作品的在线播放服务。因此，权利人要求腾讯公司作为平台管理者本身对微信小程序的审核义务，下架该小程序中侵权的内容，另外，认为腾讯公司作为网络服务提供者，在明知或者应知的情况下，因为不作为，而应当对扩大部分承担侵权责任。[1]

知识点1：关于开发者独立运营的框架网页架构的性质认定，《信息网络传播权保护条例》第二十条规定："网络服务提供者根据服务对象的指令提供网络自动接入服务，或者对服务对象提供的作品、表演、录音录像制品提供自动传输服务，并具备下列条件的，不承担赔偿责任。"因为只通过指定域名与开发者服务器通信，开发者服务器数据不保存于提供者公司之中，开发者直接向用户提供数据和服务。因此，服务提供者提供了接入平台的技术性支持，本质上属于自动接入服务。

本案中，腾讯公司本身并不能存储开发者小程序的数据并且不存在后台操作可以越过小程序开发者，直接对其内容进

---

[1] 案例改编自"杭州互联网法院成立两周年十大影响力案件之五"。

行修改。与直接存储或控制内容不同，腾讯公司难以实际上对小程序内容作出审核。其实质上更接近于自动接入服务公司，适用《信息网络传播保护条例》第二十条。

知识点2：根据《信息网络传播权保护条例》第十四条对通知删除主体作出规定，包括提供信息存储空间或者提供搜索、链接服务的网络服务提供者。而自动接入服务公司并不在该范围之内，屏蔽是否符合必要措施，内容是由开发者决定的，服务提供公司本身并不存在一个端口可以进入后台，删除相关的内容，如果在必要的情况下，服务提供者只能切断用户与开发者之间的联系通道。

本案中，腾讯公司除非把整个小程序全部关闭，才能达到删除部分内容的效果。综上，腾讯公司作为技术服务提供者，不应承担开发者小程序内容出现侵权时整体下架小程序的责任。

网络用户有什么权利可以对抗权利人？

答 正如前面所述，权利人和网络用户之间的利益并不平衡，《民法典》第一千一百九十六条本身就是用来平衡两者之间的利益。给予网络用户抗辩的权利。和权利人的通知一样,网络用户的反通知也包括两个方面:包括不存在侵权行为的初步证据和网络用户的真实身份信息。而网络服务提供者同样存在两个义务,第一个就是将该申明转送给权利人,让其知道网络用户提出了抗辩。并使其知晓可向有关部门投诉或者法院起诉。

而真正的问题在于网络服务提供者的及时终止所采取的措施这一义务,网络服务提供者到底应当听取哪一方的意见似乎很纠结。实践中一般认为在合理期间内,权利人以明示的方式反对,直到有关部门或者法院作出指令,网络服务提供者应当维持此前的措施;而如果权利人在合理期限内没有投诉或者起诉,应当恢复相关信息。

安全保障义务的主体是谁?

答 安全保障义务的主体并非任何的民事主体,而是特定的民事主体。根据《民法典》第一千一百九十八条规定,包括两类人:第一类是"宾馆、商场、银行、车站、机场、体育场馆、娱乐场所等经营场所、公共场所"的管理者、经营者。此处的公共场所还应包括图书馆、游乐园、动物园、码头、医院等。第二类是群众性活动的组织者，指的是为社会公众举办或向不特定社会公众开放的文化、经济或者其他社会活动，比如体育比赛、演唱会、音乐会等文艺演出或者展览、游园、灯会，以及人才招聘会等活动的组织者。

安全保障义务的性质是什么？

答 在该问题上，存在学说争议，有人认为是附随义务说，即安全保障义务来源于合同义务，为合同义务的附随义务；也有人认为是法定义务说，即经营者在其服务场所对消费者的人身、财产安全负有的保障义务是一种法定义务。但应当认为，安全保障义务的性质如何，应当根据具体案件进行判断，当产生竞合时，被侵权人可以选择有利于自己的选择权。

安全保障义务的类型包括哪些？责任承担是否有所不同？

答 根据安全保障义务的内容不同，分为两类：一类是因为义务人的原因，与一般侵权类似，负有不因为自己的行为而直接损害他人的安全保障义务；另一类为义务人本身有一个作为的义务，即阻止第三人对他人实施侵权行为。两种类型的加害行为人、安全保障义务的内容和要求以及承担的侵权责任都有所不同。

在第一种类型中，安全保障义务人本身具有不作为的义务，应当防止他人遭受损害，但并未尽到该职责的，应当承担侵权责任。因为不存在第三人，侵权结果可认为是义务人自己造成的。比如餐厅太滑导致客人摔倒等。

而在第二种类型中，安全保障义务人有作为义务，即防止因为第三人的原因，对他人造成侵权。否则应当承担相应的补充责任。安全保障义务人对未尽到应尽的防止损害的作为义务而承担责任。比如身份不明的人入店和店主斗殴导致顾客受伤。

如何判断是否尽到安全保障义务？

答 在不同的案件中，安全保障义务的内容不相同。应当综合考虑以下四个方面。

（一）法律法规上是否有明确的要求。在判断是否尽到安全保障义务时，应当首先考虑这些规定。

（二）对于造成损害的行为的预防以及控制能力。如果义务人可以轻易的遇见并且能够避免危险，则应当避免，否则认为存在过错。

（三）危险程度的大小。在危险程度越高的场合，法律对于管理者、经营者和组织者的要求应当越高。比如对于人流量较大的公园和人流量相对较小的公园，或者规模不一样的活动之间，因为可能产生的危险大小不同，所以对组织者的要求也可以不同。

（四）安全保障义务人是否获益。如果是无偿组织社会活动的，应当尽量认为其负有较少的安全保障义务。在收费和免费的公园之间，应当作出不一样的评价，这是风险和收益相一致原则的要求。

哪些属于教育机构？如何界定学习、生活期间？

答 《民法典》第一千一百九十九条所说的幼儿园是指对三周岁以上学龄前幼儿实施保育和教育的机构。幼儿园的适龄幼儿为三周岁到六周岁的儿童。另外，学校是指国家或者社会力量举办的全日制的中小学，同时也包含了特殊教育学校，以及各类中等职业学校、高等学校等。其他机构包括培训学校、少年宫等。

所谓"学习、生活期间"指的是正常的教学期间,包括教学、课间休息、自习等时间,但应注意,只要属于教学活动即可,并不需要一定在教育机构的场所内,因此也包括了春游以及外出参加比赛等。另外,一般在进入校园之前以及出校园之后,不算在内,可是擅自提前放学或者将学生赶出学校的除外。

【案例】 春游等活动存在第三方时,如何认定春游的性质?

案例简介:京溪小学组织全校学生到花都区宝桑园进行春游活动。学校与旅行社签订的旅游合同并及时给家长发放了通知,并且学生家长直接将钱交给了旅行社。另外应注意,春游前,学校认为自己已经通过全体教育以及班主任在班内再三叮嘱。在进行春游活动中,京溪小学的老师对学生没有进行充分的管理,具体而言就是给每班发放了几个风筝,然后给学生空间可以自由活动。但在最后要收风筝的时候,一个风筝掉下来,支架末端插入受害人的眼睛,造成其受伤。[1]

---

[1] 案例改编自《最高人民法院公报》2008年第9期。

知识点:《中华人民共和国未成年人保护法》第二十二条规定:"学校、幼儿园安排未成年人参加集会、文化娱乐、社会实践等集体活动,应当有利于未成年人的健康成长,防止发生人身安全事故。"最高人民法院《关于审理人身损害赔偿案件适用法律若干问题的解释》第七条以及《学生伤害处理办法》第九条规定了学校对学生在校外活动中仍然负有管理和保护的义务。

本案中,即使家长直接将钱交给旅行社,春游仍属于校外活动。家长基于对学校的信任,才选择交钱给旅行社,并不等于家长本身希望与旅行社签订合同。另外,可以看出涉案春游活动组织的日期当日本身应当有教学任务,即当日学生本身应当在学校学习,同时因为有学校老师的组织,才有了此次的校外活动。因此,不能得出该涉案春游活动不是京溪小学组织的校外活动,反过来,应当认为该次活动应当认定为是学校的校外活动,由学校承担教育机构责任。

教育机构责任包括哪些以及分别有怎样的归责原则?

🅰 对无民事行为能力人采用过错推定原则,主要考虑到：第一，无民事行为能力人对于食物的判断认知发育不足，常常因为未成年人的心理和生理的特点，难以对事故的具体情形作出准确的描述。第二，因为在学习期间，监护人难以起到控制、监管，整个控制都在学校一方，如果让监护人来证明学校的过错，几乎不可能。第三，通过过错推定，可以督促学校方尽到合理的注意义务，防止未成年人发生损害。第四，学校本身因为可以通过保险等途径，更能够承担该部分的风险。

而对限制民事行为能力人，则采用过错原则，主要考虑到相比于无民事行为能力人，限制民事行为能力人具有了一定的认知能力，能够在一定程度上判断哪些是容易对自己造成损害的行为。而且学生的表达能力有所上升，可以较为准确的描述当时情形。另外，本着素质教育的根本，如果给学校过重的举证负担，反而有可能导致春游活动或者体育活动等各类学校活动以及社会活动的停滞，学校可能通过消极预防的手段，以达到"不出错"的目标。

最后一类为第三人对无民事行为能力人或者限制民事行为能力人的侵权，学校等教育机构承担相应的补充责任。应当注意，首先由第三人承担侵权责任，因为第三人是直接的侵权人，而学校等教育机构承担相应的补充责任，因为受害人此时处于教育机构的监督管理之下，如果教育机构应当尽到管理职责而未尽，比如对于学校安全管理存在明显的疏漏或者有重大安全隐患的，对损害的发生具有过错时，可以说存在间接原因，因此必须承担补充责任。

与其他侵权责任的关系怎样？

答 与用人者责任：存在交叉，比如教育机构的被使用者，通常情况下包括教师、校园的安保人员、清洁人员等工作人员，因在执行工作任务的过程中造成损害的，虽符合用人者责任，但因为被使用者本身也被教育机构的侵权责任所包括，所以请求权基础只需为《民法典》第一千一百九十九和一千二百条。

与监护人责任：无民事行为能力人或者限制行为能力人造成其他人的损害的，该加害人的监护人本身应承担责任，但是在教育机构学习、生活中，因为监护人难以对被监护人形成有效的控制，对此难免有所疑问。对于该问题，首先应当明确，虽然监护人将被监护人送至教育机构从而使得自己对被监护人的控制减弱，而教育机构对该学生的控制明显增强，但并不等于监护人将监护义务移转给了学校，因为在放学后，监护人对于被监护人人格的塑造仍起到是否重要的作用。因此，加害人的监护人仍需承担监护人责任，但是可以适当减轻其侵权责任。而对于教育机构一方来说，如果教育机构未尽到必要的注意义务，则同样会产生教育机构的侵权责任。如果教育机构与监护人同时承担责任时，应当承担按份责任，并且根据司法实践，通常认为教育机构承担的比重应当更大。

与其他无过错责任：同样会发生竞合关系，比如教育机构的房屋倒塌，可能因为在学习生活期间，所以认为教育机构没有确保教育措施的安全，从而承担侵权责任。而房屋倒塌，建设单位和施工单位同样需要承担连带责任。

第四章 产品责任

产品责任的归责原则——生产者和销售者之间什么关系；如果是产品的运输者、仓储者等第三人原因是否不同处理？

答 生产者和销售者承担的责任：不论生产者还是销售

者，他们向被侵权人负担的都是无过错责任。生产者承担无过错责任的理由在于在产品生产过程当中，生产者本身可以认识到并且避免缺陷的产生，并且相比于消费者，生产者具有更加专业的知识，更加可能避免缺陷的产生。而生产者与销售者之间存在不真正连带关系，即产品销售者在无过错的情况下，仍有义务替代生产者先行承担责任。原因在于保护被侵权人，便于其请求赔偿。

应当明确第三人承担的是与生产者或销售者之间的合同关系而产生的责任。因此，如果因为运输者或者仓储者等第三人的过错造成了产品的缺陷，受害人只能要求产品的生产者或者销售者承担赔偿责任，生产者、销售者在承担责任之后，可以通过追偿的方式弥补自己该部分的损失。

产品跟踪责任的措施有哪些？

答 根据《民法典》第一千二百零六条，停止销售、警示、召回等补救措施。停止销售是指对正在销售的产品下架、封存等措施。主要目的在于防止侵权行为的进一步扩大。

警示是对该产品存在的危险或者如何正确地使用产品予

以说明，提醒使用者使用该产品存在危险，并且具有在使用该产品时避免潜在危险发生的作用。

召回是生产者、销售者对已经售出的存在缺陷产品进行换货、退货、更换部分零件等措施，消除缺陷产品可能产生的危险。

惩罚性赔偿的数额如何确定?

答 根据最高人民法院观点：惩罚性赔偿的功能在于惩罚有主观故意的侵权行为，并遏制该侵权行为的发生。因此，该类赔偿数额不宜用一个固定的标准或者数额来确定，应当根据法院对具体案件自由裁量。通常可以考虑：侵权人实施侵权行为的动机；侵权行为持续期间以及侵权人是否意图隐匿其不法行为；侵权人的财务状况；是否已经受到行政、刑事处罚；侵权人获得的利益；产品缺陷造成实际损害的概率；受害人遭受的实际损失；案件的社会影响等，可以是实际损失的倍数，也可以是侵权人所获的违法利益的一定比例或者倍数，但是不宜根据产品价格的倍数确定。

《消费者权益保护法》《食品安全法》惩罚性赔偿是怎样规定的?

答 《民法典》第一千二百零七条规定了惩罚性赔偿,但是没有规定具体的惩罚性赔偿的计算方式。而《消费者权益保护法》第五十五条规定:经营者明知商品或者服务存在缺陷,仍然向消费者提供,造成消费者或者其他受害人死亡或者健康严重损害的,受害人有权要求经营者依照本法第四十九条、第五十一条等法律规定赔偿损失,并有权要求所受损失两倍以下的惩罚性赔偿。针对的对象主要是经营者,赔偿范围为损失两倍以下的惩罚性赔偿。

《食品安全法》第一百四十八条规定:生产不符合食品安全标准的食品或者经营明知是不符合食品安全标准的食品,消费者除要求赔偿损失外,还可以向生产者或者经营者要求支付价款十倍或者损失三倍的赔偿金;增加赔偿的金额不足一千元的,为一千元。但是,食品的标签、说明书存在不影响食品安全且不会对消费者造成误导的瑕疵的除外。对生产者没有要求明知,经营者是要求明知,而损害赔偿范围上包括最低赔偿额一千元以及向生产者或者经营者要求价款十倍或者损失三倍的赔偿金。

在规则适用上,《食品安全法》作为特别法优先适用,而对于非《食品安全法》规制的范围,可能同时适用《消费者权益保护法》或者《民法典》第一千二百零七条的规定,存在竞合,考虑要件上的区别。

第五章　机动车交通事故责任

何为机动车交通事故责任?

答 机动车交通事故责任,是指机动车在道路上造成人身伤亡或财产损失时,机动车一方所应当承担的侵权责任。

首先,它是发生在道路上的交通事故责任。根据《道路交通安全法》第一百一十九条第一项规定,"道路",是指公路、城市道路和虽在单位管辖范围但允许社会机动车通行的地方,包括广场、公共停车场等用于公众通行的场所。换言之,不允许社会机动车通行或只允许特定车辆通行的地方除外,例如私人庭院中的道路、正进行封闭施工的道路。另外,根据《道路交通安全法》第一百一十九条第五项规定,"交通事故",

是指车辆在道路上因过错或者意外造成的人身伤亡或者财产损失的事件。对于"车辆在道路上"应限缩解释为车辆在道路上运行。因为机动车的危险性正是体现在机动车运行过程中所带来的安全隐患。

其次，它是由机动车所造成的交通事故责任。根据《道路交通安全法》第一百一十九条第三项规定，"机动车"，是指以动力装置驱动或者牵引，上道路行驶的供人员乘用或者用于运送物品以及进行工程专项作业的轮式车辆。根据《道路交通安全法》第一百二十一条第一款规定，对上道路行驶的拖拉机，由农业（农业机械）主管部门行使管理职权。由此可知，机动车的构成要件有五：其一，以动力装置驱动或者牵引，排除自行车、马车等以人力、畜力驱动的交通工具。其二，在道路上行驶，此点已如上述。其三，目的是供人员乘用，或者用于运送物品以及进行工程专项作业。其四，属于轮式车辆，区别于以履带或气垫作为运行方式的车辆。其五，拖拉机等农业用车排除在外。

最后，它是侵权责任。关于交通事故的民事责任包括合同责任和侵权责任。《民法典》侵权责任编第五章所称的"机动车交通事故责任"仅指后者。

机动车交通事故责任的构成要件是什么?

答 机动车交通事故责任的构成包括以下几个方面。

(一)机动车造成他人损害。首先,造成的是"他人"损害。这里的他人,既包括非本机动车上的人员,如行人、其他车辆上的人员,也包括本机动车上的人员。《民法典》第一千二百一十七条对好意同乘的规定,即是对造成本机动车人员损害的规制。其次,须造成了"损害"。根据《民法典》第一千二百零八条的规定,损害是机动车交通事故责任的前提条件之一。损害包括人身伤亡和财产损失。人身伤亡的损害既包括财产损害,也包括精神损害。

(二)机动车处于运行过程中。如上所述,"车辆在道路上"应限缩解释为车辆在道路上运行。机动车的运行不仅包括机动车本身处于运动状态,如行驶、倒车等,也包括机动车在道路上的静止状态,如因红灯而停靠在道路上。

(三)机动车运行与损害之间存在因果关系。他人的损害须是因机动车运行所致。如果他人损害与机动车运行之间仅存在牵连关系,而非机动车运行所致,那么不存在此因果关系。例如,油罐车在高速公路上行驶的过程中因汽车质量而发生爆炸，致使周围车辆及房屋毁损严重。此时在机动车运行与损害之间并不存在因果关系，但受害人可依据产品责任规定要求该车的生产者承担赔偿责任，或者依据一般侵权责任规定要求汽车管理人承担赔偿责任。

另外，违反交规并不意味着该行为与损害之间存在因果关系。例如，甲驾驶一辆未悬挂牌照的汽车而发生交通事故，此时若甲的驾驶并无不当，不得以甲的汽车未悬挂牌照为由，而让其对损害负责。

（四）机动车之间发生交通事故时，行为人应具有过错。《道路交通安全法》第七十六条第一款第一项规定："机动车之间发生交通事故的，由有过错的一方承担赔偿责任；双方都有过错的，按照各自过错的比例分担责任。"在我国司法实践中，公安交管部门出具的交通事故认定书，是确定当事人之间有无过错以及过错大小的重要依据。

（五）行为人无免责事由。免责事由包括受害人故意与不可抗力。根据《民法典》第一千一百七十四条及《道路交通安全法》第七十六条第二款的规定，损害是因受害人故意造成的，行为人不承担责任。所谓受害人故意，如受害人基于自杀或碰瓷等动机故意碰撞机动车。根据《民法典》第一百八十条第一款的规定,因不可抗力不能履行民事义务的,不承担民事责任。法律另有规定的,依照其规定。

【案例】 交通事故认定书能否作为侵权责任分配的唯一依据?

案例简介:某年6月,某公司雇佣的驾驶员鲍某在高速公路上驾驶货车。其间,因左前轮爆胎致其车失控向左撞断护栏冲入逆向车道,与正常行驶至此的由葛某驾驶的轿车相撞。该事故致葛某受伤严重,车辆毁损。公安机关交通管理部门认定该起事故属于交通意外事故。另查明,事发当日鲍某驾车驶入高速公路前,对所驾车右边第二桥外面的轮胎进行了补胎修理。事故发生时,涉案车辆码表已损坏,装载情况为空载。[1]

知识点:根据《道路交通安全法》第七十三条的规定,交通事故认定书是公安机关处理交通事故,做出行政决定所依据的主要证据。但是,交通事故认定书中交通事故责任的认

---

[1] 案例改编自"葛宇斐诉沈丘县汽车运输有限公司等道路交通事故损害赔偿纠纷案",《最高人民法院公报》2010年第11期。

定，主要是依据《道路交通安全法》《道路交通安全法实施条例》等法律、行政法规，与民事审判中全部适用全部民事法规进行分析有所区别。而且，在归责原则、举证负担、责任人范围等方面二者也存在区别。因此，交通事故认定书不能作为民事侵权损害赔偿责任分配的唯一依据。

在本案中，鲍某在驾驶车辆码表已损坏的情况下，违反《道路交通安全法》第二十一条的规定，将具有安全隐患的车辆驶入高速公路。肇事车辆发生爆胎后，鲍某在车辆制动、路面情况均正常且车辆系空载的情况下，未能采取有效的合理措施，导致车辆撞断隔离带护栏后冲入逆向车道，与正常行驶的车辆发生碰撞，致使葛某受伤。该起事故的发生并非不能预见，事故后果并非不可避免。因此，应当认定鲍某有过错，其不当行为与损害事实的发生亦存在因果关系。

租借之机动车发生交通事故，何人承担责任？

答 在租借机动车的情形中，机动车所有人、管理人与机动车使用人并非同一人，在发生属于该机动车一方责任的交通事故时，就产生了由何人承担责任的问题。

《民法典》第一千二百零九条前段规定:"因租赁、借用等情形机动车所有人、管理人与使用人不是同一人时,发生交通事故造成损害,属于该机动车一方责任的,由机动车使用人承担赔偿责任。"由此可知,在发生属于该机动车一方责任的交通事故时,原则上由支配机动车的运行并对此享有利益的人承担责任,即由机动车的承租人、借用人承担责任。理由在于机动车的承租人、租借人是机动车的实际使用人,首先其开启了机动车运行所带来的危险,其次其有能力控制该危险,最后其获得了机动车运行所带来的利益。

另外,《民法典》第一千二百零九条后段规定:"机动车所有人、管理人对损害的发生有过错的,承担相应的赔偿责任。"对于如何认定"机动车所有人、管理人的损害的发生有过错",《道路交通事故损害赔偿解释》第一条作出如下规定:机动车发生交通事故造成损害,机动车所有人或者管理人有下列情形之一,人民法院应当认定其对损害的发生有过错,并适用《侵权责任法》第四十九条的规定确定其相应的赔偿责任:(一)知道或者应当知道机动车存在缺陷,且该缺陷是交通事故发生原因之一的;(二)知道或者应当知道驾驶人无驾驶资格或者未取得相应驾驶资格的;(三)知道或者应当知道驾驶人因饮酒、服用国家管制的精神药品或者麻醉药品，或者患有妨碍安全驾驶机动车的疾病等依法不能驾驶机动车的；（四）其他应当认定机动车所有人或者管理人有过错的。

转让机动车未办理登记时发生交通事故，何人承担责任？

答 根据《道路交通安全法》第十二条第一项规定，机动车所有权发生转移的，应当办理相应的登记。另外，根据《民法典》第二百二十四条、第二百二十五条规定，机动车所有权的转让，自交付时发生效力，未经登记的不得对抗善意第三人，但不影响机动车所有权变动。而在实践中，经常存在机动车所有权已经移转，但尚未办理登记手续的情况，此时发生属于该机动车一方责任的交通事故时，就产生了由何人承担责任的问题。

根据《民法典》第一千二百一十条的规定，当事人之间已经以买卖或者其他方式转让并交付机动车但是未办理登记，发生交通事故造成损害，属于该机动车一方责任的，由受让人承担赔偿责任。《道路交通事故损害赔偿司法解释》第四条进一步规定，被多次转让但未办理转移登记的机动车发生交通事故造成损害，属于该机动车一方责任，当事人请求由最后一次转让并交付的受让人承担赔偿责任的，人民法院应予支持。由此可知，尽管机动车仍登记在原机动车所有人名下，但由实际支配机动车运行并享有其利益的受让人承担赔偿责任。

另外，依据《最高人民法院关于购买人使用分期付款购买的车辆从事运输因交通事故造成他人财产损失保留车辆所有权的出卖方不应承担民事责任的批复》，在分期付款买卖机动车并约定保留所有权的情形，若机动车已经交付买受人，但由于买受人尚未完成双方约定的条件，而仍由出卖人保留所有权。此时，若发生交通事故造成损害，属于该机动车一方责任的，仍由受让人承担赔偿责任，保留所有权的出卖人并不承担责任。

挂靠之机动车发生交通事故，何人承担责任？

答 机动车挂靠，是指为了参与交通运营，挂靠人将车辆登记在某个具有运输经营权的公司名下，并向该公司缴纳或不缴纳一定的管理费用。在机动车挂靠的情形下，发生属于该机动车一方责任的交通事故时，就产生了由何人承担责任的问题。

《民法典》第一千二百一十一条规定："以挂靠形式从事道路运输经营活动的机动车，发生交通事故造成损害，属于该机动车一方责任的，由挂靠人和被挂靠人承担连带责任。"有观点认为，应区分被挂靠人收取管理费的经营性挂靠和不收取管理费的强制性挂靠，后者应由挂靠人单独承担责任。这一观点值得检讨。首先，受害人并不知悉挂靠人和被挂靠人的内部关系，由其举证证明该挂靠是经营性挂靠是困难的。其次，即使被挂靠人无偿接受挂靠是由于地方政府的强制性规定，那么也应通过改革地方政府的规定来保护挂靠人，而不是转嫁风险给受害人。所以，不论属于何种性质的挂靠，均应由挂靠人和被挂靠人承担连带责任。

未经允许驾驶他人机动车发生交通事故，何人承担责任？

答 未经允许驾驶他人机动车，是指没有获得机动车的所有人或管理人的同意，擅自驾驶他人机动车。该情形区别于盗抢机动车，未经允许驾驶他人机动车者仅有使用机动车的意思并无将其占为己有的意思。

《民法典》在借鉴《道路交通事故损害赔偿解释》第二条

的基础上,在第一千二百一十二条规定:"未经允许驾驶他人机动车,发生交通事故造成损害,属于该机动车一方责任的,由机动车使用人承担赔偿责任;机动车所有人、管理人对损害的发生有过错的,承担相应的赔偿责任,但是本章另有规定的除外。"由此可知,发生属于该机动车一方责任的交通事故时,原则上由实际支配机动车运行并享有其利益的使用人承担赔偿责任。但是在机动车所有人、管理人对损害的发生有过错时,须承担相应的赔偿责任。此处的"有过错",指机动车所有人、管理人未尽到理性人的谨慎义务。谨慎义务的判断应结合案件的情况具体分析。

另外,本条中的"但是本章另有规定除外"指《民法典》第一千二百一十五条第一款的规定,即盗抢的机动车发生交通事故时的责任。此规定的具体分析见下,在此不作赘述。

拼装的机动车发生交通事故,何人承担责任?

答 依据《报废汽车回收管理办法》第二条第二款规定,拼装车是指使用报废汽车发动机、方向机、变速器、前后桥、车架以及其他零配件组装的机动车。由于拼装的机动车质量并不可靠，更易于发生交通事故，此时就产生了由何人承担责任的问题。

根据《民法典》第一千二百一十四条的规定，以买卖或者其他方式转让拼装或者已经达到报废标准的机动车，发生交通事故造成损害的，由转让人和受让人承担连带责任。《道路交通事故损害赔偿解释》第六条进一步规定，拼装车、已达到报废标准的机动车或者依法禁止行驶的其他机动车被多次转让，并发生交通事故造成损害，当事人请求由所有的转让人和受让人承担连带责任的，人民法院应予支持。由于转让人和受让人明知其转让的机动车为拼装车，故由双方承担连带责任并非苛责。但是若买受人并不知情该机动车为拼装车，那么其不应当承担责任。这样的规定既有利于减少拼装车的转让，也有利于维护受害人的合法利益。

盗抢机动车发生交通事故，何人承担责任？

答 根据《民法典》第一千二百一十五条第一款第一句规定，盗窃、抢劫或者抢夺的机动车发生交通事故造成损害的，由盗窃人、抢劫人或者抢夺人承担赔偿责任。由于盗抢者实际支配机动车运行并享有其利益，由其承担赔偿责任无可厚非。另外，与擅自使用其他机动车发生交通事故不同，这里的机动车所有人或管理人即使对机动车被盗抢存在过失，也不承担相应的责任。其理由在于所有人或管理人对机动车被盗抢的过失与机动车发生交通事故不存在直接的因果关系。并且由于盗抢者的匿名性，其驾驶机动车往往不遵守交规，更容易发生交通事故，由此带来的后果也不宜归责于所有人或管理人的过失行为。

《民法典》还考虑到了盗抢者与机动车使用人分离的情况，故于第一千二百一十五条第一款第二句规定："当盗窃人、抢劫人或者抢夺人与机动车使用人不是同一人，发生交通事故造成损害，属于该机动车一方责任的，由盗窃人、抢劫人或者抢夺人与机动车使用人承担连带责任。"所谓机动车使用人，指实际使用从盗抢者手中购买、借用、租赁或受赠的被盗抢的机动车的人。

另外，《民法典》在第一千二百一十五条第二款中明确："保险人在机动车强制保险责任限额范围内垫付抢救费用的，有权向交通事故责任人追偿。"该款规定兼顾了受害人和保险人的合法利益，既使受害人能够得到及时救助，亦使保险人对肇事者享有追偿权。

在好意同乘情形下，侵权方如何承担责任？

答 好意同乘，是指非营运机动车的驾驶人在日常生活中基于好意而让另一方无偿搭乘机动车的情谊行为。而情谊行为是指当事人无受其拘束的意思，不能由之产生合同上的权利义务的行为。例如，甲向同事乙承诺，下班后搭载他回家，后甲遗忘了此事，独自开车回家，乙因此只能打车回家。甲乙之间达成的搭便车约定就属于情谊行为，并不产生合同关系，乙不能因此要求甲承担违约责任。但若乙顺利搭上了甲的便车，但在途中发生属于甲一方责任的交通事故，致使乙受伤时，就产生甲乙之间如何分担责任的问题。

根据《民法典》第一千二百一十七条前段的规定，非营运机动车发生交通事故造成无偿搭乘人损害，属于该机动车一方责任的，应当减轻其赔偿责任。该规定旨在鼓励互助行为和保护搭乘人利益之间寻求平衡点。一方面，即使是无偿的搭乘行为，驾驶人对搭乘人亦负有安全保障义务，因而不能免除驾驶人的责任；另一方面因为是无偿行为，而搭乘人也应对搭乘过程中的风险存在认知，因而可减轻驾驶人的责任。但是，依《民法典》第一千二百一十七条的规定，机动车使用人有故意或重大过失的，不得减轻责任。

有争议的是，"无偿搭乘"是限于搭乘人未支付任何对价，还是包括搭乘人基于答谢而馈赠礼物或分担油费、过路费的情形。笔者以为，所谓"无偿搭乘"不妨包括后者，因为即便搭乘人在此次搭乘中未支付任何对价，也是日常生活中礼尚往来的"有偿"结果，并非真正的"无偿"。故只要驾驶人并未因此得利，不妨认定为"无偿"。

另外，"非营运机动车"，不应理解为非用于营运的车辆，而应理解为处于非营运状态的车辆。故即使是用于营运的车辆，只要处于非营运状态，也有适用本条的余地。

交强险、商业保险与侵权人的偿付顺序是什么？

答 依据《机动车交通事故责任强制保险条例》第三条的规定，机动车交通事故责任强制保险，是指由保险公司对被保险机动车发生道路交通事故造成本车人员、被保险人以外的受害人的人身伤亡、财产损失，在责任限额内予以赔偿的强制性责任保险。交强险具有强制性、公益性和为第三人利益性。与交强险相区别,商业车险,是以营利为目的且具有非强制性。依据《机动车交通事故责任强制保险条例》第二十三条第一款第一句,机动车交通事故责任强制保险在全国范围内实行统一的责任限额。而按照《中国保监会关于调整交强险责任限额的公告》,交强险的赔偿限额较低,如死亡伤残赔偿限额为十一万元人民币。所以机动车所有人往往会选择购买商业保险作为补充,以分散风险。此时,若发生属于机动车一方的交通事故,就存在交强险、商业保险与侵权人的偿付顺序问题。

《民法典》吸收借鉴了《道路交通事故损害赔偿解释》第十六条第一款的规定,在第一千二百一十三条作出如下规定:首先,由承保机动车强制保险的保险人在强制保险责任限额范围内予以赔偿;其次,不足部分,由承保机动车商业保险的保险人按照保险合同的约定予以赔偿;最后,仍然不足或者没有投保机动车商业保险的,由侵权人赔偿。此外,考虑到实践中商业保险中往往未约定承保精神损害赔偿,故《道路交通事故损害赔偿解释》第十六条第二款规定,被侵权人或者其近亲属请求承保交强险的保险公司优先赔偿精神损害的,人民法院应予支持。

何时道路交通事故社会救助基金将提供给付?

答 依据《道路交通事故社会救助基金管理试行办法》第二条第二款的规定,道路交通事故社会救助基金,是指依法筹集用于垫付机动车道路交通事故中受害人人身伤亡的丧葬费用、部分或者全部抢救费用的社会专项基金。由此可见,救助基金具有公益性质,目的仅在于补充保障受害人。

《民法典》第一千二百一十六条第一句规定了具体的给付条件:首先,机动车驾驶人发生交通事故后逃逸,该机动车参加强制保险的,由保险人在机动车强制保险责任限额范围内予以赔偿。其次,机动车不明、该机动车未参加强制保险或者抢救费用超过机动车强制保险责任限额,需要支付被侵权人人身伤亡的抢救、丧葬等费用的,由道路交通事故社会救助基金垫付。"机动车不明"是指无法查明肇事车辆,此时难以确定该机动车是否参加强制保险,故先由救助基金垫付。"机动车未参加强制保险",因而无法通过强制保险赔偿被害人,故先由救助基金垫付。"抢救费用",是指机动车发生交通事故致使人员受伤时,医疗机构采取必要措施时发生的医疗费用。需注意的是,救助基金垫付的费用限于抢救费用和丧葬费用,因为救助基金的目的不在于赔偿受害人的损失,而是出于人道主义对受害人提供兜底性的救助。

另外,根据《民法典》第一千二百一十六条第二句的规定,道路交通事故社会救助基金垫付后,其管理机构有权向交通事故责任人追偿。因为救助基金的目的在于救助被害人,而非施惠于侵权人。

第六章 医疗损害责任

何为医疗损害责任?

答 医疗损害责任有广义狭义之别。根据《民法典》第一千二百一十八条之规定,狭义的医疗损害责任,指医疗机构及医务人员在诊疗活动中因过错而给患者造成损害,因而需承担的侵权责任。而广义的医疗损害责任,除狭义的医疗损害责任外,还包括医疗产品致害责任(《民法典》第一千二百二十三条)、侵害患者隐私权的责任(《民法典》第一千二百二十六条)以及过度医疗的侵权责任(《民法典》第一千二百二十七条)等。

医疗损害责任的构成要件是什么？

答 需说明的是，问题中的医疗损害责任限于狭义医疗损害责任。

（一）加害人为医疗机构及其医务人员。依据《医疗事故处理条例》第六十条第一款的规定，医疗机构是指依照《医疗机构管理条例》的规定，取得《医疗机构执业许可证》从事医疗活动的机构。依据《关于〈医疗事故处理办法〉若干问题的说明》，医务人员，是指经过考核和卫生行政机关批准或承认，取得相应资格的各级各类卫生技术人员和从事医疗管理、后勤服务等人员。

（二）受害人在诊疗活动中受到损害。首先，依据《医疗机构管理条例实施细则》第八十八条第一款第一句规定，诊疗活动，是指通过各种检查，使用药物、器械及手术等方法，对疾病作出判断和消除疾病、缓解病情、减轻痛苦、改善功能、延长生命、帮助患者恢复健康的活动。其次，诊疗活动所侵害的是患者的生命权、健康权和身体权，而非其他人身财产权益。最后，诊疗活动与受害人的损害之间需存在因果关系。由于《民法典》并未推定诊疗活动与损害之间存在因果关系，因而受害人需对此承担举证责任。

（三）医疗机构及其医务人员存在过错。《民法典》第一千二百一十八条明确规定，医疗损害责任属于过错责任。故受害人需证明医疗机构及其医务人员存在过错。《民法典》规定了三种判断医疗过错的方法，包括是否违反说明及取得同意义务、是否违反诊疗义务以及过错推定，具体分析见下面提问。

【案例】 错误出生能否请求损害赔偿？

案例简介：董某、王某系夫妻。妻子王某在某医院进行定期产前检查，并于该医院剖腹产产一子董小某。董小某出生后，经查患有恶性肿瘤。经司法鉴定，该医院对王某产前检查存在过错，与新生儿缺陷出生存在轻微程度因果关系。董某和王某以医院为被告向法院起诉请求赔偿医疗费、护理费、营养费等财产损失以及精神损害抚慰金。[1]

知识点：所谓错误出生，是指因医疗过失导致本不应出生的婴儿出生。错误出生案件中，请求权主体应是父母，而不

---

[1] 案例改编自（2015）二中民终字第11917号民事判决书。

是出生的婴儿。因为医疗机构的医疗过失所侵犯的是父母的生育选择权。婴儿出生本身不能被视为损害。在错误出生案中，医疗机构的损害赔偿范围主要包括额外的抚养费和精神损害。所谓额外的抚养费，是指父母抚养有缺陷的孩子因而所支出的额外的抚养费用，如医疗费、护理费、营养费等。

本案中，根据《人口与计划生育法》《母婴保健法》等相关法律，董某和王某享有生育选择权，包括依法终止妊娠避免缺陷儿出生的决定权。医院存在未尽到告知义务的医疗过失，该过失使董某、王某对诊疗的知情权和选择权受到影响，与其子患有先天性疾病出生有轻微程度的因果关系。因此，医院的侵权责任成立。故医院须赔偿董某和王某的额外抚养费，包括治疗先天性疾病支出的医疗费、因其子残疾支出的额外护理费、营养费等。另外，因医院的侵权行为侵害董某和王某的生育选择权造成其严重精神损害，故须赔偿其精神损害抚慰金。

什么是医务人员的说明及取得同意义务？

答 患者以及近亲属的知情同意，是现代诊疗活动中的正当基础，故医务人员负有向患者及其近亲属说明及取得其同意的义务。

原则上,根据《民法典》第一千二百一十九条第一款第一句的规定,医务人员负有"在诊疗活动中应当向患者说明病情和医疗措施"的说明义务。但是,医务人员所负有的"及时向患者具体说明医疗风险、替代医疗方案等情况,并取得其明确同意"的特别说明和取得同意义务,仅限在"需要实施手术、特殊检查、特殊治疗的"情形。值得注意的是这里的"明确同意",不仅说明医务人员既可以采取书面告知也可采取口头、录音、录像等多种形式告知,而且表明患者或其近亲属要在对医务人员的告知理解的基础上做出明确的同意。依据《医疗机构管理条例实施细则》第八十八条第三款的规定,特殊检查、特殊治疗,是指具有下列情形之一的诊断、治疗活动:(一)有一定危险性,可能产生不良后果的检查和治疗;(二)由于患者体质特殊或者病情危笃,可能对患者产生不良后果和危险的检查和治疗;(三)临床试验性检查和治疗;(四)收费可能对患者造成较大经济负担的检查和治疗。

当"不能或者不宜向患者说明的"情形,医务人员"应当向患者的近亲属说明,并取得其明确同意"。所谓"不能向患者说明",如患者处于昏迷状态,无法正确表达意志的。所谓"不宜向患者说明",如患者身患绝症,医务人员如实说明,可能不利患者的治疗。

如果医务人员违反说明及取得同意义务,那么就存在过错,造成患者损害的,根据《民法典》第一千二百一十九条第二款,医疗机构应当承担赔偿责任。

【案例】 医院违背患者意愿采取有利患者之方案,患者能否提起侵权之诉?

案例简介:原告陈某因"右乳包块一月余"而至被告某医院检查,医院分析认为可能为肿瘤,行术前准备,拟进行手术治疗。后陈某签署《手术知情同意书》时明确表示"同意手术、要求保乳。"次日,陈某在全身麻醉的情况下,行乳房切除手术,病检报告为癌症。后经司法鉴定,因患者存在癌症,保乳存在风险,切除右乳符合操作规范。但医院切除右乳的方案与患者术前意愿冲突,亦未取得家属同意。故陈某向法院提起侵权之诉。[1]

---

[1] 案例改编自(2010)西民初字第1461号民事判决书。

知识点：医院在诊疗过程中，违背患者的意愿，采取了有利于患者的医疗方案，虽然其行为符合救死扶伤的职业道德，但因其行为未经患者同意，侵害了患者的知情同意权，因而患者可依法对医院提起侵权之诉。

本案中，该医院违反说明及取得同意义务而存在过错，且因此侵害了陈某的知情同意权，造成陈某严重精神损害，故应赔偿陈某精神损失。

如何认定医务人员尽到相应的诊疗义务？

答 根据《民法典》第一千二百二十一条的规定，医务人员在诊疗活动中未尽到与当时的医疗水平相应的诊疗义务，造成患者损害的，医疗机构应当承担赔偿责任。在判断医务人员是否"尽到与当时的医疗水平相应的诊疗义务"时，首先考虑的是诊疗行为是否符合法律、行政法规、规章以及相关的诊疗规范中的明确规定。其次，判断诊疗行为是否与当时的医疗水平相适应。这需要以医务人员是否尽到一个在其医疗领域中合格的医务人员能够尽到的注意义务为判断标准。值得注意的是，诊疗义务的判断不宜考虑地区、医疗机构的差异。

在哪些情形推定医疗机构存在过错？

🅐 《民法典》第一千二百二十二条对推定医疗机构有过错的情形进行了规定。其一，违反法律、行政法规、规章以及其他有关诊疗规范的规定。例如违反《职业医师法》《传染病防治法》《药品管理办法》等规定。其二，隐匿或者拒绝提供与纠纷有关的病历资料。其三，遗失、伪造、篡改或者违法销毁病历资料。第二点和第三点的规定是基于以下考虑：一方面，患者在诊疗活动中本就处于信息劣势，而医疗机构再隐匿、遗失、伪造病历资料，将导致患者举证更为困难；另一方面，医疗机构具有主观恶意，故推定其具有过错是合理的。

医疗机构的免责事由包括哪些？

🅐 《民法典》第一千二百二十四条规定了医疗机构的三种免责事由。其一，患者或者其近亲属不配合医疗机构进行符合诊疗规范的诊疗，且医疗机构及其医务人员没有过错。其二，医务人员在抢救生命垂危的患者等紧急情况下已经尽到合理诊疗义务。其三，限于当时的医疗水平难以诊疗。

第七章　环境污染和生态破坏责任

何为环境污染和生态破坏？

答　结合《环境保护法》第四十二条第一款和《民法典》第二百九十四条的规定，环境污染，是指因生产活动或其他人类活动而产生的废气、废水、固体废物、医疗废物、粉尘、恶臭气体、放射性物质以及噪声、振动、光辐射、电磁辐射等对环境的污染和危害，侵害他人的民事权益的行为。广义的环境污染，包括公害和私害。前者侵害不特定对象的公共利益，后者侵害特定对象的私人利益。

生态破坏，大多是对自然资源不合理地开发，从而导致生态失衡，环境恶化的行为。

【案例】　购物中心外墙安装的 LED 显示屏属于光污染吗？

案例简介：原告李某的住宅与被告某购物中心相隔一条公路，中间无其他遮挡物。该购物中心外墙上安装有一块 LED

显示屏，其产生强光直射入原告住宅房间，给原告的正常生活造成影响。原告李某向法院起诉要求被告某购物中心承担环境污染和生态破坏的侵权责任。[1]

知识点：外墙安装的LED显示屏是否属于光污染，主要从以下两个方面考虑：第一，LED的强光照射是否对周围居民的正常工作和生活造成影响；第二，是否超过一般公众的可容忍范围。

本案中，被告购物中心外墙上设置LED显示屏播放广告、宣传资料等，产生的强光直射入原告的住宅居室，结合周边居民的反应情况、现场的实际感受及专家意见，可以认定被告使用LED显示屏所产生的强光已超出了一般公众的可容忍范围，严重影响周围居民的正常工作和学习，属于光污染。

生态环境损害责任的构成要件是什么？

答 生态环境损害责任的构成要件有四项。

---

[1] 案例改编自"李劲诉华润置地（重庆）有限公司环境污染责任纠纷案"，最高人民法院指导案例128号。

（一）存在污染环境和破坏生态的行为。违反《环境保护法》《水污染防治法》《环境噪音污染防治法》等相关规定排放污染物或破坏生态的行为，即构成污染环境和破坏生态的行为。结合《民法典》第一千二百二十九条和《环境侵权责任解释》第一条第一款第二句的规定，即使排污符合国家或者地方污染物排放标准，只要造成损害，同样构成污染环境和破坏生态的行为。

（二）被侵权人有损害事实。被侵权人的损害，既包括人身损害，也包括财产损害。

（三）行为与损害之间存在因果关系。根据《民法典》第一千二百三十条的规定，环境污染和生态破坏责任实行举证责任倒置，被侵权人无需证明侵权者的行为与损害之间存在因果关系，而是由侵权者证明其行为与损害之间不存在因果关系。但根据《环境侵权责任解释》第六条的规定，被侵权人仍应当证明污染者排放的污染物或者其次生污染物与损害之间具有关联性。根据《环境侵权责任解释》第七条的规定，污染者举证证明下列情形之一的，人民法院应当认定其污染行为与损害之间不存在因果关系：（一）排放的污染物没有造成该损害可能的；（二）排放的可造成该损害的污染物未到达该损害发生地的;(三)该损害于排放污染物之前已发生的;(四)其他可以认定污染行为与损害之间不存在因果关系的情形。

(四)不存在免责事由。其一,不存在不可抗力。结合《民法典》第一百八十条第一款第一句、《环境保护法》第四十一条第三款,因不可抗力造成环境污染和生态破坏的,侵权人免予承担责任。其二,不存在受害人故意。根据《民法典》第一千一百七十四条规定,损害是因受害人故意造成的,行为人不承担责任。

【案例】 企业能否以其排放行为符合标准为由否认赔偿责任?

案例简介:某化工公司自投产后,对周围地区连续造成污染,造成周围生态环境严重破坏,大片果树、庄稼枯死,鱼虾不能生存,周围村民提起诉讼,要求其停止侵害,赔偿损失。该公司主张其排放达标,但未证明排放不会造成损害。

知识点:结合《民法典》第一千二百二十九条和《环境侵权责任解释》第一条第一款第二句的规定,即使排污符合国家或者地方污染物排放标准，只要造成损害，同样构成污染环境和破坏生态的行为。并且根据《民法典》第一千二百三十条的规定，环境污染和生态破坏责任实行举证责任倒置，由侵权者证明其行为与损害之间不存在因果关系。

本案中，原告已经证明被告存在排污行为，且造成其损害，二者之间存在关联性。而被告以其排放符合排放标准为由进行抗辩，该理由如上规定，并不能成立。且被告并未证明其排污行为与原告受损害之间无因果关系，故推定其存在因果关系。综上，被告须对原告停止侵害、赔偿损失。[1]

如何确定多人生态环境损害中的责任归属？

答 结合《民法典》第一千一百七十一条和《环境侵权责任解释》第三条第一款的规定，二人以上分别实施污染环境、破坏生态的行为造成同一损害，每个人的侵权行为都足以造成全部损害的，行为人承担连带责任。

结合《民法典》第一千一百七十二条和《环境侵权责任

---

[1] 案例改编自"张长健等1721人与福建省（屏南）榕屏化工有限公司环境污染责任纠纷案"，《最高人民法院公报》2014年第11期。

解释》第三条第二款的规定，二人以上分别实施污染环境、破坏生态的行为，造成同一损害的，且任何一人的行为都不足以造成生态环境破坏的，能够确定责任大小的，各自承担相应的责任；难以确定责任大小的，平均承担责任。根据《民法典》第一千二百三十一条的规定，两个以上侵权人污染环境、破坏生态的，承担责任的大小，根据污染物的种类、浓度、排放量，破坏生态的方式、范围、程度，以及行为对损害后果所起的作用等因素确定。

结合《民法典》第一千一百七十一条和《环境侵权责任解释》第三条第三款的规定，两人以上分别实施污染环境、破坏生态的行为造成同一损害，部分人的侵权行为足以造成全部损害，部分人的侵权行为只造成部分损害，被侵权人可以请求足以造成全部损害的侵权人与其他侵权人就共同造成的损害部分承担连带责任，并对全部损害承担责任。

结合《民法典》第一千一百七十条和第一千二百三十条的规定，两人以上分别实施污染环境、破坏生态的行为，但只有其中一人或数人的行为造成他人损害，无法确定具体侵权人的，由全部侵权人承担连带责任。

根据《民法典》第一千二百三十三条的规定，因第三人的过错污染环境、破坏生态的，被侵权人可以向侵权人请求赔偿，也可以向第三人请求赔偿。侵权人赔偿后，有权向第三人追偿。

生态环境损害之侵权人何时需承担惩罚性赔偿？

🅰 为了加强对生态环境的保护，《民法典》增设生态环境损害责任中的惩罚性赔偿责任，以震慑、预防生态环境破坏行为。

根据《民法典》第一千二百三十二条的规定，侵权人违反法律规定故意污染环境、破坏生态造成严重后果的，被侵权人有权请求相应的惩罚性赔偿。由此可见，惩罚性赔偿责任的构成要件如下：第一，请求权人是被侵权人，而不包括国家规定的机关或法律规定的组织；第二，侵权人须存在主观故意；第三，侵权人须违反全国人大及其常委会制定的法律，不包括法规规章；第四，污染环境、破坏生态行为须造成严重后果。

生态环境损害责任承担方式包括哪些？

🅰 生态环境损害责任承担方式有以下两种。

第一,修复生态环境。结合《民法典》第一千二百三十四条第一句和《环境侵权责任解释》第十四条第一款的规定,违反国家规定造成生态环境损害,生态环境能够修复的,国家规定的机关或者法律规定的组织有权请求侵权人在合理期限内承担修复责任。根据《民法典》第一千二百三十四条第二句,侵权人在期限内未修复的,国家规定的机关或者法律规定的组织可以自行或者委托他人进行修复,所需费用由侵权人负担。此类费用是侵权人修复生态环境义务的替代费用,因为考虑到生态环境保护的紧迫性,不能无期限地等待侵权人修复。

第二,赔偿损失。根据《民法典》第一千二百三十五条的规定,违反国家规定造成生态环境损害的,国家规定的机关或者法律规定的组织有权请求侵权人赔偿下列损失和费用:(一)生态环境受到损害至恢复原状期间服务功能丧失导致的损失;(二)生态环境功能永久性损害造成的损失;(三)生态环境损害调查、鉴定评估等费用;(四)清除污染、修复生态环境费用;(五)防止损害的发生和扩大所支出的合理费用。

第八章 高度危险责任

什么行为属于高度危险作业行为？什么是高度危险责任？

答 高度危险行为的核心是高度危险。"危险"是指对他人人身、财产安全造成损害的可能性，"高度"则指危险现实化的高度可能性（如高压电运营）、损害结果的高度可怕性（如民用航空器失事）以及损害发生的高度不确定性（如转基因产品的损害）。若某种行为或物质具备上述三项中的一项，则说明该行为或该物质就具有高度危险性。

高度危险责任的具体类型有几种？

答 高度危险责任具体有三种类型，分别是高度危险物品致害责任、高度危险活动致害责任和高度危险区域致害责任。高度危险物品致害责任是指因某种高度危险设施或物品造成他人损害，由该设施或物品的所有人、管理人、占有人等承担的无过错责任。高度危险活动致害责任是指从事高度危险活动致他人损害，由从事该活动的民事主体承担的无过错责任。高度危险区域致害责任是指因进入高度危险区域而造成损害，由高度危险区域管理人承担的责任。

高度危险责任的归责原则和构成要件是什么？

答 《民法典》第一千二百三十六条沿袭了《侵权责任法》第六十九条的规则，规定高度危险责任为无过错责任，无须以加害人过错为构成要件。

高度危险责任构成要件有以下两项。

（一）从事了高度危险作业行为，即从事了高度危险活动，或占有、管理对周围环境造成损害的高度危险物品，或对高度危险场所或区域进行了管控行为。周围环境是指在危险活动、危险物品附近，或进入其危险区域。应注意区分环境污染责任与高度危险责任。若是高度危险行为直接侵犯他人人身、财产权益并造成损害的，属于高度危险责任；若是高度危险作业污染环境后对他人造成损害的，则应适用环境污染责任，如运输氰化物的车辆倾覆，致使氰化物流入河中污染水质，乃至下游鱼苗被全部毒死。

（二）因高度危险作业造成他人损害。受害人必须是因为高度危险作业而遭受损害，也就是说，受害人的损害是由于高度危险责任中的危险现实化而引发的，若非如此，则不能适用本条规定。比如，甲在路过乙存放烟花爆竹的仓库时，因仓库爆炸而受损，此时可以适用本条；若甲是因乙仓库外墙的墙体倒塌被砸伤，则不能适用本条。

高度危险责任中，责任人的责任减轻和免除事由有哪些？

答 高度危险责任是无过错责任。关于责任人的责任减轻和免除事由本章以及特别单行法（如《铁路法》第五十八条、《电力法》第六十条以及《民用航空器法》第一百二十四条）有特别规定则适用特别规定，没有特别规定的，侵权责任编第一章规定的责任减轻和免除事由也可适用。

（一）受害人故意。受害人明知自己的行为将给自己造成损害仍旧实施行为的，被告可证明的，可免除其侵权责任。

（二）不可抗力。在因占有或使用高度危险物以及从事高空、高压、地下挖掘活动或高速轨道运输工具而产生的高度危险责任中，被告可因不可抗力免责，但因民用核设施、民用航空器以及遗弃抛弃高度危险物致他人受损害的，不可因不可抗力免责。

（三）战争等情形。在民用核设施高度危险责任中，被告可由于战争、武装冲突、暴乱等情形免责。

【案例】 天然气加气活动是否属于高度危险行为？高度危险责任的承担是否需要以加害人过错为构成要件？

案例简介：2007年11月1日，被告周家湾加气站在给原告张某的长安面包车加气时，原告车载储气瓶发生爆炸，致原告受伤，面包车被炸毁，加气站充装设备受损。[1]

知识点：《民法典》第一千二百三十六条规定，高度危险责任为无过错责任，无须以加害人过错为构成要件。周家湾加气站是高度危险物品的经营者，其在向张某销售车用天然气过程中，致张某的财产受到损害，应当对张某的损失承担民事赔偿责任。因被告不能证明该事故发生系张某故意或有重大过错造成，故对其不应承担民事责任的请求不予支持。

---

[1] 案例改编自（2009）渝一中法民终字第6455号民事判决书。

民用核设施和核材料包括哪些?

❓ 依照《核安全法》第二条的规定，核设施主要包括：核动力厂及其装置（核电厂、核热电厂、核供气供热厂等）；核动力厂以外的其他核反应堆（研究堆、实验堆、临界装置等）；核燃料生产、加工、贮存和后处理设施等核燃料循环设施；放射性废物的处理和处置设施。除此之外，还有其他需要严格监督管理的核设施（《放射性污染防治法》第六十二条第二项、《民用核设施安全监督管理条例》第二条）。

《民法典》第一千二百三十七条与《侵权责任法》第七十条相比，除民用核设施损害外还增加了"运入运出核设施的核材料"发生核事故所造成的损害。核材料主要指的是运入运出核设施的核材料，在运入运出核设施期间，核材料也可因发生核事故而造成他人损害，此时也会发生民用核设施侵权责任。

民用核设施责任的责任主体是什么?

❓ 依据《民法典》第一千二百三十七条，因民用核设施造成他人损害的，民用核设施的营运单位应当承担侵权责任。

营运单位是指持有核设施许可证，可以经营和运行核设施的单位。《民法典》颁布前，《侵权责任法》第七十条规定的责任主体为民用核设施的经营者，《民法典》在其基础上增加了运行核设施的单位。

民用核设施责任的免责事由是什么？

❀ 《民法典》第一千二百三十七条规定，民用核设施损害是因战争、武装冲突、暴乱等情形或者受害人故意造成的，民用核设施营运单位不承担责任。需要注意的是，本条中责任主体不能因不可抗力免责，只能因战争等特殊情形以及受害人故意免责，这与国际通行的做法一致。

民用航空器造成他人损害指什么？民用航空器对运输的旅客或货物造成损害时如何处理？

❀ 承担民用航空器损害责任的前提是民用航空器在航行、运输期间。民用航空器造成他人损害有两种，一是民用航空器在运输旅客、货物的过程中对所载旅客、货物造成损害的侵权责任，二是民用航空器对地面第三人造成损害的侵权责任。

《民用航空法》第一百二十四条规定，"因发生在民用航空器上或者在旅客上、下民用航空器过程中的事件，造成旅客人身伤亡的，承运人应当承担责任"。第一百二十五条规定，"因发生在民用航空器上或者在旅客上、下民用航空器过程中的事件，造成旅客随身携带物品毁灭、遗失或者损坏的，承运人应当承担责任。因发生在航空运输期间的事件，造成旅客的托运行李毁灭、遗失或者损坏的，承运人应当承担责任"。据此，民用航空器在运输旅客、货物的过程中对所载旅客、货物造成损害的，需要承担侵权责任。除此之外，由于旅客或货物托运人和航空公司之间还存在运输合同关系，因此除侵权责任外，受害人还可要求民用航空器经营者承担违约责任。

【案例】 民用航空器造成他人损害的，责任主体怎样认定？

案例简介：赵小某生前系某市通用航空有限责任公司飞行员，持有中国民航颁发的商用飞行执照。2015年"五一"

休假期间,赵小某受河南乔治公司的邀请,到安徽某地乘坐两人座轻型运动飞机。该飞机起飞后不久坠地起火,包括赵小某在内的机上两名成员当场死亡。涉事航空器属北京乔海公司所有,未取得中国民航的型号认可和生产许可证,亦未取得中国民航的适航证、国籍登记证和民用航空器电台执照,该次飞行活动未申报飞行计划。飞行员雷某系美国国籍,为上述两公司提供飞行工作,但未持有中国民航飞行执照或执照认可函。[1]

知识点:《民法典》第一千二百三十八条规定,民用航空器造成他人损害的,民用航空器的经营者应当承担侵权责任。赵小某在非法飞行事故中死亡,航空器的经营者应当承担侵权责任。北京乔海公司作为该航空器的所有者,河南乔治公司作为此次飞行活动的参与实施者,均应当承担侵权责任。陈某系两公司的实际控制人,但法律后果由其代表的两公司承担。赵小某的第一顺序继承人,可以请求侵权人承担民事责任。

---

[1] 案例改编自北京三中院(2017)京03民终4319号民事判决书。

民用航空器对地面第三人造成损害的侵权责任如何判断?

答 民用航空器在飞行中造成地面、水面第三人的人身或财产损害的,民用航空器的经营者应当承担侵权责任。

(一)本国航空器在中国境内对地面第三人的侵权责任。

具有中华人民共和国国籍的航空器因在飞行过程中或从飞行中的民用航空器上落下的人或物造成地面、水面第三人损害的,民用航空器经营者应当承担侵权责任。但所受损害并非造成损害事故的直接后果,或所受损害是在民用航空器依照国家有关的空中交通规则在空中通过时造成的,受害人无权要求赔偿。

(二)外国航空器在中国境内对地面第三人的侵权责任。

《涉外民事关系法律适用法》第四十四条规定,"侵权责任,适用侵权行为地法律,但当事人有共同经常居所地的,适用共同经常居所地法律。侵权行为发生后,当事人协议选择适用法律的,按照其协议"。因此,外国航空器在我国境内造成地面或水面第三人损害的,也应当依照我国《民法典》及《民用航空法》相关规定进行处理。

【案例】 外国航空器在中国境内对地面第三人造成损害的,适用哪一国法律?

案例简介:原告于1992年经政府批准,在闵行区沪杭铁路以南、春申塘以北、沪闵路以西、中春路以东建设沁春园住宅小区。1999年4月15日,被告韩国大韩航空公司的一架大型货机坠毁在由原告开发的上海闵行区沁春园地块。从规划批准至坠机事件发生,原告对该地块进行了巨额投资,完成了该区域内所有土地的征地、动迁和"七通一平"等前期工作。坠机事故后,被迫停工,给原告造成巨大损失。[1]

知识点:根据我国法律对于侵权行为准据法的适用规定,民用航空器对地面第三者的损害赔偿,适用侵权行为地法律。本案侵权行为地为我国上海,故本案应适用我国的实体法。我国法律的适用顺序为国际条约、国内法、国际惯例。因我国未参加相关的国际条约,而我国国内法对该侵权行为的赔偿已作法律规定,故本案适用我国的国内法。根据我国法律规定,损

---

[1] 案例改编自(2002)沪一中民一(民)初字第182号民事判决书。

坏国家、集体或者他人财产的，应当恢复原状或者折价赔偿。被告飞机坠落造成原告财产损失，原告作为被告飞机坠落的直接受害者，享有赔偿请求权。被告作为航空器的经营人应承担赔偿责任，赔偿原告因此造成的经济损失。

民用航空器责任的责任主体是什么？减轻和免责事由有哪些？

答 依据《民法典》第一千二百三十八条，民用航空器的经营者应承担侵权责任。

（一）责任减轻事由。

若受害人所受损害是因为受害人或其受雇代理人过错造成的，民用航空器经营者的责任可以适当减轻。《民用航空法》第一百六十一条第一款第二句规定，"应当承担责任的人证明损害是部分由于受害人或者其受雇人、代理人的过错造成的，相应减轻其赔偿责任。但是，损害是由于受害人的受雇人、代理人的过错造成时，受害人证明其受雇人、代理人的行为超出其所授权的范围的，不免除或者不减轻应当承担责任的人的赔偿责任"。

(二)免责事由。

1.受害人方面的原因。首先,损害系因受害人故意而发生的,民用航空器经营者免责。依据本条,民用航空器经营者能够证明损害是由受害人故意造成的,不承担侵权责任。其次,损害完全因受害人及其受雇人、代理人过错造成的,民用航空器经营者免责。《民用航空法》第一百六十一条第一款第一句规定,"依照本章规定应当承担责任的人证明损害是完全由于受害人或者其受雇人、代理人的过错造成的,免除其赔偿责任"。第三,损害系旅客本人健康状况所致。《民用航空法》第一百二十四条第二句规定,"旅客的人身伤亡完全是由于旅客本人的健康状况造成的,承运人不承担责任"。第四,因行李、货物自身原因造成损害的,责任主体免责。《民用航空法》第一百二十五条规定,旅客随身携带物品或者托运行李的毁灭、遗失或者损坏完全是由于行李本身的自然属性、质量或者缺陷造成的,承运人不承担责任。除此之外,承运人证明货物的毁灭、遗失或者损坏完全是由于下列原因之一造成的,不承担责任:(一)货物本身的自然属性、质量或者缺陷;(二)承运人或者其受雇人、代理人以外的人包装货物的,货物包装不良;(三)战争或者武装冲突;(四)政府有关部门实施的与货物入境、出境或者过境有关的行为。

2.战争或武装冲突等。本条未规定不可抗力免责,但《民用航空法》第一百六十条规定,损害是武装冲突或者骚乱的直接后果,依照本章规定应当承担责任的人不承担责任。

3.民用航空器经营者对致损航空器的使用权被国家有关机关剥夺。《民用航空法》第一百六十条第二款规定,"依照本章规定应当承担责任的人对民用航空器的使用权业经国家机关依法剥夺的,不承担责任"。

如何理解高度危险物?

答 非所有的危险物品都属于高度危险物品。不做任何限制,将一切危险物品都作为高度危险物品,进而适用无过错责任,显然是不合理的。《危险货物品名表》(GB12268)将危险货物按照包装分为Ⅰ、Ⅱ、Ⅲ类,Ⅰ类包装是指具有高度危险性的物质;Ⅱ类包装是指具有中等危险性的物质;Ⅲ类包装是指具有轻度危险性的物质。因此,只有属于Ⅰ类包装的,才是高度危险物。《民法典》第一千二百三十九条列举的高度危险物包括易燃、易爆、剧毒、高放射性、强腐蚀性、高致病性等高度危险物。本条与《侵权责任法》第七十二条相比，区别有二，其一是将"放射性"改为"高放射性"，第二是将强腐蚀性、高致病性明确列举出来。

首先，只有具备高放射性的放射性物质才是高度危险物。参考国际原子能机构有关规定，根据放射源对人体健康和环境的潜在危害程度，从高到低，将放射源分为Ⅰ类、Ⅱ类、Ⅲ类、Ⅳ类、Ⅴ类。Ⅰ类放射源为极危险源，在没有任何防护下，接触这类源几分钟到1小时就可能致人死亡；Ⅱ类放射源属高危险源，在没有任何防护下，接触这类源几小时至几天就可以导致人死亡；Ⅲ类放射源属中危险源，在没有任何防护下，接触这类源几小时就可对人造成永久性损伤，接触几天至几周也可致人死亡；Ⅳ类放射源属低危险源，基本不会对人造成永久性损伤，但对长时间、近距离接触这些放射源的人可能造成临时性损伤；Ⅴ类放射源属极低危险源，不会对人造成永久性损伤。本条将高放射性物质限制在Ⅰ、Ⅱ、Ⅲ类，只有因占有、使用、抛弃、遗失此三类高放射性物质造成他人损害的，才适用无过错责任。

其次,在《侵权责任法》第七十二条基础上,将强腐蚀性、高致病性物质单独列出,明确了此两种物质的高度危险性。在《民法典》颁布前,此两种物质也属于高度危险物,在"等"中包含,通过将其明确列出,避免了司法实践中可能产生的歧义,有助于司法实践效率的提升。

另外还需要注意的是,除法条规定的易燃、易爆、剧毒、高放射性、强腐蚀性、高致病性物质外,高度危险物质还包括其他具有高度危险性的物质。由于高度危险物具有高度的危险性,所有人等只有尽到高度的注意义务,才可能(而非一定)避免该物品之高度危险性现实化。如果只要尽到一般的谨慎,就可以防止某物给他人造成损害,该物品就只是一般的危险物品,适用过错责任原则即可。从我国法律规定来看,高度危险物与一般危险物品在生产、储存、经营、运输安全上有不同的要求。对前者的要求远远高于后者(参见《危险化学品管理条例》)。因此,《民法典》第一千二百四十二条才规定,即便是他人非法占有高度危险物而造成损害的,所有人、管理人如果不能证明对防止他人非法占有尽到高度注意义务的,仍需要与非法占有人承担连带责任。

何为占有、使用高度危险物？

答 占有、使用高度危险物的情形包括生产、装卸、运输、储存、保管高度危险物等。占有、使用高度危险物意味着开启了对他人及周围环境的高度危险源，占有人或者使用人相应地负有使他人免受高度危险物损害的义务。

什么叫"高度危险物非法占有人"？

答 非法占有人是指通过盗窃、抢劫、抢夺等方法违背所有人或管理人的意志而取得对高度危险物的占有之人。当非法占有人占有的高度危险物造成他人损失时，首先由非法占有人承担侵权责任。同时，所有人、管理人原则上承担连带责任。但是，所有人、管理人能够证明"对防止他人非法占有尽到高度注意义务的"，仅由非法占有人承担侵权责任。也就是说，在非法占有高度危险物造成损害之时，受害人无须证明所有人、管理人的过错，对其过错实行过错推定，"尽到高度注意义务"的举证责任由所有人和管理人承担。高度注意义务的要求高于善良管理人的注意义务，意味着所有人、管理人在避免他人非法占有上符合了法律的全部要求（如按照法律的规定采取安全保卫措施等），尽到了自己应尽的全部注意义务，即便如此仍不能避免他人对高度危险物之非法占有时，所有人和管理人免责。

如何界定高空作业？

答 并非任何高于地面的距离进行的作业都是高空作业。高空作业致害责任的高度危险性是指对"他人"而非作业人"本人"的人身、财产安全产生的高度的危险。具体的"高空"没有准确的标准，尚不能准确界定，需要在司法实践中根据具体情况具体分析。

需要注意的是，《民法典》第一千二百四十条规范的不仅有高空作业给第三人造成损害的情形，还有高空作业致作业人本身受到损害的情形。在第二种情形中，属于工伤事故的，可以适用关于工伤事故的规定，受害人也可依据此条请求损害赔偿。

【案例】 他人擅自攀爬高空施工作业的，责任由谁承担？

案例简介：2016年11月1日下午，饶某某在工作之余到招商办公楼外闲逛,看到申鑫贸易有限公司的技术员郭某某和防水工张某某在不远处一处平房房顶上,其出于好奇和解闷心理,便擅自徒手攀爬上该平房房顶。在饶某某从该平房房顶爬下时,由于攀抓的砖块松动,致使其摔下受伤。[1]

知识点:法院认为,晋城市申鑫贸易有限公司在三米高的涉案平房顶上进行防水工程,具有一定危险性,属于高空危险作业。即使进行临时性的工作,也应当采取设置警示标识、防止无关人员擅自进入等严格的安全防范措施。本案中,晋城市申鑫贸易有限公司忽视安全防范重要性,疏于监督和管理,致使饶某某在未经许可同意的情况下,擅自攀爬进入到正在施工的平房顶,造成本起事故发生。晋城市申鑫贸易有限公司作为高空作业的经营管理人,依法应当承担相应的民事赔偿责任。饶某某作为晋城市申鑫贸易有限公司负责办公楼室内装潢工程监理职责的劳务承担人,随意离开自己工作区域而进入该公司另一项工程所在地,盲目自信,徒手攀爬,对于其从房顶上摔落事故的发生,存在明显过失,具有一定的过错,应当适

---

[1] 案例改编自(2018)晋民申392号民事判决书。

当减轻对方的赔偿责任。

如何界定地下挖掘致害？

答 地下挖掘行为同样是高度危险行为。地下挖掘活动，是指在地表以下的一定深度进行的挖掘行为，包括钻探活动、地下矿产采掘活动、地下铁路的修建等。这些在地下进行的挖掘活动极可能对地表的建筑物及人员安全造成严重的威胁，因此适用无过错责任。需要注意的是，《民法典》第一千二百四十条规定的是在地下深层次进行的挖掘活动，在地表进行的施工活动通常并非高度危险行为。地下挖掘行为的行为人必须采取正确的保护措施，以防止给他人造成损害。

高度危险行为责任主体是什么？有哪些减免责事由？

答 依据《民法典》第一千二百四十条，高度危险活动造成他人损害的，经营者应当承担侵权责任。但在高压电致害责任中，高压电致害责任的主体应为电力设施的产权人，比如输电线路造成的高压损害应由输电企业，而非发电企业或配电企业承担侵权责任。依据本条，损害是因受害人故意或者不可抗力造成的，不承担责任。被侵权人对损害的发生有重大过失的，可以减轻经营者的责任。

什么是高度危险活动区域？什么是高度危险物存放区域？

答 高度危险活动区域，是指从事高度危险活动的特定区域，比如民航机场。民航机场是民用航空公司进行活动的区域，该区域内飞机不停地起降，属于高度危险活动区域。典型高度危险活动区域还有高速公路。高速公路上行驶的车辆速度很快，对周围环境具有高度危险，应当进行封闭管理。高度危险物存放区域，是指存放高度危险物品的区域，如存放炸药的仓库；储存剧毒化学物品的仓库、存放放射性物质的铅房等。

由于区域本身具有高度危险性，因此管理人应当采取安全措施并尽到警示义务，以免发生损害。

高度危险活动区域责任中，责任减轻和免责事由是什么？

答 依据《民法典》第一千二百四十三条，受害人未经许可进入高度危险活动区域或者高度危险物存放区域而受到损害,且管理人能够证明已经采取足够安全措施并尽到充分警示义务的,可以减轻或者不承担责任。安全措施是指,如安排专门的安全保卫人员、定期有专人巡查、设置了封闭式的围栏或铸造了高墙防止他人未经许可进入等措施,如机场划分为隔离区、安检区等不同区划,并在入口处采取严格的安保措施;警示义务是指,应当通过醒目的标志警示本区域是高度危险活动区域或高度危险物品存放区域,以免他人误入该区域而遭受损害。

【案例】 行人擅自闯入高速公路的,高速公路管理人是否应承担责任?

案例简介:案外人李某驾驶重型半挂货车沿京哈高速公路北京方向行驶到万家收费站8号口处倒车时,与行人魏某相撞碾压,造成魏某当场死亡。葫芦岛市公安局交通警察支队高速四大队出具《道路交通事故认定书》认定,李某与魏某负同等责任。赵某、赵某某以"高速公路东戴河收费站管理及安全措施不到位造成魏某发生交通事故死亡"为由,诉请辽宁省高速公路运营管理有限责任公司、辽宁省高速公路运营管理有限责任公司葫芦岛分公司赔偿115 606.25元。[1]

知识点：本案不是因为高速公路设施有瑕疵导致误闯、误入高速公路，而是魏某不顾生命安危，违法跨越完整的钢护栏，不顾多处警示标志，到高速收费站卖盒饭的违法行为所致。《最高人民法院关于审理道路交通事故损害赔偿案件适用法律若干问题的解释》第九条规定："因道路管理维护缺陷导致机动车发生交通事故造成损害，当事人请求道路管理者承担相应赔偿责任的，人民法院应予支持，但道路管理者能够证明已按照法律、法规、规章、国家标准、行业标准或者地方标准尽到安全防护、警示等管理维护义务的除外。"依法不得进入高速公路的车辆、行人，进入高速公路发生交通事故造成自身损害，当事人请求高速公路管理者承担赔偿责任的，管理人已经采取安全措施并尽到警示义务的，可以减轻或者不承担责任。《中华人民共和国道路交通安全法》第六十七条规定，行人不得进入高速公

---

[1] 案例改编自（2019）辽民申6316号民事判决书。

路。本案受害人魏某违反法律规定，进入正在运营中的高速公路，存在重大过错，对死亡后果负主要责任，辽宁省高速公路运营管理有限责任公司对魏某死亡产生的损失不承担民事责任。

第九章　饲养动物损害责任

什么是"饲养"？

❄ 《民法典》中所说的"饲养"并不局限于"喂食"或"豢养"，而应做广义的解释，即凡是为某人所有或者为某人占有、管理、控制的动物都属于"饲养的动物"。需要注意的是，饲养人或管理人应对动物有一定的控制力，典型情况有家庭饲养的猫类或犬类。对于自然保护区内的动物，虽然其可能在一定程度上为人类所喂养和管理，但由于人类对其控制力很弱，甚至没有控制力，因此自然保护区内的动物并不属于饲养动物。完全处于自然状态下的野生动物造成他人损害的，没有饲养人或管理人，故原则上不发生侵权责任，受害人只能自担损害。

动物致害的归责原则为何？如何体现？

答 依据《民法典》第七编第九章规定，动物致害的归责原则属于混合归责。

（一）依据《民法典》第一千二百四十五条，饲养的动物造成他人损害的，动物饲养人或者管理人应当承担侵权责任，也即无过错责任。但能够证明损害是因被侵权人故意或者重大过失造成的，可以不承担或者减轻责任。

（二）依据《民法典》第一千二百四十六条，未对动物采取安全措施造成他人损害的，动物饲养人或者管理人应当承担侵权责任；但是，能够证明损害是因被侵权人故意造成的，可以减轻责任。此条的归责原则较第一千二百四十五条更为严格，只有因被侵权人故意造成其损害的，才可减轻责任，并且不存在免责事由。

（三）依据《民法典》第一千二百四十七条，禁止饲养的烈性犬等危险动物造成他人损害的，动物饲养人或者管理人应当承担侵权责任。此为严格责任，没有责任减轻和免除事由。关于禁止饲养的烈性犬，各地行政法规、规章有具体的规定，有些地区除了对烈性犬的品种进行限制，对犬类的大小也进行限制,如北京、苏州等地的养犬条例。此条原因在于,饲养法律明文禁止饲养的烈性犬等危险动物的人,其行为不仅严重违法,主观上具有重大过错,且客观上对他人的人身、财产安全造成了很大的威胁。因此,对于其饲养者的责任应当予以加重。

(四)依据《民法典》第一千二百四十八条,动物园的动物造成他人损害的,动物园应当承担侵权责任;但是,能够证明尽到管理职责的,不承担侵权责任。从本条可以看出,动物园责任被适当放宽,采取的是过错推定,而非无过错责任。动物园负有高度注意义务,需要采取安全措施,且尽到充分警示义务。

如何界定"饲养动物造成他人损害"?家养小狗将行人绊倒、家养乌龟将行人砸伤是否构成此处的饲养动物造成他人损害?

❓ 饲养动物造成了他人损害是指,该饲养动物的行为是导致他人损害的原因,即二者之间存在因果关系。除此之外,还要求该饲养动物给他人造成的"损害是因该动物特有的危险所致"。这种危险性究竟来源于动物的本性,还是因动物受外界刺激而作出的自然反应,无关紧要。实践中,饲养动物造成他人损害的主要表现方式如狗咬伤人、动物将人绊倒、动物将人砸伤、猫抓伤人、牛将人顶伤、马踩踏他人的庄稼等。此外,因动物惊吓而给受害人造成损害、动物将疾病传染给他人的情形也属于饲养动物造成他人损害。

【案例】 家养宠物坠楼造成他人损害的,如何处理?

案例简介:2019年8月6日上午,原告将名下车牌为粤G×××的小轿车停放于居住的珠海市吉大嘉年华国际公寓小区规划的停车位内,当日上午约11时55分,原告收到第三人通知,小区值班保安巡查时发现原告的车辆被一只从高空坠落的小狗砸中受损。经调查,坠楼小狗系居住在坠落现场上方21楼的住户即两被告所饲养。[1]

知识点:本案中,两被告作为案涉坠楼犬只的管理人,

---

[1] 案例改编自(2019)粤0402民初12841号民事判决书。

未依法履行管理义务,对饲养的宠物犬疏于管理,以致宠物犬在活动过程中从阳台坠落砸中原告车辆,给原告造成损失,两被告需对犬只坠落砸损原告车辆所导致的损失承担赔偿责任。两被告主张原告自身存有过错,但从本案事实来看,原告将车辆停放于小区物业公司划定的地面停车位上,该停车位周围并无消防通道或禁停标识,两被告提交的证据并不足以证明原告对于车辆的损失存在主观上的故意或者重大过失,故此不能减轻两被告的侵权责任。

长期投喂流浪动物的人是否属于动物饲养人或管理人?

答 依据《民法典》第一千二百四十九条,原本被人饲养,之后被遗弃或自行逃逸的动物在其遗弃、逃逸期间造成他人损害的,仍应由原动物饲养人或管理人承担侵权责任。若无法查明致害流浪动物的原饲养人或管理人时,该做何种处理?笔者认为,动物饲养人是指作为动物所有者的保有人,需要对动物具有支配力和控制力。对于救助流浪动物而言,即使长期投喂,仍不能构成法律意义上的所有或占有,亦无对流浪动物之控制力,因此并不属于动物饲养人或管理人。

【案例】 长期投喂的流浪猫造成他人损害的,如何处理?

案例简介:本案中,肖某某遛其所饲养的狗时未拴狗链,在路过事发地时,肖某某所遛的狗与一只猫发生撕咬,之后肖某某为保护自己的狗,到两只动物之间将猫踢开,在此过程中肖某某被猫抓伤。乔某某经常在其住宅门前的公共通道及小区公共绿地处给流浪猫投喂猫食。[1]

知识点:乔某某投喂行为是基于对动物的帮助行为,即使其长期投喂,亦不能构成法律意义上的所有或占有,亦无对流浪动物的控制力。本案二审法院除认定乔某某对流浪猫不具备控制力外,还认为,乔某某长期投喂流浪猫,尤其是在其家门口的公共通道附近的固定投喂行为,在其生活社区的公共环境中形成了一个流浪猫获取食物的固定地点,导致了流浪猫的聚集,而流浪动物的不可控性及自然天性,在没有得到有效控制的前提下必定会给社区的公共环境带来危险。乔某某的投喂行为既不同于对流浪猫的规范的救助行为,其自己又未采取任

---

[1] 案例改编自(2012)二中民终字第16207号民事判决书。

何措施控制相关危险的发生，故其行为是对于公众共同利益的一种不合理地干涉及影响，此危险影响与肖某某受伤之间存在因果联系，故乔某某应承担相应责任。此部分判决似有讨论空间，原因在于，既然法院已经否定了乔某某的动物饲养人身份，那么就需要依据一般侵权的要件进行判断。乔某某的投喂行为与肖某某的损害之间并无因果关系，在乔某某投喂流浪猫的很长一段时间内，该小区都没有出现过任何行人因流浪猫之聚集而遭受损害的事实。因此并不能仅因肖某某遭受了损害，就认为流浪猫的聚集给社区公共环境增加了危险。因此，乔某某不应承担动物致害的侵权责任。

若第三人和动物饲养人、管理人均有过错的，责任如何分配？

答 因第三人的过错致使动物造成他人损害是指，动物的饲养人、管理人以及受害人之外的第三人从事了有过错的行为，使受害人遭受损害。例如，甲拿石头砸丙饲养的A犬，致使A犬发怒挣脱缰绳，将路人乙咬伤。乙既可以请求A犬的饲养人丙承担侵权责任，也可以请求甲承担侵权责任。需要注意的是，动物的饲养人或管理人不应存在任何过错。如果动物的饲养人或者管理人也存在过错，则不适用《民法典》第一千二百五十条。例如，甲、乙二人系邻居，分别饲养了A犬与B犬。一日，两人出来遛犬，二人都没有用绳子将犬拴住，以致A犬与B犬打架。B犬被咬伤后狂性大发，将路人丙咬伤。本案中，甲、乙二人皆有过错，他们二人的过错行为结合起来导致了受害人丙的损害，依据《民法典》第一千一百七十二条，应各自承担相应的赔偿责任；难以确定责任大小的，平均承担赔偿责任。

第十章　建筑物和物件损害责任

建筑物、构筑物指什么？其他设施指什么？

答　建筑物是指，任何在土地上建造的直接供人们居住、从事生产或者进行其他活动的场所。典型的建筑物有民用性质如居民住房、工业性质如工厂、娱乐性质如电影院、商业性质如超市、教育性质如学校等。此处需要注意的是，本条中的建筑物无须已经建成，仅有钢骨支架也可适用。

构筑物是指，以人力方式在地面上建造的具有特定用途，但不能直接供人们进行居住生活、从事生产或者其他活动的场所，如道路、桥梁、隧道、地窖、城墙、堤坝、路灯、广告牌、认为建设的杆（如电线杆、电缆杆、悬挂电影银幕的杆子、悬挂道路交通指示牌的杆子等）等。此处需要注意的是，该构筑物无须是附着于土地的永久性设施，临时性设施也可适用本条。

其他设施即建筑物、构筑物的附属设施，如房屋内的电梯、消防设备间、车位、储物间等。

建筑物、构筑物或其他设施倒塌、塌陷时，归责原则是什么？

答（一）非因所有人、管理人、使用人或者第三人的原因的倒塌、塌陷造成他人损害的归责原则。

非因所有人、管理人、使用人或者第三人的原因，建筑物、构筑物或者其他设施的倒塌、塌陷造成他人损害的，归责原则为无过错原则，由建设单位与施工单位承担连带责任。

本条规定的责任主体首先是建设单位与施工单位，二者向被害人承担连带责任，被害人既可向建筑单位主张损害赔偿，也可向施工单位主张损害赔偿。建设单位，是指依法取得土地使用权，在该土地上建造建筑物、构筑物或者其他设施的单位。它们是建设工程合同的总发包人，通过选择、确定勘察人、设计人和施工人等参与工程建设。实践中，比较常见的建设单位有房地产开发企业、机关和企事业单位等。施工单位即具体负责建筑物、构造物或其他设施施工建设的企业，即建筑公司，通过与建设单位或其他发包人签订建设工程合同对建设工程进行施工工作。施工单位既包括总施工单位，也包括分包施工单位，对于建设单位与施工单位的责任与义务，我国《建筑法》作出规定，如第五十四条规定，"建设单位不得以任何理由，要求建筑设计单位或者建筑施工企业在工程设计或者施工作业中，违反法律、行政法规和建筑工程质量、安全标准，降低工程质量。建筑设计单位和建筑施工企业对建设单位违反前款规定提出的降低工程质量的要求，应当予以拒绝"。第五十五条规定，"建筑工程实行总承包的，工程质量由工程总承包单位负责，总承包单位将建筑工程分包给其他单位的，应当对分包工程的质量与分包单位承担连带责任。分包单位应当接受总承包单位的质量管理"。

建设单位、施工单位赔偿后,有其他责任人的,有权向其他责任人追偿。结合我国《建筑法》相关规定,其他责任人主要包括勘察单位、设计单位、监理单位等责任人。《建筑法》第三十五条规定,"工程监理单位不按照委托监理合同的约定履行监理义务,对应当监督检查的项目不检查或者不按照规定检查,给建设单位造成损失的,应当承担相应的赔偿责任。工程监理单位与承包单位串通,为承包单位谋取非法利益,给建设单位造成损失的,应当与承包单位承担连带赔偿责任"。第五十六条规定,"建筑工程的勘察、设计单位必须对其勘察、设计的质量负责。勘察、设计文件应当符合有关法律、行政法规的规定和建筑工程质量、安全标准、建筑工程勘察、设计技术规范以及合同的约定。设计文件选用的建筑材料、建筑构配件和设备,应当注明其规格、型号、性能等技术指标,其质量要求必须符合国家规定的标准"。第七十九条规定,"负责颁发建筑工程施工许可证的部门及其工作人员对不符合施工条件的建筑工程颁发施工许可证的,负责工程质量监督检查或者竣工验收的部门及其工作人员对不合格的建筑工程出具质量合格文件或者按合格工程验收的,由上级机关责令改正,对责任人员给予行政处分;构成犯罪的,依法追究刑事责任;造成损失的,由该部门承担相应的赔偿责任"。

与《侵权责任法》第八十六条相比,本条增加了对于建设单位与施工单位的免责事由,即建设单位与施工单位能够证明不存在质量缺陷的,无需承担责任。

(二)因所有人、管理人、使用人或者第三人的原因的倒塌、塌陷造成他人损害的归责原则。

在建筑物、构筑物或者其他设施因所有人、管理人、使用人或者第三人的原因倒塌、塌陷造成他人损害的,由所有人、管理人、使用人或者第三人承担损害赔偿责任。需要注意的是,《民法典》第一千二百五十二条第一款规定的其他责任人并非此款所称所有人、管理人、使用人或第三人,而是前文所述的勘察单位、设计单位、监理单位等。

建筑物、构筑物或者其他设施及其搁置物、悬挂物脱落、坠落致他人损害时,归责原则是什么?

❓ 所有人是指建筑物、构筑物或者其他设施,以及搁置物、悬挂物的所有权人。对于建筑物和构筑物,我国实行不动产登记制度,在确定某人是否属于所有人时可以通过查询不动产登记簿了解。对于搁置物和悬挂物等动产，可以按照动产所有权的判断方式来认定其所有权人。管理人则是比较宽泛的概念，它是指虽非建筑物等不动产的所有人，但依法或依约定享有管理权限的民事主体，如市政管理部门对城市公路、桥梁等享有管理的权限。使用人，是指基于债权关系或物权关系而对建筑物、构筑物或者其他设施及其搁置物、悬挂物享有使用的民事主体，即所有人之外的有权占有并使用该不动产的人，如房屋的承租人、借用人等。

脱落、坠落，是指建筑物、构筑物或者其他设施上的某一成分（如花盆、吊扇、砖块、窗户）等与建筑物、构筑物或其他设施脱离后掉落下来。依据《民法典》第一千二百五十三条，建筑物、构筑物或者其他设施及其搁置物、悬挂物发生脱落、坠落造成他人损害，所有人、管理人或者使用人不能证明自己没有过错的，应当承担侵权责任，此处的归责原则为过错推定原则。所有人、管理人或者使用人应当采取合理的措施，对其建筑物、构筑物、其他设施及其搁置物和悬挂物采取适当的修理、维护等措施，以防止对路过行人造成损害。

通常情况下，物体的脱落、坠落均与所有人、管理人或使用人的过错有关,因此此处采取过错推定的归责原则。过错事由通常存在于所有人、管理人、使用人处,受害人对于该物体的使用程度、脱落原因等往往并不了解,且难以了解,因此若让受害人承担举证责任,对于受害人而言未免举证负担过重。因此,法条规定了过错推定原则。

若致害物的脱落、悬挂是由于第三人原因,那么所有人、管理人或者使用人赔偿后,有权向其他责任人追偿。

【案例】 致害物由于第三人原因脱落的,致害物的所有人是否应承担责任?

案例简介:2014年1月14日上午9时30分,李某某从某某大厦顶楼跳楼自杀,下降过程中砸中印有"某某餐厅"的广告牌,李某某坠地后当场死亡。被砸中的广告牌当即碎裂并掉落,砸中正好从某某大厦经过的张某某的右侧头部,致使张某某头部受伤。张某杰系某某餐厅的业主,该餐厅外的广告牌系张某杰所有。[1]

---

[1] 案例改编自(2015)邵中民一终字第30号民事判决书。

知识点：本案争议的焦点是张某杰对被上诉人张某某损害结果的发生是否存在过错，张某杰是否应承担损害赔偿责任。张某杰对该广告牌具有管理和保证其不致他人损伤的义务。张某某在其监护人的陪伴下沿人行道正常行走过程中因广告牌被跳楼自杀的李某某在下坠时撞落而砸伤，张某某本人及其监护人没有任何过错，张某杰作为砸伤张某某的广告牌的所有人存在一定的过错，应当对张某某因受伤造成的损失承担相应的损害赔偿责任。

"可能加害的建筑物使用人"如何判断？

答 在我国，因从建筑物中抛掷物品造成他人损害的案件时有发生。《民法典》第一千二百五十四条即为规范此行为而作出的规定。

《民法典》第一千二百五十四条中"可能加害的建筑物使用人"主要包括两个内容，一是"使用人"，二是"可能加害"。使用人是指在建筑物抛掷物品致第三人损害时，占有并使用建筑物的人。使用人与所有人可能发生重叠，比如居民占用并居住自己房屋的情况。使用人也有可能并非所有人,比如建筑物的承租人。此时,需要承担责任的是作为使用人的承租人,而非建筑物所有权人,原因在于建筑内的物品是由建筑物的使用人,而非所有人管理、控制的,因此只有在使用人中确定加害人才可以与社会经验相吻合。

"可能加害"是指,责任主体必须是可能为致害行为,可能与损害结果之间有因果关系的人。例如,某小区有1号、2号、3号楼,共三栋,1号楼位于小区的最西边。受害人甲在1号楼西侧被掉落的花盆砸伤。那么,2号楼、3号楼以及1号楼东侧的住户并不满足此处的"可能加害"要件,因此并非责任主体。另外,如果甲是被从较高处坠落的花盆砸伤,那么住在1号楼西侧的业主,一层以及二层住户的也不是可能加害的建筑物使用人。

可能加害的建筑物使用人若证明自己没有为侵权行为,则可以免责。要证明自己不是侵权人,需要排除自己加害的全部可能性。举例而言,在前述案例中,1号楼西侧4楼的业主可以通过证明加害行为发生当天家中无人而免责。但若其主张家中没有养花则不能免责,因为家中没有养花并不意味着家中没有花盆。

【案例】 从建筑物中抛掷物品致他人损害,不能确定具体责任人的,可能加害人如何承担责任?

案例简介:黄某某被 B1、B2 栋楼上坠落或抛掷的水泥块状物致伤,其受伤后经公安机关调查未能确定具体的加害人。[1]

知识点:B1、B2 中的 12 位居民均系可能加害的建筑物使用人,且未能提供证据证实自己不是加害人,故应对黄某某的损害平均分担补偿责任。

"堆放人"如何界定?

答 堆放物是指堆放起来,有一定高度的物体。不仅包括堆放在土地上的各种物品,如砖头、水泥、钢材、木材、石块、煤块等,还包括堆放在其他物品上的物,如堆放在汽车上的家具等。《民法典》第一千二百五十五条规定的堆放物不包

---

[1] 案例改编自(2011)梅中法民一终字第 123 号民事判决书。

括堆放在公共道路上的物体，堆放在公共道路上的物体妨碍他人通行，并给他人造成损害的，需依照第一千二百五十六条之规定承担责任。

《民法典》第一千二百五十五条中所称"堆放人"是指堆放物品的所有人或者管理人，而非从事堆放行为之人。(《人身损害赔偿司法解释》第十六条第一款) 从事堆放物品行为的人有可能只是该物品的所有人或管理人的工作人员，依据《民法典》第一千一百九十一条，工作人员在执行工作任务过程造成他人损害的，应由用人单位承担侵权责任。

【案例】 堆放物致他人损害的，责任主体如何确定？

案例简介：王某某根据其与托运部的运输合同前往明珠花卉市场朱某某、刘某某、曹某某的三家花店装运花盆，装货具体由三家花店自行负责。三家花店的店面是相邻的，装货时车辆需要挪动，车停在第三家花店装花盆时，将经常在花卉市场内买花盆的陈某某砸伤。[1]

---

[1] 案例改编自（2010）乌中民一终字第905号民事判决书。

知识点：王某某作为花盆运输工具的所有人与驾驶人，应采取相应的安全措施，并应按照装车规范加以监督和指导。朱某某、刘某某、曹某某作为负责装车人，应在装货现场设置警示标志，并对装货高度尽到一般人的注意义务。而王某某、朱某某、刘某某、曹某某提供的证据均不能证明自己没有过错，也无法证明损害事实由其中哪一人导致，故其承担连带责任。

因堆放、倾倒、遗撒的物品造成他人损害的归责原则是什么？

🅰 《民法典》第一千二百五十六条的归责原则是无过错原则。只要在公共道路上堆放、倾倒、遗撒妨碍通行的物品，并且造成他人损害的，为堆放、倾倒、遗撒行为的行为人就要承担侵权责任，无论其有无过错。

《公路法》第七十条规定，"交通主管部门、公路管理机构负有管理和保护公路的责任，有权检查、制止各种侵占、损坏公路、公路用地、公路附属设施及其他违反本法规定的行为。"此种对公共道路负有维护、管理职责的管理人，若其不能证明已经尽到清理、防护、警示义务的,也应当承担相应的责任。此处公共道路管理人承担的是过错推定责任,其只有在证明自己已经尽到相关义务时,才能免责。

若行为人实施了堆放、倾倒、遗撒行为,且管理人不能证明已经尽到清理、防护、警示义务,此时会发生多数人侵权问题。行为人与管理人的行为与损害的发生之间是共同因果关系,承担按份责任。

【案例】 行为人实施堆放、倾倒、遗撒行为,且管理人未尽管理义务的,如何处理?

案例简介:李某某驾驶三轮汽车(未载货)沿郑吴公路(s101线)由西向东行驶至台前县夹河乡丁桥村北时,因李某钟建设房屋,3月21日下午将碎石块堆放在此处路面的右侧,但未在碎石堆上设立醒目标志,李某某采取措施不当、不及时,加之躲避该碎石堆,致三轮汽车侧翻发生其他意外,造成乘坐人邵某某(李某某之妻)抢救无效死亡。发生事故路段由台前县公路管理局负责管理,事故发生前,台前县公路管理局巡查人员巡查时,未责令李某钟清除碎石堆。直到3月24日上午才责令其将碎石堆清除。[1]

知识点：本案中，李某钟在道路上堆放碎石，其行为具有过错。台前县公路管理局巡查人员巡查时，未责令李某钟清除碎石堆，管理不当。李某钟的过失行为与台前县公路管理局的过失行为，内容不同，不属于共同过失，并未直接结合造成损害结果的发生，应按其过错分别承担责任。结合李某钟与台前县公路管理局在本案事故中的过错，法院确定李某钟对事故损害后果承担40%的赔偿责任，台前县公路管理局承担10%的赔偿责任。

林木的管理人如何定义？小区内的树木折断致人损害，小区物业是否需承担侵权责任？

答 《民法典》第一千二百五十七条所称管理人是指，依据合同或法律规定对林木负有管理职责的民事主体，如物业公司对物业小区内的树木负有管理职责；公园管理单位对公园内

---

[1] 案例改编自（2009）濮中法民一终字第692号民事判决书。

的树木负有管理职责；公路养护管理部门对种植在公路旁的护路树负有管理职责等。小区物业属于此处管理人范畴，在小区内林木折断、倾倒或其果实坠落，给他人造成损害时，若其不能证明自己没有过错，则应当承担侵权责任。

【案例】 物业管理公司对于小区内的树木是否具有管理职责？

案例简介：2019年3月21日晚上六点半左右，杨某某下班回家在长江尚品小区道路上行走时，被突然折断倒下的大树砸伤。[1]

知识点：本案中，被告荆州市楚阳物业管理有限公司作为长江尚品小区内树木的管理维护单位，应当及时对树木进行管理维护。经查，根据气象资料显示，当天出现大风，大风对树木倒塌起到了一定的作用，但被告陈述称当时小区内众多树木中唯独涉案树木倒塌，且该树木直径约为30厘米至40厘

---

[1] 案例改编自（2020）鄂10民终418号民事判决书。

米,长约6米至7米,由此可知,该树木存在局部枯萎,而被告未发现或发现了未及时处理。被告作为对树木负有管理义务的一方,由于疏于管理,致使在大风天气条件下树木被大风刮倒,砸中原告,从而导致原告受伤致残,应当承担赔偿责任。

断裂林木致使行人不慎摔倒,而造成损害,谁承担责任?

❀ 断裂林木致使行人不慎摔倒的,而造成损害的。《侵权责任法》第九十条规定,因林木折断造成他人损害,林木的所有人或者管理人不能证明自己没有过错的,应当承担侵权责任。《民法典》第一千二百五十七条与此条相比,增加树木倾倒以及果实坠落等情况,适用范围有所拓宽,有利于更好地保护当事人的合法权益。

地面施工致害责任归责原则是什么?

❀ 《民法典》第一千二百五十八条规定之地面施工致害责任为一般过错责任,受害人需要证明施工人的过错。但该责任中过错的判断及证明采取了客观标准,即受害人只要证明施工人没有"设置明显标志和采取安全措施",施工人就存在过错,应承担责任。

公共场所如何界定?

答《民法典》第一千二百五十八第一款所称"公共场所"是指供不特定人出入、通行、活动的场所。日常生活中,常见的公共场所有广场、电影院、商场等公众聚集、活动的场所,除此之外,也包括供公众通行的航道等场所。施工人在公共场所施工,应负有高度的注意义务,防止对公众人身和财产造成损害。

若因地面施工,致使地下设施管线遭到破坏,并因此给他人造成损害,是否可适用《民法典》第一千二百五十八条?

答 笔者认为,此种情况不可适用本条。本条规定,施工人不能证明已经设置明显标志和采取安全措施,造成他人损害的,应当承担侵权责任,这说明法条规范义旨在于避免因为在公共场所或道路上挖坑、修缮安装地下设施而给公众的人身财产安全造成损害,因此地下设施管线遭到破坏致损害的,不能为本条的保护范围涵盖,不能适用本条。

施工人如何界定?

答 《民法典》第一千二百五十八条所指之"施工人"并非直接为施工行为的工人,也非所有与施工行为相关的民事主体。此处施工人是指组织进行施工活动的单位或个人,而非其员工或雇员。具体来讲,若直接进行施工活动的人是他人的雇员,如用人单位的工作人员,则施工人为用人单位。若当直接进行施工活动的人是承揽人,例如,某单位将此种施工承包给某建筑公司时,那么施工人就是该建筑公司,即承揽人。施工人一般是承包或者承揽发包人的工程进行施工的人,有时也可能是为自己,而非为他人的工程施工。

《民法典》第一千二百五十八条第二款所称"管理人"如何界定?

答 管理人是指对地下设施有控制力以及管理职责的人,

首先包括地下设施的所有权人，如某人在自家院落内修建的水井、地窖等，其次包括虽非所有人但对地下设施负有管理、维护职责的民事主体，如公路养护段、高速公路管理公司、物业服务公司、市政管理部门等。管理人不能证明尽到管理职责的，应当承担侵权责任。

【案例】 第一千二百五十八条第二款所规定的管理人如何界定？

案例简介：李某某驾驶二轮电动自行车由西向东行驶至府安一个路口处时，车辆驶入路面自来水井盖塌陷处摔倒，造成李某某受伤，二轮电动自行车和手机损坏。[1]

知识点：本案中，被告赤城县自来水管理所系涉案井盖的所有权单位，对该井盖具维护、修缮的管理义务；被告赤城县住建局系井盖凹陷处路面的所有权单位，对市政道路具有养护和管理义务；道路当中的井盖和市政道路属于一个整体，赤

---

[1] 案例改编自（2020）冀 0732 民初 392 号民事判决书。

城县自来水管理所和赤城县住建局均未尽到管理职责,二者虽无共同故意,但其分别不作为的过失行为,直接结合发生造成原告伤害的同一损害后果。被告自来水管理所和住建局应该对原告的损失根据过失大小,各自承担侵权赔偿责任;二被告过错责任相当,对原告的损失,各自赔偿50%。

图书在版编目(CIP)数据

民事法律知识问答/叶青,马兴发主编. —上海:上海科学普及出版社,2021
(上海科技工作者法律知识丛书)
ISBN 978-7-5427-8114-7

Ⅰ.①民… Ⅱ.①叶…②马… Ⅲ.①民法-中国-问题解答
Ⅳ.①D923.04

中国版本图书馆CIP数据核字(2021)第225901号

策划统筹　蒋惠雍
责任编辑　何中辰
整体设计　姜　明

民事法律知识问答(全二册)

叶　青　马兴发　主编
上海科学普及出版社出版发行
(上海中山北路832号　邮政编码200070)
http://www.pspsh.com

各地新华书店经销　苏州市越洋印刷有限公司印刷
开本 787×1092　1/32　印张 25　字数 300 000
2021年11月第1版　2021年11月第1次印刷

ISBN 978-7-5427-8114-7　　定价:148.00元
本书如有缺页、错装或坏损等严重质量问题
请向出版社联系调换

上海科技工作者法律知识丛书

民事法律知识问答

Knowledge of Civil Law

Q & A

叶青 马兴发 主编

上

上海科学普及出版社

上海科技工作者法律知识丛书编辑委员会

主　任　马兴发　叶　青

编　委　（以姓名笔画为序）

　　　　吕国强　吴人杰　张　君　张明春
　　　　陈亚娟　陈建伟　季　诺　俞卫锋
　　　　顾跃进　陶鑫良　黄武双　盛雷鸣
　　　　谭朴珍　薛　凡

《民事法律知识问答（上册）》

主　　　编　叶　青　马兴发

副 主 编　刘竞元　彭建波　夏文涛　孙嘉伟

执 行 主 编　唐　波

执行副主编　彭建波　孙嘉伟

编 写 人　诸方卉　孔祥伟　徐明敏　罗诚诚
　　　　　朱　望　江　涵　许　宁　王竞敏
　　　　　于园萍　朱颖颖　彭建波　夏文涛
　　　　　孙嘉伟

目 录

1 前言

1 第一部分 总则

3 第一章 基本规定
3   我国《民法典》的立法目的是什么？
4   民法调整的范围是什么？
5   民事主体从事民事活动，应当遵守哪些原则？
6   什么是守法和公序良俗原则？
6   什么是绿色原则？

7 第二章 自然人
7   什么是自然人的民事权利能力和民事行为能力？
8   无民事行为能力人和限制行为能力人实施的民事法律行为是否具有法律效力？

8	如何确定监护人?
9	被宣告失踪之人的财产应当如何处置?
10	被宣告死亡之人重新出现的,其婚姻关系该如何处理?
10	什么是农村承包经营户?

11	**第三章　法人**
11	什么是法人?
12	法人的成立条件有哪些?
14	什么情况下法人可能会解散?
15	【案例】"股东压迫"将导致公司解散
17	法人的分支机构在从事民事活动时应当使用谁的名义?
19	【案例】总公司可以代分公司提起诉讼吗?
22	什么是营利法人?
23	什么是非营利法人?
24	什么是捐助法人?
25	什么是特别法人?

27　**第四章　非法人组织**

27　什么是非法人组织？

29　【案例】合伙企业中的有限合伙人可以提起派生诉讼吗？

32　非法人组织的主要类型有哪些？

34　非法人组织必须登记吗？

35　非法人组织如何清偿自己的债务？

37　非法人组织的代表人必须是出资人吗？

38　哪些主体有权决定或者宣布非法人组织解散？

39　非法人组织解散后需要进行清算吗？

40　**第五章　民事权利**

40　自然人享有哪些民事权利？

42　被冒名顶替了怎么办？

44　【案例】为保护未成年人利益而在微博上发帖的，不构成侵权

48　网络时代如何保护个人信息？

49　数据和虚拟财产能够得到《民法典》的保护吗？

50   "我的权利我做主"意味着个人在行使民事权利时可完全不受约束?

52   第六章   民事法律行为

52   什么是民事法律行为?

53   什么是默示?它等同于缄默不语吗?

54   未成年人的民事行为是否有效如何判定?

55   民法意义上的重大误解是如何形成的?

56   第七章   代理

56   什么是代理?代理有哪些类型?

57   滥用代理权的表现形式有哪些?

59   【案例】 滥用代理权签订的合同无效

61   什么是无权代理?无权代理与表见代理之间是什么关系?

63   什么是职务代理?

64   什么是代理中的追认权和撤销权?

66   第八章   民事责任

66   什么是按份责任、连带责任?二者间有哪些区别?

68	因不可抗力未履行民事义务的,是否要承担责任?
69	【案例】 因不可抗力而不履行民事义务的,不承担民事责任
71	什么是正当防卫?正当防卫的行为人应承担什么责任?
72	什么是紧急避险?紧急避险的行为人应承担什么责任?
74	什么是见义勇为?见义勇为的行为人需承担何种责任?

76	**第九章 诉讼时效**
76	什么是普通诉讼时效?
77	分期履行的债务的诉讼时效自何时起算?
78	诉讼时效期间届满的法律效果是什么?
79	人民法院能主动适用诉讼时效的规定吗?
80	什么是诉讼时效中止?
81	什么是诉讼时效中断?
83	哪些请求权不适用诉讼时效的规定?

第十章　期间计算

85　　什么是期间起算点的确定规则？

86　　什么是期间终点的确定规则？

87　　期间的计算方法能否由当事人约定？

89　**第二部分　物权**

91　**第一章　物权编通则**

91　　什么是"物"？"物"是否包括著作、商标和专利等精神产品？

92　　什么是物权？物权和债权有什么区别？

93　　购买房屋或者电视机，买主何时取得该房屋或者电视机的所有权？因继承、判决取得房屋或者电视机的，有什么例外？

95　　【案例】基于生效法律文书享有不动产物权的司法保护

97　　买卖房屋后未办理登记的，会影响房屋买卖合同的效力吗？

98　　【案例】房屋因附有违法建筑而无法过户应属合

	同履行范畴，不影响合同效力
100	认为不动产登记簿记载事项存在错误，可以采取什么措施？
103	购买预售的商品房，有什么方法可以制约开发商二次出售或抵押房产？
104	**【案例】** 仅办理抵押预告登记的房产不具有优先受偿权
106	转让机动车等大型交通工具未登记的会造成什么法律后果？
107	转让的物品不在出让人手中的，如何完成交付？
108	出让人因某种原因需继续占有出让物的，如何实现？
109	物权受到侵害时，可以采取哪些保护措施？
111	**第二章 所有权的一般规定**
111	什么是所有权？所有权和用益物权有什么区别？
112	哪些财产属于国家所有？哪些财产属于集体所有？哪些财产属于私人所有？
113	集体、组织或个人的财产可以被征收或征用吗？

115	**第三章 共有**
115	什么是按份共有和共同共有？
117	买卖、出租共有财产，变更共有财产的性质或用途，或者对共有财产作重大修缮的，需要经全体共有人同意吗？
118	【案例】部分共有人擅自处分共有财产的行为有效吗？
119	共有人能否请求分割共有物？
120	共有人能否转让其享有的共有房屋份额？其他共有人对该房屋份额有没有优先购买权？
121	共有机动车产生修理费用的，共有人对修理人应如何承担费用？共有人之间应如何分担？
122	**第四章 业主的建筑物区分所有权**
122	什么是建筑物区分所有权？
123	业主对专有部分和共有部分有什么权利和义务？
124	建筑区划内道路、绿地等的权利归谁所有？车库、车位归谁所有？
125	【案例】开发商未取得车位预售许可证明，车位

	购置合同有效吗？
127	选聘和解聘物业服务企业、使用维修资金、改建和重建建筑物等事项，应当由谁决定？适用什么程序？
128	业主能否改变住宅用途？
129	维修资金归谁所有？如何使用？
131	建设单位、物业服务企业等利用业主的共有部分产生的收入，归谁所有？建筑物及其附属设施的费用如何分摊，收益如何分配？
132	业主有任意弃置垃圾、排放污染物或噪声、违规饲养宠物、违章搭建、侵占通道、拒付物业费等行为的，应承担什么责任？
133	【案例】小区业主在墙体上私自开凿门窗是否构成违章改建？

135　第五章　相邻关系与地役权

135	什么是相邻关系？地役权和不动产相邻关系有什么区别？
138	【案例】眺望权属于地役权而不属于相邻关系范畴

140　不动产权利人应如何避免侵害相邻权利人享有的通风、采光等环境利益？

141　【案例】经行政部门审批的房屋在建成后妨害相邻建筑物的日照是否构成侵权？

142　当自己或他人的土地承包经营权或建设用地使用权部分转让后，地役权对受让人产生什么影响？

143　**第六章　所有权取得的特别规定**

143　宠物店误将客人寄养的宠物卖给第三人的，第三人能否取得该宠物的所有权？

145　从正规商店买到他人遗失的玉镯，能否取得该玉镯的所有权？

146　捡到东西怎么办？丢了东西被通知捡到该做些什么？

147　【案例】拾得遗失物再次丢弃是否需担责？

148　电视机经买卖转让的，配套的遥控器是否随之转让？

149　果树上摘下的果实归谁所有？存款的利息归谁所有？

150　　油漆涂到他人的家具上，甲家的鸡精放进了乙家的汤里，加工他人的竹子制成竹笛，上漆后的家具、放了鸡精的汤、加工后的竹笛的所有权如何归属？

151　　【案例】承租人对租赁房屋进行添附搭建，房屋转让时如何处理？

153　**第七章　土地承包经营权**

153　　什么是农村土地"三权分置"？

154　　土地承包经营权何时设立？能否互换、转让？能否调整、收回？

156　**第八章　建设用地使用权**

156　　什么是建设用地使用权，如何设立？

158　　【案例】商品房已全部出售给业主的，该商品房的地下层归业主所有吗？

160　　建设用地使用权人所建造的建筑物、构筑物及其附属设施，所有权归谁享有？

161　　住宅建设用地使用权期限届满后，续期费用的缴纳或减免按照什么规定办理？

162 **第九章 居住权**

162 　　什么是居住权？居住权人有哪些权利？

163 　　【案例】法律设置居住权的初衷

164 　　居住权如何设立，能否有偿设立？

166 　　居住权能否转让或继承？设立居住权的住宅能否出租？

167 　　居住权什么时候消灭？

168 **第十章 担保物权的一般规定**

168 　　什么是担保物权？担保物权有哪些类型？担保物权的担保包括哪些？

169 　　借款合同无效的，其抵押合同、质押合同等担保合同是否有效？

170 　　【案例】法人之间、其他组织之间以及它们相互之间为生产、经营需要订立的民间借贷合同以及相应的担保合同通常情况下为有效

172 　　未经担保人同意，债权人允许债务人转让全部债

务的，担保人是否还承担担保责任？

173　向银行申请的购房贷款既有保证人，又为之设立了财产抵押的，该笔贷款到期不能偿还时，银行如何实现债权？

175　**第十一章　抵押权**

175　什么是抵押权？不动产抵押权和动产抵押权如何设立？

177　什么是浮动抵押？

178　【案例】浮动抵押的设立与浮动抵押财产的确定

180　借款人向银行申请贷款并以房屋作抵押的，银行能否与抵押人约定，如果借款人到期不能还款，则抵押房屋归银行所有？请求还款的诉讼时效已过，银行还能否行使抵押权？

182　借款人向银行申请贷款并以房产作抵押后，借款人使得房屋价值减少的，银行可以行使哪些权利？

183　正规商店将其已抵押的玉镯卖给顾客的，对抵押权人的抵押权有什么影响？

184	抵押权设立前，抵押房屋已经出租并交房的，原租赁关系是否受该抵押权的影响？
185	【案例】 在先的租赁人怎样做才能对抗在后的抵押权人？
187	抵押期间，抵押人能否转让抵押财产？
188	抵押权人能否放弃抵押权或抵押权的顺位？
190	【案例】 抵押权人放弃抵押权顺位的，不得对其他抵押权人产生不利影响
191	因债务人到期不还款，致使抵押房屋被法院依法扣押的，抵押房屋上的租金应由谁收取？
192	什么是最高额抵押权？最高额抵押权设立前的债权，能否转入该最高额抵押担保的债权范围？
195	【案例】 最高额抵押权的设立与最高额抵押权担保债权的确定
197	**第十二章 质权**
197	什么是质权？质权如何设立？
198	借款人向银行申请贷款并质押名画的，银行能否与出质人约定"如果借款人到期不能还款，则名

	画归银行所有"？银行如何实现质权？
200	质押股票的红利由谁收取？质权人能否使用质押物？面对质押财产毁损、灭失等问题，质权人或出质人可以采取哪些救济措施？
201	在质权存续期间，质权人为担保自己对第三人的债务，能否将质押财产转而质押给第三人？
203	质权人能否放弃质权？
204	【案例】质权人放弃债务人以自己的财产设定的质权，其他担保人在该放弃范围内免除相应的担保责任
205	出质人请求质权人及时行使质权，因质权人怠于行使权利造成出质人损害的，例如作为质押财产的名画因洪水毁损的，质权人要承担什么责任？
207	以股权、知识产权中的财产权出质的，质权如何设立？出质人若要转让已出质的权利的，要受到什么限制？
208	【案例】股票质押未办理质押登记的，是否影响合同的效力？

209 **第十三章 留置权**

209 什么是留置权?

211 【案例】 民用航空器能否被留置?

212 车主先在汽修厂修理卡车但未支付修车费用,后在该汽修厂保养轿车并支付了保养费用的,汽修厂能否留置该车主的轿车?

213 【案例】 用人单位拖欠劳动报酬的,劳动者能否对用人单位的劳动用品主张留置权?

214 留置权人是否有妥善保管留置财产的义务?留置权人能否收取留置财产的孳息?

216 车主在汽修厂修理卡车但未支付修车费用,汽修厂留置该卡车的,车主支付修车费用的期限如何确定?车主逾期仍未付款的,留置权如何实现?

217 **第十四章 占有**

217 因占有人的使用导致财产受到损害的,占有人应当如何承担责任?

219 不动产或动产被占有的,权利人能否请求返还?

220 被占有的不动产或动产毁损、灭失的,权利人能

	否请求赔偿？
221	占有的不动产或者动产被侵占的，占有人是否有权请求返还原物、排除妨害、消除危险以及赔偿？行使前述权利是否有期间限制？
223	【案例】小区固定车位被他人占用的，业主能否请求返还占有？

227　第三部分　合同

229	**第一章　合同编通则**
229	什么是合同？与他人约定在将来一定期限内订立合同的意向书是合同吗？
230	合同能否约定对第三人产生效力？
232	【案例】合同当事人以外的第三人自愿为自己设立义务的，合同对该第三人有约束力吗？
233	在帮助悬赏的人找到狗之后，可以请求该悬赏人支付报酬吗？
234	如何理解按份之债是法律版的 AA 制？
235	为什么说连带债务为债权人增加了保险系数？

236	如何理解,连带债务看似连带,实则也要"明算账"?
237	因疫情致租用的商铺一直无法营业,能否请求房东减免租金?
239	【案例】 因疫情致租用的商铺无法营业,如何请求减免租金,能减免多少?
240	债务人一直不向他的债务人追债,导致自身无法偿债的,债权人怎么办?
241	债权人的撤销权如何让"老赖"的财产无处可逃?
243	【案例】 利用财产保全妨碍其他债权人实现权利,合法利益受损的债权人怎么办?
244	第三人能否替债务人还债?
246	借款人还给银行的钱不足以清偿其前后向该银行办理的数笔贷款的,如何确定先还哪笔贷款?
247	债权人无正当理由拒绝接受债务人的履行,会发生什么后果?
248	**第二章 买卖合同**
248	什么是买卖合同?

250　顾客购买的冰箱已被申请了外观设计专利，该专利权是否也属于顾客？

251　需要运输的货物交付期限和交付地点如何确定，约定不明的如何处理？

252　货物在运输途中毁损、灭失的，风险由谁负担？

254　【案例】 出卖人将货物交由承运人运输，货物在运输途中毁损、灭失的，风险由谁承担？

255　出卖设有抵押权的车辆，且故意不告诉购买人的，购买人有什么救济措施？

257　出卖人交付的货物存在质量问题的，可能承担什么责任？

258　买受人要对收到的货物进行检验吗？

259　【案例】 买卖合同没有约定标的物检验期间，买受人应当及时检验

261　送来的整套家具中有一件不符合要求，顾客可以要求退掉整套家具吗？

262　买受人分期付款购买手机，却不支付到期价款，出卖人该怎么办？

263　交付的货物与样品存在同样瑕疵的，出卖人要承

	担什么责任？
264	商品的试用期如何确定？试用人的哪些行为可以视为其同意购买？试用品意外毁损的损失由谁承担？
266	【案例】 买受人的哪些行为可以视为其同意购买试用标的物？
267	出卖人对于已卖出的货物，能否保留所有权？

268	**第三章　赠与合同**
268	什么是赠与合同？
269	赠与人能否"出尔反尔"，不兑现诺言？
271	【案例】 基于道德义务性质的赠与合同，赠与人享有任意撤销权吗？
272	赠与财产有瑕疵的，赠与人要承担责任吗？
273	【案例】 喝了亲家赠送的药酒后意外死亡，家属能否要求亲家承担责任？
274	如何对付"忘恩负义"的受赠人？

275　第四章　借款合同

275　　　什么是借款合同?

277　　　【案例】 职业放贷人的借款合同因违反法律强制性规定而无效

278　　　借款的利息能否预先在本金中扣除?

279　　　借款人提前或逾期返还借款的,利息如何计算?

280　　　【案例】 借款人逾期还款的,如何计算利息?

281　　　借款合同对利息没有约定或约定不明的,如何处理?对利息支付期限没有约定或约定不明的,利息如何支付?

282　　　自然人之间的借款合同何时成立?

283　第五章　保证合同

283　　　什么是保证合同?

285　　　【案例】 公司复函能否构成保证?

286　　　什么是一般保证?什么是连带责任保证?

288　　　为什么说一般保证是一种为债务人"兜底"的保证方式?

289　　　最高额保证中,保证人对于超出借款限额的债务需要承担保证责任吗？

289 【案例】 最高额保证对超过约定担保债权最高额的借款本金及利息是否担责？

291 保证期间如何确定？为什么说保证期间是保证责任的"生命周期"？

292 何时开始计算保证债务的诉讼时效？

293 主债权债务的变更对于被"蒙在鼓里"的保证人的保证责任有什么影响？

295 两个以上保证人对同一债务提供保证的，如何承担保证责任？

296 【案例】 连带共同保证的保证人之间如何承担保证责任？

297 **第六章 租赁合同**

297 什么是租赁合同？租赁合同的期限对租赁合同有何影响？

299 承租人能否将租赁物转租他人？

300 【案例】 承租人未经同意转租房屋给第三人，出租人能否解除租赁合同？

302	承租人拖欠租金的,次承租人能否代为支付?
303	何谓"买卖不破租赁"?
304	【案例】 先租后卖,受让人能否要求租客腾退房屋?
305	承租人在哪些情形下可以解除合同?
306	如何保护承租人的优先购买权?

308	**第七章 运输合同**
308	什么是运输合同?客运合同什么时候成立?
309	旅客乘运有哪些义务,应注意哪些事项?
310	承运人对于"霸座"行为可以采取什么措施?
311	货运合同的托运人和收货人有哪些义务?
313	【案例】 承运人卸货失误,导致收货人拒绝向托运人支付货款的,承运人是否要承担赔偿责任?

314	**第八章 委托合同与中介合同**
314	什么是委托合同?
315	受托人应如何做到"受人之托,忠人之事"?
317	受托人以自己的名义与第三人签订合同的,该合

	同可以约束委托人吗?
318	受托人在哪些情形下可以要求委托人赔偿自己的损失?
319	【案例】 受托人侵害委托人利益的应承担赔偿责任
324	什么是中介合同?中介人有哪些权利和义务?委托人私下与第三人订立合同有何后果?

325	**第九章 物业服务合同**
325	什么是物业服务合同?
326	房产开发商选聘物业公司并与之订立前期物业服务合同的,业主是否受该合同约束?业主能否提前终止前期物业服务合同?
327	物业服务期满后,业主未作出续聘或另行选聘物业公司的决定,原物业公司继续提供物业服务的,业主是否应支付物业费?
328	物业服务合同终止后,业主尚未选聘新物业公司的,原物业公司应否继续提供服务?业主是否应支付物业费?

330	**第十章　合伙合同**
330	什么是合伙合同？合伙如何进行利润分配与亏损分担？合伙人如何转让财产份额？
331	【案例】未经所有合伙人同意而参与合伙企业实际管理能否成为合伙人？
332	合伙事务的执行如何决定和实施？
333	**第十一章　其他典型合同**
333	若借不到足够的钱买新设备，能否"另辟蹊径"，先租后还？
335	【案例】融资租赁中的承租人和出卖人可以是同一人吗？
336	若未来会有一笔钱进账，如何现在就把这笔钱变现？
338	【案例】虚构基础债权债务是否影响保理合同的有效性？
339	请家政公司对即将搬入的新房提供保洁，应签订什么合同？
340	【案例】购买生产线并要求提供技术指导和安装

　　　　　　服务，构成买卖合同法律关系还是承揽合同法律关系？

342　　什么是保管合同？保管人和寄存人有哪些义务？

344　**第十二章　准合同**

344　"多管闲事"遭受损失，可以请求受益人补偿吗？

345　"多管闲事"的人在法律上有哪些义务？

347　"不义之财"可以安枕无忧地享受吗？

348　【案例】不当得利必然要返还吗？

前言

Preface

《民事法律知识问答》是"上海科技工作者法律知识丛书"之一,是一本专门介绍我国第一部《民法典》知识的实用读本。

2020年5月28日,十三届全国人大三次会议表决通过了《中华人民共和国民法典》,这是新中国历史上第一部以"法典"命名的法律,开创了我国法典编纂立法的先河,具有里程碑意义。习近平总书记在十九届中央政治局第二十次集体学习时指出:"民法典系统整合了新中国成立70多年来长期实践形成的民事法律规范,汲取了中华民族5 000多年优秀法律文化,借鉴了人类法治文明建设有益成果,是一部体现我国社会主义性质、符合人民利益和愿望、顺应时代发展要求的民法典。"

民法是调整平等主体之间人身关系和财产关系的法律规范的总称。民法典是民商事领域最具基础性和综合性的法律文件。作为"社会生活的百科全书",民法典所调整的人身关系与财产关系是人们日常生活中最为常见也最为普遍的经济、社会关系,覆盖了经济社会生活的方方面面,同人民群众的生产生活密不可分，同各行各业的创新发展休戚相关。此次通过的《民法典》共分总则、物权、合同、人格权、婚姻家庭、继承和侵权责任七编，计1260条，是目前中国特色社会主义法律体系中条文最多、体量最大、编章结构最为复杂的一部法律。随着《民法典》的颁布，法律的宣传普及和贯彻实施工作才刚刚拉开帷幕。国家已将健全完善民法典普法工作制度机制，作为"十四五"时期普法重点工作，列入"八五"普法规划，以此推动民法典宣传教育制度化、常态化、长效化。为此，我们必须将自觉学习《民法典》、自觉遵守《民法典》、自觉践行《民法典》当作一堂公民自修课来对待。

对于广大科技工作者来说，《民法典》与其日常工作、生活息息相关。一方面，科技工作者的劳动成果——技术研发和技术产品需要借助民事法律制度转化为生产力。例如，科技工作者可以通过签订技术转让合同的方式将其研发或改进的新型技术专利授权有条件的制造类企业量化生产，以服务社会大众。另一方面，科技工作者个人的日常生活也需要依靠民事法律制度来保障。例如，当科技工作者以普通公民身份购买商品、观光旅游、乘车出行时，他们与商品销售者、服务提供者之间的交易关系就需要由民法来调整。正因如此，我们在《民法典》通过后的第一时间组织科研力量策划、编写了这本与广大科技工作者日常生活、切身权益密切相关的《民事法律知识问答》。我们希望本书的出版可以满足科技工作者对《民法典》的知识需求，成为大家学法、尊法、守法、用法的好工具、好帮手。

本辑《民事法律知识问答》围绕着科技工作者日常工作、生活中较为关注的物权、合同、侵权、婚姻家庭、继承等法律问题进行了法条阐释和以案释法。本书由上海市科学技术协会与华东政法大学共同组织编写，由华东政法大学校长、上海市科学技术协会法律咨询委员会主任叶青教授和上海市科学技术协会党组书记、副主席马兴发担任主编，由华东政法大学党委副书记唐波教授、华东政法大学法律学院民商法教研室主任杨代雄教授担任执行主编，由华东政法大学法律学院民商法教研室刘竞元博士、华东政法大学党委办公室、校长办公室孙嘉伟博士、上海市高级人民法院院长办彭建波主任、华东政法大学经济法学院夏文涛博士担任执行副主编。全书由主编、执行主编、执行副主编共同负责策划、审稿和定稿。执行副主编孙嘉伟兼任本书编写组的总学术秘书，协助主编做了大量的编务和联络工作。本书编写人员由华东政法大学的教师、博士生、硕士生以及上海市高级人民法院、第一中级人民法院、长宁区人民法院的法官、法官助理担任。在行文上，本书继续沿用了先前业已出版的丛书《知识产权问答》《劳动与生活法律问答》《技术合同法律问答》的风格和体例。本书的编写和出版得到了上海市科学技术协会法律顾问委员会成员单位的指导与帮助，同时也得到了上海科学普及出版社的大力支持，在此一并表示衷心的感谢！

"上海科技工作者法律知识丛书"
编辑委员会
2021年11月

第一部分

总　则

Part One

General Provisions

第一章 基本规定

我国《民法典》的立法目的是什么？

答 制定《民法典》是新时代我国社会主义法治建设的重大成果，它的立法目的体现如下。

第一，保护民事主体的合法权益。民事主体是民事关系的参与者、民事权利的享有者、民事义务的履行者、民事责任的承担者。《民法典》在总则编第五章规定了民事主体的各项民事权利，包括各种人身权、财产权和其他权益；总则编之后的各编，则是按照财产权利、合同权利、人格权利、婚姻家庭权利、继承权利、侵犯权利责任的顺序展开。

第二，调整民事关系。民事关系是民事主体产生、变更、终止民事权利义务的一种社会关系。《民法典》调整民事关系，核心是调整权利义务关系。

第三，维护社会和经济秩序。《民法典》是社会生活的百科全书，通过设定法律规则厘定、维护社会秩序是其职责和使命。《民法典》是市场经济的基本法，是经济秩序的制度供给者和维护者。

第四,适应中国特色社会主义发展要求。党的十八大以来,以习近平同志为主要代表的中国共产党人,顺应时代发展,创立了习近平新时代中国特色社会主义思想。《民法典》编撰的重要使命是适应中国特色社会主义发展要求,适应中国特色社会主义经济、政治、文化、社会和生态文明建设五位一体发展要求,适应"四个全面"发展战略要求,贯彻新发展理念。

第五,弘扬社会主义核心价值观。社会主义核心价值观基本内容:富强、民主、文明、和谐,自由、平等、公正、法治,爱国、敬业、诚信、友善。

民法调整的范围是什么?

答 民法调整的是平等主体的自然人、法人和非法人组织之间的人身关系和财产关系。

首先,民法调整的是平等主体之间的法律关系,平等指的是主体之间的地位平等、民事权利能力平等、参与民事法律关系的机会平等。

其次,民法调整的是自然人、法人和非法人组织这三类民事主体之间的民事法律关系。自然人是具有自然生物属性的人。根据《民法典》第五十七条的规定，法人是具有民事权利能力和民事行为能力，依法独立享有民事权利和承担民事义务的组织。根据《民法典》第一百零二条的规定，非法人组织是不具有法人资格，但是能够依法以自己的名义从事民事活动的组织。非法人组织包括个人独资企业、合伙企业、不具有法人资格的专业服务机构等。

再次，民法调整的是财产关系和人身关系。财产关系，是以财产为媒介而发生的社会关系。民法调整的人身关系，指的是人格关系和身份关系，包括基于民事主体人格产生的人身关系（如自然人的生命权、身体权等人格权）、基于民事主体一定身份产生的人身关系（如自然人基于监护关系产生的监护权）以及基于其他社会关系产生的身份权（如荣誉权）。

民事主体从事民事活动，应当遵守哪些原则？

❓ 《民法典》第四条至第九条规定了民法的六大基本原则，即平等原则、自愿原则、公平原则、诚实信用原则、守法和公序良俗原则、绿色原则。这六大基本原则也是民事主体在从事民事活动时应当遵守的原则。

什么是守法和公序良俗原则?

答 所谓"守法和公序良俗原则",即指民事主体从事民事活动时不得违反法律,不得违背公序良俗。

第一,民事主体从事民事活动不得违反法律,这是民事主体从事民事活动的合法性要求。

第二,民事活动不得违背公序良俗。公序良俗包含两个方面,一是公共秩序,包括社会公共秩序和生活秩序;二是善良风俗,指全体社会成员普遍认可、遵循的道德准则。

什么是绿色原则?

答 所谓"绿色原则",即指民事主体从事民事活动时应当节约资源、保护生态环境。绿色原则的新增是我国民事立法的创新举措,反映了我国对生态环境的重视与保护。党的十八大首次将生态文明建设作为"五位一体"总体布局的一个重要部分;党的十八届三中全会通过相关决定首次确立了生态文明制度体系。党的十九大报告提出,"为把我国建设成为富强民主文明和谐美丽的社会主义现代化强国而奋斗",强调"我们要建设的现代化是人与自然和谐共生的现代化"。

绿色原则的内涵包括节约资源和保护生态环境两项。绿色原则作为《民法典》的一项基本原则,在《民法典》各编中均有所体现。如《民法典》第三百二十二条明确了在没有约定和法律规定的情况下,可以按照充分发挥物的效用原则来确定归属,体现出了节约资源、物尽其用的理念。《民法典》第三百二十六条规定,用益物权人行使权利,应当遵守合理开发利用资源、保护生态环境的规定。《民法典》侵权责任编第七章,在原《侵权责任法》环境污染责任的基础上,新增了生态破坏责任。

第二章 自然人

什么是自然人的民事权利能力和民事行为能力?

答 自然人的民事权利能力,指自然人享有民事权利和负担民事义务的能力或资格。自然人的民事权利能力的取得始于出生,终于死亡。自然人的民事权利能力一律平等。

民事行为能力是指民事主体依靠自己独立的行为行使民事权利、承担民事义务的资格，它是民事主体从事民事活动的条件。我国将自然人的民事行为能力划分为完全民事行为能力、限制民事行为能力与无民事行为能力。

无民事行为能力人和限制行为能力人实施的民事法律行为是否具有法律效力？

答 无民事行为能力人，是指无实施有效法律行为之能力的自然人。无民事行为能力人，应当由其法定代理人代其实施民事活动，无民事行为能力人实施的民事法律行为无效。

限制民事行为能力人在一定范围内具有民事行为能力，但其只能独立进行与其辨识能力相适应的民事活动。限制民事行为能力人可以实施纯获利益的民事法律行为或者与其年龄、智力相适应的民事法律行为。

如何确定监护人？

答 在我国，可以以下述四种方式来确定监护人。

第一，遗嘱指定。被监护人的父母担任监护人的，可以通过遗嘱指定后续的监护人。

第二，协议确定。依法具有监护资格的人之间可以协议确定监护人。协议确定监护人应当尊重被监护人的真实意愿。

第三，指定监护。监护人的确定存在争议的，由被监护人住所地的居民委员会、村民委员会或者民政部门指定监护人，有关当事人对指定的结果不服的，可以向人民法院申请重新指定监护人。

第四，成年人意定监护。具有完全民事行为能力的成年人，可以与其近亲属、其他愿意担任监护人的个人或者组织事先协商，以书面形式确定自己的监护人，当其丧失或者部分丧失民事行为能力时，由该监护人履行监护职责。

被宣告失踪之人的财产应当如何处置？

答 宣告失踪制度最重要的法律后果就是为被宣告失踪的自然人确立财产代管人。失踪人的财产应由其配偶、成年子女、父母或者其他愿意担任财产代管人的人代管。代管有争议的，或没有上述人员的，或上述人员无代管能力的，应由人民法院指定的人代管。

被宣告死亡之人重新出现的，其婚姻关系该如何处理？

答 宣告死亡判决生效后，被宣告死亡人的法律关系发生变动，人身关系消灭，财产继承开始，由此结束因被宣告死亡人下落不明而带来的不稳定状态。婚姻关系是人身关系中的一种，它会随着宣告死亡判决的生效而消除。被宣告死亡之人的婚姻关系，自死亡宣告之日起消除。死亡宣告被撤销的，婚姻关系自撤销死亡宣告之日起自行恢复。但是，其配偶再婚或者向婚姻登记机关书面声明不愿意恢复的除外。

什么是农村承包经营户？

答 农村承包经营户是农村集体经济组织中的成员，具体是指在法律允许的范围内，按照承包合同的约定，使用集体所有的土地和其他生产资料，从事农业生产经营的个人或家庭。农村承包经营户在主体范畴上属于自然人或自然人的集合，享有民事权利能力，是民事法律关系主体。农村承包经营户具有经营目的，在生产经营上享有自主权。农村承包经营户必须是本集体经济组织中的成员，必须通过订立承包合同取得相应的承包经营权。

第三章 法 人

什么是法人？

❓ 作为一种独立的民事主体，法人在民事活动中享有与自然人、非法人组织同等的法律地位。《民法典》第五十七条规定，法人是具有民事权利能力和民事行为能力，依法独立享有民事权利和承担民事义务的组织。此条明确了法人的三项基本特征。

第一，法人是一种社会组织。社会组织是指为了实现特定的目标而有意识地组合起来的社会群体，[1]它既可以是自然人的集合体，也可以是财产的集合体。

---

[1] 戚枝淬:《社会组织内部治理结构法律问题研究》，载《理论月刊》2016年第8期。

第二,法人具有民事权利能力和民事行为能力。作为法人的社会组织,首先必须具有民事权利能力和民事行为能力,只有这样,法人才有资格享有民事权利、承担民事义务,才能成为民事主体。

第三,法人独立享有民事权利、承担民事义务。法人的这种独立性具体表现在三个方面:一是组织上的独立性。法人必须拥有独立的组织机构,不依赖于其他组织。法人中的成员的死亡、破产和退出皆不会影响其存续。二是财产的独立性。法人必须拥有自己的独立财产,有自己独立的利益。法人的财产应完全由法人支配,且与法人成员的财产完全分开。三是责任上的独立性。法人应以自己的独立财产独立承担民事责任。法人的财产不足以承担法人的责任时,法人会因破产而终止。

法人的成立条件有哪些?

答 根据《民法典》第五十八条的规定,法人成立的条件包括:

其一,法人应当依法成立。依法成立是指法人必须依照法律规定的条件和程序成立，否则不能成为法人。这里所说的"法"不限于民事法律，也包括有关法人登记、管理方面的行政法规。

其二，法人应当有自己的名称、组织机构、住所、财产或经费。其中，法人的名称是法人在对外从事民事活动时用以表征其身份的标志；法人的住所是确定法人债务履行、登记管辖、诉讼管辖、法律文书送达、涉外民事法律关系准据法等的地点；财产或经费是法人进行民事活动，独立承担民事责任的物质条件和保障；法人的组织机构主要有三部分：决策机构、执行机构和监管机构。

其三，遵照法律、行政法规关于法人成立的具体条件和程序的规定。不同法人承担着不同的社会职能，其目的、范围各异。因此，许多法律、行政法规都对不同类型的法人的成立规定了更为具体、更有针对性的指引和规范，如注册资本、审批登记等。法人在办理成立手续的时候，同样需要遵照这些规定。

其四，法律、行政法规规定设立法人须经有关机关批准的，依其规定。这些法人大多为特殊行业的公司、外资企业、全民所有制事业单位等。

什么情况下法人可能会解散？

答 法人的解散是指由于法人章程或者法律规定的事由出现，致使法人不能继续存在，从而停止其活动，并开始整理财产关系的程序。我国《民法典》第六十九条规定，有下列情形之一的，法人解散：（一）法人章程规定的存续期间届满或者法人章程规定的其他解散事由出现；（二）法人的权力机构决议解散；（三）因法人合并或者分立需要解散；（四）法人依法被吊销营业执照、登记证书，被责令关闭或者被撤销；（五）法律规定的其他情形。

理论上，法人解散可以分为自愿解散和强制解散两种。强制解散又可细分为行政强制解散和司法强制解散。[1] 上述规定中的第（一）、（二）、（三）项都属于自愿解散，第（四）项则属于行政强制解散的情形。其中，"吊销营业执照、登记证书"指的是行政机关依法剥夺被处罚法人已取得的营业执照、登记证书，使其丧失继续从事民事活动的资格；"责令关闭"是指由于法人违反了法律法规的规定，行政机关对其作出停止存

---

[1] 易继明：《社会组织退出机制研究》，载《法律科学》2012年第6期。

续的处罚决定，从而导致法人解散的情形；"被撤销"则是指由行政机关撤销有瑕疵的法人登记，例如，我国《公司法》规定，虚报注册资本、提交虚假材料或者采取其他欺诈手段隐瞒重要事实取得公司登记的，由公司登记机关责令改正，情节严重的，撤销公司登记或者吊销营业执照。

司法强制解散主要针对的是营利法人，特别是公司企业法人。根据我国《公司法》的规定，公司经营管理发生严重困难，继续存续会使股东利益受到重大损失，通过其他途径不能解决的，持有公司全部股东表决权百分之十以上的股东，可以请求人民法院解散公司。

【案例】"股东压迫"将导致公司解散

案例简介：2004 年，王某与马某、赵某共同设立公司，主营服装及床上用品的加工制造和销售。2007 年，持股 60% 的王某与持股 30% 的马某、持股 10% 的赵某发生矛盾，公司因此停业，此后再未召开股东会。公司的厂房则被王某的妻子吴某注册的个人独资服装厂租下。2012 年，马某、赵某以公司为被告、王某为第三人，诉请解散公司。

法院经调查发现，2010年至2012年间该公司的纳税额为零，且马某、赵某均称公司已实际停止经营。法院遂认定该公司处于非正常生产状态，解散公司不致影响社会稳定。另查明，该公司经营项目与王某妻子控制的服装厂的经营项目及范围部分重合，且两家单位经营场所同一，很可能导致被告公司商业机会的丧失，进而影响公司股东的利益。在此背景下，该公司又连续两年未召开股东会，公司经营管理发生严重困难，股东之间互不信任，丧失了公司的人合性基础。审判期间，承办法官尝试在三位股东间居中调解，三位股东也曾提出三种折中方案：一是由其中一个股东收购其他两人股份；二是开放股权对外转让；三是以减资方式使原告两股东退出公司。但三方仍无法就其中的任一方案达成一致意见，且三个股东中有两人——马某和赵某——坚持要求解散公司，他们作为持有公司全部表决权10%以上的股东，依法有权请求法院解散公司。最终，受案法院判决解散该公司。[1]

---

[1] 案例改编自华栋、姜丽丽《马美华等诉无锡禾润泰有限公司公司解散案——股东压迫情形下解散公司的司法认定》，载最高人民法院中国应用法学研究所编：《人民法院案例选·总第84辑》，人民法院出版社2013年版，第279～284页。

知识点：从公司法理论的角度看，本案中的情形属于"股东压迫"。

"股东压迫"这一概念来源于英美法系，它通常是指"大股东限制或排除小股东参与公司经营管理，并阻碍小股东获取收益的各种滥用性行为"。[1]本案的判决结果表明，如果有限责任公司的控股股东利用控制公司的优势地位侵占公司资产或商业机会，对关联方进行利益输送，导致公司法人人格和经营性特征发生根本变化，从而丧失经营条件的，可以认定为"公司经营管理发生严重困难，公司继续存续会使股东利益受到重大损失"。此时，若无其他解决途径，法院可根据股东请求依法判决公司解散。

法人的分支机构在从事民事活动时应当使用谁的名义？

答 法人为了在某一区域开展民事活动，可以在该区域设置活动机构，这就是法人的分支机构。换言之，"法人

---

[1] [美]罗伯特·汉密尔顿：《美国公司法》，齐东祥等译，法律出版社2008年版，第272页。

的分支机构是指法人在某一区域设置的完成法人部分职能的业务活动机构"。[1]与法人类似，法人的分支机构通常也有自己的名称、组织机构和场所，也具有一定的财产或者活动经费。

关于分支机构的对外名义问题，《民法典》第七十四条第二款规定，分支机构以自己的名义从事民事活动，产生的民事责任由法人承担；也可以先以该分支机构管理的财产承担，不足以承担的，由法人承担。据此，法人的分支机构应当以自己的名义对外从事民事活动，但由此产生的民事责任仍由法人承担。可见，法人的分支机构并不独立于法人，它事实上属于法人的组成部分。分支机构在本质上并非民事主体，故对外活动应取得法人的授权。

虽然法人的分支机构产生的民事债务可以先用该分支机构管理的财产偿付，不足以承担的，再由法人承担。但这并不意味着《民法典》承认分支机构的财产独立于法人的财产。事实上，由于法人的分支机构只是法人的组成部分，分支机构的财产也属于法人的财产，所以法人承担的责任为补充责任，也

---

[1] 江平主编：《法人制度论》，中国政法大学出版社1994年版，第101页。

即法人仍需承担分支机构债务的全部民事责任。

【案例】 总公司可以代分公司提起诉讼吗?

案例简介:中保人寿保险有限公司于1996年9月设立中保人寿重庆分公司。1999年4月,中保人寿重庆分公司更名为中国人寿重庆分公司。

1998年5月18日,泛华公司与中保人寿重庆分公司签订了一份价值为6624万元的商品房预售(预购)合同。合同约定:1999年8月31日,泛华公司应将一幢已竣工且验收合格的房屋移交给中保人寿重庆分公司。

自1999年1月11日起,中保人寿重庆分公司分八次向泛华公司付清了购房款。

2003年2月12日,泛华公司向中国人寿重庆分公司发出一封《商品房入住通知书》,请其入住该楼房。然而,除这封通知外,泛华公司并未向中国人寿重庆分公司提交任何有关房屋竣工或验收合格的证书,也没有向中国人寿重庆分公司指明房屋的具体地点。

2004年7月14日,因经营发展需要,中保人寿保险有限公司向工商部门申请注销中国人寿重庆分公司。注销后，原中国人寿重庆分公司的相关债权债务皆由中保人寿保险有限公司承担。中保人寿保险有限公司在清理重庆分公司的账目时发现，1998年5月18日订立的上述合同竟然迟迟未履行。

2005年2月23日，中保人寿保险有限公司以泛华公司未交付合格房屋，构成根本违约为由向重庆市高级人民法院提起诉讼，请求泛华公司履行交房义务。重庆高院一审支持中保人寿保险有限公司的诉讼请求。泛华公司不服，认为商品房预售（预购）合同系其与中保人寿重庆分公司签订，中保人寿保险有限公司不具备诉讼主体资格，遂向最高人民法院提起上诉。最高法二审驳回了上诉，维持原判。[1]

知识点：此案的争议焦点是中保人寿保险有限公司是否具备成为原告的诉讼主体资格。根据我国《公司法》第十四条的规定，公司可以设立分公司，分公司不具有企业法人资格，

---

[1] 案例改编自《泛华工程有限公司西南公司与中国人寿保险（集团）公司商品房预售合同纠纷上诉案》，载《中华人民共和国最高人民法院公报》2008年第2期。

其民事责任由公司承担。因此，在法人变更过程中，公司的分支机构是否已实际完成工商注销登记不会影响总公司对其分公司享有的民事权利，这其中就包含了起诉的权利。本案中，中保人寿保险有限公司以原告身份向泛华公司主张合同权利符合法律规定。泛华公司的上诉理由于法无据，应当驳回。

需要指出的是，本案的判决结果并不意味着分公司都不得以自己名义提起民事诉讼。《最高人民法院关于适用〈中华人民共和国民事诉讼法〉的解释》第五十二条规定，民事诉讼法第四十八条规定的可以作为民事诉讼当事人的"其他组织"是指合法成立、有一定的组织机构和财产，但又不具备法人资格的组织，它包括：（一）依法登记领取营业执照的个人独资企业；（二）依法登记领取营业执照的合伙企业；（三）依法登记领取我国营业执照的中外合作经营企业、外资企业；（四）依法成立的社会团体的分支机构、代表机构；（五）依法设立并领取营业执照的法人的分支机构；（六）依法设立并领取营业执照的商业银行、政策性银行和非银行金融机构的分支机构；（七）经依法登记领取营业执照的乡镇企业、街道企业；（八）其他符合规定条件的组织。可见，分公司也是可以作为原告提起民事诉讼的。

什么是营利法人?

答 《民法典》第七十六条规定,以取得利润并分配给股东等出资人为目的成立的法人,为营利法人。营利法人包括有限责任公司、股份有限公司和其他企业法人等。由此可见,"营利法人是与非营利法人相对应的法人类型,它具备法人的组织体性等基本特征"。[1]

理解"营利法人"这一概念,重点在于把握"营利"一词的涵义。所谓"营利",是指通过经营活动来获取利润并将利润分配给组织体的成员。获取利润并非营利法人独有的现象,有些事业单位法人也在运营中获取利润,但它们并不将利润分配给成员,而是将利润用于实现法人的宗旨或者某种社会公益事业上,这类法人就不是营利法人。因此,营利法人的营利性应当从获取利润并将利润分配给成员这两个方面来理解,而不能仅强调获取利润。另外,"营利"也并非指简单的赚钱,而是要求通过经营或营业来实现盈利。当然,营利法人的经营

---

[1] 李永军主编:《中华人民共和国民法总则精释与适用》,中国民主法制出版社2017年版,第126页。

和营业也是有边界的。《民法典》第八十六条规定，营利法人从事经营活动，应当遵守商业道德，维护交易安全，接受政府和社会的监督，承担社会责任。

需要指出的是，营利法人在经营过程中可能会因为各种原因而不能向成员分配利润。比如，公司因经营管理不善没有盈利而无法向股东分红，或者全体出资人一致同意当年不分配利润等，这些情况都不会改变营利法人的营利性质。

什么是非营利法人？

答 根据《民法典》第八十七条的规定，非营利法人是指为公益目的或者其他非营利目的成立，不向出资人、设立人或者会员分配所取得利润的法人。非营利法人主要有四种：事业单位、社会团体、基金会和社会服务机构。其中，事业单位是指为了社会公益目的，由国家机关举办或者其他组织利用国有资产举办的，从事教育、科研、文化、卫生、体育、新闻出版、广播电视、社会福利、救助减灾、统计调查、技术推广与实验、公用设施管理、物资仓储、监测、勘探与勘察、测绘、检验检测与鉴定、法律服务、资源管理事务、质量技术监督事务、经济监督事务、知识产权事务、公证与认证、信息与咨询、人才交流、就业服务、机关后勤服务等活动的社会服务组织。社会团体是指中国公民自愿组成的，为实现会员共同意愿，按照其章程开展活动的非营利性社会组织。基金会是指利用自然人、法人或者其他组织捐赠的财产，以从事公益事业为目的，按照国务院《基金会管理条例》的规定成立的非营利法人。社会服务机构是指自然人、法人或者其他组织为提供社会服务，主要利用非国有资产设立的非营利法人。

什么是捐助法人？

❓ 捐助法人指的是以捐助的财产为基础设立的非营利法人。捐助法人的范围很广泛，除基金会、社会服务机构外，还包括宗教活动场所。常见的捐助法人有捐资设立的学校、医院、孤儿院、养老院、图书馆、文化馆、博物馆等。

根据《民法典》的规定，设立捐助法人应当制定法人章程。捐助法人应当设立理事会、民主管理组织等决策机构，并设立执行机构以及监事会等监督机构。理事长等负责人按照法人章程的规定担任法定代表人。捐助法人的组织机构与社团法人不同，因其没有权力机构，其公益目的的实现主要依赖于章程规定的决策机构、执行机构和法定代表人，以此保证捐助法人的正常运行。

捐助法人的决策机构、执行机构或者法定代表人作出决定的程序违反法律、行政法规、法人章程，或者决定内容违反法人章程的，捐助人等利害关系人或者主管机关可以请求人民法院撤销该决定。但是，捐助法人依据该决定与善意相对人形成的民事法律关系不受影响。

什么是特别法人？

答 特别法人指的是"基于法律特殊规定而取得法人资格或者身份的社会组织"。[1]

《民法典》关于"特别法人"的规定可溯及《民法总则（草案）》的讨论过程中。当时，由于各方对法人分类标准的争论，草案几易其稿，直至最后确定以法人的成立目的为标准。

---

[1] 王建平：《民法总论》，四川大学出版社2017年版，第142页。

由此,《民法总则》将法人分为营利法人与非营利法人。但随之而来的问题是,非营利法人的种类繁多,其中有些非营利法人的定位存在困难。例如,农村集体合作经济组织法人对内具有公益性,对外又具有营利性,且对内还可以"按成员与本社的交易量(额)比例"向其社员分配盈余,这些特征的存在使农村集体合作经济组织法人的归类和立法工作难以进行。又如,政府机关法人在行使公共管理职权的同时也需要从事民事活动,如需以平权主体的身份购置办公用品、租用房屋等。综上可见,极有必要在营利法人与非营利法人之外另设一种法人类别。[1]

与营利法人、非营利法人相比,特别法人的外延具有法定性和封闭性。只有《民法典》规定的机关法人、农村集体经济组织法人、城镇农村合作经济组织法人、基层群众性自治组织法人才属于特别法人。《民法典》第九十六条列举特别法人的类型时并没有加"等"字,因此,特别法人只包括上述四种,不再有其他类型。

---

[1] 张平华、刘宏渭、徐千寻、张龙编著:《〈中华人民共和国民法典·总则编(含附则)〉释义》,中国方正出版社2020年版,第112页。

第四章　非法人组织

什么是非法人组织?

答　《民法典》第一百零二条规定,非法人组织是不具有法人资格,但是能够依法以自己的名义从事民事活动的组织。尽管如此,非法人组织作为一类民事主体,也需要具备主体意义上的独立性。综合《民法典》第一百零二条、第一百零三条的规定以及民事主体制度的基本理论,要取得非法人组织的资格,应当满足以下五个要件。[1]

第一,已有民商事特别法对于具体的非法人组织类型进行了规定。必须先存在特别法对于某类具体类型的非法人组织的规定,这是《民法典》第一百零二条"能够依法以自己的名义从事民事活动"中"依法"的题中应有之义。众所周知,如果没有《个人独资企业法》《合伙企业法》等特别法,所谓的

---

[1] 张新宝、汪榆淼:《〈民法总则〉规定的"非法人组织"基本问题研讨》,载《比较法研究》2017年第4期。

个人独资企业、合伙企业就不能"依法"以自己的名义从事民事活动。

第二,不具有法人资格。《民法典》将具有民事主体资格的组织划分为"法人"和"非法人组织"两大类,可见,不具有法人资格是非法人组织的构成要件之一。

第三,依法进行过登记,须经批准的也已经过批准。《民法典》第一百零三条规定,非法人组织应当依照法律的规定登记。设立非法人组织,法律、行政法规规定须经有关机关批准的,依照其规定。这是非法人组织的设立程序。

第四,具有一定的组织性。在非法人组织的组织程度方面,法律对于不同类型的非法人组织的要求并不相同。例如,一个大型的有限合伙企业的组织性通常就会比一个个人独资企业的组织性要高。

第五,具备主体意义上的独立性。正如前文所述,只有非法人组织具备"主体意义上的独立性",非法人组织才能"以自己的名义从事民事活动"。虽然《民法典》的法条并没有明确规定主体意义上的独立性,但从理论上来说,无论是何种类型的民事主体,其经法律拟制而获得主体资格就意味着它获得了独立的法律人格——这是民事主体与非主体最根本的不同。

【案例】 合伙企业中的有限合伙人可以提起派生诉讼吗?

案例简介:2013年1月23日,和信投资中心(有限合伙企业)成立,一个名为"和信资管"的有限责任公司为该合伙企业的执行事务合伙人。除它外,该合伙企业的有限合伙人包括焦某、刘某、李某等人。和信投资中心的成立协议约定:有限合伙人在执行事务合伙人怠于行使权利时,有权督促其行使权利或者为了本企业的利益以自己的名义提起诉讼。

2013年7月至8月间,和信投资中心通过浦发银行淮南支行向瑞智公司借出两笔款项,共计1亿元整。其中的5 800万元贷款于2014年7月4日到期,剩下的4 200万元贷款于2014年8月1日到期。贷款利率为15%,到期时瑞智公司应当一次性还本付息。不想,贷款期限届满后,瑞智公司未按约偿还本金及利息。2015年1月2日,和信资管公司应瑞智公司要求出具了一份《确认书》。《确认书》载明:和信投资中心同意瑞智公司直接向其投资人按合伙协议的约定兑付本金及利息,不必再将款项还至企业的账上。之后不久,瑞智公司就与和信投资中心的几名投资人签订了不同形式的还款协议。但这些协议后来大多也没履行。

自前述贷款期限届满时起,和信投资中心从未以诉讼或仲裁方式向瑞智公司主张权利。焦某、刘某、李某为督促和信投资中心、和信资管公司行使权利,曾多次向它们邮寄律师函,但均被退回,三人遂以和信投资中心、和信资管公司怠于主张债权为由诉至安徽省高级人民法院,请求判令瑞智公司向和信投资中心归还本金及利息。安徽省高院判决支持其诉讼请求。瑞智公司不服,上诉至最高人民法院,它主张和信投资中心的执行事务合伙人和信资管公司并未怠于行使权利。最终,最高法驳回其上诉、维持原判。[1]

知识点:本案的争议焦点为焦某、刘某、李某等有限合伙人是否为适格的原告,也即此三人能否代表和信投资中心提起诉讼。对此,瑞智公司认为,和信资管公司一直在积极地督促其还款,并未怠于行使权利。尤其是在《确认书》签订后,瑞智公司还与多位和信投资中心的合伙人达成还款方案,因此,焦某、刘某、李某三人无权提起派生诉讼。

---

[1] 案例改编自焦某、刘某等与安徽瑞智房地产开发有限公司金融借款合同纠纷二审民事判决书[(2016)最高法民终756号]。

事实上，我国《合伙企业法》第六十八条明确规定，允许有限合伙人在执行事务合伙人怠于行使权利时，为本企业的利益以自己的名义提起诉讼。因此，本案中判断焦、刘、李三人能否提起派生诉讼的关键是看和信投资中心的执行事务合伙人是否怠于行使权利。

那么，和信投资中心的执行事务合伙人——和信资管公司是否怠于行使权利？这需要结合和信资管公司的具体行为来逐一地分析和判断。首先，贷款到期后不提起诉讼或申请仲裁即为怠于行使权利。和信投资中心借出的两笔贷款均为一年期贷款，贷款金额合计1亿元，2014年8月1日前均已到期。然而，截至2015年1月1日，和信资管公司作为执行事务的合伙人，从未就本案的到期债权向瑞智公司提起诉讼或申请仲裁，也未与瑞智公司达成任何能够保障合伙企业债权尽快实现的协议。如此不作为，足以认定和信资管公司怠于行使权利。其次，执行事务合伙人促成合伙企业的债务人直接向部分合伙人履行义务，这种做法不仅不是在积极地行使权利，而且还可能造成对其他合伙人的不公乃至权利侵害。在合伙企业中，执行事务的合伙人应当为合伙企业、为全体合伙人的利益行事，其向合伙企业的债务人主张权利的结果应当是使整个合伙企业都受益，然后再在全体合伙人中按照约定的方式分配利益。本案中，和信资管公司向瑞智公司出具《确认书》，允许瑞智公司直接向和信投资中心的合伙人按合伙协议之约定兑付本金及利息，并且实际订立了几份协议，这足以造成对其他合伙人的不公平，不是和信资管公司积极行使权利的证明。

另外，根据《合伙企业法》的规定，有限合伙人提起派生诉讼，既不存在前置性程序的束缚，也不要求起诉人必须获得全体有限合伙人的同意。综上所述，本案中的有限合伙人焦某、刘某、李某有权代表和信投资中心向瑞智公司提起诉讼。

非法人组织的主要类型有哪些？

❝答❞ 《民法典》第一百零二条规定，非法人组织包括个人独资企业、合伙企业、不具有法人资格的专业服务机构等。据此，非法人组织的主要类型有三种。

其一，个人独资企业。在我国，个人独资企业是指依《个人独资企业法》在中国境内设立的，由一个自然人投资、财产为投资人个人所有、投资人以其个人财产对企业债务承担无限责任的经营实体。

其二，合伙企业。在我国，合伙企业是指"依照我国《合伙企业法》在我国境内设立的，由合伙人订立合伙协议，共同出资，合伙经营，共享收益，共担风险，合伙人对合伙企业债务承担无限连带责任的营利性经济组织"[1]。根据我国《合伙企业法》的规定，合伙企业包括普通合伙企业与有限合伙企业。其中，普通合伙企业由普通合伙人组成，合伙人对合伙企业债务承担无限连带责任。有限合伙企业由普通合伙人和有限合伙人组成，普通合伙人对合伙企业债务承担无限连带责任，有限合伙人以其认缴的出资额为限对合伙企业债务承担责任。

其三，不具有法人资格的专业服务机构。这类机构实际上就是特殊的普通合伙企业，即"以利用专门知识和专门技能为客户提供有偿服务为目的，并依法承担责任的普通合伙企业"[2]，其典型代表为律师事务所、会计师事务所等。"不具有法人资格的专业服务机构"原本就是《合伙企业法》中规定的特殊的普通合伙企业，其性质是合伙企业。《民法典》将其独立规定为一种与个人独资企业、合伙企业并列的非法人组织，

---

[1] 王圣诵、姜瑞雪：《企业法概论》，山东人民出版社2003年版，第95页。
[2] 李飞主编：《中华人民共和国合伙企业法释义》，法律出版社2006年版，第374页。

具有独立的民事主体地位。这对于更好地发挥专业服务机构在市场经济中的作用,使其为社会大众提供更多更好的专业服务,提供了新的法律保障。[1]

非法人组织必须登记吗?

答 非法人组织的设立,必须经过登记。一些特殊的非法人组织的设立还必须经过有关国家机关的批准。这不仅是《民法典》第一百零三条的要求,更是非法人组织具备合法性的关键要件。

合法性是非法人组织不可或缺的基本特征,它包含实体与程序两方面的要求。从实体上看,非法人组织必须是法律允许设立的组织,其成立目的不得与法律、行政法规、社会公共道德相抵触。从程序上看,设立非法人组织必须履行法定的核准登记手续或满足其他法定条件。

关于非法人组织的设立规则,世界各国立法的通行模式主要有三:许可主义、登记主义和自由主义。近半个世纪以

---

[1] 杨立新:《〈民法总则〉规定的非法人组织的主体地位与规则》,载《求是学刊》2017 年第 3 期。

来，登记主义渐成主流。即使如此，在各国国内未登记的非法人组织依旧大量存在。这使得各国法律对于非法人组织的态度愈发宽容。我国《民法典》的编纂工作也顺应了这一趋势。在我国，法律根据类型不同的非法人组织设定了不同的登记机关：对于非营利性的非法人组织（如民间社团）来说，我国实行严格的设立许可与强制登记制度，未经许可不得成立非营利性非法人组织；对于营利性的非法人组织来说，登记是其合法有效的核心要件，未经登记即营业或擅自以企业名义经营的，属非法经营，应当依法予以禁止或取缔。[1]

非法人组织如何清偿自己的债务？

❔ 《民法典》第一百零四条规定，非法人组织的财产不足以清偿债务的，其出资人或者设立人承担无限责任。法律另有规定的，依照其规定。这是《民法典》关于非法人组织债务承担的规定。我们在理解此条文时，应当注意三个要点。

第一，非法人组织的债务应当先用非法人组织自己的财

---

[1] 张平华、刘宏渭、徐千寻、张龙编著：《〈中华人民共和国民法典·总则编（含附则）〉释义》，中国方正出版社2020年版，第121页。

产进行清偿。不足部分才由非法人组织的出资人或者设立人承担无限责任。如若非法人组织的自有财产足以清偿，则不涉及其出资人或设立人；如若自有财产不足以清偿，则由出资人或设立人承担无限责任。

第二，当出资人或设立人为两人以上时，全体出资人或设立人均应承担无限连带责任。当然，在出资人或设立人的内部关系上，某一出资人或设立人偿还了超过自己应担份额的债务的，其可以向其他出资人或设立人追偿。

第三，此条文中提及的法律另有规定的情形主要包括以下四种。一，法律规定部分出资人或设立人仅承担有限责任而非无限责任的情形。例如，我国《合伙企业法》规定，在特殊的普通合伙企业中，一个或数个合伙人在执业活动中因故意或者重大过失造成合伙企业债务的，应当承担无限责任或者无限连带责任，其他合伙人以其在合伙企业中的财产份额为限承担责任。二，法律限定了出资人或设立人的财产范围的情形。例如，我国《个人独资企业法》第十八条规定，个人独资企业的投资人在申请企业设立登记时明确表示以其家庭共有财产作为个人出资的，该投资人应当以其家庭共有财产对企业债务承担无限责任。三，法律直接规定了债权人的请求顺序的情形。例如,《合伙企业法》第九十二条规定,合伙企业不能清偿到期债务的,债权人可以依法向人民法院提出破产清算申请,也可以要求普通合伙人清偿。换言之,在有限合伙企业中,普通合伙人须对合伙企业债务承担无限连带责任,有限合伙人仅以其出资额为限对合伙企业债务承担责任。四,法律直接规定了各出资人或设立人之间责任份额分配的情形。例如,《合伙企业法》第三十三条规定,合伙企业的利润分配、亏损分担,按照合伙协议的约定办理;合伙协议未约定或者约定不明确的,由合伙人协商决定;协商不成的,由合伙人按照实缴出资比例分配、分担;无法确定出资比例的,由合伙人平均分配、分担。合伙协议不得约定将全部利润分配给部分合伙人或者由部分合伙人承担全部亏损。[1]

非法人组织的代表人必须是出资人吗?

答 非法人组织的代表人,是由非法人组织的出资人或设立人推选产生的对外代表非法人组织利益、对内组织经营管

---

[1] 张新宝、汪榆淼:《〈民法总则〉规定的"非法人组织"基本问题研讨》,载《比较法研究》2017年第4期。

理的人。《民法典》第一百零五条规定，非法人组织可以确定一人或者数人代表该组织从事民事活动。该法条显然没有区分非法人组织内部各类成员的性质。这就意味着，只要是非法人组织的成员，皆可成为非法人组织的代表人，以非法人组织的名义开展民事活动，且该民事活动的法律后果由非法人组织承担。换言之，非法人组织的出资人、设立人、雇员等都可以被推举为代表人。

值得注意的是，《民法典》第一百零五条在措辞上使用了"可以"一词，其含义是，非法人组织可以确定代表人，也可以不确定代表人。这说明非法人组织确定代表人并非必须。譬如，个人独资企业本来就是由出资人个人负责、个人经营的经济组织，其出资人为当然的代表人，因而也就不存在所谓确定代表人的问题。

哪些主体有权决定或者宣布非法人组织解散？

答 关于非法人组织解散的事由，我国《民法典》有明文规定。《民法典》第一百零六条指出，有下列情形之一的，非法人组织解散：（一）章程规定的存续期间届满或者章程规定的其他解散事由出现;(二)出资人或者设立人决定解散;(三)法律规定的其他情形。然而,《民法典》却没有明确规定哪些主体有权决定或者宣布非法人组织解散。对此,我们可以理解为,非法人组织的权力机关、出资人、设立人等均有权决定或者宣布非法人组织解散,非法人组织的主管机关可以命令非法人组织解散,人民法院也可以根据主管机关或者利害关系人的申请责令非法人组织解散。[1]

非法人组织解散后需要进行清算吗?

答 根据《民法典》第一百零七条的规定,非法人组织解散的,应当依法进行清算。据此,在非法人组织出现解散事由后,出资人或者设立人应当解散非法人组织,并指定清算人开展清算活动。非法人组织的清算人既可以由非法人组织的出资人或者设立人确定,也可以按照法律规定的方式来确定。清算人既可以由非法人组织的出资人或者设立人担任,也可以是出资人或设立人委托的人,还可以是法律规定的其他人员。清算

---

[1] 张平华、刘宏渭、徐千寻、张龙编著:《〈中华人民共和国民法典·总则编(含附则)〉释义》,中国方正出版社2020年版,第124~125页。

工作通常涉及两大方面，一是清理终结现有业务，二是了结债权债务关系。具体来说，清算人的主要职责有：结束各种尚未完成的业务活动、行使债权、偿还债务、移交剩余财产等。清算期间，非法人组织不得开展与清算无关的活动。非法人组织清算完成后，依法需办理注销登记的非法人组织还需要到登记机关办理注销登记手续。

除《民法典》外，其他民商事法律中也都有关于非法人组织清算的专门规定。例如，我国《个人独资企业法》第四章专门规定了个人独资企业的解散和清算程序。该法要求，个人独资企业解散后，应由投资人自行清算或者由债权人申请人民法院指定清算人进行清算，清算人应当通知债权人申报债权。清算期间，个人独资企业不得开展与清算无关的经营活动。在偿清债务以前，投资人不得转移、隐匿财产。该法还规定了个人独资企业财产的对外清偿顺序。

第五章　民事权利

自然人享有哪些民事权利？

❷《民法典》第一百一十条规定了自然人享有生命权、

身体权、健康权、姓名权、肖像权、名誉权、荣誉权、隐私权、婚姻自主权等权利。此外，自然人还享有身份权、继承权、财产权，财产权又具体包括物权、债权、知识产权、股权和其他投资性权利。除了上述这些具体的民事权利外，《民法典》第一百零九条还规定了一般人格权和人格尊严，它们是自然人享有具体民事权利的法理基础，当某一民事法律行为所侵犯的权益不可归入到某一具体的民事权利时，可以考虑该行为是否侵犯了自然人的一般人格权和人格尊严。比如，丈夫和妻子在婚姻关系存续期间，妻子出轨为他人生育了子女，丈夫不明真相而将其妻子所生子女误认为是自己的亲生子女而进行长期精心的抚养，丈夫最终得知真相后陷入了极度的痛苦之中。妻子出轨、为他人生育子女的行为，虽然对丈夫的社会评价构成负面影响，但并不能评价为对丈夫名誉权、婚姻自主权等具体民事权利的侵害，这时可以认为妻子侵犯了丈夫的一般人格权，当然丈夫在民事诉讼中除了可以主张精神上的一般人格权损害赔偿之外，还可主张返还其抚养他人子女期间的经济投入。

身体权、生命权和健康权在现实生活中比较容易混淆。生命权指的是自然人依法享有生命不受非法侵害的权利，健康权是自然人享有的以肌体生理和心理机能正常运作和功能完善发挥为内容的人格权，而身体权的指向是自然人的身体组织完整，譬如在器官供体自然人非自愿但未对供体生命造成危害的情况下获取活体有益器官（已被医学证明对身体健康无影响的阑尾除外），那么该行为就同时侵害了自然人的身体权和健康权。如果获取的是阑尾或者是毛发、指甲，那么只能评价为侵害了自然人的身体权。行为必须侵害了自然人身体的完整性才可被评价为对身体权的侵犯，这里隐含着活体和完整性两个要件，如果获取前被获取物已经脱离了人体，如已脱落的毛发、指甲，或者侵害的身体完整性并非是活体而是尸体，那么都无法被评价为对身体权的侵犯。

被冒名顶替了怎么办？

🅐 现实生活中常有人冒充知名人士、知识分子进行招摇撞骗以牟取不正当利益，此时，冒用人侵犯的往往是姓名权、肖像权、名誉权、财产权、知识产权等多种民事权利的复合体。例如，一些私人医疗机构会在未取得授权的情况下将知名医学家的姓名和照片一并放在本单位网站上作为医院工作人员或特聘专家以显示其医疗水平来获取经济利益，此时医院就构成了对该专家姓名权和肖像权的侵犯，当然也会出现真照片假姓名或者真姓名假照片的组合，那么就构成对肖像权或姓名权的单一侵犯。当自己的姓名权、肖像权被冒用后，应当立即固定证据并报警。

姓名权的内容包括自然人决定、使用和改变自己姓名的权利，也就是说任何干涉他人姓名决定、使用和改变的自主权的行为都是对姓名权的侵犯，日常生活最常见的就是对姓名使用权的侵犯，被侵犯的对象不仅包括真实姓名，还包括知名人士的笔名、艺名或者是社会公认的称谓、别号，比如鲁迅、六小龄童、苏东坡等。

肖像权是自然人对其肖像所体现的精神利益和物质利益依法享有的支配权。肖像权和姓名权密切相关，唯一的不同就是自然人对肖像的支配权是完全排他的，而对姓名的支配权并不能完全排他，因为哪怕孪生兄弟、姐妹，肖像也不可能完全一致，但是姓名重复者却大有人在。另外，如果冒用者从事的是不法行为，那么很可能会同时侵犯到被侵权人的名誉权，此时可要求侵权人消除影响、恢复名誉。

【案例】 为保护未成年人利益而在微博上发帖的，不构成侵权

案例简介：张某某、桂某某系施某某的生父母，李某某系张某某表姐。2013年6月3日，经安徽省来安县民政局收养登记后，施某某由李某某、施某某夫妇收养。2015年4月5日，公安机关以涉嫌故意伤害罪对李某某刑事拘留，后变更为取保候审。2015年4月5日，施某某由政府相关部门交由其生父母张某某、桂某某临时监护。

2015年4月3日，徐某某在其新浪微博上发表如下内容（配原告施某某受伤的照片九张）："父母南京某区人，男童于6岁合法收养，虐待行为自去年被校方发现，近日，班主任发现伤情日渐严重，性格也随之大变，出现畏惧人群等心理行为，班主任及任课老师在多方努力无果后，寻求网络帮助。恳请媒体和大伙的协助。希望这个孩子通过我们的帮助可以脱离现在的困境。"之后又将其删除。当日，徐某某又在其新浪微博上发表如下内容（配施某某受伤的照片九张）："（我也在顶着各种压力，请网友理解）父母南京某区人，男童于6岁合法收养，虐待行为自去年被校方发现，最初以为是偶尔情况，没

好多说。近日，男童班主任发现男童伤情日渐严重，性格也随之大变，出现畏惧人群等心理行为，班主任及任课老师在多方努力无果后，试图寻求网络帮助。恳请媒体和大伙的协助。"该微博已由徐某某于2015年5月8日前删除。

被告徐某某在其新浪微博二次上传的同一组九张照片中有三张反映了人的头面部，二次上传照片时均对头面部进行了模糊处理，九张照片已不具有明显的可识别性；此后被告徐某某发表的新浪微博在网络上和媒体上被多次报道。

受诉法院审理后认为，被告徐某某在原告施某某受伤害后，为保护未成年人利益和揭露可能存在的犯罪行为，依法在其微博中发表未成年人受伤害信息，符合社会公共利益原则和儿童利益最大化原则。徐某某的网络举报行为未侵犯施某某的肖像权、名誉权、隐私权，未侵犯原告张某某、桂某某的名誉权、隐私权。驳回原告施某某、张某某、桂某某的诉讼请求。一审判决后，原被告双方均未提起上诉，判决已发生法律效力。[1]

---

[1] 案例改编自《施某某、张某某、桂某某诉徐某某肖像权、名誉权、隐私权纠纷案》，载《中华人民共和国最高人民法院公报》2016年第4期。

知识点：本案的争议焦点之一是被告徐某某是否侵害了原告施某某的肖像权。我国《民法典》第一千零一十八条规定，自然人享有肖像权，有权依法制作、使用、公开或者许可他人使用自己的肖像。肖像是通过影像、雕塑、绘画等方式在一定载体上所反映的特定自然人可以被识别的外部形象。此外，《未成年人保护法》第6条第（2）款规定，对侵犯未成年人合法权益的行为，任何组织和个人都有权予以劝阻、制止或者向有关部门提出检举或者控告。本案中，徐某某在知晓施某某被伤害后，为揭露可能存在的犯罪行为和保护未成年人合法权益不受侵犯而使用施某某受伤的九张照片，虽未经施某某同意，但其使用是为了维护社会公共利益和施某某本人利益的需要，也没有以营利为目的，且使用时已对照片中的施某某脸部进行了模糊处理，应认定该使用行为不构成对施某某肖像权的侵害。

本案的争议焦点之二是徐某某是否侵害了原告施某某、张某某、桂某某的名誉权。《民法典》第一千零二十四条规定，民事主体享有名誉权，任何组织或者个人不得以侮辱、诽谤等方式侵害他人的名誉权。本案中，徐某某通过网络公开了男童遭受虐待的事实，属于一种公开的网络举报行为，不存在主观上的过错。徐某某所发微博的内容既没有夸大或隐瞒事实，更没有虚构、造谣和污蔑，且施某某受到伤害情况客观存在，微博反映的内容与客观事实基本一致，微博中也没有使用侮辱、诽谤性的语言，客观上不会造成施某某社会声望和评价的降低。徐某某所发微博的内容未涉及张某某、桂某某的任何信息资料，不存在对张某某、桂某某进行侮辱或诽谤。施某某、张某某、桂某某亦未能提供充分证据证明由于徐某某的网络发帖行为导致原告的名誉受损的事实。故施某某、张某某、桂某某主张徐某某侵犯其名誉权不能成立。

　　本案的争议焦点之三是徐某某是否侵害原告施某某、张某某、桂某某的隐私权。《民法典》第一千零三十二条规定，自然人享有隐私权，任何组织或者个人不得以刺探、侵扰、泄露、公开等方式侵害他人的隐私权。隐私指的是自然人的私人生活安宁和不愿为他人知晓的私密空间、私密活动、私密信息。是否构成侵犯隐私权，应当根据受害人确有隐私被损害的事实、行为人行为违法、违法行为与损害后果之间有因果关系、行为人主观上有过错来认定。本案中，徐某某对相关信息的披露是节制的，对相关照片进行了模糊处理，没有暴露受害儿童真实面容，也没有披露施某某的姓名和家庭住址，其目的是揭露可能存在的犯罪行为。徐某某所发微博的内容虽出现收养的词语，但微博文字与照片结合后，第三人不能明显识别出微博中的受害儿童即为施某某。徐某某所发微博的内容未涉及张某某、桂某某的任何信息资料，至于徐某某发表微博后，网民对张某某、桂某某搜索导致其相关信息被披露，不应由徐某某承担责任。故施某某、张某某、桂某某主张徐某某侵害其隐私权不能成立。

网络时代如何保护个人信息？

答 互联网时代，个人信息被广泛地收集和使用，几乎所有的移动终端安装软件时都有相应的个人信息授权获取协议，这是个人对自己信息的积极使用，同时当隐私权受到侵犯时法律也提供了相应的救济渠道。我国《民法典》第一百一十一条首次规定，自然人的个人信息受法律保护，免受他人非法收集、使用、加工、传输买卖、提供和公开。在实践中，个人信息和隐私常常存在交叉。隐私通常是不愿为他人所知的信息或事实，个人信息并不一定都是隐私，有的甚至是在一定范围内公开的，比如个人姓名和办公电话；隐私也不全是个人信息，有的隐私对个人身份的指向性并不强。当个人被侵犯的信息和隐私发生重合时，如果以隐私权被侵害起诉，那么受害人只能够申请精神损害赔偿；如果案由是个人信息被侵犯，那么此种侵权行为一般都与信息的非法收集、使用、加工和传输、买卖相联系，甚至可以关联到盗窃、敲诈勒索、招摇撞骗等下游犯罪，也就与具体的商业利益相联系，权利人的财产利益损失也可据此要求损害赔偿。

数据和虚拟财产能够得到《民法典》的保护吗？

❀ 《民法典》第一百二十三条规定了知识产权的权利客体，其中的第八项"法律规定的其他客体"就是兜底条款。现实生活中很多数据都具有知识产权属性。《民法典》第一百二十七条进一步规定了数据和网络虚拟财产的法律适用问题，即"法律对数据、网络虚拟财产的保护有规定的，依照其规定。"现在，民法学界一般认为，数据就是"有来源依据的数字"，包括文本、字母、符号、图像和视频等组成的数据库。如果一个数据或者数据组合能够分析、表达有价值的信息或者能够挖掘输出其他有价值的数据，那么它（们）就有财产属性。实验数据、进行科学研究建立的数据模型、分析图表、公式和表达式甚至是解答某一几何难题的辅助线,都有可能成为有价值的数据受到《民法典》的保护。

虚拟财产主要包括电子游戏(包括单机和网络两种类型)账户、特定的会员账户、游戏道具、网络优惠券、网络虚拟积分等,当个人登录终端设备并按照虚拟环境的规则进行操作时,虚拟财产的法律权益就体现出来了。这种权益一般体现为虚拟环境乃至现实生活中的特定权限,例如游戏账号和游戏道具、游戏虚拟货币都对应着游戏内特权,会带来更优的游戏体验,部分高价值账户、道具可以直接线下交易,特定会员账户可以获取明显高于一般注册用户、浏览游客的更高权限功能和使用便利,网络优惠券、虚拟积分则可以直接折抵现金进行购物,因虚拟财产兼具人身和财产双重属性,在互联网时代必然要得到《民法典》的保护。

"我的权利我做主"意味着个人在行使民事权利时可完全不受约束?

答 民事权利必须合法行使,且个人在行使权利时不能损害公共利益和他人合法权益。《民法典》第一百三十二条规定,民事主体不得滥用民事权利损害国家利益、社会公共利益或者他人合法权益。这样规定的立法目的是通过限制民事主体的行为来达到民事权利与国家利益、社会公共利益、他人合法权益的平衡。此条在民法学界长期被认为是民法的基本原则之一,但《民法典》未将其作为基本原则,而是作为诚实信用原则的下位概念列入"民事权利"一章,便于人民法院裁判时直接援引。现实生活中,有权不能任性。自然人在社会之中行使权利总会或多或少与他人的权益有所关涉,有的公共利益和他人合法权益已经被法律明确列举,比如住在一楼的住户不能随便更改承重墙结构,住在高楼的住户必须对自家的搁置物、悬挂物进行谨慎的保管。但绝大多数低风险的行权行为是在法律明文列举范围之外的,比如住在高层的住户在自家楼板上搁置巨型鱼缸,长期使用会带来潮湿、渗水、噪音、气味、微生物威胁以及楼宇承重等多方面的问题。这些问题都可能对公共利益及他人合法权利形成损害,此时利益受损者就可以凭借这条法律规定保护自身合法权益。另外,应当注意区别滥用民事权利和侵权这二者之间的不同:权利滥用的前提是有正当权利存在,且是权利行使或与权利行使有关的行为；侵权行为一般事先没有正当权利存在。

第六章　民事法律行为

什么是民事法律行为？

答　《民法典》第一百三十三条规定，民事法律行为是民事主体通过意思表示设立、变更、终止民事法律关系的行为。第一百三十四条规定，民事法律行为可以基于双方或者多方的意思表示一致成立，也可以基于单方的意思表示成立。法人、非法人组织依照法律或者章程规定的议事方式和表决程序作出决议的，该决议行为成立。通过上述法条，我们可以看出，民事法律行为需要一个或多个民事权利主体，行为目的是设立、变更、终止民事法律关系，且行为需要有意思表示。此一特点区别于科学发明、生育婴儿、老人去世等事实或事实行为，这些情形也将产生、变更、终止法律关系，但本身并不包含意思表示，甚至不是一个行为，因此不能判定为民事法律行为。判定一行为是否是民事法律行为的主要意义就在于评价其行为结果是否在法律上有效。

什么是默示？它等同于缄默不语吗？

答 《民法典》第一百四十条规定，行为人可以明示或者默示作出意思表示。沉默只有在有法律规定、当事人约定或者符合当事人之间的交易习惯时，才可以视为意思表示。因此可以说，默示有别于缄默不语，默示是以非语言或文字作出的意思表示。也就是说，默示通常并不是什么也不做，往往需要通过一定的行为来表达意思。比如，在超市选好商品后将它放在结算台上就可以推定行为人存在购物的意思表示，在公共收费停车场里停车就可以推定行为人有停车并缴费的意思，这些都是根据社会一般交易习惯来推定行为人具有默示意思表示的。

当然，在个别情况下沉默也可以成为意思表示的表达方式，但此种情形仍必须以存在法律规定、当事人约定或者符合当事人之间的交易习惯为前提，比如，租房租期届满承租人继续居住在房中，而出租人没有表达异议，那么双方就以默示的意思表示达成了租房合同继续有效的合意。

未成年人的民事行为是否有效如何判定?

答 《民法典》第一百四十四条规定,无民事行为能力人实施的民事法律行为无效。第一百四十五条第一项规定,限制民事行为能力人实施的纯获利益的民事法律行为或者与其年龄、智力、精神健康状况相适应的民事法律行为有效;实施的其他民事法律行为经法定代理人同意或者追认后有效。8至18周岁的未成年人属于限制民事行为能力人,但年满16周岁能够通过劳动获得稳定收入的未成年人也视其为完全民事行为能力人;此外,不能完全辨认自己行为的成年人也是限制民事行为能力人。

关于法定代理人确认未成年人民事活动法律后果的时间节点,《民法典》将原来的事前同意制扩展为事前同意与事后追认兼可,从而形成对未成年人尤其是无民事行为能力未成年人的全面保护。对于幼小、痴呆、精神病人等不能完全辨认自己行为的自然人所进行的民事活动,如网络直播打赏,如不能获得法定代理人的同意、追认,则无效。未成年人纯获利益(包括获益明显高于负担)的民事法律行为是有效的,不再需要法定代理人的同意或追认。

民法意义上的重大误解是如何形成的?

答 《民法典》第一百四十七条规定,基于重大误解实施的民事法律行为,行为人有权请求人民法院或者仲裁机构予以撤销。行为人因对行为的性质、对方当事人、标的物的品种、质量、规格和数量等认识错误,致使行为的后果与自己的意思相悖,且造成了较大损失的,可以认定为重大误解。可见,重大误解的构成要件有二:一是存在错误,并且错误本身是与自己意思相悖的表达错误,而非动机错误;二是发生错误的人遭受了较大的损失。如一大学生到百货商场订购笔记本电脑,其到店后对店员表示购买"笔记本",商家误以为其所需之物为文具,进而备货并交付了纸质笔记本,此种情形即为表达错误,可以认定为重大误解,当事人可以请求法院或仲裁机构撤销。若该名大学生到百货商场要求订购的是 6 本文具笔记本,但其将 6 个表达为"一打",这就有别于通常认为的 12 个为一打的常识,此时发生的就不是表示错误,而是有关内心想法的动机错误,由于商品数量是足以影响合同生效的重要内容,此时就不能简单地认定为重大误解。

第七章 代 理

什么是代理？代理有哪些类型？

答 《民法典》第一百六十一条规定，民事主体可以通过代理人实施民事法律行为。依照法律规定、当事人约定或者民事法律行为的性质，应当由本人亲自实施的民事法律行为，不得代理。第一百六十二条规定，代理人在代理权限内，以被代理人名义实施的民事法律行为，对被代理人发生效力。因此，所谓代理，指代理人以被代理人（又称本人）的名义，在代理权限内与第三人（又称相对人）实施民事行为，其法律后果直接由被代理人承受的民事法律制度。代理人在代理权限范围内实施代理行为。代理人以被代理人的名义进行代理行为。被代理人对代理人的行为承担民事责任。

按照不同的分类标准，代理有以下几种类型。

（1）以代理权产生根据的不同，代理可分为委托代理、法定代理。所谓委托代理，又称意定代理，即代理人依照被代理人授权进行的代理。所谓法定代理，是根据法律的规定而直接产生的代理关系，主要是为保护无民事行为能力人和限制民事行为能力人的合法权益而设定，如父母对未成年子女的代理。

（2）依代理是否转托他人，可将代理分为本代理和再代理。所谓再代理，又称复代理，指代理人为了被代理人的利益，转托他人实施代理的行为。与此相对，由代理人亲自进行的代理则为本代理。

（3）依是否以被代理人名义从事代理，可将代理分为显名代理和隐名代理。所谓显名代理，是指代理人所进行的代理行为，必须以被代理人本人的名义进行。所谓隐名代理，是代理人虽未以本人名义为法律行为，但实际上有代理的意思，且相对人明知或应当知道，从而在法律上亦发生代理的效果。

滥用代理权的表现形式有哪些？

答 滥用代理权是代理人在行使代理权时，违背被代理人的意志、损害被代理人的利益的行为。滥用代理权的行为不是代理行为，而是无效民事行为，代理人应承担由此引起的法律责任。滥用代理权有下列几种情况：（1）代理人以被代理人的名义同自己进行民事行为；（2）代理人在同一项民事法律关系中，同时代理双方当事人实施同一行为；（3）代理人与第三人恶意串通、实施损害被代理人利益的行为，在这种情况下，代理人和第三人负连带责任；（4）代理人进行违法代理活动。代理人如知道被委托代理的事项违法仍然进行代理活动，或被代理人知道代理人的代理行为违法而不表示反对的由被代理人和代理人负连带责任。

一般认为，滥用代理权包括以下三种类型。

（1）自己代理。自己代理是指代理人以被代理人名义与自己进行民事行为。在这种情况下，代理人同时为代理关系中的代理人和第三人，交易双方的交易行为实际上只由一个人实施。例如，自然人甲委托乙购买生产设备，乙以甲的名义与自己订立合同，把自己的生产设备卖给甲。通常情况下，由于交易双方都追求自身利益的最大化，因此很难避免代理人为自己利益而牺牲被代理人利益的情况。当然，在某些情况下，自己代理也可能满足代理人和被代理人双方的利益，甚至及时实现被代理人的利益。

（2）双方代理。双方代理又称同时代理，是指一人同时担任双方的代理人为民事行为。

（3）代理人和第三人恶意串通，进行损害被代理人利益的行为。代理人的职责是为被代理人进行一定的民事行为，维护被代理人的利益。代理人于第三人恶意串通损害被代理人的利益，违背了代理关系中被代理人对代理人的信任，属于滥用代理权的极端表现。根据《民法典》第一百六十四条的规定，代理人和相对人恶意串通，损害被代理人合法权益的，代理人和相对人应当承担连带责任。

【案例】 滥用代理权签订的合同无效

案例简介：八旬老人郁某某去世后，留下一幢二层楼的私房。子女要求分割这一遗产时，发现该房一年多前就被小女儿郁某春以8万元的价格买下。为此，郁家其他子女将郁某春告上法庭，要求确认房屋买卖合同无效。

郁某某和老伴共同拥有一套位于杨树浦路的二层楼私房。1993年老伴去世后，子女们表示放弃继承权，房子归父亲一人。于是，郁某某取得了该房的产权。

2005年12月1日，郁某某去世。郁家子女提出分割老父留下的这幢房产，但郁某春迟迟不肯拿出由她保管的房屋产权证。其他子女到房产登记部门查询，结果被告知：该房所有权人已通过买卖方式变更为郁某春夫妻。

2006年7月13日,郁某春的三位兄姐一纸诉状将郁某春夫妇告上法庭,要求法院确认该买卖合同无效。

法庭上,郁某春的兄姐们称:父亲生前曾多次公开表示,他去世后房屋分给众子女;2004年,郁某春提出办理低保手续,借用该房产证;该房买卖并非父亲真实意思的表示,而是郁某春通过非法手段进行的。郁某春则辩称:当时她和父亲同住,父亲在公证处写下委托书,委托她将该私房出售,自己代为出售房屋的行为合法有效。

现在,郁某某已去世,这份合同到底是不是他真实意思的表示呢?

法官认真审核双方提供的证据后发现:该房屋买卖合同上的印章是真实的,但签名并非郁某某本人所签。办理产权过户手续时领取的个人房屋出售发票上,出售人签字栏内也注明"郁某春代郁某某"。经过审理,法院依法判定该买卖合同无效。[1]

---

[1] 邵宁:《她将老父房屋卖给自己……》,载《新民晚报》2006年11月10日。

知识点：民法理论上将这种代理人以被代理人名义与自己订立合同的行为称为自己代理。自己代理一般被认为是滥用代理权的表现。本案中，即使郁某某真的有心在身后将房屋留给小女儿郁某春，他可以通过赠予或订立遗嘱的方式加以明确，而不应由郁某春采用自己代理的方式将房屋转让，从而引发纠纷。代理人不能自己作为合同的另一方与被代理人订立合同，除非被代理人事后明确表示承认。本案中，郁某春没有足够证据证明自己的代理行为已获郁某某认可，也没有足够证据证明其已向老父支付了相应对价，因此，该房屋买卖合同无效。

什么是无权代理？无权代理与表见代理之间是什么关系？

答 无权代理是非基于代理权而以被代理人名义实施的旨在将效果归属于被代理人的代理。《民法典》第一百七十条规定，行为人没有代理权、超越代理权或者代理权终止后，仍然实施代理行为，未经被代理人追认的，对被代理人不发生效力。广义上的无权代理包括以下几种情形：（1）狭义的无权代理；（2）越权代理和代理权终止后的代理；（3）表见代理。《民法典》第一百七十二条规定，行为人没有代理权、超越代理权或者代理权终止后，仍然实施代理行为，相对人有理由相信行为人有代理权的，代理行为有效。表见代理是指虽然行为人事实上无代理权，但相对人有理由认为行为人有代理权而与其进行法律行为，其行为的法律后果由被代理人承担的代理。狭义的无权代理，是指未经他人委托授权，又没有法律上的根据，也没有经人民法院或指定单位的指定，而冒用他人的名义实施民事行为。这三种无权代理形式相互之间既有相同点又有差异。第一种和第二种的区别是：前者是根本不存在代理权，后者是代理人本来有代理权，只是超越了代理权限或者代理关系已终止。但它们的效力均是处于待定状态。第二种和第三种的区别是：前者效力待定，后者系有效代理，但两者都不是根本没有代理权，它们或者是超越了代理权限，或者是代理权已终止，或者是有某些事实足以表明行为人有代理权。

就无权代理和表见代理二者之间的关系而言，表见代理在本质上是一种广义的无权代理，若无权代理行为均由被代理人追认决定其效力的话，会给善意第三人造成损害。因此，在表见的情形之下，法律规定由被代理人承担表见代理行为的法律后果，更有利于保护善意第三人的利益，维护交易安全，并以此加强代理制度的可信度。

什么是职务代理？

答 《民法典》第一百七十条规定："执行法人或者非法人组织工作任务的人员，就其职权范围内的事项，以法人或者非法人组织的名义实施的民事法律行为，对法人或者非法人组织发生效力。法人或者非法人组织对执行其工作任务的人员职权范围的限制，不得对抗善意相对人。"因此，职务代理是指代理人根据其在法人或者非法人组织中所担任职务，依据其职权对外实施民事法律行为的代理。职务代理的构成要件包含以下三点：其一，代理人是法人或者非法人组织的工作人员，如果代理人不是该法人或者非法人组织的工作人员，其按照被代理人的授权从事代理行为，属于一般的委托代理，比如保险公司正式员工不属于保险代理人，其展业行为系职务行为，视为保险人的行为，而保险代理人所从事的保险代理活动就属于一般的委托代理范畴。其二，代理人实施的必须是其职权范围内的事项，若非职权范围内的事项，则要区分情形适用《民法典》第一百七十条规定。这一职权范围内的事项，可以理解为该法人或者非法人组织对该工作人员的一揽子授权，无须在每次与第三人交易时都要提交有关书面授权书,其职务、职权本身就是委托授权的证明。这也是职务代理与一般的委托代理在交易便捷方面的很大不同。其三,必须以该法人或者非法人组织的名义实施民事法律行为,这也是代理的一般构成要件。若非以该法人或者非法人组织名义实施民事法律行为,则会构成无权处分或者侵权行为,应该分别适用不同的法律规则。

什么是代理中的追认权和撤销权?

答 根据《民法典》第一百七十一条的规定:"行为人没有代理权、超越代理权或者代理权终止后,仍然实施代理行为,未经被代理人追认的,对被代理人不发生效力。"相对人可以催告被代理人自收到通知之日起一个月内予以追认。被代理人未作表示的,视为拒绝追认。行为人实施的行为被追认前,善意相对人有撤销的权利。撤销应当以通知的方式作出。

因此,所谓追认权,是指针对无权代理行为,被代理人通过明确承认其效力的意思表示,使该行为发生效力的权利。追认权属于形成权。依民法基本理论,形成权系指"依权利者一方之意思表示,得使权利发生、变更、消灭或生其他法律上效果之权利"[1]。追认权具有以下特征:(1)不得单独转让,必须附随其所附之基本权利一起让与;(2)原则上不可附期限或条件;(3)不可成为侵权行为的客体;(4)无相对义务观念存在。追认权的行使要受除斥期间的限制,超过除斥期间,追认权人不能再行使追认权;除斥期间内,追认权人未对合同的追认作出明确表示的,推定为拒绝追认,无权代理行为不发生效力。追认行为是单方法律行为,依单方的意思表示即可完成,无需相对人的同意即可补正。追认行为属于补正行为。追认的作用在于使他人所为的民事行为发生效力,因此具有补正行为的性质。追认行为属于不要式行为,无需依特定方式,只要能够表达其追认的意思,即可发生追认的效力。

所谓撤销权,是指第三人有权在被代理人承认无权代理行为之前撤销其与无权代理人所为的意思表示。第三人一旦行使撤销权,被代理人就不能再行使追认权。行使撤销权的第三人必须是善意的,即不知代理人无代理权。明知代理人无代理权而仍与其为法律行为的第三人,即恶意第三人,法律无赋予

---

[1] 史尚宽:《民法总论》,中国政法大学出版社2000年版,第25~26页。

其撤销权的必要，如给被代理人造成损害的，还要与无权代理人一起承担损害赔偿责任。

第八章 民事责任

什么是按份责任、连带责任？二者间有哪些区别？

答 根据《民法典》第一百七十六条和第一百七十七条的规定，二人以上依法承担按份责任，能够确定责任大小的，各自承担相应的责任；难以确定责任大小的，平均承担责任。二人以上依法承担连带责任的，权利人有权请求部分或者全部连带责任人承担责任。连带责任人的责任份额根据各自责任大小确定；难以确定责任大小的，平均承担责任。实际承担责任超过自己责任份额的连带责任人，有权向其他连带责任人追偿。

按份责任与连带责任作为多数人责任中两个相对应的民事责任承担方式，两者之间存在着以下区别。

（1）责任产生的要求不同。按份责任对产生的原因没有特殊的要求，其产生的原因与一般民事责任产生的原因并无不同，都是责任人违反法定义务或约定义务而产生。而连带责任产生的原因不仅要求责任人违反法定义务或约定义务，还要求各责任人之间存在着法定的连带关系。

（2）责任的效力不同。在按份责任的效力中，只存在权利人与各责任人之间的效力，而且各责任人只对自己应承担的责任份额负责。在连带责任中，不仅存在权利人与各责任人之间的效力，还存在各责任人内部的效力，各责任人均应向权利人承担全部责任，而不管其承担是否已超出各责任人内部确定的责任份额，只是在该责任人向权利人履行全部义务后，可以就超出其责任份额的部分向其他责任人行使追偿权。

（3）承担责任的方式不同。连带责任是一种特殊的财产型责任，在《民法典》所规定的十一种责任形式中，它只能适用赔偿损失和支付违约金两种责任形式，其他九种责任形式不能适用。而按份责任适用的责任形式更多一些。

（4）有无共同目的不同。设立连带责任的根本目的在于确保债权的满足，各连带责任人均具有此目的。而按份责任的各责任人都是承担自己应承担的责任，各责任人之间不存在共同目的。

（5）法律要求不同。按份责任是多数人责任的常态。而连带责任因其可能加重责任人的责任，法律对其有严格的要求，只有在法律有规定的情况下才能适用，即连带责任采法定原则。

因不可抗力未履行民事义务的，是否要承担责任?

答 根据《民法典》第一百八十条的规定，因不可抗力不能履行民事义务的，不承担民事责任。法律另有规定的，依照其规定。

所谓不可抗力，是指合同订立时不能预见、不能避免且不能克服的客观情况。包括自然灾害，如台风、地震、洪水、冰雹；政府行为，如征收、征用；社会异常事件，如罢工、骚乱等。构成不可抗力，必须具备以下要件。

（1）不可预见的偶然性。不可抗力所指的事件必须是当事人在订立合同时不可预见的事件，它在合同订立后的发生纯属偶然。当然，这种预料之外的偶然事件，并非是当事人完全不能想象的事件，有些偶然事件并非当事人完全不能预见。但是由于它出现的概率极小，而被当事人忽略不计，把它排除在正常情况之外，但结果这种偶然事件真的出现了，则这类事件仍然属于不可预见的事项。在正常情况下，判断其能否预见到某一事件的发生有两个不同的标准：一是客观标准，即在某种具体情况下，一般理智正常的人能够预见到的，该合同当事人就应当预见到。如果对该种事件的预见需要一定的专门知识，那么只要具有这种专业知识的一般正常水平的人所能预见到的事件就为该合同当事人应当预见之事。二是主观标准，就是在某种具体情况下，根据行为人的主观条件，如当事人的年龄、发育状况、知识水平、职业状况、受教育程度以及综合能力等因素来判断合同当事人是否应该预见到。

（2）不可控制的客观性。不可抗力事件必须是该事件的发生是因为债务人不可控制的客观原因所导致的，债务人对事件的发生在主观上既无故意，也无过失，主观上也不能阻它发生。债务人对于非因为可归责于自己的原因而产生的事件，如果能够通过主观努力克服它，就必须努力去做，否则就不足以免除其债务。因此，因不可抗力具有不受当事人意志支配的特点，因而在各国法律中，一般都作为民事责任的免责事由。

【案例】 因不可抗力而不履行民事义务的，不承担民事责任

案例简介：孟某于2020年1月与旅行社签订旅游合同，

委托旅行社代订机票和酒店,并交纳2万元,约定2月1日出发,还约定因不可抗力导致无法履行的,旅行社退还孟某未实际发生的费用。合同签订后,因疫情防控,孟某无法出行,遂通知旅行社退团、返还费用,被旅行社拒绝。旅行社辩称:合同签订后公司就向航空公司和酒店支付了全款,并向地接社支付了部分费用,本社已经开始履行合同,故不同意退款。可孟某觉得之前的合同明明规定这种情况是可以退费的,旅行社这样做侵犯了自己的合法权益。

受诉法院审理后认为,双方之间的旅游合同关系因疫情防控无法继续履行,孟某取消行程系因发生不可抗力而行使合同解除权,旅行社应当采取积极措施退票、退房,防止损失扩大。[1]

知识点:不可抗力事件的发生,可能会导致原有法律关系的变更、消灭,如变更和解除合同,也可能导致新的法律关系产生,如财产投保人遇到不可抗力而蒙受财产损失且财产损

---

[1] 参见夏晶:《民法典规定:因不可抗力不能履行民事义务的,不承担民事责任》,载《长江日报》2020年7月21日。

失恰在保险范围内时，财产投保人与保险公司之间就产生了赔偿关系。不可抗力事件发生后，遭遇事故的一方当事人应采取一切措施挽救损失，并及时通知对方当事人，使损失减少到最低程度。

什么是正当防卫？正当防卫的行为人应承担什么责任？

❷ 《民法典》第一百八十一条规定，因正当防卫造成损害的，不承担民事责任。正当防卫超过必要的限度，造成不应有的损害的，正当防卫人应当承担适当的民事责任。

所谓正当防卫，是指为使自己或他人免于遭受现时的不法侵害而有必要进行的防卫。其构成要件如下。

（1）正当防卫须以一个现时的、对某个法律所保护利益（如所有权、健康权、自由）的不法侵害为基础。于此需要掌握的是，侵害是指每种可能伤害法律所保护的利益人的行为；若不能充分证明侵害是合理的，那就是不法的；侵害必须是现时的，即已经开始且尚未结束。

（2）正当防卫必须是被侵害人或第三人所实施的，具有防卫意识的、客观上必要且不属于滥用权利的防卫；于此需要掌握的是，防卫意识是指行为人自己或第三人进行防卫的意识；对于侵害行为而言，防卫必须是必要的；至于必要与否要根据客观标准判断，而不能单纯从被侵害人角度判断。正当防卫行为本身是合法的，因此即使给侵害人造成损害，也不必承担赔偿责任，但如果防卫人错误认为存在正当防卫情况（假想防卫）或者防卫超出了必要限度（防卫过当），应当适当承担民事责任，如侵权责任。这里"适当"是指仅对"超过防卫限度行为所引发的损害"承担责任。因正当防卫造成损害的，不承担责任。正当防卫超过必要的限度，造成不应有的损害的，正当防卫人应当承担适当的责任。

需要指出的是，民法中的正当防卫与刑法中的正当防卫是有所区别的，刑法中的正当防卫是针对侵害人人身的正当反击，民法中的正当防卫是可以针对他人的财产反击的。刑法与民法对正当防卫确定的责任后果是不同的。

什么是紧急避险？紧急避险的行为人应承担什么责任？

❓ 《民法典》第一百八十二条规定，因紧急避险造成损害的，由引起险情发生的人承担民事责任。危险由自然原因引起的，紧急避险人不承担民事责任，可以给予适当补偿。紧急避险采取措施不当或者超过必要的限度，造成不应有的损害的，紧急避险人应当承担适当的民事责任。

所谓紧急避险，又称"紧急避难"，是指为了使公共利益、本人或者他人的人身和其他权利免受正在发生的危险，不得已而采取的损害较小的另一方的合法利益，以保护较大的合法权益的行为。该制度的设立是一种人文关怀，一种对生命或其他重大权益的保障。特点是在两个合法权益发生冲突时，为了保护某种较大的权益，在没有其他办法的情况下，不得不损害另一较小的权益。因而不构成犯罪，行为人也不需承担民事责任。紧急避险的成立条件如下。

（1）为了保护公共利益、本人或者他人的合法权益免受危险的损害。

（2）客观上具有正在发生的真实危险。

（3）迫不得已而采取的行为。

（4）不能超过必要的限度而造成不应有的危害。

针对人为造成的紧迫险情，采取紧急避险措施导致损害时，紧急避险人无需担责，此处致损的责任承担人为引起险情发生的人，即引发险情者才是真正的侵权行为人，如车祸事故责任方、火灾纵火者等。若危险源于自然原因，紧急避险造成损害的，紧急避险人也不用承担民事责任，但可按照公平分担原则，由紧急避险人对因避险引致的损失予以合理的经济补偿。尽管如此，紧急避险也应有行为边界，不能运用不当措施来避险或避险超过必要的限度。通常情况下，紧急避险人应牺牲较小的法益来保全较大的法益，即注意采取适当的手段，发生尽可能小的损害。若超越合理的行为边界，紧急避险过当导致本不应发生的损害，紧急避险人应承担适当的民事责任。

什么是见义勇为？见义勇为的行为人需承担何种责任？

答 根据《民法典》第一百八十三条的规定，因保护他人民事权益使自己受到损害的，由侵权人承担民事责任，受益人可以给予适当补偿。没有侵权人、侵权人逃逸或者无力承担民事责任，受害人请求补偿的，受益人应当给予适当补偿。第一百八十四条规定，因自愿实施紧急救助行为造成受助人损害的，救助人不承担民事责任。

行为人自愿实施保护他人、紧急救助行为的，属于见义勇为。具体来说，见义勇为是指个人不顾自身安危通过同违法犯罪行为做斗争或者抢险、救灾、救人等方式保护国家、集体的利益和他人的人身、财产安全的一种行为。见义勇为的法律特征主要如下。

（1）见义勇为的主体是非负有法定职责或者义务的自然人。负有法定职责或者义务的主体，在履行法定职责或者义务时，不能成为见义勇为的主体。

（2）见义勇为所保护的客体，是国家、集体利益或者他人的人身、财产安全。公民为保护本人生命、财产安全而与违法犯罪做斗争的行为，不能认定为见义勇为。

（3）见义勇为的主观方面在于积极主动、不顾个人安危。

（4）见义勇为的客观方面，表现为在国家、集体利益或者他人的人身、财产遭受正在进行的侵害的时候，义无反顾地与危害行为或者自然灾害进行斗争的行为。

构成见义勇为，需满足三个条件：一是以保护国家、集体的利益和他人的人身、财产安全为目的；二是具有不顾个人安危的情节；三是实施了同违法犯罪行为做斗争或者抢险、救灾、救人的行为。《民法典》以法律形式确认见义勇为行为，予以鼓励和保护，并免除其民事责任，为见义勇为者解除了后顾之忧。

第九章 诉讼时效

什么是普通诉讼时效？

🅐 诉讼时效制度，是指如果权利人在诉讼时效期间内不行使其权利，待诉讼时效期间届满后再向法院起诉要求义务人履行义务的，义务人可以诉讼时效期间届满为由提出抗辩，权利人享有的胜诉权旋即消灭。换言之，就是该权利再也无法得到法院的保护。法律之所以规定诉讼时效制度，其目的是为了督促权利人依法及时主张权利，警示躺在权利上睡觉的人，以维护社会秩序。

一般的诉讼时效期间为三年，计算的起点为"权利人知道或应当知道权利受到损害以及义务人之日"。例言之，甲于2021年向乙借款人民币50万元，双方约定还款日期为2022年，但甲到期后未归还。由于乙自2022年还款期满时即知道其债权受到损害且义务人是甲，所以乙起诉甲的诉讼时效应从2022年开始计算。生活中有时候权利人的权利受到侵害时，权利人虽然知道其权利受到了侵害，但并不知道义务人具体是何人。例如，甲趁乙不备，偷偷损坏了乙的电脑。乙发现电脑损坏时并不知道侵害人是甲。经过调查才发现侵害人。那么，乙向甲主张损害赔偿的诉讼时效应从乙发现甲是侵权行为人时起算。

除一般的诉讼时效期间外，法律还专门规定了一些特殊的民事法律关系的诉讼时效，且有特殊规定的，要优先适用特殊规定。如《民法典》第一百九十一条规定了受性侵未成年人赔偿请求权的诉讼时效：从受害人年满十八周岁之日起计算，也就是说，未成年人遭受性侵害后即使当时未主张加害人承担民事责任的，等其满十八岁后仍然可以要求加害人承担相应的责任。

当然，法律所保护的权利人的胜诉权是有最长20年的期限的。假使权利人自权利受到侵害的事实发生之日起20年后再请求法院保护权利，如义务人提出诉讼时效经过的抗辩，法院则不再保护权利人的胜诉权。但是，如果确实存在特殊情况，法院也可以根据申请来裁量是否需要延长诉讼时效期限。

分期履行的债务的诉讼时效自何时起算？

答 生活中，当事人可能会约定分期履行同一债务，此时，该笔债务的诉讼时效期限应当从最后一期债务履行期限届满之日起计算。比如，甲向乙借款人民币10万元，约定从2021年1月至10月分十个月返还，每月返还乙1万元，此时，乙向甲主张该笔债权的诉讼时效应当从2021年11月开始计算。但是，该种诉讼时效规定仅限于分期履行的同一债务，即要求债务从整体上来说是一个债务，具有统一性和整体性。如果应还债务并非同一债务，如供电人向用电人供电，用电人支付电费的供电合同，每笔债务都是相互独立的，那么就不能适用分期履行的债务诉讼时效规定。

诉讼时效期间届满的法律效果是什么？

答 权利人在诉讼时效期间内未主张权利，待期间届满后，义务人就享有针对权利人请求权的抗辩权，也就可以以诉讼时效期间届满为由拒绝履行义务。如，甲与乙约定甲应于2023年还清欠款，结果甲到2028年也没还，则乙再到法院起诉甲，诉请甲履行还款义务时，甲就可以以诉讼时效届满为由提出抗辩。

但是，义务人并非一定要行使抗辩权，其也可以在诉讼时效期间届满后，同意继续履行义务，如上述例子中的甲如果在2028年表示同意还款，甲就放弃了诉讼时效抗辩权，其仍然要继续还款。

由于诉讼时效期间届满不会导致权利的消灭，因此，义务人仍愿履行义务的，权利人仍旧有权享有其权利。如上述例子中的甲在2028年时主动还清了欠款，则乙不会构成不当得利，甲之后也不能以诉讼时效期间届满为由要求乙返还钱款。

人民法院能主动适用诉讼时效的规定吗？

答 法院不可以主动援引诉讼时效的规定。这是因为，义务人行使诉讼时效期间届满的抗辩权是其享有的权利，既可以行使，也可以不行使。义务人主张诉讼时效期间届满还要承担相应的举证责任，这才符合"谁主张、谁举证"的民事证据规则。法院作为中立的审判机关，不能代替权利人或义务人行使权利，更不能代为履行举证责任，否则就有偏袒一方当事人的嫌疑。因此，法院不能主动适用诉讼时效的规定。

什么是诉讼时效中止?

答 顾名思义,诉讼时效中止就是指诉讼时效在特定情况下暂时停止计算的制度。具体而言,在诉讼时效期间的最后六个月内,因发生法定事由导致权利人不能行使请求权的,诉讼时效暂时停止计算。在导致时效中止的原因消除之日起满六个月后,诉讼时效届满。例如,某债权的诉讼时效原本应于2022年10月10日届满,但在2022年4月11日至10月10日的期间内,发生了法定事由,则诉讼时效中止计算。权利人可以在中止诉讼时效的原因消除之日起六个月内主张其权利。

能够中止诉讼时效的具体法定事由包括如下几种。

第一,不可抗力。根据《民法典》第一百八十条的规定,不可抗力是指不能预见、不能避免且不能克服的客观情况。比如,发生了地震、洪水等自然灾害,征收、征用等政府行为,罢工、骚乱等社会异常事件等。

第二,无民事行为能力人或者限制民事行为能力人没有法定代理人,或者法定代理人死亡、丧失民事行为能力、丧失代理权。不满八周岁的未成年人、不能辨认自己行为的成年人等无民事行为能力人，八周岁以上的未成年人、不能完全辨认自己行为的成年人等限制民事行为能力人，在没有适格法定代理人的情况下，诉讼时效可以待其有法定代理人代理之日起计算，直至六个月后届满。

第三，继承已开始，但未确定继承人或者遗产管理人。由于未确定继承人或管理人，此时尚未确定权利由谁继受和行使，所以不能计算诉讼时效。

第四，权利人被义务人或者其他人控制。此时，权利人不行使权利并非因其怠于行使权利，而是因为其被控制，无法行使请求权。为保护其合法权益，权利人受控制期间应中止诉讼时效。

第五，其他导致权利人不能行使请求权的障碍。该条是兜底条款，也即在上述四条事由以外，如有其他阻碍权利人行使权利的情形，也可以适用诉讼时效中止的规定。

什么是诉讼时效中断？

答 诉讼时效中断，是指在诉讼时效期间内，因发生法定事由，导致已经经过的诉讼时效期间归于无效，待导致诉讼时效期间中断的事由消除后,诉讼时效期间重新计算的制度。

引起诉讼时效中断的事由包括以下几项。

第一,权利人向义务人提出履行要求。权利人向义务人实施主张权利的行为,比如权利人向义务人直接送交主张权利的文书,义务人在文书上签字、盖章等,或义务人虽然没有签字、盖章,但权利人能证明该文书已经送达给义务人。权利人主张权利的方式不限,但主张权利的意思表示要向特定的相对人发出,且该意思表示要传达到该特定的相对人。

第二,义务人同意履行义务。义务人可以以明示或者默示的方式同意履行义务,比如义务人作出分期履行、部分履行、提供担保、请求延期履行、制定清偿债务计划等承诺或者行为的,均属于义务人同意履行义务的表现形式。

第三,权利人提起诉讼或者申请仲裁。权利人到法院提起诉讼和向仲裁机构申请仲裁均能引起诉讼时效中断。例如,权利人向法院提交起诉状或者口头起诉的,诉讼时效自其提交起诉状或者口头起诉之日起中断。

第四,与提起诉讼或者申请仲裁有同等效力的其他情形。比如申请支付令、申请破产、申报破产债权、为主张权利而申请宣告义务人失踪或死亡、申请诉前财产保全等诉前措施、申请强制执行、申请追加当事人或者被通知参加诉讼、在诉讼中主张抵销，等等。此外，权利人向人民调解委员会以及其他依法有权解决相关民事纠纷的国家机关、事业单位、社会团体等组织提出保护民事权利的请求的，诉讼时效从提出请求之日起中断。权利人向公安机关、人民检察院、人民法院报案或者控告，请求保护其民事权利的，诉讼时效从其报案或者控告之日起中断。

哪些请求权不适用诉讼时效的规定？

答 根据《民法典》第一百九十六条的规定，有四种请求权不适用诉讼时效的规定。

第一，请求停止侵害、排除妨碍、消除危险的请求权不适用诉讼时效的规定。上述三种请求权针对的侵害一般都是持续性的，对处于尚在侵害状态中的侵害提出请求，并无适用诉讼时效的必要性。如人格权受到侵害的，受害人享有请求行为人停止侵害、排除妨碍、消除危险、消除影响、恢复名誉、赔礼道歉等请求权，此时就不适用诉讼时效的规定。

第二,不动产物权和登记过的动产物权的权利人请求返还财产不适用诉讼时效的规定。不动产是指土地以及房屋、林木等地上附着物,所有的不动产物权的权利人请求返还财产,均不适用诉讼时效。动产是指能脱离原有位置而存在的资产,即除不动产以外的其他的物,比如家具、电脑、手机、汽车等。并非所有动产物权均不适用诉讼时效,只有登记过的动产物权的权利人请求返还财产不适用诉讼时效,也就是说,诸如汽车、船舶、航空器等可登记的物权,只要登记了,就不受诉讼时效的约束。

第三,请求支付抚养费、赡养费或扶养费不适用诉讼时效的规定。基于身份权被侵害而产生的给付抚养费、赡养费的请求权,尽管具有财产给付性质的内容,但由于涉及人的基本生存,如果仅因为时效届满而不予支持,就会使权利人的生活失去保障,也不利于维护基本的社会伦理秩序,所以不应适用诉讼时效。

第四,依法不适用诉讼时效的其他请求权。该项为兜底条款。常见的情形有:支付存款本金及利息请求权,兑付国债、金融债券以及向不特定对象发行的企业债券本息请求权,基于投资关系产生的缴付出资请求权,等等。

第十章　期间计算

什么是期间起算点的确定规则？

答 按照年、月、日计算期间的，开始的当日不计入，自下一日开始计算。比如，3年的普通诉讼时效期间应从权利人知道或应当知道权利受侵害且知道义务人之日起计算，假设A于2020年11月2日知道其所有的财物被B损坏，则其对B的侵权损害赔偿请求权的诉讼时效起算点为2020年11月3日。又如，甲和乙于2020年8月30日签订一份房屋租赁合同，约定"自合同签订之日起五日内，甲应向乙交付房屋，乙应支付甲房屋租金"。8月30日系合同签订之日，当日是不计入期间内的，应从8月31日起计算五日为甲、乙双方履行各自义务的期间，即8月31日至9月4日。同理，如果双方于2020年8月30日签订合同，并约定三年内履行完各自义务，三年的期间也应从2020年8月31日起计算。

按照小时计算期间的，自法律规定的时间或者当事人约定的时间开始起算。也就是说，双方可以约定一个具体的小时作为时间点起算期间。如，甲、乙约定：乙应当自某日 8 时起三个小时内完成商品交付的义务，即从 8 点至 11 点为乙履行义务时间。

什么是期间终点的确定规则？

答 按照年、月计算期间的，到期月的对应日为期间的最后一日。比如，甲向乙借款人民币 10 万元，约定乙应于 2020 年 1 月 5 日起十个月内还清欠款。那么，乙还款的期间起算点是 2020 年 1 月 6 日，到期月是 2020 年 11 月，到期月对应的日为 2020 年 11 月 5 日，即乙还款的期间应该是 2020 年 1 月 6 日至 2020 年 11 月 5 日。

如果到期月没有对应日的，则月末日为期间的最后一日。如，双方约定 1 月 31 日起 3 个月内履行完毕，到期月就为 4 月，对应日应为 31 日，但 4 月没有 31 日，所以，4 月的月末日 30 日为对应日。

如果期间的最后一日是法定休假日，就以法定休假日结束的次日为期间的最后一日。法定休假日，既包括法定节假日，也包括周六、周日。

期间的最后一日的截止时间为 24 时；有业务时间的，停止业务活动的时间为截止时间。一般而言，最后一天的截止时间应该是 24 时，也就是最后一日的自然结束时间。如果行使权利或履行义务要受到特殊业务活动的限制，那么截止时间为当天的 24 时就不符合社会生活的实际情况了，此时就要以业务活动的停止时间为期间的具体截止时间。

期间的计算方法能否由当事人约定？

答 原则上双方当事人都要遵守期间的计算方法，但如果其他法律另有规定或者当事人之间另有约定的，则应优先遵守其他法律的规定或者当事人之间的约定。这是因为：第一，《民法典》是民事领域的基本法，在我国民事法律领域还有很多其他类型的单行法，当这些特别法对诉讼期间的计算方法作出特殊规定时，期间的计算应当优先适用此类特别法的特殊规定；第二，如果当事人对期间的计算方法能够达成一致意见，也可以按照当事人约定的方法计算期间，比如，双方约定期间的计算单位为工作日，而非自然日。又如，双方约定期间的计算单位为"半月、季度"，而非"年、月、日、小时"。

第二部分

物 权

Part Two

Real Rights

第一章 物权编通则

什么是"物"?"物"是否包括著作、商标和专利等精神产品?

❣ 《民法典》第二百零五条规定:"本编调整因物的归属和利用产生的民事关系。"此处的"物",包括不动产和动产,不动产是指土地以及房屋、林木等土地定着物;动产是指不动产以外的物,比如汽车、电视机。"物"通常是"有体物"或者"有形物",包括固体、液体、气体、电等。所谓"有体物"或者"有形物"主要是与精神产品相对而言的,著作、商标、专利等是精神产品,是"无体物"或者"无形物"。精神产品不是《民法典》规范的对象,主要由专门法律如《著作权法》《商标法》《专利法》调整。

然而在有些情况下,《民法典》也涉及这些精神产品。例如,《民法典》第四百四十条规定"可以转让的注册商标专用权、专利权、著作权等知识产权中的财产权"可以出质作为权利质权。

什么是物权？物权和债权有什么区别？

答 物权是一种财产权，是权利人依法对特定的物享有直接支配和排他的权利。所谓直接支配，是指权利人能根据自己的意思享受物的利益，无需他人的介入。例如，房屋所有人能凭自己的意思居住、出租、出售或设定其他物权，不必得到他人的同意。所谓排他，是指物权对任何人都有效力，任何人未经权利人同意不得侵害。物权受到他人侵害的，权利人有权请求他人排除侵害。

物权包括所有权、用益物权和担保物权。所有权是指权利人依法对自己的物享有全面支配的权利。用益物权是指依法对他人的物享有使用和收益的权利，比如农村土地承包经营权、建设用地使用权等。担保物权是指为了确保债务履行而设立的物权，当债务人不履行债务时，债权人依法有权就担保物的价值优先受偿，比如抵押权、质权、留置权等。

由于物权是直接支配物的权利，因而物权又称为"绝对权"；物权的权利人享有物权，任何其他人都不得非法干预，物权的义务人是物权的权利人以外的任何其他的人，因此物权又称为"对世权"。在权利性质上，物权与债权不同。债权的权利义务限于当事人之间,如合同的权利义务限于订立合同的各方当事人,不能要求与合同权利义务无关的人作为或不作为。因此,债权被称为"对人权""相对权"。

购买房屋或者电视机,买主何时取得该房屋或者电视机的所有权?因继承、判决取得房屋或者电视机的,有什么例外?

❷ 由于物权是排他的"绝对权""对世权",因此必须让广大的义务人清楚地知道,谁是物的权利人,不应该妨碍谁。而且,权利人转让自己的物时,也要让买主知道他有无资格转让该物。这都要求以令公众信服的特定方式确定,让大家很容易、很明白地知道该物是谁的,以维护权利人和社会公众的合法权益。这是物权的公示原则与公信原则。

关于物权公示的主要方法,《民法典》第二百零八条规定:"不动产物权的设立、变更、转让和消灭,应当依照法律规定登记。动产物权的设立和转让,应当依照法律规定交付。"其中,不动产物权和动产物权的公示方法有所不同。就不动产而言,《民法典》第二百零九条规定:"不动产物权的设立、变更、转让和消灭,经依法登记,发生效力;未经登记，不发生效力，但是法律另有规定的除外。"《民法典》第二百一十四条规定："不动产物权的设立、变更、转让和消灭，依照法律规定应当登记的，自记载于不动产登记簿时发生效力。"也就是说，购买房屋的，房屋所有权的转让经依法登记发生效力，即买主自房屋所有权登记在其名下时取得房屋所有权，同时卖主丧失该房屋所有权。就动产而言，《民法典》第二百二十四条规定："动产物权的设立和转让，自交付时发生效力，但是法律另有规定的除外。"比如买一台电视机，自完成电视机的交付之时，买主才有所有权，卖主同时失去所有权。因此，不动产物权变动须经登记发生效力，动产物权的变动须通过交付发生效力。要确定物的归属，对不动产而言，应查阅登记；对动产而言，应看谁占有该动产。

但是，因继承、判决导致物权变动的，属于例外情形，并不遵循上述规则。《民法典》第二百二十九条规定："因人民法院、仲裁机构的法律文书或者人民政府的征收决定等，导致物权设立、变更、转让或者消灭的，自法律文书或者征收决定等生效时发生效力。"《民法典》第二百三十条规定："因继承取得物权的，自继承开始时发生效力。"

【案例】 基于生效法律文书享有不动产物权的司法保护

案例简介：1997年4月28日，甲公司、陈某与乙银行签订《抵押担保借款合同》一份，约定甲公司向乙银行借款50万元，并由陈某作为担保人以其所有的涉案房屋为借款设定抵押，各方对该借款协议进行了公证，宁波市公证处出具了具有强制执行效力的债权文书公证书。因借款人到期未能偿还借款，乙银行于1998年向宁波市海曙区人民法院申请强制执行，该院于1999年2月5日依法作出（98）甬海执初字第627号民事裁定，裁定将被执行人陈某所有的涉案房屋过户给乙银行所有，但涉案房屋始终未办理过户登记手续，仍登记在陈某名下。2007年8月6日，案外人毛某与拍卖人丙公司签订《拍卖成交确认书》一份，由毛某拍得宁波市海曙区人民法院627号裁定书项下的权利，成交价为50万元。乙银行诉至法院请求判令陈某立即返还上述房屋，法院予以支持。[1]

---

[1] 参见浙江省宁波市中级人民法院（2016）浙02民终1475号民事判决书。

知识点：首先根据《民法典》的规定，作为物权公示生效原则的例外，基于生效法律文书发生的物权变动，不以登记、交付为生效要件，法律文书一经生效，即发生物权效力。因不同法律文书生效时间不同，所引起的物权变动的具体时间当然也存在差异。如根据《民事诉讼法》的规定，地方各级人民法院作出的、法律允许上诉的一审判决，当事人未在上诉期内提起上诉的，上诉期限届满，判决即发生法律效力，即该类判决引起物权变动的时间应为上诉期限届满之日。但《最高人民法院关于适用〈中华人民共和国民事诉讼法〉的解释》第二百四十四条规定，可以上诉的判决书、裁定书不能同时送达双方当事人的，上诉期从各自收到判决书、裁定书之日计算。故在这种情况下，物权变动生效时应为上诉期全部届满之日。而最高人民法院作出的一审判决、中级以上人民法院作出的二审判决和地方各级人民法院作出的不准上诉的一审判决，一经送达立即生效，该类判决引起物权变动的时间自然应为文书送达之日。

其次，基于生效法律文书享有不动产物权的权利人所进行的物权处分行为，虽因未依法办理宣示登记而不发生物权效力，但其获得相应物权保护的权利并不因此而受影响。因此，作为基于生效法律文书享有不动产物权的权利人,在权利受到侵害的情形下寻求司法救济,人民法院应予支持。

买卖房屋后未办理登记的,会影响房屋买卖合同的效力吗?

答 合同只是当事人之间的一种合意,并不必然与登记联系在一起。登记是一种物权变动的公示方法,并不是针对合同行为。如果当事人之间仅就物权的变动达成合意,而没有办理登记,合同仍然有效。《民法典》第二百一十五条规定:"当事人之间订立有关设立、变更、转让和消灭不动产物权的合同,除法律另有规定或者当事人另有约定外,自合同成立时生效;未办理物权登记的,不影响合同效力。"除非法律有特别规定,合同一经成立,只要不违反法律的强制性规定和社会公共利益,就可以发生效力。例如,当事人双方订立了房屋买卖合同之后,合同就已经生效,如果没有办理登记手续,房屋所有权不发生移转,但房屋买卖合同仍然有效。如果卖主不配合买主办理登记手续且构成合同违约,就应当承担违约责任,买主可以请求卖主办理房产转让登记,或者赔偿损失。

【案例】 房屋因附有违法建筑而无法过户应属合同履行范畴，不影响合同效力

案例简介：石某系涉讼房屋的产权人。2008年10月7日，丁某与石某签订房屋买卖合同，约定丁某受让石某的涉讼房屋。丁某按约支付房款后，2008年10月18日，上海市长宁区房屋土地管理局向上海市长宁区交易中心发出附有违法建筑并结构相连的房屋的认定通知单，根据《上海市住宅物业管理规定》第四十二条第（3）款的规定，不予办理房地产转移以及抵押登记手续。丁某认为，双方签订的房屋买卖合同合法有效，石某拒绝拆除涉讼房屋上的违法建筑，导致无法办理过户构成违约，应承担相应的法律责任。

法院认为，丁某对于本案纠纷的发生无过错，应属善意信赖不动产登记信息的合同当事人，法律应当保护丁某的此种信赖利益，这也是强化不动产公示、公信效力的要求。虽然涉讼房屋被行政机关限制交易，买卖合同的履行可能存在障碍，但根据我国《民法典》的区分原则，转让不动产的合同，除法律另有规定或合同另有约定外，自合同成立时生效，未办理物权登记，不影响合同效力，因此，不能因涉讼房屋过户存在障碍就否认其买卖合同的有效性。丁某与石某就涉讼房屋签订的买卖合同，不具备我国《民法典》规定的民事法律行为无效情形，应属有效。石某应于原告恢复原状、通过行政机关审查认可并撤销交易限制后再协助原告办理产权手续，并承担相应的违约责任。[1]

知识点：房屋行政主管部门对未经审批而改建、重建的房屋，可因现实状况与不动产登记簿记载的权利状况不一致，将其认定为附有违法建筑并结构相连的房屋并限制交易。善意买受人根据不动产登记的公示公信原则，确信登记的权利状态与现实状态相一致，此信赖利益应予保护；根据区分原则，房屋因附有违法建筑而无法过户属合同履行范畴，不应影响合同效力。因此，这类合同如不具备《民法典》中法律行为无效的情形，应当认定有效。出卖人负有将房屋恢复至原登记的权利状态并消除行政限制的义务。在买受人同意按现状交付并自愿承担恢复原状义务的情况下，出卖人应按诚实信用原则将房屋

---

[1] 案例改编自《丁福如与石磊房屋买卖合同纠纷案》，载《最高人民法院公报》2012年第11期（总第193期）。

交付买受人，并于买受人将房屋恢复原状、消除行政限制后协助完成过户手续。

认为不动产登记簿记载事项存在错误，可以采取什么措施？

答 首先，不动产权利人、利害关系人可以向登记机构申请查询、复制不动产登记资料。《民法典》第二百一十八条规定："权利人、利害关系人可以申请查询、复制不动产登记资料，登记机构应当提供。"此处"权利人"，是指不动产登记簿上记载的不动产权利主体；"利害关系人"，是指对登记的不动产享有利益的人。通常情况下，利害关系人在查询不动产登记信息时需要提供证据证明其与相关的不动产具有利害关系。具体而言，根据《不动产登记资料查询暂行办法》的规定，符合下列条件的利害关系人可以申请查询有利害关系的不动产登记结果：（一）因买卖、互换、赠与、租赁、抵押不动产构成利害关系的；（二）因不动产存在民事纠纷且已经提起诉讼、仲裁而构成利害关系的；（三）法律法规规定的其他情形。

其次，不动产权属证书记载的事项应当与不动产登记簿一致，如果不一致，原则上以不动产登记簿为准。《民法典》第二百一十六条规定："不动产登记簿是物权归属和内容的根据。不动产登记簿由登记机构管理。"《民法典》第二百一十七条规定："不动产权属证书是权利人享有该不动产物权的证明。不动产权属证书记载的事项，应当与不动产登记簿一致；记载不一致的，除有证据证明不动产登记簿确有错误外，以不动产登记簿为准。"所谓不动产权属证书，是指在依法办理完登记手续后，由登记机关制作并颁发给权利人作为其享有不动产物权的证明，是不动产登记簿所记载内容的外在表现形式。

因此，不动产权利人、利害关系人通过向登记机构申请查询、复制不动产登记资料等方式，就有可能认为不动产登记簿记载的事项存在错误。对此，《民法典》第二百二十条第一款规定："权利人、利害关系人认为不动产登记簿记载的事项错误的，可以申请更正登记。不动产登记簿记载的权利人书面同意更正或者有证据证明登记确有错误的，登记机构应当予以更正。"更正登记主要包括以下两种情形。（一）不动产登记簿记载的权利人书面同意更正。此时，即便变更登记申请人尚未提出足够的证据证明登记确有错误，登记机构也应当办理变更登记。（二）有证据证明登记确有错误的。"不动产登记簿记载的事项错误"包括以下两种情形：一是事实状况的记载错误，例如不动产的面积、所在地等基本信息出现错误；二是权利事项的错误，如将二人共有的房屋记载为一人所有、未记载不动产上的抵押权等。

同时，《民法典》第二百二十条第（2）款规定："不动产登记簿记载的权利人不同意更正的，利害关系人可以申请异议登记。登记机构予以异议登记，申请人自异议登记之日起十五日内不提起诉讼的，异议登记失效。异议登记不当，造成权利人损害的，权利人可以向申请人请求损害赔偿。"所谓异议登记，是指当利害关系人认为不动产登记簿上所记载的事项存在错误，且权利人不同意对此进行更正时，利害关系人向登记机构申请的、旨在中止不动产登记簿公信力并阻却第三人善意取得的一种登记。

最后，如果权利人、利害关系人发现因当事人提供虚假材料申请登记，造成不动产登记簿记载的事项有错误，对其造成损害的，有权请求该当事人承担赔偿责任。权利人、利害关系人因登记错误受到损害的，可以请求登记机构承担赔偿责任。法律依据为《民法典》第二百二十二条："当事人提供虚假材料申请登记，造成他人损害的，应当承担赔偿责任。因登记错误，造成他人损害的，登记机构应当承担赔偿责任。登记机构赔偿后，可以向造成登记错误的人追偿。"

购买预售的商品房，有什么方法可以制约开发商二次出售或抵押房产？

答 实践中，购房人与开发商签订房屋预售合同时，由于预售的商品房尚未建成，不动产物权尚未产生，无法立即办理房屋登记。购房人在与开发商订立预售合同后，只享基于合同的请求权，该项权利没有排他的效力，所以购房人无法防止开发商将房屋以更高的价格出卖给他人，即"一房二卖"情况的发生，只能在这种情况发生时主张开发商违约并要求损害赔偿，无法获得指定的房屋。

为了保全购房人将来物权的实现，《民法典》第二百二十一条规定了预告登记制度："当事人签订买卖房屋的协议或者签订其他不动产物权的协议，为保障将来实现物权，按照约定可以向登记机构申请预告登记。预告登记后，未经预告登记的权利人同意，处分该不动产的，不发生物权效力。预告登记后，债权消灭或者自能够进行不动产登记之日起九十日内未申请登记的，预告登记失效。"

预告登记是不动产登记的特殊类型。其他的不动产登记都是对现实的不动产物权进行登记，而预告登记所登记的，不是不动产物权，而是对将来发生不动产物权变动的请求权。在建立了预告登记制度的情况下，购房人如果将他的这一请求权进行预告登记，因为预告登记具有物权的排他效力，所以开发商违背预告登记内容的处分行为就不能发生法律效力。这些处分行为既包括一房二卖，也包括在已出售的房屋上设定抵押权等行为。由此，就能确保购房人将来获得约定买卖的房屋。

【案例】仅办理抵押预告登记的房产不具有优先受偿权

案例简介：2010年11月17日，甲银行与乙公司签订《个人住房按揭贷款合作协议书》一份，约定：甲银行同意对乙公司开发建设并依法销售的某小区购房人提供按揭贷款；乙公司同意对每一位购房人提供连带责任保证。2011年1月27

日，甲银行与王某、周某（夫妻关系）签订《个人购房借款合同》一份，约定：甲银行借给王某94万元用于购买某小区A房产，借款期限为4年，采用浮动利率；王某、周某以上述A房产作为抵押担保。2011年2月21日，甲银行发放上述借款。之后，双方就房产办理了抵押预告登记手续。自2011年10月起，王某未按期足额还本付息，甲银行遂提起诉讼，请求以抵押房产折价或者以拍卖、变卖所得价款优先受偿。审理中，乙公司表示，抵押房产属预购商品房，已取得预售许可证，目前尚未竣工。[1]

知识点：抵押预告登记作为一种临时性登记行为，既不是行政部门对期房交易的监管行为，也不能等同于直接产生支配效力的抵押登记，其设立目的在于期房买卖中，债权行为的成立和不动产的转移登记之间常常因房屋建造等各种原因而导致相当长时间的间隔，为平衡不动产交易中各方利益，维护交易安全，法律赋予了抵押预告登记能够对抗第三人的物权效力，

---

[1] 参见江苏省无锡市南长区人民法院（2012）南商初字第123号民事判决书。

但鉴于不动产物权尚未成立，不具备法定的抵押登记条件，故不产生优先受偿的效力。

转让机动车等大型交通工具未登记的会造成什么法律后果？

答 通常认为，机动车、船舶和航空器等大型交通工具，因价值超过普通动产，在法律上被视为特殊动产，需要更为严格的登记手段保护交易安全。但是，如果特殊动产的物权变动也须经登记才生效，将损害交易的自由和便利，增加交易成本（例如，所买卖的机动车已经远离了登记地）。因此，为了兼顾交易安全和交易自由，《民法典》第二百二十五条规定："船舶、航空器和机动车等的物权的设立、变更、转让和消灭，未经登记，不得对抗善意第三人。"船舶、航空器和机动车等特殊动产的物权变动，仍然按照动产物权变动的规则，自交付时发生效力。但是，特殊动产物权的变动还应当进行登记。如果未在登记部门进行登记，就不产生社会公信力，不能对抗善意第三人。所谓"善意第三人"，是指对船舶、航空器和机动车等特殊动产的交付不知情、支付了合理对价并办理了登记的物权关系相对人。

转让的物品不在出让人手中的,如何完成交付?

答 动产物权的让与须通过交付发生效力。一般情况下,由出让人向受让人转移动产的占有的,称为现实交付。在现代分工经济交易活动中,物的交付经常借他人之手。转让的动产不在出让人手中的,存在两种情形:第一种是该动产已经由受让方占有的。此时,受让人对物的事实支配和排他性权利已经提前实现,双方没有必要再移转占有。因此,在第三人之间关于动产物权变动的合意生效时,视为已完成交付。对此,《民法典》第二百二十六条规定:"动产物权设立和转让前,权利人已经占有该动产的,物权自民事法律行为生效时发生效力。"称为简易交付。法律之所以允许这种无形的交付,在于顾及交易便捷。第二种是该动产事先由第三人占有的。对此,《民法典》第二百二十七条规定:"动产物权设立和转让前,第三人占有该动产的,负有交付义务的人可以通过转让请求第三人返还原物的权利代替交付。"此种交付称为指示交付,在动产转让前,出让人有权请求第三人返还原物,动产转让后为了完成交付,出让人将对第三人的返还原物请求权让与受让人,受让人由此可以向第三人请求返还原物。

出让人因某种原因需继续占有出让物的,如何实现?

答 实践中较为常见的是,出让人在出卖动产后,基于生产、生活的需要仍需继续占有动产;或者受让人虽然取得了动产的所有权,但需要从物上获取经济利益,如收取租金。此时,如果严格贯彻实际交付的原则并不符合当事人的需要,甚至会妨碍交易便利。对此,《民法典》第二百二十八条规定:"动产物权转让时,当事人又约定由出让人继续占有该动产的,物权自该约定生效时发生效力。"这是对占有改定的规定,出让人在让与动产物权后,仍然继续占有该动产,无须转移直接占有,通过当事人之间订立的借用、租赁等合同,使出让人取得间接占有,以代替现实交付,使物权变动发生效力。例如,甲出售钢琴给乙,若甲尚需使用该琴参加比赛,可以与乙达成转让钢琴的合意并订立借用或租赁合同,由乙间接占有钢琴来替代实际交付,完成钢琴所有权的移转。

物权受到侵害时,可以采取哪些保护措施?

答 对于物权归属问题,利害关系人就物权的归属、内容发生争议时,有权请求有关机构或法院对物权的归属、内容予以确认。例如,登记机构将他人的房屋面积登记错误,或者将抵押权所担保的债权数额记载错误,权利人在向登记机构提出更正登记遭到拒绝后,有权请求法院确认其物权。对此,《民法典》第二百三十四条规定:"因物权的归属、内容发生争议的,利害关系人可以请求确认权利。"

物权受到侵害时,物权人享有请求恢复其物权圆满支配状态的权利,称为物权请求权。物权人可以行使物权请求权:第一,返还原物请求权。物权人的物被他人侵占的,物权人有权请求返还原物,使物恢复到物权人事实上的支配。《民法典》第二百三十五条规定:"无权占有不动产或者动产的,权利人可以请求返还原物。"第二,排除妨害、消除危险请求权。物权遭受妨害的,物权人有权请求排除妨害。例如,侵权人设置路障妨害通行,物权人可以请求排除妨害。侵害虽未发生,但物权面临遭受侵害的危险,存在被侵害的可能时,对于这种可能发生的侵害,物权人有权请求相对人作为或者不作为,防止侵害、消除既存的危险，以避免侵害的发生。例如，他人的树木倾斜，有可能倒塌砸坏自己围墙的，物权人可以请求以加固树木等方式消除危险。对此，《民法典》第二百三十六条规定："妨害物权或者可能妨害物权的，权利人可以请求排除妨害或者消除危险。"

在物权请求权以外，权利人还享有损害赔偿请求权和修理、重作、更换或恢复原状请求权。物权受到侵害，给物权人造成损失，物权人有权请求赔偿损失。赔偿损失包括金钱赔偿、代物赔偿。对此，《民法典》第二百三十八条规定："侵害物权，造成权利人损害的，权利人可以依法请求损害赔偿，也可以依法请求承担其他民事责任。"另外，不动产或者动产毁损的，物权人可以请求恢复原状，包括修理、重作、更换。"修理"是指对受损坏的物进行加工，使其恢复原来的形状或作用。通过"修理"仍无法恢复物的原状和功能的，可以"重作"，即依照原有规格重新制作一个新物，或者可以"更换"，用另一同等物替换原物。"恢复原状"是指，使用修理之外的其他手段恢复物原来完好的状态。例如，他人的树木倾倒砸坏自家围墙的，有权请求修补围墙。《民法典》第二百三十七条规定："造成不动产或者动产毁损的，权利人可以依法请求修理、重作、更换或者恢复原状。"

上述物权保护并不是相互排斥的，权利人根据受侵害的具体情形，可以选择单独适用其中的一种，也可以选择合并适用几种。《民法典》第二百三十九条规定："本章规定的物权保护方式，可以单独适用，也可以根据权利被侵害的情形合并适用。"

第二章　所有权的一般规定

什么是所有权？所有权和用益物权有什么区别？

答　依据《民法典》第二百四十条的规定，所有权是指所有权人对自己的不动产或者动产，依法享有占有、使用、收益、处分的权利。占有是指所有权人可以合法地掌握和控制自己的不动产或者动产。使用是指所有权人可以对自己的不动产或者动产进行利用，以实现使用价值。所有权人可以自己使用，可以授权他人使用。收益是指所有权人可以收取自己的不动产或者动产所产生的经济价值，包括不动产或者动产产生的孳息和使用产生的利润等。处分是指所有权人依法对不动产或者动产进行处置。

根据《民法典》第三百二十三条的规定，用益物权是指对他人所有的不动产或者动产，依法享有的占有、使用和收益的权利，主要包括土地承包经营权、建设用地使用权、宅基地使用权、居住权和地役权。与所有权相比，对标的物的支配范围上，用益物权受到一定的限制，只能在一定的范围内对标的物加以占有、使用、收益，而所有权可以对标的物行使完全的占有、使用、收益、处分；在权利支配的对象上，所有权以动产和不动产为对象，而用益物权主要以土地等不动产为对象。

哪些财产属于国家所有？哪些财产属于集体所有？哪些财产属于私人所有？

答 根据《宪法》《民法典》和其他法律的规定，下列财产属于国家所有：城市的土地，以及法律规定属于国家所有的农村土地和城市郊区的土地；矿藏、水流、海域；无居民海岛；森林、山岭、草原、荒地、滩涂等自然资源但是法律规定属于集体所有的除外；法律规定属于国家所有的野生动植物资源；无线电频谱资源；法律规定属于国家所有的文物；国防资产；铁路、公路、电力设施、电信设施和油气管道等基础设施，依照法律规定为国家所有的；专属于国家所有的其他财产。

根据《宪法》《民法典》和其他法律的规定，下列财产属于集体所有：法律规定属于集体所有的土地和森林、山岭、草原、荒地、滩涂；集体所有的建筑物、生产设施、农田水利设施；集体所有的教育、科学、文化、卫生、体育等设施；集体所有的其他不动产和动产。

关于私人所有的财产，《宪法》第十三条规定："公民的合法的私有财产不受侵犯。国家依照法律规定保护公民的私有财产权和继承权。"《民法典》第二百六十六条规定："私人对其合法的收入、房屋、生活用品、生产工具、原材料等不动产和动产享有所有权。"

集体、组织或个人的财产可以被征收或征用吗？

答 《民法典》第一百一十七条规定："为了公共利益的需要，依照法律规定的权限和程序征收、征用不动产或者动产的，应当给予公平、合理的补偿。"《民法典》第二百四十三条、第二百四十五条、第三百二十七条、第三百三十八条对此进行了更为细致的规定。

关于征收，为了公共利益的需要，国家可以行政命令的方式取得集体所有的土地和组织、个人的房屋以及其他不动产。公共利益的范围包括国防和外交的需要；能源、交通、水利等基础设施建设的需要；科技、教育、文化、卫生、体育、环境和资源保护、防灾减灾、文物保护、社会福利、市政公用等公共事业的需要；保障性安居工程建设的需要；旧城区改建的需要等。征收应当依照法律规定的权限和程序进行，《土地管理法》《国有土地上房屋征收与补偿条例》等法律法规对此作出了明确规定。对于征收集体所有土地的情况，国家应当依法及时足额支付土地补偿费、安置补助费以及农村村民住宅、其他地上附着物和青苗等的补偿费用，并安排被征地农民的社会保障费用，保障被征地农民的生活，维护被征地农民的合法权益。对于征收组织、个人的房屋以及其他不动产的情况，国家同样应当给予征收补助，维护被征收人的合法权益，如果征收个人住宅的，还应当保障被征收人的居住条件。为避免出现征收补偿费用不到位、侵占补偿费用等行为，法律还规定任何组织或者个人不得贪污、挪用、私分、截留、拖欠征收补偿费等费用。

关于征用,国家因抢险救灾、疫情防控等紧急需要可以强制使用组织、个人的不动产或者动产。但征用也必须符合法律规定的权限和程序,在征用的财产被使用后,应当返还被征用人,造成因征用对财产造成毁损、灭失的,还应当给予补偿。

因征收、征用导致标的物上设立的用益物权消灭的,为了保护用益物权人的正当利益,也应当进行相应补偿。对于承包地而言,由于承包地被征收,该土地上的承包经营权也消灭,因此,土地承包经营权人享有获得补偿的权利。

第三章　共　有

什么是按份共有和共同共有?

答 《民法典》第二百九十七条对共有作了规定:"不动产或者动产可以由两个以上组织、个人共有。共有包括按份共有和共同共有。"并且,《民法典》第三百零八条规定:"共有人对共有的不动产或者动产没有约定为按份共有或者共同共有,或者约定不明确的,除共有人具有家庭关系等外,视为按份共有。"

按份共有是指共有人对共有的不动产或者动产按照其份额享有所有权。此处的份额是对所有权进行划分的抽象概念,而非对物体进行物理上的分割。通俗地说,每一个按份共有人都对所有物的全部拥有所有权,只不过所有权本身的份额不同,因此对物进行处分、收益乃至负担费用时,往往根据份额来分配。关于份额的确定问题,《民法典》第三百零九条规定:"按份共有人对共有的不动产或者动产享有的份额,没有约定或者约定不明确的,按照出资额确定;不能确定出资额的,视为等额享有。"

共同共有是指共有人对共有的不动产或者动产共同享有所有权。所谓共同即不分份额的共有,所有共有人平等地享有权利和履行义务。共同共有一般要求非常紧密的基础关系,主要包括夫妻在婚姻存续期间获得的财产、家庭成员在家庭生活关系存续期间所得的财产,以及在继承开始后遗产分割之前,全体继承人共有的遗产。

无论按份共有还是共同共有,共有人均要按照约定管理共有的不动产或者动产；没有约定或者约定不明确的，各共有人都有管理的权利和义务。

买卖、出租共有财产，变更共有财产的性质或用途，或者对共有财产作重大修缮的，需要经全体共有人同意吗？

❷《民法典》第三百零一条规定："处分共有的不动产或者动产以及对共有的不动产或者动产作重大修缮、变更性质或者用途的，应当经占份额三分之二以上的按份共有人或者全体共同共有人同意，但是共有人之间另有约定的除外。"

无论是事实上的处分，比如抛弃；法律上的处分，比如转让；重大修缮，比如旧房翻新，以及变更共有财产的性质或用途，这些都会对共有产生重大影响，应该经全体共有人一致同意。但在按份共有的情形下，立法者考虑到采用一致同意的方式会影响交易效率、造成资源浪费，因此规定了三分之二多数决，这也是大多数国家的通行做法。

另外，《民法典》虽明确规定对共有物的处分、重大修缮等共同共有应一致同意，按份共有三分之二多数决，但仍应尊重当事人的意思自治，即当事人另有约定的按照约定。

【案例】 部分共有人擅自处分共有财产的行为有效吗?

案例简介:沈某与蒋某系夫妻,双方共同共有上海市某处房屋,育有五女。蒋某先于沈某去世,且未作遗产分割。沈某去世前,未通知其五个女儿,擅自将房屋赠与其外孙女朱某。故五女起诉朱某,要求法院确认赠与合同无效,房屋应当依法律继承。法院二审认为,蒋某去世后未作遗产分割,故房屋由沈某及其五个女儿共同共有,沈某的赠与行为未经全体共有人同意属无权处分,赠与合同虽有效,但房屋的归属不变,仍处于继承物分割前的共同共有状态。[1]

知识点:首先,在继承开始后遗产分割前,遗产属全体继承人共同共有。其次,处分共同共有的财产,须经共有人全体同意;处分按份共有的财产,须经共有人三分之二多数决。最后,无权处分不影响合同的效力,合同不因无权处分财产的行为而无效。

---

[1] 参见上海市第一中级人民法院(2016)沪01民终13222号民事判决书。

共有人能否请求分割共有物?

答 共有物分割是结束共有关系的法律方式,包括直接对实物进行分割。标的物在物理性质上不能分割的,可以拍卖作价后对所得价款进行分割。

《民法典》第三百零三条规定:"共有人约定不得分割共有的不动产或者动产,以维持共有关系的,应当按照约定,但是共有人有重大理由需要分割的,可以请求分割;没有约定或者约定不明确的,按份共有人可以随时请求分割,共同共有人在共有的基础丧失或者有重大理由需要分割时可以请求分割。因分割造成其他共有人损害的,应当给予赔偿。"共有物的分割请求首先要考虑当事人的事先约定,如果约定不得分割,应当按照约定,但有重大理由的除外。这里的重大理由,主要是一些具有紧迫性、重要性的事由,比如支付手术费用、缴纳学费等。在共有人没有特别约定的场合,按份共有本身具有临时性,因此共有人可以随时请求分割。而对于共同共有,在共有的基础丧失或有重大理由时才可以请求分割。共有的基础丧失通常指夫妻关系、家庭关系的解散。

《民法典》第三百零四条对共有物的分割方式作出了规定:

"共有人可以协商确定分割方式。达不成协议的,共有的不动产或者动产可以分割且不会因分割减损价值的,应当对实物予以分割;难以分割或者因分割会减损价值的,应当对折价或者拍卖、变卖取得的价款予以分割。"

共有人能否转让其享有的共有房屋份额?其他共有人对该房屋份额有没有优先购买权?

答《民法典》第三百零五条规定:"按份共有人可以转让其享有的共有的不动产或者动产份额。其他共有人在同等条件下享有优先购买的权利。"

要注意的是,其他共有人的优先购买权,只在对共有人以外的人转让时可以行使,在对内转让份额时,各按份共有人之间是平等的;在继承、赠与等无偿转让的情形下,优先购买权也没有适用的余地。优先购买权的行使还要遵循同等条件的前提,所谓同等条件,是指其他共有人给出的交易条件,应当与第三人给出的条件相对等。交易条件不局限于价格,还包括其他会影响到转让方重大利益的条件,比如付款的期限、付款的方式等。

《民法典》第三百零六条还对优先购买权的行使期限、竞合的问题作了规定:"按份共有人转让其享有的共有的不动产或者动产份额的,应当将转让条件及时通知其他共有人。其他共有人应当在合理期限内行使优先购买权。两个以上其他共有人主张行使优先购买权的,协商确定各自的购买比例;协商不成的,按照转让时各自的共有份额比例行使优先购买权。"

所谓合理期限,可理解为:有约定的按照约定;没有约定的,以通知中载明的行权期限为准;通知中没有载明优先权的行使期限,推定为15日。在转让人没有依法通知,其他共有人无法得知同等条件的,优先购买权自共有份额转移之日起6个月不行使后消灭。

共有机动车产生修理费用的,共有人对修理人应如何承担费用?共有人之间应如何分担?

❷ 《民法典》第三百零二条规定:"共有人对共有物的管理费用以及其他负担,有约定的,按照其约定;没有约定或者约定不明确的,按份共有人按照其份额负担,共同共有人共同负担。"

《民法典》第三百零七条规定:"因共有的不动产或者动产产生的债权债务,在对外关系上,共有人享有连带债权、承担连带债务,但是法律另有规定或者第三人知道共有人不具有连带债权债务关系的除外;在共有人内部关系上,除共有人另有约定外,按份共有人按照份额享有债权、承担债务,共同共有人共同享有债权、承担债务。偿还债务超过自己应当承担份额的按份共有人,有权向其他共有人追偿。"

共有机动车产生的修理费用是管理费用的一种,在对外关系上属于因共有物产生的债务。于共有人内部而言,按份共有人按照份额承担,共同共有人共同承担,理所应当。但对外而言,善意的第三人要求共有人支付修理费时,按份共有人不得以共有份额为由只承担部分修理费,因为共有份额只在内部有效,对外则要承担连带的债务。

第四章 业主的建筑物区分所有权

什么是建筑物区分所有权?

答 根据《民法典》第二百七十一条的规定,建筑物区分所有权主要包括两项内容,即业主对建筑物内的住宅、经营性用房等专有部分享有所有权和业主对专有部分以外的共有部分享有共有和共同管理的权利。

专有部分是指建筑区划内构造上的能够明确区分、利用上可以排他使用、能够登记成为特定业主所有权的房屋,以及车位、摊位等特定空间。

除法律、行政法规规定的共有部分外,建筑区划内的以下部分,也应当认定为共有部分:建筑物的基础、承重结构、外墙、屋顶等基本结构部分,通道、楼梯、大堂等公共通行部分,消防、公共照明等附属设施、设备,避难层、设备层或者设备间等结构部分;其他不属于业主专有部分,也不属于市政公用部分或者其他权利人所有的场所及设施等。建筑区划内的土地,依法由业主共同享有建设用地使用权,但属于业主专有的整栋建筑物的规划占地或者城镇公共道路、绿地占地除外。

业主对专有部分和共有部分有什么权利和义务?

❷ 业主对专有部分享有的权利规定在《民法典》第二百七十二条,业主对其建筑物的专有部分享有占有、使用、

收益和处分的权利。同时,业主在行使权利时也不得危及建筑物的安全和损害其他业主的合法权益。

业主对公共部分享有的权利规定在《民法典》第二百七十三条,业主对建筑物专有部分以外的共有部分享有共有和共同管理的权利。这些权利的取得、变更和丧失都取决于专有部分的所有权。业主取得专有部分的所有权,自然就取得了共有部分的所有权;专有部分的所有权转让,自然就导致共有部分的所有权转让[1]。同时,业主对共有部分负有义务。例如,不得私自占用建筑区划内属于业主共有的道路,不得毁坏属于业主共有的绿地等。此外,业主不得以放弃权利为由不履行义务。例如,业主不得以不使用电梯为由,拒绝缴纳电梯的维修保障费用。

建筑区划内道路、绿地等的权利归谁所有?车库、车位归谁所有?

答 根据《民法典》第二百七十四条的规定,除属于城镇

---

[1] 杨立新、郭明瑞主编,丁文、文杰编著:《〈中华人民共和国民法典·物权编〉释义》,人民出版社2020年版,第86页。

公共道路外,建筑区划内的道路属于业主共有。除属于城镇公共绿地或者明示属于个人的绿地外,建筑区划内的绿地属于业主共有。但此处的道路、绿地都是指土地上的附着物,而不是土地本身。

依据《民法典》二百七十五条的规定,通过购买、获赠的方式,业主可以获得车位、车库的所有权;通过租赁的方式,业主可以获得车位、车库的使用权。对于占用业主共有的道路或者其他场地用于停放汽车的车位,属于业主共有。值得注意的是,为维护业主的权益,规划的车位、车库应当首先满足业主的需求,开发商不得违反规划确定的车位、车库与专有部分的比例,将其卖给业主以外的第三人。

【案例】 开发商未取得车位预售许可证明,车位购置合同有效吗?

案例简介:原告陈某与被告温州某房产开发公司经协商,由原告向被告购买位于温州某大厦地下室车库23-1号车位。双方签订了买卖合同后,原告以被告在出售时没有领取预售许可证,也没有到相关部门办理备案手续为由,请求法院确认买卖合同无效。被告不服,提起上诉。一审、二审法院均认为诉争的车位位于地下室车库中,且被用于销售,属于商品房范畴。由于被告是在既没有取得诉争车位预售许可证明,也没有到相关部门办理备案手续的情况下与原告签订了车位买卖合同,且至本案辩论终结前也未取得诉争车位预售许可证明,故上述合同因违反最高人民法院《关于审理商品房买卖合同纠纷适用法律若干问题的解释》第二条,应认定为无效。[1]

知识点:首先,最高人民法院《关于审理商品房买卖合同纠纷案件适用法律若干问题的解释》第二条规定:"出卖人未取得商品房预售许可证明,与买受人订立的商品房预售合同,应当认定无效,但是在起诉前取得商品房预售许可证明的,可以认定有效。"其次,除占有业主共有道路或场地的车库车位外,由开发商所有,业主和第三人可以通过购买、受赠的方式取得所有权。最后,开发商出售的车库,属于商品房的范畴,要遵守关于商品房买卖的法律规定。

---

[1] 参见浙江省温州市中级人民法院(2010)浙温民终字第231号民事判决书。

选聘和解聘物业服务企业、使用维修资金、改建和重建建筑物等事项,应当由谁决定?适用什么程序?

答 依据《民法典》第二百七十八条,选聘和解聘物业服务企业或者其他管理人、使用建筑物及其附属设施的维修资金、改建和重建建筑物及其附属设施等有关共有和共同管理权利的重大事项均由业主共同决定。由业主共同决定的事项还包括制定和修改业主大会议事规则、制定和修改管理规约、选举业主委员会或者更换业主委员会成员;筹集建筑物及其附属设施的维修资金;改变共有部分的用途或者利用共有部分从事经营活动等事项。业主通过参与业主大会或者业主委员会行使共同决定重大事项的权利。

《民法典》第二百七十八条还对上述事项的表决程序在参与人数和同意人数两方面作出了规定,应当由专有部分面积占比三分之二以上的业主且人数占比三分之二以上的业主参与表决。对于筹集建筑物及其附属设施的维修资金、改建和重建建筑物及其附属设施、改变共有部分的用途或者利用共有部分从事经营活动这三个事项,应当经参与表决专有部分面积四分之三以上的业主且参与表决人数四分之三以上的业主同意。除此三个事项外的其他事项，应当经参与表决专有部分面积过半数的业主且参与表决人数过半数的业主同意。

对于业主大会、业主委员会作出决定的效力，根据《民法典》第二百八十条的规定，依法设立的业主大会或者业主委员会依据法定程序作出的符合法律、法规以及规章的决定，对业主具有法律约束力。如果业主大会或者业主委员会的决定侵害了业主的权益，受侵害的业主可以在知道或者应当知道决定作出之日起的一年内，请求人民法院撤销该决定，维护自身的合法权益。

业主能否改变住宅用途？

❷《民法典》第二百七十九条对"住改商"行为作了规定："业主不得违反法律、法规以及管理规约，将住宅改变为经营性用房。业主将住宅改变为经营性用房的，除遵守法律、法规以及管理规约外，应当经有利害关系的业主一致同意。"

所谓经营性用房，既包括利用住宅经营企业、规模较大的餐饮、娱乐、洗浴或直接作为公司办公场所,也包括因生活需要利用住宅开办小卖部、早点铺、理发店等。

实践中,有利害关系的业主须满足以下条件:一是具有法律规定的业主身份,合法的物业使用人(比如承租人、借用人的情形)拥有与业主相同的权利;二是业主的合法权利受到或可能受到侵害,这里的合法权利特指业主的建筑物区分所有权;三是损害结果和"住改商"行为有法律上的因果关系。一般认为,本栋建筑物的其他业主当然地有利害关系,而建筑区划内本栋建筑物外的业主要主张与"住改商"行为存在利害关系,必须举证证明。

总之,"住改商"行为的合法性需要满足两个条件:遵守法律法规及管理规约;经有利害关系的业主一致同意。两个条件缺一不可,否则即便办理了工商登记取得营业执照,也不能改变"住改商"的违法性质。

维修资金归谁所有?如何使用?

答 根据《民法典》第二百八十一条的规定:"建筑物及其附属设施的维修资金,属于业主共有。经业主共同决定,可以用于电梯、屋顶、外墙、无障碍设施等共有部分的维修、更新和改造。建筑物及其附属设施的维修资金的筹集、使用情况应当定期公布。"

《住宅专项维修资金管理办法》第三条明确了共有部分包括住宅共用部位和共用设施设备，前者包括承重墙、柱、梁、楼板、屋顶、户外墙面、楼梯间、走廊通道等；后者包括电梯、天线、照明、消防设施、绿地、道路、路灯、沟渠、池井、非经营性车厂车库、公益性文体设施和共用设施设备使用的房屋等。

业主的表决程序，根据《民法典》第二百七十八条的规定，由专有部分面积占比三分之二以上的业主且人数占比三分之二以上的业主参与表决。维修资金的筹集，由参与表决专有部分面积占四分之三以上的业主且参与表决人数四分之三以上的业主同意。维修资金的使用，由参与表决专有部分面积过半数的业主且参与表决人数过半数的业主同意。

维修资金的使用应当通过业主大会而非业主委员会来决定，但在出现紧急情况，业主对共有部分的修缮具有迫切性时，《民法典》第二百八十一条第二款规定紧急情况下需要维修建筑物及其附属设施的，业主大会或者业主委员会可以依法申请使用建筑物及其附属设施的维修资金。

建设单位、物业服务企业等利用业主的共有部分产生的收入，归谁所有？建筑物及其附属设施的费用如何分摊，收益如何分配？

❝答❞ 《民法典》第二百八十二条规定："建设单位、物业服务企业或者其他管理人利用业主的共有部分产生的收入，在扣除合理成本之后，属于业主共有。"

这里的合理成本指必要的经营成本。管理人如果主张合理成本，必须举证证明该笔收入确实用于经营活动，并且具有合理性。

《民法典》第二百八十三条规定："建筑物及其附属设施的费用分摊、收益分配等事项，有约定的，按照约定；没有约定或者约定不明确的，按照业主专有部分面积所占比例确定。"

建筑物共有部分及其附属设施的费用，主要指对共有部分及附属设施的修缮、管理、维护等费用，如共用的用水系统老化，需要进行改良所需要的费用。建筑物共有部分的收益，指收取共有部分的天然孳息及法定孳息，例如在区分所有建筑物本身所占地面以外的法定空地上，栽种果树所生的果实即是天然孳息；将共有的地下室设置停车场出租收取租金即是法定孳息[1]。

业主有任意弃置垃圾、排放污染物或噪声、违规饲养宠物、违章搭建、侵占通道、拒付物业费等行为的，应承担什么责任？

答 依据《民法典》第二百八十六条的规定，业主有任意弃置垃圾、排放污染物或噪声、违规饲养宠物、违章搭建、侵占通道、拒付物业费等行为的，业主大会或者业主委员会，对业主上述损害他人合法权益的行为，有权依照法律、法规以及管理规约，请求行为人停止侵害、排除妨碍、消除危险、恢复原状、赔偿损失。业主或者其他行为人拒不履行相关义务的，有关当事人可以向有关行政主管部门报告或者投诉，有关行政主管部门应当依法处理。

---

[1] 梁慧星：《中国物权法草案建议稿》，社会科学文献出版社 2000 年版，第 284 页。

这里的有关当事人可以是业主大会或业主委员会,可以是物业服务企业,也可以是合法权益受到损害的当事人,也可以是其他业主。有关部门是指公安机关、城市规划和综合行政执法部门、环境保护执法部门等。

另外,受到侵害的业主还可以直接向法院起诉要求涉事业主承担侵权责任。

【案例】 小区业主在墙体上私自开凿门窗是否构成违章改建?

案例简介:原告系吉林省某小区业主委员会,被告王某系小区17号楼4、5、6号网点房屋所有权人。因被告未经有关部门审批,私自在4、5、6号网点后墙开凿两处门窗,原告诉请法院要求被告立即将网点后墙恢复原状。被告辩称原告不具备诉讼主体资格。二审法院撤销了一审判决,认为业主委员会没有业主大会的授权,且开凿后墙不涉及全体业主的利益,因此业委会没有诉讼主体资格。再审法院推翻了二审法院的结论,认为业主委员会有权以自己名义为维护业主利益提起诉讼,并且原审被告的行为构成对小区业主共有部分建筑物的违章改建,为小区业主的安全带来隐患,损害了其他业主的合法权益,应当将该处墙体恢复原状。[1]

知识点:《最高人民法院关于金湖新村业主委员会是否具备民事诉讼主体资格请示一案的复函》(〔2002〕民立他字第46号)答复称:"业主委员会符合'其他组织'条件,对房地产开发单位未向业主委员会移交住宅区规划图等资料、未提供配套公用设施、公用设施专项费、公共部位维护费及物业管理用房、商业用房的,可以自己名义提起诉讼。"可见实务中法院一般还是倾向承认业委会的诉讼主体资格。

《最高人民法院关于审理建筑物区分所有权纠纷案件具体应用法律若干问题的解释》第三条规定:"除法律、行政法规规定的共有部分外,建筑区划内的以下部分,也应当认定为物权法第六章所称的共有部分:(一)建筑物的基础、承重结构、外墙、屋顶等基本结构部分,通道、楼梯、大堂等公共通行部分,消防、公共照明等附属设施、设备,避难层、设备层或者设备间等结构部分……"第十五条规定:"业主或者其他行为

---

[1] 参见吉林省高级人民法院(2018)吉民再66号民事判决书。

人违反法律、法规、国家相关强制性标准、管理规约,或者违反业主大会、业主委员会依法作出的决定,实施下列行为的,可以认定为物权法第八十三条第二款所称的其他'损害他人合法权益的行为':……(四)违章加建、改建,侵占、挖掘公共通道、道路、场地或者其他共有部分。"原审被告的私自开凿门窗的行为未经有关行政部门的审批,实际上是对小区业主共有部分建筑物的违章改建。

第五章 相邻关系与地役权

什么是相邻关系?地役权和不动产相邻关系有什么区别?

答 一、关于相邻关系。相邻关系一般因权利主体所有或使用的不动产相邻而发生,如房屋相邻产生的用水、排水、通行问题。但同时还包括一定地理环境中产生的法律关系,如河流的上下游,虽然土地不毗邻,但权利的行使是相互影响的。这种相邻各方形成的相互给予便利和接受限制的权利义务关系就是相邻关系。根据《民法典》第二百八十八条至第二百九十三条的规定,不动产权利人应当按照有利生产、方便生活、团结互助、公平合理的原则处理相邻关系。不动产权利人对相邻权利人因用水、排水、通行、建造修缮建筑物以及铺设管线必须利用其土地或建筑物的,该不动产权利人应当提供必要的便利;法律、法规对相邻关系没有规定的部分,可以按照当地习惯。

二、关于地役权。地役权是指因自己的一些特殊需要,利用他人的不动产或者限制他人的不动产,用来提高自己相关不动产的便利与效益的权利,其实质是一种为增加自己土地的利用价值而支配他人土地的他物权。其中,因为使用了他人的土地从而获取一定便利的土地就是需役地,为他人土地的便利从而被使用的土地就是供役地。

地役权和不动产相邻关系的区别有以下几点。

第一,权利性质不同。相邻关系不是一种独立的民事权利,也不是一种独立的物权类型,其性质为拥有不动产所有权而延伸出的相应的权利和义务,只要拥有了所有权,就当然拥有相邻关系。地役权则是一种独立的物权类型,是用益物权的一种,有其独立的发生原因和权能,要进行独立的公示。

第二,取得方式不同。相邻关系是基于法律的直接规定而产生的,拥有不动产的所有权当然地就被设定了相邻关系的权利和义务。地役权则是根据需役地人与供役地人自愿达成的约定而产生的,是地役权人通过利用他人的不动产而使自己的不动产获得更大的效益,地役权自地役权合同生效时设立。

第三,限制程度不同。相邻关系是对不动产利用关系的一种最小限度的调节,相邻权人只能在依社会一般观念所能容忍的最低合理限度内利用相邻不动产,超出这个合理限度,相邻不动产物权人有权拒绝或请求排除妨害,可见这种限制是双向的。例如,村里甲乙两家相邻,只有一条路可走出村子时,甲和乙必须给彼此提供便利。地役权则是当不动产物权人想超出合理限度利用或限制相邻不动产时,与相邻不动产物权人通过达成一致意见、签订合同并向其支付一定的对价设立地役权时方可使用,可见地役权的限制是单向的。例如,村子里甲乙两家相邻,有数条路可以走出村子,乙若不想绕路要经过甲家土地时,需获得甲的同意并支付对价。

第四,有偿无偿、存续期间不同。相邻关系中,除非权利人行使权利给邻人造成损失,否则相邻权人行使权利是无偿的;相邻权人的权利义务存续期间是法定的,随着所有权的存续而存续，如果相邻权人丧失了对不动产的所有权，也不再受到该不动产上相邻关系的制约。而地役权的有偿或无偿则属于意思自治范畴，双方可在合同中自由约定。同时，地役权的存续期间，也可任由当事人约定，并且可以设定永久地役权。

【案例】 眺望权属于地役权而不属于相邻关系范畴

案例简介：韩某系2号别墅业主，朱某系1号别墅业主。2号别墅在1号别墅的东南方向，两栋别墅均为独栋别墅。朱某于2012年前对其所有的1号别野进行了改建，韩某认为朱某的房屋缩小了与2号别墅楼间距，阻挡了原本西南、西面宽阔的观山视野，违反了相邻关系的要求，于是起诉至法院，要求判决被告拆除1号别墅外展及加高的三层建筑。[1]法院认为眺望权不属于相邻关系范畴，而属于地役权，地役权的行使需要合同明确约定，而原被告未就地役权合同达成一致，因此判决驳回原告的诉讼请求。

---

[1] 参见北京市第一中级人民法院（2018）京01民终5223号民事判决书。

知识点：眺望权是房屋的所有权人和用益物权人从其房屋向外眺望一定景观，从中获得精神利益和物质利益的权利。其中精神利益主要是指通过眺望获得的精神愉悦，物质利益是指该房屋因可以给人带来精神享受而产生的房屋价值或市场潜力的提升。一般来说，在义务不确定、权利界限不清晰的地方往往容易发生权利冲突。眺望权因与房屋这一不动产存在无法分割的密切联系，将其归属于相邻权还是地役权进行保护易产生理解上的误区。相邻关系是法律上当然而生的最小限度的利用之调节，仅限于满足最基本的生活、生产之便利和需要，任意扩大限度会违背公平原则，导致权利滥用。而地役权则是当事人逾越相邻关系限度而约定的权利义务关系，是相对更高限度的利用之调节，其范围可以突破基本的生产、生活需要而扩大到更高层次的精神、物质享受之需。眺望权的客体本质是良好视野或美好景观所带来的一种精神上健康愉悦的利益，对这种利益的追求是否在满足正常生活最低需要的限度内，在不同的社会发展阶段，答案是不同的，须谨慎判断。能否看见风景和享受美好景观，就当今我国社会现状而言，显然不是为了维护正常的生活和生产的最低需要，而是为了追求更高层次的精神享受或实现提高不动产价值的目的。眺望权承载的利益超出了满足正常生活最低需要的限度，将之作为一种法定的相邻关系权利给予强制性保护是不现实的，但当事人可以通过设立地役合同对此加以约束。

不动产权利人应如何避免侵害相邻权利人享有的通风、采光等环境利益？

答 相关的国家标准对建筑物的通风、采光等标准作了具体的规定。《民法典》第二百九十三条规定："建造建筑物，不得违反国家有关工程建设标准，不得妨碍相邻建筑物的通风、采光和日照。"

同时，不动产权人如果弃置固体废物、排放有害物质，还可能造成环境污染，妨害相邻不动产的正常使用。因此，《民法典》第二百九十四条规定："不动产权利人不得违反国家规定弃置固体废物，排放大气污染物、水污染物、土壤污染物、噪声、光辐射、电磁辐射等有害物质。"

此外，尽管不动产权人有权在自己具有使用权的土地范围内进行工程建设，但也要保障相邻不动产的安全，避免对相邻不动产造成损害。《民法典》第二百九十五条规定："不动产权利人挖掘土地、建造建筑物、铺设管线以及安装设备等，不得危及相邻不动产的安全。"

【案例】 经行政部门审批的房屋在建成后妨害相邻建筑物的日照是否构成侵权？

案例简介：原告山西某盐业公司在两套单元楼内办公。原告段某、周某分别居住该楼东单元三层。被告某书店位于原告房屋东南方。2013年，被告经审批在原址上修建了六层楼。经鉴定，被告所修建的楼房致三原告房屋采光均不满足国家日照标准。原告起诉后，被告以新修房屋经行政部门批准，领取了建设工程规划许可证及建筑工程施工许可证为由抗辩，认为楼房建设符合国家工程建设标准。再审法院认为，经鉴定，书店新建大楼确实致使三原告的房屋采光完全达不到国家日照标准，应承担侵权责任。至于书店新建大楼已经过审批的问题，属行政法律关系，与本案民事纠纷无关。[1]

---

[1] 参见山西省高级人民法院（2015）晋民提字第13号民事判决书。

知识点：《民法典》第二百九十三条规定："建造建筑物，不得违反国家有关工程建设标准，不得妨碍相邻建筑物的通风、采光和日照。"

实践中，我们不能把行政机关的行政许可等同为国家有关工程建设标准，我国有不少对于相邻建筑物之间的通风、日照、采光等作出规定的法律法规，比如住房和城乡建设部发布的《城市居住区规划设计标准》，对城市居住区建筑物的间距、采光、日照等方面提出了基本要求。此外，一些地方政府也会制定地方性规范，也是法官审理的重要参考，在修建建筑物时，即便取得了建设工程许可证，也要注意遵守通风采光的国家建设工程标准，避免侵害相邻不动产权利人的合法利益。

当自己或他人的土地承包经营权或建设用地使用权部分转让后，地役权对受让人产生什么影响？

答《民法典》第三百八十二条规定："需役地以及需役地上的土地承包经营权、建设用地使用权等部分转让时，转让部分涉及地役权的，受让人同时享有地役权。"即如果是需役地以及需役地上的土地承包经营权、建设用地使用权等部分转让给他人，且被转让的部分涉及地役权的，那么土地或土地承包经营权、建设用地使用权的受让人在取得受让的权利之后，会同时取得依附于土地上的地役权。

《民法典》第三百八十三条规定："供役地以及供役地上的土地承包经营权、建设用地使用权等部分转让时，转让部分涉及地役权的，地役权对受让人具有法律约束力。"即如果是供役地以及供役地上的土地承包经营权、建设用地使用权等部分转让，且被转让的部分涉及地役权的，那么受让人也会受到地役权的约束，即地役权人依然可以要求受让人承担相应的义务。

综上，地役权附属于土地而存在，不管是供役地还是需役地的土地承包经营权、建设用地使用权转让，地役权都会随时对受让人发生效力。

第六章 所有权取得的特别规定

宠物店误将客人寄养的宠物卖给第三人的，第三人能否取得该宠物的所有权？

答《民法典》第三百一十一条规定了善意取得制度。宠物店将客人寄养的宠物卖给第三人属于无权处分,如果符合善意取得的要件,第三人就取得宠物的所有权,原所有权人可向宠物店要求损害赔偿。

善意取得的前提是无权处分,具体构成要件有三。

(一)第三人是善意的。善意是指不知出让人是无权转让。实践中要按照一般生活经验来看第三人是否知晓无权转让的事实。如果是因为自身的重大过失没有意识到转让人无处分权,那也不是善意。另外,交付或登记后知道"实情"的,不会影响善意的认定。

(二)以合理的价格转让。这是因为明显不合理的低价很容易让人对物品的所有权产生怀疑。具体的判断标准,应当根据转让标的物的性质、数量以及付款方式等具体情况,参考转让时交易地市场价格以及交易习惯。

(三)动产已经交付,不动产已经登记。交付和登记,分别是动产和不动产的法定所有权移转的要件。在交付和登记之前,即便买卖双方签订了合同,也不会发生所有权的变动,自然也就不会发生善意取得。

《民法典》第三百一十三条规定善意取得的动产上的原有权利消灭,除非受让人事先知道或应当知道该权利的存在。

所谓动产上的原有权利,是指抵押权、质权、留置权等担保物权。

从正规商店买到他人遗失的玉镯,能否取得该玉镯的所有权?

答 根据《民法典》第三百一十二条规定:"所有权人或者其他权利人有权追回遗失物。该遗失物通过转让被他人占有的,权利人有权向无处分权人请求损害赔偿,或者自知道或者应当知道受让人之日起二年内向受让人请求返还原物;但是,受让人通过拍卖或者向具有经营资格的经营者购得该遗失物的,权利人请求返还原物时应当支付受让人所付的费用。权利人向受让人支付所付费用后,有权向无处分权人追偿。"

遗失的玉镯被他人无权转让给第三人的,失主有权向无处分权人请求损害赔偿,或者自知道或应当知道第三人之日起二年内向第三人请求返还玉镯;如果第三人是通过拍卖或者向具有经营资格的经营者购得该玉镯的,失主请求返还原物时应当支付第三人购买的费用,这笔费用失主支付后可以向无权处分人追偿。失主在两年内不向第三人请求返还原物的,第三人即取得该物的所有权。因此是否能取得玉镯所有权,只看失主在知道第三人起二年内是否请求返还,与在哪里购买的无关。

捡到东西怎么办？丢了东西被通知捡到该做些什么？

🅐 《民法典》第三百一十六条规定遗失物的拾得人对遗失物有妥善保管的义务。接收遗失物的公安机关等有关部门也有保管遗失物的义务。在遗失物被领取前,拾得人或者保管遗失物的有关部门因故意或者重大过失致使遗失物毁损、灭失,应当对遗失物的权利人承担民事责任。例如,在车站、码头拾得易变质或易腐蚀物品,应当将其放在通风或有空调设施的地方予以保存,如果将其放在通风不畅或没有空调设施的地方保存,从而导致该物品变质或腐烂的,说明保管人有重大过错;如果上述物品是因为存放时间较长而发生了自然损耗和化学变化,说明是基于不可抗力的原因,则不能认定保管人有过错。[1]

---

[1] 最高人民法院物权法研究小组编著:《〈中华人民共和国物权法〉条文理解与适用》,人民法院出版社2007年版,第338页。

《民法典》第三百一十七条规定了权利人在领取遗失物时应尽的义务。拾得人没有向失主要求报酬的权利,只能要求失主支付为了归还遗失物所支出的费用。在失主发布悬赏的情况下,拾得人可以要求失主履行悬赏的承诺。如果拾得人侵占遗失物,则上述两笔费用都无权要求。

【案例】 拾得遗失物再次丢弃是否需担责?

案例简介:2014年10月7日凌晨,原告到达其位于浙江省舟山市某小区其住所楼下时,将随身手提包遗落,后被被告拾得。原告发现手提包遗失后,次日报警,公安机关通过查询监控找到被告。被告于10月8日到公安机关,承认拾得手提包,但表示拾得后就将手提包丢弃。原告遗失的手提包购买价格为27 000元。原被告未能就返还手提包达成一致,原告遂诉至法院。法院认为,被告在深夜拾得手提包,在探明其中有现金的情况下,应当知道该手提包并非丢弃物。被告非但未将手提包妥善保管送交公安机关,反而随手丢弃,导致手提包灭失,应当承担赔偿原告损失的民事责任。关于原告提出手提包内有贵重物品要求被告赔偿的请求,由于证据不足不予支持。[1]

知识点：拾得人在遗失物送交有关部门前，应当妥善保管遗失物。在探明其中有现金的情况下，应当知道其性质不属于丢弃物而随手丢弃，属于因故意或者重大过失致使遗失物灭失的，应当承担民事责任。

电视机经买卖转让的，配套的遥控器是否随之转让？

❷ 《民法典》第三百二十条规定："主物转让的，从物随主物转让，但是当事人另有约定的除外。"

在当事人没有特别约定的情况下，判定为从物要同时满足以下条件[2]。

（一）从物是独立的物，而不是主物的组成部分，在物理结构上与主物是分离的，有其独立作为物的价值，可以单独在上面设立一个物权。

---

[1] 参见浙江省舟山市普陀区人民法院（2015）舟普民初字第14号民事判决书。
[2] 王泽鉴：《民法物权》，北京大学出版社2010年版，第43页。

（二）从物的作用在于帮助主物发挥经济效用。例如电视遥控器存在的作用就是辅助电视机的使用。又比如灯罩的作用，就是辅助灯的照明。

（三）从物与主物必须同属于一人所有。因为法律规定了从物随主物转让的规则，如果非属一人所有，认定为从物就会损害第三人的利益。

电视遥控器属于典型的从物，应当随电视机的移转而移转。

果树上摘下的果实归谁所有？存款的利息归谁所有？

答 根据《民法典》第三百二十一条规定："天然孳息，由所有权人取得；既有所有权人又有用益物权人的，由用益物权人取得。当事人另有约定的，按照其约定。法定孳息，当事人有约定的，按照约定取得；没有约定或者约定不明确的，按照交易习惯取得。"

天然孳息是指依物的自然属性产生之物，如奶牛产出的奶，树上掉落的果实，主要来源于种植业、养殖业的产出物。用益物权的功能就是使用他人之物以取得收益，所以没有特别约定的，有用益物权人孳息就归用益物权人。

法定孳息是指根据法律的规定，由法律关系所产生的收益。如房屋出租的租金、借贷产生的利息等。法定孳息是持续性地将财产交付他人使用而产生的收益，要与股票上涨等自然增值区分开来。

果实属于天然孳息，由果树的所有权人取得；果树既有所有权人又有用益物权人的，果实由用益物权人取得。当事人另有约定的，按照其约定。利息属于法定孳息，当事人有约定的，按照约定取得；没有约定或者约定不明确的，按照交易习惯取得。

油漆涂到他人的家具上，甲家的鸡精放进了乙家的汤里，加工他人的竹子制成竹笛，上漆后的家具、放了鸡精的汤、加工后的竹笛的所有权如何归属？

答 《民法典》第三百二十二条规定："因加工、附合、混合而产生的物的归属，有约定的，按照约定；没有约定或者约定不明确的，依照法律规定；法律没有规定的，按照充分发挥物的效用以及保护无过错当事人的原则确定。"

加工是指擅自对他人物品进行劳动,导致物品的价值提升。譬如将他人的竹子制成竹笛,一般归原材料所有人所有,除非加工后价值提升非常明显。

附合是指不同所有人的物品结合在一起变成一个单独的新物。譬如将油漆涂到他人的家具上,家具比油漆更有价值,为了充分发挥物的效用,应该由家具所有人取得新物。为了保护无过错当事人,也应该由家具所有人取得。

混合是指不同所有人的动产混杂在一起无法分离,或分离的成本太大。譬如将鸡精放进别人的汤里。一碗汤的价值要大过一勺鸡精,一般由乙取得该碗汤的所有权。

产生的新物归属无过错方的,过错方可以请求另一方给予适当的补偿;新物归属过错方的,无过错方可以请求另一方损害赔偿。

【案例】 承租人对租赁房屋进行添附搭建,房屋转让时如何处理?

案例简介:1997年9月28日,王某与河北邯郸某村村委会签订租赁协议,承租村委会旧办公房屋六间,租期三年,并约定到期后加装设施王某自行拆除，其余部分尽数归还。王某未足额缴纳租金，租期届满后仍占用房屋。2016年5月29日，该村集体决定将涉案房屋转让给李某，并于2017年7月16日组织双方搬迁未果后，李某诉至法院，王某以重建房屋为由认为村委会无权出卖。法院认为，王某装修院落增设猪棚属于添附行为，房屋的归属没有争议。添附物能够拆除的，责令拆除，不能拆除的归李某所有，符合租赁协议的事先约定。[1]

知识点：本案属于动产和不动产附合的情况，被告属于过错方，且不动产价值较大，为了充分发挥物的效用，添附物应该由房屋所有人李某取得，但由于被告和村委会的事先约定，能拆除的部分要尽量拆除恢复原状。另外根据《民法典》第三百二十二条规定："因一方当事人的过错或者确定物的归属造成另一方当事人损害的，应当给予赔偿或者补偿。"王某虽是过错方也可以请求李某给予适当的补偿。

---

[1] 参见河北省邯郸市中级人民法院（2020）冀04民终1号民事判决书。

第七章 土地承包经营权

什么是农村土地"三权分置"?

答 "三权分置"是指,为深化农村土地制度改革,顺应农民保留土地承包权、流转土地经营权的意愿,将土地承包经营权分为承包权和经营权,实行所有权、承包权、经营权分置并行[1],是继家庭联产承包责任制后农村改革又一重大制度创新。

改革开放之初,我国在农村实行家庭联产承包责任制,将土地所有权和承包经营权分设,极大地调动了亿万农民的积极性,有效解决了温饱问题。2016年10月30日,中共中央办公厅、国务院办公厅印发了《关于完善农村土地所有权承包权经营权分置办法的意见》,规范了农村土地的所有权、承包权、经营权的三阶分层结构,并在政策上全面推行"三权分置"。

---

[1] 参见中共中央办公厅、国务院办公厅《关于完善农村土地所有权承包权经营权分置办法的意见》(2016年)。

2018年12月29日，第十三届全国人大常委会第七次会议通过了《农村土地承包法》修正案，用数十个条文规定了土地经营权制度。此次《民法典》以《农村土地承包法》为基础，在第三百三十九条至第三百四十二条中对土地经营权的流转、经营权人的权利作了清晰的规定。《民法典》第三百三十九条规定："土地承包经营权人可以自主决定依法采取出租、入股或者其他方式向他人流转土地经营权。"

在这一制度下，所有权、承包权和经营权既存在整体效用，又有各自功能。"三权分置"有利于促进土地资源合理利用，构建新型农业经营体系，发展多种形式适度规模经营，提高土地产出率、劳动生产率和资源利用率，推动现代农业发展。

土地承包经营权何时设立？能否互换、转让？能否调整、收回？

答 按照《农村土地承包法》的规定，发包人与承包人应当就土地承包事宜签订书面的承包合同，而书面形式是为了明确双方的权利义务，避免任意改变。《民法典》第三百三十三条规定:"土地承包经营权自土地承包经营权合同生效时设立。"因而只要土地承包经营权合同生效,则土地承包经营权就设立了。这与买卖房屋时需要登记才使所有权发生变动不同,合同生效,权利即设立,当然,这并不意味着土地承包经营权不需要登记。依照法律规定,登记机构应当向土地承包经营权人发放土地承包经营权证、林权证等证书,并登记造册,确认土地承包经营权。但是这里的登记仅仅是一种确认,不会对权利本身的存在造成影响,更多的是一种行政管理上的要求。

对于土地承包经营权的互换和转让,我国法律的规定比较宽松,只要在土地承包经营权被互换、转让后依然保证该土地未用于非农建设,权利人就可以进行土地承包经营权的互换和转让,亦即只要农业用地不被非法用于非农用途,损害国家发展农业的根本利益,国家并不会对土地承包经营权的流转等进行干预。

对于土地承包经营权的调整和收回,法律并未作规定,但其实质可以等同于承包地的调整和收回。出于对承包经营合同的信守,发包人在承包期内原则上不能够对承包地进行调整,也不得收回,但有例外情形。对于承包地的调整有两项规定：首先，承包地的调整仅限于耕地和草地；其次，出于集体利益的考量以及损失分摊的公平理念，若承包期内因自然灾害严重毁损承包地等特殊情形，对个别农户之间承包的耕地和草地需要适当调整的，经本集体经济组织成员的村民会议三分之二以上成员或者三分之二以上村民代表的同意，并报乡（镇）人民政府和县级人民政府农业等行政主管部门批准，可以对承包地进行调整，但是如果承包合同中约定不得调整的，则不能进行调整。对于承包地的收回，只有在特别法有规定的情况下，发包人才能收回土地，例如国家为了公共利益的需要对土地实行征收的情况下可以收回土地，而即便是土地承包经营权人的户口从本集体经济组织迁出了，也不可以强行收回该承包地。

第八章　建设用地使用权

什么是建设用地使用权，如何设立？

答　建设用地使用权是指权利人对国家所有的土地享有的占有、使用、收益以及建造并经营建筑物、构筑物及其附属设施的权利。由于我国土地制度的公有制,对于国家所有的土地,个人(以及企业)无法拥有所有权,但是个人也存在使用土地的需求,而住房就是其中最为普遍的一种,因此国家创设了建设用地使用权,将占有、使用、收益土地的权能分离开来,使其得以流转。

对于建设用地使用权的设立,法律确立了出让和划拨两种方式。出让是指国家将一定期限内的建设用地使用权转让给土地使用者,土地使用者向国家支付出让金的行为。划拨是指县级以上人民政府依法批准,在土地使用者缴纳补偿、安置等费用后将该幅土地交付其使用,或者将土地使用无偿交给土地使用者使用的行为,一般划拨的土地包括国家机关用地和军事用地、城市基础设施用地和公益事业用地、国家重点扶持的能源、交通、水利等项目用地,与出让方式相比更具有公益性质。而出让这一方式内部还存在着不同的形式,依照《民法典》第三百四十七条的规定,工业、商业、旅游、娱乐和商品住宅等经营性用地以及同一土地有两个以上意向用地者的,应当采取招标、拍卖等公开竞价的方式出让,以此保障以较为公允的价格出让国有土地。

《民法典》第三百四十五条规定:"建设用地使用权可以在

土地的地表、地上或者地下分别设立。"即同一片土地的范围内,如果存在分层,例如地下车库,虽然纵向上看,地表的地面空间与车库的空间都属于同一土地,其所有权是唯一的,但是基于实际需求的考量,法律规定可以分别设立建设用地使用权,即地面空间的使用权和车库空间的使用权可以分别进行流转,不会互相影响。

【案例】 商品房已全部出售给业主的,该商品房的地下层归业主所有吗?

案例简介:2010年4月9日乙方倪某、骆某与甲方城宏地产在莲城体育公园售楼部自愿签订《商品房购销合同》(以下简称《合同》),《合同》第三条乙方购买商品房的基本情况约定,乙方购买的商品房,其房屋分户平面图见本合同附件一,为本合同第一条约定项目中的:"第A组团第壹幢A-14号房,属框架结构,该幢商品房建筑物层数为地上叁层,地下壹层。"2011年7月27日,骆某取得了国家机关颁发的《房屋所有权证》。2013年城宏地产修建好地下停车场,购买商品房的业主包括倪某、骆某,认为建设用地使用权和房屋所有权关系是不可分割的一个整体,商品房既然已经转让给业主,那么建设用地使用权也归业主所有,依赖于该块土地建设的地下停车场也应当依合同已出售给业主,地下一层应属于其房屋的一部分即附属物,地下车位应归其管理使用,城宏地产无权处分车位,并向公司提出异议,后协商无果,倪某、骆某将城宏地产诉至法院,要求法院确认地下一层停车场归其所有。[1] 法院判决驳回了倪某、骆某确认地下层停车位属于其所有的诉讼请求。

知识点:地下停车场在构造上具有独立性,能够明确区分,也可以单独使用,属于法律规定的专有部分,而不是专有部分的组成部分,也不属于共有部分,因此可以单独出售。而建设用地使用权可以在土地的地表、地上或者地下分别设立,商品房作为特殊的商品,其可依法对不同位置的商品房设立物权,所以地下车库的修建,不影响地上建筑物土地使用权设立,不影响业主对地上商住一体楼的管理、使用及收益,故倪

---

[1] 参见云南省文山壮族苗族自治州中级人民法院(2017)云26民终162号民事判决书。

某、骆某不能以附属物特性取得地下层的所有权。

建设用地使用权人所建造的建筑物、构筑物及其附属设施，所有权归谁享有？

❓ 《民法典》第三百五十二条规定："建设用地使用权人建造的建筑物、构筑物及其附属设施的所有权属于建设用地使用权人，但有相反证据证明的除外。"

法律之所以规定建设用地使用权人建造的建筑物、构筑物及其附属设施的所有权属于建设用地使用权人，有两方面的原因：一是为了激励建设用地使用权人合理高效地利用土地；二是为了防止国家随意剥夺私人的财产。而在有相反证据证明的情况下，建设用地使用权人建造的建筑物、构筑物及其附属设施的所有权可以例外地属于土地所有权人。例如，甲公司与国家签订特许经营合同，约定取得建设用地使用权并利用土地建设大桥，国家取得大桥的所有权，甲公司则取得大桥 20 年的收费权。在这种情况下，根据特许经营合同这一相反证据的证明，国家作为土地所有权人，取得了作为建设用地使用权人的甲公司建造的大桥的所有权，甲公司建造的大桥并不归其所有。

住宅建设用地使用权期限届满后,续期费用的缴纳或减免按照什么规定办理?

答 根据取得方式和土地用途的差异,建设用地使用权依法享有的期限并不相同。一般来说,划拨取得的建设用地使用权没有使用期限的限制,而出让取得的建设用地使用权根据土地用途有不同的规定。根据国务院《城镇国有土地使用权出让和转让暂行条例》的规定,居住用地最高年限为70年、工业用地50年、科教文卫体用地50年、商业、旅游、娱乐用地40年、综合或其他用地50年。

而根据《民法典》第三百五十九条的规定:"住宅建设用地使用权期限届满的,自动续期。续期费用的缴纳或者减免,依照法律、行政法规的规定办理。"由于《城镇国有土地使用权出让和转让暂行条例》规定的某些年限已经到期,当初虽然规定了自动续期,但是未对续期之后费用的缴纳问题作出规定,因此各地出现了随意向建设用地使用权人征收费用的情况。《民法典》的此条规定将续期费用缴纳或减免的权力收归中央,即避免了各地因无法可依而胡乱收费,影响民众的正常生产生活。

但是由于目前对于续期费用缴纳以及减免的问题,尚无法律和行政法规对此作出专门的规定,所以目前住宅建设用地使用权续期还不需要额外缴费。

第九章 居住权

什么是居住权?居住权人有哪些权利?

答 居住权,是指自然人依照合同的约定,对他人所有的住宅享有占有、使用的权利。《民法典》第三百六十六条规定:"居住权人有权按照合同的约定,对他人的住宅享有占有、使用的用益物权,以满足生活居住的需要。"我国过去从未规定过居住权,《民法典》首次对居住权作出规定。居住权的入法,使得居住权人的权利得到了充分的保障。今后任何人不得妨碍居住权人对住宅的占有和使用,包括所有权人和其他任何人。

居住权有以下特征。第一,居住权是在他人的住宅上设立的物权,先有房屋所有权才能产生居住权。第二,居住权是为特定自然人基于生活用房而设定的权利。居住权主要是为自然人为了赡养、扶养等需要设立的,是基于生活居住而设定的。

如果为商业目的使用他人住房，一般只能设定租赁权而不应设立居住权。因此，居住权只能由自然人享有，不能由法人或非法人组织享有。第三，居住权人有权占有、使用他人所有的住宅。按照合同的约定，居住权人可以使用他人住宅的全部，也可以使用一部分，如无特别约定，原则上应当以保证居住权人正常生活为限。第四，居住权是长期权利，甚至可能是为居住确认终身设定的。因此，居住权人可以对房屋进行必要的装修改善。

【案例】 法律设置居住权的初衷

案例简介：2011年11月甲与其父母共同出资，购买了重庆市的一套住房，并在合同中约定由甲占有90%的份额，其父母各占5%。其后，甲与其父母因装修问题发生矛盾，甲害怕父母去世前将房产转让给他人，因此请求法院将房产判决给甲，甲将按照份额补偿给其父母相应的款项并承诺该房屋由其父母继续居住。法院经查发现，涉案房屋主要系甲的父母出资购买，且为其唯一住房，其父母持有的财产份额价值较小，单独转让的可能性不大，甲担心父母将其财产份额转让他人，无事实根据，且甲承诺该房由其父母继续居住，目前要求其父母转让财产份额并无实际意义，徒增其父母的担忧，不符合精神上慰藉父母的伦理道德要求，并导致父母与子女之间的亲情关系继续恶化。最终再审法院根据《物权法》第七条："物权的取得和行使，应当遵守法律，尊重社会公德，不得损害公共利益和他人合法权益。"驳回了甲的诉讼请求。[1]

知识点：正是由于现实生活中大量存在老人为子女购房之后，自身的居住没有保障，或是自身去世之后，老伴的居住没有保障，因此法律才规定了居住权。如此一来，在对子女进行赠与或是子女继承之前，可以为自己或相应的人先设立居住权，由此保障老有所居这一目的的实现；也因此，法律原则上规定居住权的设立是无偿的。

居住权如何设立，能否有偿设立？

答 居住权的设立有两个要素。首先，根据《民法典》第

---

[1] 参见重庆市第五中级人民法院（2015）渝五中法民再终字第00043号民事判决书。

三百六十七条的规定,设立居住权需要当事人签订书面合同,该合同一般应涉及当事人的姓名或者名称和住所、住宅的位置、居住的条件和要求、居住权期限、解决争议的方法等。其次,根据《民法典》第三百六十八条的规定,在订立书面合同之后,当事人还应当向登记机构申请居住权登记。只有在登记之后,居住权才被有效地设立。

《民法典》第三百七十一条还规定,居住权可以通过遗嘱设立。住宅所有人生前可以通过遗嘱对房屋的使用进行安排。例如,房屋的所有人在遗嘱中规定,房屋由法定继承人继承,但必须留出一间房间由其配偶终身使用。以遗嘱方式设立居住权的,参照以合同方式设立的规定进行适用,即先立下书面遗嘱并进行登记即可设立居住权。

根据《民法典》第三百六十八条的规定,居住权的设立原则上是无偿的,但是当事人另有约定的,也可以有偿设立。居住权的设立原则上属于一种恩惠行为,居住权通常是住宅所有人为了尽特定的社会义务或恩惠他人,因此居住权人取得居住权通常都是无偿的,居住权人居住于他人住宅期间不必向住宅所有人支付费用。但是,当事人约定居住权人有偿居住他人住宅的,则居住权人应当向住宅所有人支付费用。如果当事人通过合同方式设定居住权本质上是一种交易行为，那么不应当将其完全限定为无偿的情形。例如，在以房养老的情形下，老年人将房屋所有权移转给相关金融机构，由金融机构在该房屋为老年人设立居住权，并定期向老年人支付一定数额的金钱。此种以房养老的模式就属于当事人约定有偿设立居住权的情形。

居住权能否转让或继承？设立居住权的住宅能否出租？

答 根据《民法典》第三百六十九条的规定，居住权不可以转让，也不可以继承。法律规定居住权是为了保障特定人居住的权利，且居住权的设立原则上也是无偿的，虽然居住权具有财产性的利益，但是其人身依附性很强，其设立初衷并非是用于商业交易，因此法律不允许居住权被转让或继承，因为一旦居住权可以转让或继承，就会违背立法的初衷。

同样基于上述考虑，设立了居住权的住宅原则上是不允许出租的，但是为了照顾到居住权人和所有权人的自由意志，《民法典》第三百六十九条规定，如果当事人另有约定，也可以出租已设立居住权的住宅。这样的例外规定在某些情况下是合理的。现实生活中，大城市的老人可以将自己城市中的房产出租，在服务完善的养老院等处生活，其租金完全可以覆盖支出。因此，如果老人在将房产赠与给子女前在该房产上设立了居住权，但老人觉得有更适合其居住的地方，那么允许老人出租房屋，以获得的租金来支持自己的居住，同样符合居住权立法的初衷。

居住权什么时候消灭？

答 一般而言，居住权期限届满或居住权人死亡的，居住权消灭。依据《民法典》第三百七十条的规定，首先，由于居住权的设定需要签署书面的合同，而合同中会约定居住权的存续期限，因此当合同约定的存续期限届满，居住权消灭，这是法律对于居住权合同双方意思的尊重。其次，若居住权合同约定的期限尚未届满，居住权人就死亡的，居住权也消灭，而不会继续存续发生居住权的继承问题，一方面因为居住权仅仅是为特定人设立的，脱离了特定人的身份，居住权就丧失了意义，另一方面居住权可以对抗所有权人对房屋进行占有、使用，是对房屋所有权的一个巨大限制，因此不能够允许居住权无限期地延续下去，以免造成房屋所有权成为一个空壳。

当然，居住权的消灭不仅仅只有上述两个原因，当居住权人主动放弃居住权、居住权合同或遗嘱规定的解除条件满足、住宅被依法征收征用或者住宅灭失的均会导致居住权的消灭。

第十章　担保物权的一般规定

什么是担保物权？担保物权有哪些类型？担保物权的担保包括哪些？

答　担保物权是指，在债务人不履行到期的债务或者发生当事人约定的实现担保物权的情形时，依法对于被设定了担保的财产有优先受偿的权利。设定了担保物权不等于在债务人不履行债务或者发生约定情形时，债权人就可以直接取得担保物的所有权，而是说，在上述情形下可以依法拍卖担保物，而拍卖所得的价款会被优先支付给债权人即担保物权人。如果拍卖所得的价款不够偿还债务，那么剩下的债务也不会消灭；如果拍卖所得的价款超过了债务，那么在偿还了债务之后剩余的款项属于担保物的所有人。

根据《民法典》的总体规定，担保物权包括抵押权、质权、留置权。其中抵押权包括动产抵押权和不动产抵押权,质权包括动产质权和权利质权。

担保物权能够担保的费用范围法律明文列举的,包括有主债权、利息、违约金、损害赔偿金、保管担保财产和实现担保物权的费用,当然当事人还可以自行进行约定,只要不违反法律的强制性规定,比如违背公序良俗的费用,都是有效的。

借款合同无效的,其抵押合同、质押合同等担保合同是否有效?

答 抵押合同、质押合同等担保合同存在的目的是为了担保借款合同能够顺利履行,担保合同的存在以借款合同的存在为前提,因此在法律上,作为前提的借款合同为主合同,相应的担保合同为从合同,当主合同被确认无效时,基于这种主从关系,从合同一般情况下也会被认为无效。

但是在一些特殊情况下,特别是商事领域中,为了保证商事活动有序进行,法律也规定即使主债权债务关系无效,担保合同也不因此丧失效力,例如国际贸易中见索即付、见单即付的保证合同。

当担保合同被认定为无效并不意味着不发生任何的法律后果,也不意味着担保人一定不承担任何责任。根据法律规定,在担保合同被确认无效之后,债务人、担保人、债权人有过错的,应当根据其过错各自承担相应的民事责任。

【案例】 法人之间、其他组织之间以及它们相互之间为生产、经营需要订立的民间借贷合同以及相应的担保合同通常情况下为有效

案例简介:2017年6月至7月期间,甲投资中心与债务人乙创投公司签订8份《借款协议书》,约定甲向乙提供借款金额共计38 900万元,借款期限均为一年,借款利率按照年利率12%的标准计算。若乙到期未能按照该等《借款协议书》的约定全部偿还借款本金及利息的,应自延迟之日起每日按应付未付金额的千分之五向甲支付违约金。上述《借款协议书》签订后,甲依约以银行转账方式将38 900万元借款汇入乙指定账户。此后,甲与丙发展公司签订《保证合同》,约定丙为甲与乙的涉案借款提供担保,其担保方式为承担不可撤销的连带责任,担保范围为上述《借款协议书》下的借款本金、利息、违约金、损失赔偿以及其他费用。之后乙仅清偿了部分借款，甲将乙、丙诉至法院，要求乙、丙承担连带清偿责任。而丙认为甲并不具有可以依法从事金融业务的资质，其无权向乙进行资金拆借行为，故涉案合同效力因违反强制性法律规定应作无效认定。在主合同《借款协议书》无效的情况下，《保证合同》亦应认定无效，丙不应承担任何保证责任。[1]

知识点：法人之间、其他组织之间以及它们相互之间为生产、经营需要订立的民间借贷合同，除存在《民法典》规定的民事法律行为无效情形以及《最高人民法院关于审理民间借贷案件适用法律若干问题的规定》第十四条规定[2]的情形外，

---

[1] 参见上海市高级人民法院（2019）沪民初18号民事判决书。
[2]《最高人民法院关于审理民间借贷案件适用法律若干问题的规定》第十四条即具有下列情形之一，人民法院应当认定民间借贷合同无效：
（一）套取金融机构信贷资金又高利转贷给借款人，且借款人事先知道或者应当知道的；
（二）以向其他企业借贷或者向本单位职工集资取得的资金又转贷给借款人牟利，且借款人事先知道或者应当知道的；
（三）出借人事先知道或者应当知道借款人借款用于违法犯罪活动仍然提供借款的；
（四）违背社会公序良俗的；
（五）其他违反法律、行政法规效力性强制性规定的。

当事人主张民间借贷合同有效的,人民法院应予支持。法院认为,甲的出借行为不具有反复性、经常性、营业性的特点,是企业间的正常资金拆借行为,其借贷合同合法有效,因此甲、丙签订的保证合同的效力也因此不会受到影响。

未经担保人同意,债权人允许债务人转让全部债务的,担保人是否还承担担保责任?

答 第三人作为担保人,为债务人向债权人提供担保,在法律上仅仅在担保人和债权人之间发生一个担保的法律关系,与债务人无关。但是实际上,担保人愿意为债务人提供担保,是基于对债务人能够偿还债务的信任,或是存在其他的利害关系,从而愿意为债务人担保,因此债务人是谁对于担保人来说是极其重要的,也是其与债权人建立担保关系的基础。

当债权人允许时,债务人可以将债务转让给他人。对于担保人来说,如果债务人资信良好,拥有的财产多,那么担保人承担责任的风险就很小,反之债务人资信差,也没有什么财产,担保人就很有可能要承担责任。为了保护担保人的正当利益,《民法典》第三百九十一条规定:"第三人提供担保,未经其书面同意，债权人允许债务人转移全部或部分债务的，担保人不再承担相应的担保责任。"

值得注意的是，这里是说不再承担"相应"的担保责任，而不是完全不承担担保责任。如果债务人仅仅未经书面同意转让了一部分债务，那么对于没有转让的那部分债务，担保人还是需要承担相应比例的担保责任。

向银行申请的购房贷款既有保证人，又为之设立了财产抵押的，该笔贷款到期不能偿还时，银行如何实现债权？

答《民法典》第三百九十二条对此作了规定。在民事法律关系中，当事人自己的意思是最为重要的，一般情况下，法律尊重当事人自己的选择。如果在申请购房贷款时，当事人之间（包括保证人、债权人、担保人）进行了明确的约定，在债务人到期不能偿还时，是先让保证人承担保证责任，还是先拍卖变卖抵押财产偿还债务，按照约定执行即可，任何一方都不应当也不会有异议。

如果当事人之间没有对承担责任的先后进行约定，或者约定不明确的，那么法律对保证责任和担保责任的承担顺序进行了规定。保证人一定是债务人以外的第三人，因为自己不能保证自己的债务，这样既不合法也没有意义。但是提供担保物的人可以是债务人自己也可以是第三人，因为债务人可以用自己的财产设定抵押、质押，第三人也可以用自己的财产设定抵押、质押。由于保证和担保的最终目的是让债务顺利履行，不是为了让债务人逃避责任，即使他人承担了保证或担保责任，仍然可以向债务人追偿，因此法律为了减少不必要的麻烦，区分了提供担保的人是债务人自己还是第三人。如果是债务人自己提供了担保物，那么先就该担保物实现债权，保证人承担补充责任；如果是第三人提供了担保物，那么该担保人和保证人处于同一地位，债权人可以自由选择谁来承担责任。

因此，当银行和抵押人、保证人之间有约定时，按照约定；如果没有约定，那么需要看贷款人是自己设立了抵押，还是别人为贷款人提供了抵押；如果是贷款人自己提供的抵押，那么银行只能先要求贷款人承担担保责任，在担保物拍卖变卖之后还不够偿还债务的情况下，才可以要求保证人承担责任；如果是他人提供的抵押，那么银行可以自由选择是担保人还是保证人先承担责任。

第十一章 抵押权

什么是抵押权？不动产抵押权和动产抵押权如何设立？

答 抵押权，作为一种保证债权实现的担保方式，在生活实践中大量存在，如房屋抵押、汽车抵押以及机械设备抵押等。我国《民法典》第三百九十四条第一款规定："为担保债务的履行，债务人或者第三人不转移财产的占有，将该财产抵押给债权人的，债务人不履行到期债务或者发生当事人约定的实现抵押权的情形，债权人有权就该财产优先受偿。"该条文规定明确了抵押权的定义，就该规定而言，抵押权包含以下四层含义。

第一，抵押权是一种担保物权。抵押权是抵押权人就抵押财产拍卖、变卖所得的价款优先受偿的权利，是通过支配抵押财产的交换价值来达到担保债权清偿的目的。第二，抵押权是在债务人或第三人提供的财产上设立的物权。债务人或第三人提供的抵押财产，可以是不动产（如房屋）、动产（汽车、机械设备），也可以是权利（如应收账款、股票）。第三，抵押权不转移标的财产的占有。抵押权的设立和存续，不需要转移标的财产的占有，抵押财产仍然由债务人或第三人占有，这也是抵押权区别于质权、留置权等其他担保物权的重要特征。第四，抵押权是就抵押财产卖得价款优先受偿的权利。这里的优先受偿，主要有以下两种情形：一是对债务人的其他普通债权人而言，就抵押财产卖得的价款，抵押权人有权优先于其他普通债权人受偿；二是对债务人的其他抵押权人而言，先顺位的抵押权优先于后顺位的抵押权就抵押财产卖得价款受偿。

依据《民法典》第四百条的规定，设立抵押权，当事人应当采用书面形式订立抵押合同。抵押权法律关系往往比较复杂，在实现抵押权时，往往涉及第三人的利益。因此，抵押权的设立，当事人应当采用书面形式订立抵押合同。

根据抵押财产能否转移，又可将财产分为不动产抵押和动产抵押。依据《民法典》第四百零二条的规定，以不动产抵押的，需要办理抵押登记。换言之，不动产抵押权的设立需要两个要件，其一是抵押合同，其二为办理抵押登记。

根据《民法典》第四百零三条的规定，以动产抵押的，抵押权自抵押合同生效时设立；未经登记，不得对抗善意第三人。换言之，当事人以动产抵押的，可以办理抵押登记，也可以不办理抵押登记，抵押权自抵押合同生效时设立。

什么是浮动抵押？

❓ 浮动抵押是指民事主体以现有的和将有的财产提供抵押，当债务人不履行到期债务或者发生当事人约定的实现抵押权的情形，债权人有权就约定实现抵押权的财产优先受偿。《民法典》第三百九十六条规定："企业、个体工商户、农业生产经营者可以将现有的以及将有的生产设备、原材料、半成品、产品抵押，债务人不履行到期债务或者发生当事人约定的实现抵押权的情形，债权人有权就抵押财产确定时的动产优先受偿。"需要注意的是，浮动抵押财产在确定之前属于不特定物，抵押人将来取得的动产也属于浮动抵押标的物，抵押人已有的动产也可以自行转让。也即在浮动抵押财产确定之前，浮动抵押权人对未特定化的标的物没有控制权和支配力，浮动抵押权人要实现浮动抵押权必须确定浮动抵押财产。如何确定浮动抵押财产？或者说浮动抵押财产何时确定？

依据《民法典》第四百一十一条的规定，浮动抵押财产自下列情形之一发生时确定。第一，债务履行期限届满，债权未实现。在这种情形下，抵押财产应确定，自债务履行期限届满之日起，抵押人不得再处分抵押财产。第二，抵押人被宣告破产或者解散。此种情形下，抵押财产不再发生变动，抵押权人应对抵押财产享有优先受偿的权利。第三，当事人约定的实现抵押权的情形。抵押人与抵押权人可以约定实现抵押权的条件，如果抵押人与抵押权之间约定的实现抵押权的情形出现，则抵押权人可以实现抵押权。第四，严重影响债权实现的其他情形。如果发生了严重影响债权实现的其他情形，例如，抵押人为逃避债务隐匿财产、转移财产，或者以不正常的低价出卖财产等，则抵押权人有权要求确定抵押财产，实现抵押权，以保护自己的利益。

【案例】 浮动抵押的设立与浮动抵押财产的确定

案例简介：2015 年 4 月，某集团公司向 A 银行借款

13 000万元，该集团公司以其生产设备、原材料、库存商品、半成品为该借款提供担保，并办理了抵押登记。2016年2月，债务履行期限届满，该集团公司未按照约定还本付息。A银行遂将该集团公司告上法庭。[1]

知识点：企业、个体工商户、农业生产经营者可以将现有的以及将有的生产设备、原材料、半成品、产品抵押，债务人不履行到期债务或者发生当事人约定的实现抵押权的情形，债权人有权就抵押财产确定时的动产优先受偿。债务履行期限届满，债权未实现的，抵押财产确定。自债务履行期限届满之日起，抵押人不得再处分抵押财产。

本案中，集团公司与A银行约定以其生产设备、原材料、库存商品、半成品为13 000万元借款提供担保，该约定真实合法有效。债务履行期限届满，集团公司未还本付息，抵押财产确定。该集团公司债务到期时现存的动产为抵押财产，A银行有权就现存抵押物拍卖、变卖后所得价款优先受偿。

---

[1] 参见四川省资阳市中级人民法院（2018）川20民初54号民事判决书。

借款人向银行申请贷款并以房屋作抵押的,银行能否与抵押人约定,如果借款人到期不能还款,则抵押房屋归银行所有?请求还款的诉讼时效已过,银行还能否行使抵押权?

答 不能。抵押合同中当事人约定,债务履行期限届满而债务人不履行债务时,抵押物的所有权转移给债权人的,在法律上被称为流押条款。依据《民法典》第四百零一条的规定:"抵押权人在债务履行期限届满前,与抵押人约定债务人不履行到期债务时抵押财产归债权人所有的,只能依法就抵押财产优先受偿。"就该条的内容来看,主要有两层含义:一方面,法律上禁止流押。在生活中,债务人往往因一时急需而向债权人借款,债权人可能利用债务人的急需,以不公平的形式订立流押合同,损害债务人的利益。因此,该条禁止流押的规定体现了民法的公平原则,有利于保护债务人的利益。另一方面,流押合同中,当事人关于"抵押财产的所有权归属于债权人"的约定,只是当事人就抵押权实现方式进行的一项约定,而非抵押合同的全部。抵押合同中存在流押条款时,该流押条款无效,但抵押合同并不因此而全部无效。依据本条规定,抵押权人在债务履行期限届满前,与抵押人约定债务人不履行到期债务时抵押财产归债权人所有的,并不导致抵押合同全部无效;当债务人不履行到期债务或发生当事人约定的情形时,抵押权人依法行使抵押权,就抵押财产卖得价款优先受偿。

依据《民法典》第四百一十条之规定,抵押权的实现有折价、拍卖以及变卖三种方式:第一,折价。即抵押人与抵押权人达成协议,将抵押财产折价用于清偿债务,并使抵押权人取得抵押财产的所有权。折价协议必须是在抵押权实现时才能订立,且抵押财产的所有权必须在折价协议订立之后才能转移。此外,折价协议不得损害其他债权人的利益。如果同一抵押财产上设立了多个抵押权,则先顺位的抵押权人与抵押人订立折价合同时,不得压低抵押财产的价值,损害其他抵押权人的利益。若协议损害其他债权人利益的,其他债权人可以请求人民法院撤销该协议。第二,拍卖。拍卖是指在特定的时间和场合,在拍卖人的主持下,竞买人进行竞价购买,提出价格最高者将购得抵押财产。由于拍卖采取的是公开竞价的方式,往往能体现抵押财产的最大价值,因此,拍卖形式是一种较好的实现抵押权的方式。第三,变卖。变卖是指抵押权人通过买卖或以招标转让等方式将抵押财产出卖。抵押权人变卖抵押财产,应当参照市场价格。

如果银行请求还款的诉讼时效已过，银行可以行使抵押权，但人民法院不再予以保护。根据《民法典》第四百一十九条的规定："抵押权人应当在主债权诉讼时效期间行使抵押权；未行使的，人民法院不予保护。"如果借款经过诉讼时效，银行与借款人就抵押权的实现达成了一致协议，则银行仍然可以实现抵押权。但若借款人对协议提出反对意见，银行通过法院请求行使抵押权的，将不能得到法院的支持。

借款人向银行申请贷款并以房产作抵押后，借款人使得房屋价值减少的，银行可以行使哪些权利？

答 依照《民法典》第四百零八条的规定，如果借款人的行为足以使得抵押财产价值减少的，银行有权请求借款人停止该行为；若抵押财产价值减少的，银行有权请求借款人恢复抵押财产的价值，或者提供与减少的价值相应的担保。如果借款人不恢复抵押财产的价值，也不提供担保的，银行有权请求债务人提前清偿债务。

抵押权是以抵押财产的交换价值作为债权担保的担保物权。如果在抵押期间抵押人的行为足以使抵押财产的价值减少的，那么在抵押权人实现抵押权时，就可能无法获得完全清偿。因此，为了保护抵押权人的利益，抵押权人有权请求抵押人停止其行为。抵押人侵害抵押财产的行为主要是积极行为，但也有消极行为。前者如拆除抵押物、砍伐抵押的林木等，后者如不按时维修抵押物等。如果抵押人的行为已经导致抵押财产价值减少的，会影响抵押权人的利益。为此，抵押权人有权要求抵押人恢复抵押财产的价值。例如，抵押房屋前面原本有一个美丽的花园，因抵押人怠于修整而导致花园荒芜，该抵押房屋的价值将减少。所以，抵押权人有权要求抵押人重新修整花园，恢复原状。如果抵押财产的价值难以恢复或者恢复的成本过高的，抵押权人也可以要求抵押人提供与减少的价值相应的担保。如果抵押人既不恢复抵押财产的价值也不提供担保的，抵押权人则有权请求债务人提前清偿债务，以防止抵押权人的利益受到损害。

正规商店将其已抵押的玉镯卖给顾客的，对抵押权人的抵押权有什么影响？

🅰 抵押权人的抵押权不能再行使。《民法典》第四百零四条规定:"以动产抵押的,不得对抗正常经营活动中已经支付合理价款并取得抵押财产的买受人。"

动产抵押权设立后,抵押权人具有优先受偿的效力,但不得对抗正常经营活动中已经支付合理价款并取得抵押财产的买受人。债务人或者第三人以动产设立抵押的,该动产的所有权仍归属于债务人或第三人自身。因此,债务人或者第三人仍享有对该动产的处分权。如果在正常经营活动中,买受人已经向抵押人支付了合理价款,并取得了抵押财产的所有权,则抵押权人不得对该抵押财产行使抵押权。这是对正常经营活动的买受人的保护。如果允许抵押权人继续对正常经营活动中已经售出的抵押动产行使抵押权,将极不利于交易安全。

抵押权设立前,抵押房屋已经出租并交房的,原租赁关系是否受该抵押权的影响?

❀ 原租赁关系不受影响。依据《民法典》第四百零五条的规定:"抵押权设立前,抵押财产已经出租并转移占有的,原租赁关系不受该抵押权的影响。"

在抵押财产为房屋等财产时，在抵押权设立之前，抵押人可能已经将该房屋等抵押财产出租给他人，承租人已占有抵押财产。为了保护承租人尤其是不动产承租人的利益，维护社会稳定，各国民法上都确立了"买卖不破租赁"规则，即租赁关系成立后，出租人将租赁物出卖给他人的，原租赁关系不受影响，承租人对买受人仍可以主张租赁权。抵押权是一种担保物权，从本质上讲并无优先于所有权的效力。"举轻以明重"，作为完全物权的所有权都不得对抗在先的承租人，作为限制物权的抵押权更不得对抗在先承租人。因此，如果租赁关系设立在先而抵押权设立在后，租赁权优先于抵押权，原租赁关系不受该抵押权的影响。

【案例】 在先的租赁人怎样做才能对抗在后的抵押权人？

案例简介：2011年10月，A公司向B银行借款1 200万元，为担保借款，A公司将其名下厂房抵押给B银行提供担保。后A公司未还本付息，B银行遂向法院起诉请求还款。法院支持B银行诉讼请求并进入执行程序时，C公司提出执行异议，认为其与被执行人A公司在抵押登记前签订了租赁合同,主张拍卖不破租赁。[1]

知识点:抵押权设立前,抵押财产已经出租并转移占有的,原租赁关系不受该抵押权的影响。本案中,法院认为C公司主张讼争房屋享有租赁权且拍卖不破租赁,需提供充分有效的证据证明。本案中,虽C公司提交的《房产租赁合同》载明合同的签订时间为2011年8月1日,但并不能据此认定租赁合同签订于涉案房屋抵押前。首先,上述合同并未在房地产行政管理部门登记备案,亦未办理过租赁合同公证;其次,上诉人C公司所提交的租金收据、收条均形成于案涉房产抵押登记之后,不能佐证案涉房产租赁合同的签订时间;其三,被上诉人A公司曾于2011年10月8日在案涉房屋设定抵押前向被上诉人B银行声明,上述房产未向任何单位或个人出租。故在没有其他确切证据佐证的情况下,上述租赁合同不足以表明该合同签订于涉案房屋抵押之前。故C公司的租赁权不能对抗B银行的抵押权。

---

[1] 案例改编自"绍兴县明洋纺织品有限公司、绍兴银行股份有限公司轻纺城支行等案外人执行异议之诉"一案,参见浙江省绍兴市中级人民法院(2015)浙绍执异终字第9号民事判决书。

抵押期间,抵押人能否转让抵押财产?

答 可以转让。依据《民法典》第四百零六条的规定:"抵押期间,抵押人可以转让抵押财产。当事人另有约定的,按照其约定。抵押财产转让的,抵押不受影响。抵押人转让抵押财产的,应当及时通知抵押权人。抵押权人能够证明抵押财产转让可能损害抵押权的,可以请求抵押人将转让所得的价款向抵押人提前清偿债务或者提存。转让的价款超过债权数额的部分归抵押人所有,不足部分由债务人清偿。"此条款更改了抵押期间转让抵押财产的规则,由"经抵押权人同意"变为"通知抵押人",使得抵押财产的流通更为便捷。

在抵押期间,抵押人对抵押财产仍然享有所有权或者处分权。因此,抵押人可以转让抵押财产。如果抵押人与抵押权人在抵押合同中约定,抵押财产不得转让的,则抵押人不得转让抵押财产。如果双方没有约定抵押人不得转让抵押财产,抵押人转让抵押财产的,应当及时通知抵押权人。也就是说,抵押人转让抵押财产,只要及时通知抵押权人即可,并不需要征得抵押权人的同意。然而,我国社会目前正处于转型时期,信用体系尚不健全,实践中一些抵押人在设定抵押权后擅自转让抵押财产，从而使得抵押权人的债权失去保障，影响抵押权制度担保功能的发挥。例如，抵押人转让抵押财产的价款显著低于市场价值，就可能损害抵押权人的利益。为了保护抵押权人的利益，本条规定抵押权人能够证明抵押财产转让可能损害抵押权的，可以请求抵押人将转让所得的价款向抵押权人提前清偿债务或者提存。如果抵押财产转让的价款超过债权数额的，该超过的部分价款归抵押人所有。如果抵押财产转让的价款低于债权数额的，不足的部分数额则由债务人清偿。

抵押权人能否放弃抵押权或抵押权的顺位？

答 抵押权人可以放弃抵押权或者抵押权的顺位。依据《民法典》第四百零九条的规定："抵押权人可以放弃抵押权或者抵押权的顺位。抵押权人与抵押人可以协商变更抵押权顺位以及被担保的债权数额等内容。但是，抵押权的变更未经其他抵押权人书面同意的，不得对其他抵押权人产生不利影响。债务人以自己的财产设定抵押，抵押权人放弃该抵押权、抵押权顺位或者变更抵押权的，其他担保人在抵押权人丧失优先受偿权益的范围内免除担保责任，但是其他担保人承诺仍然提供担保的除外。"

抵押权是抵押权人的一项权利,权利可以放弃。抵押权人放弃抵押权的,不需要经过抵押人的同意。如果抵押权人放弃了抵押权,则抵押权消灭,抵押权人不得就该抵押提供的财产优先受偿。抵押权的顺位,是指抵押权人优先受偿的顺序。《民法典》第四百一十四条规定:"同一财产向两个以上债权人抵押的,拍卖、变卖抵押财产所得的价款按照下列规定清偿:(一)抵押权人已经登记的,按照登记的时间先后确定清偿顺序;(二)抵押权已经登记的先于未登记的受偿;(三)抵押权未登记的,按照债权比例清偿。"抵押权的顺位也是抵押权人享有的一项利益,故抵押权人也可以放弃该顺位。抵押权人放弃抵押权顺位的,该放弃人处于最后顺位,所有后顺位抵押权人的顺位依次递进。

抵押权人与抵押人可以协议变更抵押权顺位以及被担保的债权数额等内容。但是,抵押权的变更,未经其他抵押权人书面同意,不得对其他抵押权人产生不利影响。《民法典》第四百零九条第二款规定,债务人以自己的财产设定抵押,抵押权人放弃该抵押权,抵押权顺位或者变更抵押权的,其他担保人在抵押权人丧失优先受偿权益的范围内免除担保责任,但是其他担保人承诺仍然提供担保的除外。这里的"其他担保人",包括为债务人的债务提供担保的保证人、提供抵押或者质押的第三人。

【案例】 抵押权人放弃抵押权顺位的,不得对其他抵押权人产生不利影响

案例简介:黄河公司以其房屋作抵押,先后向甲银行借款100万元,向乙银行借款300万元,向丙银行借款500万元,并依次办理了变更登记。后丙银行与甲银行商定交换各自抵押权的顺位,并办理了变更登记,但乙银行并不知情。因黄河公司无力偿还三家银行的到期债务,银行拍卖其房屋,仅得价款600万元。本案中,债务的清偿顺序为何?[1]

知识点:抵押权人可以放弃抵押权或者抵押权的顺位。抵押权人与抵押人可以协商变更抵押权顺位以及被担保的债权数额等内容。但是,抵押权的变更未经其他抵押权人书面同意

---

[1] 案例引自杨立新、郭明瑞主编,丁文、文杰编著:《〈中华人民共和国民法典·物权编〉释义》,人民出版社2020年版,第228页。

的，不得对其他抵押权人产生不利影响。

本案例中，丙银行与甲银行商定交换各自抵押权的顺位，并办理了变更登记，但丙银行与甲银行的抵押顺位变更，未经乙银行同意，抵押权顺位变更在其对乙银行抵押权所造成的不利影响范围内，对乙银行不产生效力。即经过抵押权顺位变更之后，丙获得的第一顺位抵押权只是在100万元的额度内优先于乙银行的抵押权而受偿，剩下的400万元劣后于乙银行的抵押权，但却优先于甲银行的抵押权而受偿。黄河公司无力偿还三家银行的到期债务，银行拍卖房屋，仅得价款600万元。关于三家银行对该价款的分配是，甲银行得不到清偿，乙银行300万元，丙银行300万元。

因债务人到期不还款，致使抵押房屋被法院依法扣押的，抵押房屋上的租金应由谁收取？

答 应由抵押权人收取租金。抵押权设立后，抵押财产的所有权仍属于抵押人。因此，抵押人使用抵押财产产生的孳息（如租金）应当归属于抵押人所有。但是，当债务人不履行到期债务或者发生当事人约定的实现抵押权的情形，致使抵押财产被人民法院依法扣押的,抵押人无法再行利用抵押财产,若抵押财产的孳息仍由抵押人收取,则不利于抵押权人利益的保护。因此,《民法典》第四百一十二条规定:"债务人不履行到期债务或者发生当事人约定的实现抵押权的情形,致使抵押财产被人民法院依法扣押的,自扣押之日起,抵押权人有权收取该抵押财产的天然孳息或者法定孳息,但是抵押权人未通知应当清偿法定孳息义务人的除外。前款规定的孳息应当先充抵收取孳息的费用。"对于收取抵押财产的法定孳息的情形,例如收取租金,抵押权人应当通知清偿义务人。如果抵押权人未通知应当清偿法定孳息的义务人,义务人就无法将法定孳息交付给抵押权人,抵押权的效力也就无法及于法定孳息。

抵押权人收取天然孳息或者法定孳息,需要付出一定的费用。抵押权人收取的孳息应当先充抵收取孳息的费用,剩余的孳息与抵押财产一并用于清偿债务人的债务。

什么是最高额抵押权?最高额抵押权设立前的债权,能否转入该最高额抵押担保的债权范围?

答 最高额抵押是指抵押人与抵押权人达成协议,在最高债权额限度内,以抵押财产对一定期间内连续发生的债权提供担保。《民法典》第四百二十条第一款规定:"为担保债务的履行,债务人或者第三人对一定期间内将要连续发生的债权提供担保财产的,债务人履行到期债务或者发生当事人约定的实现抵押权的情形,抵押权人有权在最高债权额限度内就该担保财产优先受偿。"就该条文而言,最高额抵押权具有以下三层内涵。第一,最高额抵押权是为将来发生的债权提供担保的物权。在一般抵押中,抵押权的设定是以债权的存在为前提的,抵押权是为担保债权的实现而存在的。然而,最高额抵押权的设定,则不以债权已经存在为前提,而是对将来发生的债权提供担保。这一特点使得最高额抵押权在抵押权的发生上不具有从属性。第二,最高额抵押权担保的债权最高额确定,但实际发生的债权数额不确定。一般抵押所担保的债权是确定的,但最高额抵押所担保的将来债权是不确定的,即将来债权是否发生,其数额是多少,均处于不确定的状态。第三,最高额抵押权是对一定期限内连续发生的债权提供担保。一般抵押是对已经存在的一个独立的债权提供担保,而最高额抵押是对一定期限内连续发生的债权提供担保。

最高额抵押权设立前的债权,可以转入最高额抵押担保的债权范围。依据《民法典》第四百二十条第二款之规定，最高额抵押权设立前已经存在的债权，经当事人同意，可以转入最高额抵押担保的债权范围。

最高额抵押权所担保的债权的确定，是指对最高额抵押所担保的债权范围进行定额化的事由出现后，对最高额抵押所担保的债权额进行的固定化。最高额抵押权所担保的债权确定后，抵押权人通常开始行使抵押权。依据《民法典》第四百二十三条的规定，最高额抵押权所担保的债权确定的事由包括三项。（一）约定的债权确定期间届满。最高额抵押权人与抵押人在最高额抵押合同中约定了债权确定日期的，该约定的日期届满时，最高额抵押权所担保的债权即可确定。（二）没有约定债权确定期间或者约定不明确，抵押权人或者抵押人自最高额抵押权设立之日起满二年后请求确定债权。（三）新的债权不可能发生。如果最高额抵押权所担保的债权已经没有发生的可能性，如主债权合同被解除等，则也构成最高额抵押权确定的原因。（四）抵押权人知道或者应当知道抵押财产被查封、扣押。在最高额抵押关系存续期间，如果抵押财产被查封、扣押的，抵押财产有可能被拍卖、变卖。人民法院查封、扣押被执行人设定最高额抵押权的抵押财产的，应当通知抵押权人，抵押权人受抵押担保的债权数额自收到人民法院通知时起不再增加；人民法院虽然没有通知抵押权人，但有证据表明抵押权人知道查封、扣押事实的，受抵押担保的债权数额从其知道该事实时起不再增加。（五）债务人、抵押人被宣告破产或者解散。最高额抵押的债务人、抵押人被宣告破产或者解散的，应当依照《企业破产法》《公司法》等法律的规定进行清算。《企业破产法》第一百零九条规定，对破产人的特定财产享有担保权的权利人，对该特定财产享有优先受偿的权利。可以，债务人、抵押人破产或解散时，最高额抵押权担保的债权应当确定，以维护债权人的利益。（六）法律规定债权确定的其他情形。这是一条兜底条款，如果发生法律规定债权确定的其他情形，最高额抵押权担保的债权确定。

【案例】 最高额抵押权的设立与最高额抵押权担保债权的确定

案例简介：某汽车公司因生产经营的需要，需在接下来1年内向A银行持续借款。为担保接下来1年内将要发生的债权，汽车公司与A银行签订35份《最高额抵押合同》，约定汽车公司以其名下的35辆汽车在2000万额度内，为A银行的借款提供担保。后汽车公司分三次从A银行分别借款500万、600万元、800万元。借款期限届满后，汽车公司未能偿还债务，A银行遂将汽车公司诉至法庭。[1]

知识点：最高额抵押，是指为担保债务的履行，债务人或者第三人对一定期间内将要连续发生的债权提供担保财产的，债务人履行到期债务或者发生当事人约定的实现抵押权的情形，抵押权人有权在最高债权额限度内就该担保财产优先受偿。约定的债务履行期限届满，最高额抵押权所担保的债权确定。

本案中，A银行与汽车公司签订了35份《最高额抵押合同》，合同约定在借款本金的最高额限额向A银行提供抵押担保，并办理了抵押登记，抵押权自抵押登记时设立。又最高额抵押权担保的债权自债务履行期限届满时确定。故A银行对汽车公司所有的35份机动车登记证书载明的抵押财产享有优先受偿权。

---

[1] 该案例改编自"四川广汉农村商业银行股份有限公司与四川名帝马车业有限公司、林孝波金融借款合同纠纷"一案，参见四川省广汉市人民法院（2020）川0681民初1116号民事判决书。

第十二章 质 权

什么是质权？质权如何设立？

答 动产质权，是指为担保债务履行，债务人或者第三人将其动产出质给债权人占有的，债务人不履行到期债务或者发生当事人约定的实现质权的情形，债权人有权就该动产优先受偿。动产质权作为一种单独的担保物权，具有以下区别于其他担保物权的本质特征。第一，动产质权以他人的动产为标的物。动产质权的标的物为动产，其他财产不能成为动产质权的标的物。此外，动产质权的标的物是他人所有的动产。第二，动产质权为占有债务人或第三人移交的动产的担保物权。动产质权的设定和存在，必须以质权人占有债务人或第三人交付的动产为前提。第三，动产质权是就动产卖得的价款优先受偿的权利。动产质权为担保债权的实现而存在，因此在债权已届清偿期而未获得清偿时或者发生当事人约定的实现质权的情形时，质权人可以变卖动产，并以卖得的价款优先受偿。第四，动产质权是担保物权。债务人或第三人将动产交由债权人占有，是为了担保债权的实现，质权人通常只能占有动产，不得使用和收益。

依照《民法典》第四百二十七条和四百二十九条之规定，质权的设立需要满足两个条件：订立书面质押合同和质押财产的交付。依据《民法典》第四百二十九条之规定，质权自出质人交付质押财产时设立。这意味着尽管出质人与质权人之间订立了动产质押合同，但只要出质人未将质押财产交付给质权人，那么动产质权便不能设立。

借款人向银行申请贷款并质押名画的，银行能否与出质人约定"如果借款人到期不能还款，则名画归银行所有"？银行如何实现质权？

答 不能。按照《民法典》第四百二十八条的规定："质权人在债务履行期限届满前，与出质人约定债务人履行到期债务时质押财产归债权人所有的，只能依法就抵押财产优先受偿。"本条是关于禁止流质的规定，也关系到流质合同。

流质合同，是指设立动产质权时或在债务清偿期届满前，出质人与质权人订立的债务履行期届满而债权未获清偿，质押财产的所有权归质权人所有的约款的合同。各国民法一般都禁止出质人与质权人以"流质合同"处分质押财产。由于质权人可能趁债务人某种急迫需要或陷于穷困的情势，迫使债务人与其签订合同，以价值过高的质押物担保较小的债权额，并在债务不能履行到期债务时取得质押物的所有权。在此种情形下，就有必要禁止流质合同，以保护出质人的利益。

银行有折价、拍卖以及变卖三种方式实现质权。债务人不履行到期债务或者发生当事人约定的实现质权的情形，质权人有权实现质权。依据《民法典》第四百三十六条第二款的规定，质权人实现质权的方式有三种：一是折价方式。质权人与出质人订立协议，由质权人出价购买质押财产。质押财产折价的，应当参照市场价格。二是拍卖方式。即以公开竞价的方式将质押财产卖给出价最高的人。拍卖质押财产所得的价款应当优先用于清偿债务，清偿债务后有余额的，应当返还给出质人，不足以清偿债务的应由债务人补足。三是变卖方式。即将质押财产出卖给他人，以其价款清偿债务。质权人变卖质押财产的，应当参照市场价格。变卖质押财产用于清偿债务后有余额的，应当返还给出质人，不足以清偿债务的应由债务人补足。

质押股票的红利由谁收取？质权人能否使用质押物？面对质押财产毁损、灭失等问题，质权人或出质人可以采取哪些救济措施？

答 质权人有权收取质押股票的红利，但当事人另有约定的除外。《民法典》第四百三十条规定："质权人有权收取质押财产的孳息，但是合同另有约定的除外。前款规定的孳息应当首先充抵孳息的费用。"动产质押的标的物既然是由质权人占有的，由质权人收取质押财产所生的孳息，最为便利。所谓孳息，包括天然孳息和法定孳息。质押所产生的天然孳息是由于自然原因而产生的利益，例如母牛生小牛、苹果树结苹果等。质物所产生的法定孳息是法律规定由质物所产生的利益，例如质物产生的租金，股票产生的股息红利等。如果出质人与质权人在质押合同中没有约定质权人有收取孳息的权利，则质权的效力及于孳息，即质权人可依据质权对孳息优先受偿。如果出质人与质权人在质押合同中约定了质权人不享有收取孳息的权利，则质权人不能收取质物的孳息作为债权的担保。

质权人在质权存续期间，有权占有质押财产，但未经出质人同意，不得擅自使用、处分质押财产。这是因为出质人将质押财产转移给质权人占有，已极大限制了出质人对质押财产所有权权能的行使。如果对质权人的权利不加以约束，允许其自由使用、处分质押财产，会给出质人的所有权造成侵害。当然，如果出质人同意质权人在质押存续期间使用、处分质押财产的，应当得到允许，一旦造成质押财产的损害灭失，则应由质权人对出质人承担民事赔偿责任。

质权人负有妥善保管质押财产的义务，如果质权人因保管不善致使质物毁损、灭失的，应当承担赔偿责任。质权人的行为可能使质押财产毁损、灭失的，出质人可以请求质权人将质押财产提存，或者请求提前清偿债务并返还质押财产。如果质押财产因不可归责于质权人的事由毁损或者价值明显减少，足以危害质权人权利的，出质人有权请求质权人提供相应的担保；出质人不提供的，质权人可以拍卖、变卖质押财产，并与出质人协议将拍卖、变卖所得的价款提前清偿债务或提存。

在质权存续期间，质权人为担保自己对第三人的债务，能否将质押财产转而质押给第三人？

答 质权人在质权存续期间，为了对自己的债务提供担保，而将质物转移占有给第三人，从而在该质物上设定新的质权，此种情况被称为转质。依据《民法典》第四百三十四条的规定："质权人在质权存续期间，未经出质人同意转质，造成抵押财产毁损、灭失的，应当承担赔偿责任。"

根据是否经过出质人同意而转质。转质分为承诺转质与责任转质。承诺转质是指质权人取得出质人的同意，为担保自己债务的履行，而将质物转移占有给第三人，并在质物上设立新的质权的行为。在承诺转质的情形下，新设立的质权（转质权）与原质权及其被担保的债权是不同的，转质权不受原质权的限制。质权人仅对因转质人的过错而发生的损害承担责任，对质物转质后非因转质人的过错而发生的损失，质权人不承担责任。责任转质是指在质权存续期间，质权人未经出质人同意，而将质物转质给第三人，从而设立新的质权的行为。一方面，质权人因质权的设定而占有质押财产，妨碍了质押财产的使用价值的发挥。若质权人能通过转质而充分利用质押财产的交换价值，可以弥补质押财产的使用价值不能充分发挥的缺陷，有利于实现"物尽其用、物有所值"的理念。另一方面，质押财产的所有权仍归属于出质人。出于对出质人质押财产的安全性考虑，本条规定转质未经出质人同意，造成质押财产毁损、灭失的，质权人应当承担赔偿责任。在责任转质情形下,转质人一旦实现责任转质,就应对质物因此所发生的全部损害承担赔偿责任。转质人不仅对其因过错而造成的损害负责赔偿,而且也应承担质物因不可抗力所造成的毁损、灭失的风险。

质权人能否放弃质权?

答 质权人可以放弃质权。质权是一种担保物权,质权人享有优于一般债权就质押财产优先受偿的权利,这种权利可以放弃。质权人放弃质权,应当以明示表示放弃。质权人不行使质权或怠于行使质权,不得推定为质权人放弃质权。如果质权人放弃质权的,质权归于消灭。另根据《民法典》第四百三十五条的规定:"质权人可以放弃质权。债务人以自己的财产出质,质权人放弃该质权的,其他担保人在质权人丧失优先受偿权益的范围内免除担保责任,但是其他担保人承诺仍然提供担保的除外。"

同一债权既有债务人以自己的财产设定的质押担保又有其他担保人(包括人保和物保)的情形下,质权人放弃质权,则直接影响其他担保人的权利。因此,本条规定,在质权人放弃质权时，如果债务人是以自己的财产出质的，其他担保人在质权人丧失优先受偿权益的范围内原则上不再承担担保责任。当然，若其他担保人承诺仍然为债务人的债务承担全部担保责任的，则法律允许。

【案例】 质权人放弃债务人以自己的财产设定的质权，其他担保人在该放弃范围内免除相应的担保责任

案例简介：甲公司因生产经营需要向某银行借款500万元，借款的期限为一年。甲公司以自己所有的价值500万元的设备提供质押担保，乙公司为甲公司的上述借款提供了连带责任保证。合同签订后，某银行按约向甲公司发放借款500万元，甲公司也将其价值500万元的设备交付给银行。但在该借款期间，甲公司因生产经营需要，向该银行要求取回价值200万元的部分设备，该银行表示同意。上述借款到期后，甲公司未按约偿还借款本息，该银行要求甲、乙公司承担连带还款责任。[1]法院认为，银行同意甲公司取回了价值200万元的质押物，表明

---

[1] 案例引自杨立新、郭明瑞主编，丁文、文杰编著：《〈中华人民共和国民法典·物权编〉释义》，人民出版社2020年版，第249～250页。

银行在200万元质押物范围内放弃了质权。乙公司应在该银行放弃质权范围内（200万元）免除担保责任，故乙公司只对甲公司所欠该银行300万元借款本息承担连带清偿责任。

知识点：债务人以自己的财产出质，质权人放弃该质权的，其他担保人在质权人丧失优先受偿权益的范围内免除担保责任，但是其他担保人承诺仍然提供担保的除外。

动产质权的设定和存在，必须以质权人占有债务人或第三人交付的动产为前提。

出质人请求质权人及时行使质权，因质权人怠于行使权利造成出质人损害的，例如作为质押财产的名画因洪水毁损的，质权人要承担什么责任？

❷ 质权人怠于行使权利造成出质人损害的，质权人应当承担赔偿责任。按照《民法典》第四百三十七条的规定："出质人可以请求质权人在债务履行期限届满后及时行使质权；质权人不行使的，出质人可以请求人民法院拍卖、变卖质押财产。出质人请求质权人及时行使质权，因质权人怠于行使权利

造成出质人损害的，由质权人承担赔偿责任。"

出质人请求质权人在债务履行期届满后及时行使质权，对质权人并无不利，质权人应当及时实现质权。对出质人"请求"的方式，法律未作明文规定，出质人可以自行选择，发函、传真、电话、电子邮件等方式均可。由于本条将出质人请求质权人行使质权作为出质人"请求人民法院拍卖、变卖质押财产"的前提，因此，出质人"请求"的方式应以能够被证明为宜。出质人请求质权人及时行使质权而质权人不行使质权的，为了实现质押财产的价值，出质人可以请求人民法院拍卖、变卖质押财产，并以拍卖、变卖后所得的价款优先清偿债务。

在债务履行期届满时，出质人请求质权人及时行使质权，既有利于质权人质权的顺利实现，又有利于保护出质人的利益。质押财产的所有权归属于出质人，质权人及时行使质权，可以避免由于市场原因导致质押财产的价格下跌而给出质人带来的风险。另外，若质押财产的价值大于债权数额的，质权人应及时行使质权，并将剩余的余款返还给出质人，这对出质人而言是有利的。因质权人怠于行使质权，未及时变卖或者拍卖质押财产而造成出质人损害的，应当由质权人承担赔偿责任。

以股权、知识产权中的财产权出质的，质权如何设立？出质人若要转让已出质的权利的，要受到什么限制？

答 依据《民法典》第四百四十三条第一款、第四百四十四条第一款的规定，以股权以及知识产权中的财产权出质的，质权自办理出质登记时设立。若出质人以证券登记结算机构登记的股权出质，质权自证券登记结算机构办理出质登记时设立。若出质人以其他股权出质的，质权自向市场监督管理机构办理出质登记时设立。以注册商标专用权、专利权、著作权等知识产权中的财产权出质的，质权登记机关是注册商标专用权、专利权、著作权等知识产权主管部门。以应收账款出质的，依据《民法典》第四百四十三条第二款的规定，股权出质后，不得转让，但是出质人与质权人协商同意的除外。出质人转让股权所得的价款，应当向质权人提前清偿债务或者提存。根据《民法典》第四百四十四条第二款的规定，知识产权中的财产权出质后，出质人不得转让或者许可他人使用，但是出质人与质权人协商同意的除外。出质人转让或者许可他人使用出质的知识产权中的财产权所得的价款，应当向质权人提前清偿债务或者提存。可见，出质人将权利出质的，原则上不得转让，但是出质人与质权人协商同意的除外。此外，出质人转让已出质权利所得价款应当向质权人提前清偿债务或者提存。

【案例】 股票质押未办理质押登记的，是否影响合同的效力？

案例简介：邓某某因家庭生活需要向周某某借款20万元，并以邓某某名下股票账户内价值30万元的股票作为质押。双方签订了股票质押借款合同，约定借款期间，邓某某可全权对账户内的股票进行买卖操作。若该账户内的股票价值低于24万元时，周某某有权替邓某某平仓，并有权要求邓某某立即还款。后该账户内股票价值贬值至22万元，周某某代替邓某某平仓。平仓后，该股票价值上涨至30多万元。邓某某以周某某擅自平仓，损害其所有权向人民法院起诉。[1]

知识点：以股权出质的，质权自办理出质登记时设立。股权出质后，不得转让，但是出质人与质权人协商同意的除外。

---

[1] 案例改编自"邓明耀与邹华股票质押借款合同纠纷"一案，参见江苏省无锡市中级人民法院（2010）锡商终字第545号民事判决书。

出质人转让股权所得的价款，应当向质权人提前清偿债务或者提存。当事人之间订立有关设立、变更、转让和消灭不动产物权的合同，法律规定需要办理登记的，未办理物权登记，不影响合同效力。

本案中，邓某某和周某某签订了股票质押借款合同，虽未办理股票质押登记，但不影响该合同效力。此外，当事人可对拟质押的财产是否可以转让自由约定。邓某某虽是股票的所有权人，但在双方签订的借款合同中已经明确授权周某某，当账户内股票价值低于24万元时，其有权处置股票，且双方在合同中约定了邓某某对账户内股票买卖盈亏负全部责任，故周某某的平仓行为系根据双方合同的约定，且未违反法律的强制性规定，未侵犯邓某某的所有权，邓某某股票账户内的损失也不应由周某某承担。

第十三章 留置权

什么是留置权？

答 留置权是指在债务人不履行到期债务时，债权人有权依照法律规定留置已经合法占有的债务人的动产，并就该动产有优先受偿的权利。这时，债权人成为留置权人，占有的动产成为留置财产。《民法典》第四百四十七条对此作了规定。留置权是我国经济生活中较为普遍存在的一种担保形式。留置权设定的目的在于维护公平原则，督促债务人及时履行义务。

留置权的成立，需要满足三个条件。

第一，债权人已经合法占有债务人的动产。这项包含三层含义：其一，留置权的标的物只能是动产，债权人占有的不动产上不能成立留置权。其二，债权人必须占有债务人的动产。其三，债权人必须基于合法原因占有债务人的动产，如基于承揽、运输、保管合同的约定而取得动产的占有。如果债务人以侵权行为等不合法的方式占有债务人的动产，留置权不成立。

第二，债权人占有的动产，应当与债权属于同一法律关系，但企业之间留置的除外。比如，保管合同中寄存人不按期交付保管费，保管人可以留置保管物，此时留置权成立。如果保管人对寄存人享有的是保管合同之外的其他债权而留置保管物，或者保管人留置的是债务人的其他财产，则该留置权不能成立。

第三，债务人不履行到期债务。债权人对已经合法占有的动产，并不能当然成立留置权，留置权的成立还须以债权已届清偿期而债务人未全部履行为要件。如果债权未到期，那么债务人仍处于自觉履行的状态中，还不能判断债务人到期能否履行债务，这时留置权还不能成立。只有在债务履行期限届满，债务人仍不履行债务时，债权人才可以将其合法占有的债务人的动产留置。

【案例】 民用航空器能否被留置？

案例简介：2007年9月—2009年3月，A航空公司与B机场公司签订一系列服务合同，约定由B机场公司为A航空公司提供包括机务维修、起降停场等各项服务。合同签订后，B机场公司依约为A公司营运的8架飞机（所有权人为C航空公司）提供了相应的服务。A公司未能按时支付由此产生的各项费用合计人民币4400万元。2009年3月15日，B机场公司获悉A公司被D航空公司、C航空公司等申请破产清算后，将A航空公司营运的其中一架飞机留置在机场，并向法院起诉，请求确认其对飞机留置合法、A公司等共同向其支付相关费用。[1]

---

[1] 参见广州法院涉外民商事审判白皮书（2008—2018）暨2018年度"十大"商事典型案例之二：白云机场公司诉通用电气航空公司、天穹航空公司等航空器留置权纠纷案。

知识点：本案为我国民用航空器留置权司法第一案。根据我国在《移动设备国际利益公约》作出的特别声明以及我国国内法的法律规定，均允许债权人在我国领土范围内基于航空器产生的债权对航空器进行留置或扣押以实现债权。依照我国留置权法律制度的规定，B机场公司对案涉飞机进行留置时并不负有对留置标的物所有权人是否债务人本人进行审查的义务，故认定B公司行使留置权的行为合法。

车主先在汽修厂修理卡车但未支付修车费用，后在该汽修厂保养轿车并支付了保养费用的，汽修厂能否留置该车主的轿车？

答 不能。留置权的主要作用在于，留置债务人的动产以促使债务人履行到期债务，从而使债权人的债权得以实现。但留置权人不得随意留置债务人的财产，否则对债务人是不公平的。因此，只有在留置的财产于债权属于同一法律关系时，债权人才能留置该财产。《民法典》第四百四十八条规定："债权人留置的动产，应当于债权属于同一法律关系，但是企业之间留置的除外。"留置的动产必须是某一法律关系的标的物，或者因该法律关系而占有的标的物,债权人的债权也必须因同一法律关系而产生。

车主在汽修厂修理卡车和保养轿车,与汽修厂分别形成了卡车修理和汽车保养的两个服务合同法律关系,二者不属于同一法律关系,卡车和轿车不属于同一法律关系的标的物。因此,当车主到期不支付修理卡车的费用,汽修厂不得留置车主的轿车,但可以在车主取回卡车之前,留置卡车。

但是,企业之间商事交易频繁,讲求交易的效率,如果严格遵守留置财产与债权属于同一法律关系,不利于保障交易的效率和安全。因此,《民法典》第四百四十八条还规定了企业之间留置的不受上述限制。

【案例】 用人单位拖欠劳动报酬的,劳动者能否对用人单位的劳动用品主张留置权?

案例简介:某捷达轿车登记在 A 公司名下,卢某原系 A 公司副总经理,A 公司自 2013 年购买该轿车后即交付卢某使用。A 公司因故于 2014 年解除与卢某的劳动关系,卢某认为 A 公司解除劳动关系违法,应向其支付拖欠工资、社保金及经济补偿金,故拒绝向A公司返还上述捷达轿车。[1]

知识点:留置权是平等民事主体之间实现债权的担保方式;除企业之间留置的以外,债权人留置的动产,应当与债权属于同一法律关系。劳动关系主体双方在履行劳动合同过程中处于管理与被管理的关系。劳动者以用人单位拖欠劳动报酬为由,主张对用人单位供其使用的工具、物品等动产行使留置权,因该类动产不是基于劳动合同关系直接产生的标的物,与工资报酬等劳动债权不属于同一法律关系,故该主张与法律规定相悖。

留置权人是否有妥善保管留置财产的义务?留置权人能否收取留置财产的孳息?

答 在留置权关系中,留置权人占有留置财产,以担保自己债权的实现,这是留置权人依法享有的权利。但留置

---

[1] 参见江苏省无锡市中级人民法院(2014)锡民终字第1724号民事判决书。

权人享有权利的同时还必须承担一定的义务：由于留置财产在留置权消灭之前依然属于债务人所有，因此《民法典》第四百五十一条规定，留置权人在占有留置财产的同时必须对留置财产负有保管义务，应当妥善保管留置财产。留置权人如果违反此项义务致使留置财产毁损、灭失的，则应当对债务人承担赔偿责任。

所谓妥善保管，是指留置权人应根据留置财产的性质、保管的场合以及保管的技术要求，采取适当的措施以维持留置财产处于完好状态，且保障其数量与质量。由于留置权人保管不善造成留置财产毁损、灭失的，留置权人应当对债务人承担赔偿责任。值得注意的是，留置权人原则上未经债务人同意，不得使用、出租留置财产或者擅自把留置财产作为其他债权的担保物。但是，留置权人出于保管的需要，为使留置财产不因闲置而生损害，在必要的范围内有使用留置财产的权利，如适当使用留置的机动车或者机械以防止其生锈。

根据《民法典》第四百五十二条的规定，留置权人在占有留置财产期间，享有收取留置财产孳息的权利，包括天然孳息与法定孳息。但是，留置权人对收取的孳息只享有留置权，并不享有所有权。收取的孳息应当首先充抵收取孳息的费用，然后再抵充债务及其利息。如果留置财产的孳息为金钱，则留置权人可以直接用于抵偿债权。如果收取的孳息非金钱，则应依照留置权实现的方式（折价、拍卖或变卖）以其价款优先受偿。留置权人收取的留置财产孳息应当先充抵收取孳息的费用。

车主在汽修厂修理卡车但未支付修车费用，汽修厂留置该卡车的，车主支付修车费用的期限如何确定？车主逾期仍未付款的，留置权如何实现？

答 债权已届清偿期债务人仍不履行债务，留置权人并不能立即实现留置权，而必须经过一定的期间后才能实现留置权。这个一定的期间，称为宽限期。宽限期限的长短涉及债权人与债务人利益的平衡问题。期限过长，不利于留置权人实现债权；期限过短，不利于债务人筹集资金，履行义务。为此，根据实践经验和公平原则，《民法典》第四百五十三条规定，留置权人与债务人应当约定留置财产后的债务履行期间；没有约定或者约定不明确的，留置权人应当给债务人六十日以上履行债务的期限，但鲜活易腐等不易保管的动产除外，如海鲜、水果、蔬菜。这些动产保管成本过高，如果期限过长，容易贬值甚至失去价值,对留置权人和债务人都不利。

债务人在宽限期内履行了义务,留置权归于消灭,留置权人当然不能再实现留置权。如果债务人仍不履行义务,留置权人便可以按法律规定的方法,即通过折价、拍卖和变卖来实现留置权。需要注意的是,根据《民法典》第四百五十五条的规定,留置财产折价或者拍卖、变卖后,其价款超过债权数额的部分归债务人所有,留置权人不得占为己有,不足的部分由债务人清偿。

第十四章 占 有

因占有人的使用导致财产受到损害的,占有人应当如何承担责任?

答 占有是一种事实,以得为占有权利的有无,分为有权占有和无权占有。所谓得为占有的权利,指基于一定法律上的原因而享有占有的权利,亦称本权。[1] 有本权的占有,称为有

---

[1] 王泽鉴:《民法物权》,北京大学出版社2010年版,第428页。

权占有，主要指基于合同等债的关系而产生的占有，如根据运输或者保管合同，承运人或者保管人对托运或者寄存货物发生的占有。无本权的占有，称为无权占有，主要发生在占有人对不动产或者动产的占有无正当法律关系，或者原法律关系被撤销或无效时占有人对占有物的占有，包括误将他人之物认为已有或者借用他人之物到期不还，以及盗贼对盗赃物的占有、拾得人对遗失物的占有、承租人于租赁关系消灭后继续占有租赁物等。

无权占有又可以分为善意占有和恶意占有。善意占有，指误认为有占用权利且没有怀疑而占有，恶意占有则指明知无占有的权利，或对无占有的权利有怀疑而仍然占有。

在有权占有的情况下，如基于租赁或者借用等正当法律关系而占有他人的不动产或者动产时，当事人双方多会对因使用而导致不动产或者动产的损害责任作出约定。大多数情况下，对于因正常使用而导致不动产或者动产的损耗、折旧等，往往由所有权人负担，因为有权占有人所支付的价款即是对不动产或动产因正常使用而发生损耗的补偿。

在无权占有的情况下，善意占有和恶意占有所承担的损害责任并不相同。法律对于占有赋予了几种法律效力，其一就是权利的推定效力，占有人于占有物上行使的权利，推定其根据法律有此权利，而善意占有人在使用占有物时即被法律推定为物的权利人，具有占有使用的权利。因此，对于使用被占有的物而导致的物的损害，不应负赔偿责任。因此，《民法典》第四百五十九条作出规定，占有人因使用占有的不动产或者动产，致使该不动产或者动产受到损害的，恶意占有人应当承担赔偿责任；对于善意占有人，法律不苛以此种赔偿义务。

不动产或动产被占有的，权利人能否请求返还？

答 依据《民法典》第四百六十条，不动产或者动产被占有人占有的，权利人可以请求返还原物及其孳息。此处是指无权占有的情形，即有本权的人请求返还占有物时，无权占有人有返还的义务，而有权占有人有权拒绝返还。例如，租赁合同期内，承租人作为有权占有人可以拒绝向出租人返还租赁物，而在租赁关系消灭后，承租人继续占有租赁物则构成无权占有，出租人请求其返还的，承租人应当返还。

在无权占有人中，无论是善意占有人还是恶意占有人，对物的权利人都负有返还原物及其孳息的义务；且在返还原物及其孳息之后，善意占有人对于因维护该不动产或者动产而支出的必要费用，可以要求权利人返还。这是善意占有人的费用求偿权，而恶意占有人无此项请求权。所谓必要费用，是指为保存、管理、维持占有物的现状而支出的费用，包括饲养费、维护费、修缮费和税费等。必要费用的计算，应以善意占有人实际支出的金额为准。

被占有的不动产或动产毁损、灭失的，权利人能否请求赔偿？

❷ 所谓毁损，是指不动产或者动产的使用价值或者交换价值降低。所谓灭失，指被占有的不动产或者动产对于占有人来说，不复存在；这包括物的实体消灭和丧失下落，或者被第三人善意取得而不能返还。例如，甲的自行车被乙借用到期不还，乙在自行车链条掉脱的情形下仍执意骑行导致自行车链条断裂，即为毁损行为；如乙疏忽大意将自行车停放河滩处未有任何固定措施，河滩涨水将自行车冲向下游无法找回，或者乙疏忽大意疏于保管致使自行车被盗无法找寻等，都称之灭失。

根据《民法典》第四百六十一条的规定，当占有的不动产或者动产毁损、灭失时，该不动产或者动产的权利人有权请求占有人赔偿，占有人应当将因毁损、灭失取得的保险金、赔偿金或者补偿金等返还给权利人。这是对善意占有人有限赔偿责任的规定。对此应注意的是，第一，占有物的毁损、灭失须有可归责于占有人的事由。所谓可归责于占有人的事由，指占有人对于占有物的毁损、灭失有主观上的故意或过失。第二，善意占有人仅在因毁损、灭失所受利益范围内承担赔偿责任，如果没有获得任何利益，则不承担赔偿责任。

但是，由于恶意占有人占有他人的不动产或者动产缺乏法律上的依据，法律并不予以保护，因此《民法典》第四百六十一条规定，恶意占有人除了应当将因毁损、灭失取得的保险金、赔偿金或者补偿金等返还给权利人外，对权利人的损害未得到足够弥补的部分，还应当承担赔偿损失的责任。

占有的不动产或者动产被侵占的，占有人是否有权请求返还原物、排除妨害、消除危险以及赔偿？行使前述权利是否有期间限制？

答 《民法典》第四百六十二条规定："占有的不动产或

者动产被侵占的，占有人有权请求返还原物；对妨害占有的行为，占有人有权请求排除妨害或者消除危险；因侵占或者妨害造成损害的，占有人有权依法请求损害赔偿。占有人返还原物的请求权，自侵占发生之日起一年内未行使的，该请求权消灭。"占有保护请求权以排除对占有的侵害为目的，属于一种物权的请求权。根据占有受侵害的不同情形，分别发生占有物返还请求权、占有妨害排除请求权和占有危险消除请求权。

（一）占有物返还请求权。占有物返还请求权发生于占有物被侵夺的情形。此种侵夺占有而构成的侵占，是指非基于占有人的意思，采取违法的行为使其丧失对物的控制与支配，例如占有的动产被盗窃、被抢夺。需要注意的是，非因他人的侵夺而丧失占有的，如因受欺诈或者胁迫而交付的，不享有占有物返还请求权。此种情形下，原占有人要恢复占有，必须通过主张撤销已经成立等法律关系。不容忽视的是，占有人应当积极、及时主张其权利，依据《民法典》第四百六十二条的规定，占有人返还原物的请求权，自侵占发生之日起一年内没有行使的，该请求权归于消灭。

（二）排除妨害请求权。占有被他人妨害时，占有人有权请求妨害人除去妨害。妨害是指采用侵占以外的方法而妨碍占有人对占有物的控制。例如，占有人所占有的房屋被邻居用来堆放杂物，就属于对占有的妨害。

（三）消除危险请求权。消除危险请求权中的危险，应为具体的事实的危险；对于一般抽象的危险，法律不加以保护。具体的事实的危险，指其所用的方法，使外界感知对占有的妨害。例如违反建筑规则建设高危建筑、接近邻地开掘地窖等，而产生对邻地的危险。需要说明的是：首先，消除危险请求权中的危险，必须持续存在；请求权行使之时危险已经消失的，不得请求防止。其次，必须有客观的产生危险的事实，而不论被请求人有无故意或者过失。

【案例】 小区固定车位被他人占用的，业主能否请求返还占有？

案例简介：徐某、缪某同为某小区 A 号楼业主。徐某取得小区房屋后，就小区二期 52 号车位向物业公司缴纳了 2005 年至 2012 年的车位租赁费。2011 年底，缪某就同一车位向物业公司缴纳了 2012 年 1 月至 12 月的地面租赁费，并将车辆停放在该车位。双方就车位系谁占有使用产生争议诉至法院。法院认为，系争车位权属归全体业主共有，经物业管理单位对外出租，其租金收益由全体业主共有。徐某和缪某虽然都通过物业管理单位租赁车位并支付了相应的租赁费用，但对于车位管理，应遵循小区业主大会决议、物业管理合同、小区管理惯例及物业管理单位的规范要求。该小区业主大会与物业公司签订的物业服务合同约定，如果拥有固定车位的业主连续三个月不缴纳停车费，则其固定车位转为临时车位。二期52号车位系由开发商划定的固定车位，且业主徐某一直正常支付停车费，因此徐某是该车位的承租人，对系争车位有占有、使用的权利。法院遂判决缪某向徐某归还车位。[1]

知识点：第一，业主租赁车位的权利性质是债权非物权。小区内公共车位的权属归全体业主共有，为方便小区物业管理经营，业委会可以将共有车位交由物业公司管理，物业公司代为与业主订立车位租赁协议。此时，小区业主作为车位租赁协议的承租方，系租赁合同一方当事人，享有要求出租方全面履

---

[1] 参见上海市闵行区人民法院（2013）闵民五（民）初字第418号民事判决书。

行交付租赁物、保证租赁物正常使用的权利,这一权利系债权而非物权。

第二,小区业主租赁公共车位后,根据承租车位性质不同,一般区分为固定车位与非固定车位。依据车位性质,固定车位属特定业主固定享有使用权,他人不得肆意占用;非固定车位,也即临时车位并无车主与车位一一对应的属性,车位承租业主可按秩序寻空位停放。

对于业主固定车位使用权,除车位承租人外,未经承租人同意,任何业主或外来车辆不得随意占用该车位。如果车位租赁人使用固定车位的权利遭受他人侵害,即无法正常行使其占有使用租赁物之权利,物业公司负有履行确保车位正常使用的义务。此时,承租人亦可要求加害人撤离固定车位,该权利性质并非物权之排除妨害请求权,而应属于占有物返还请求权。而对于业主非固定车位使用权,任何承租业主均有权依据管理秩序使用任一空置公共车位,不存在侵害个别业主对特定车位租赁使用权的情况。

第三部分

合 同

Part Three

Contracts

第一章 合同编通则

什么是合同？与他人约定在将来一定期限内订立合同的意向书是合同吗？

❀ 《民法典》第四百六十四条规定："合同是民事主体之间设立、变更、终止民事法律关系的协议。婚姻、收养、监护等有关身份关系的协议，适用有关该身份关系的法律规定；没有规定的，可以根据其性质参照适用本编规定。"此处所谓"协议"，指的就是"合意"，即当事人意思表示的一致。

与他人约定在将来一定期限内订立合同的意向书，属于"预约"，与"本约"相对应。"预约"是合同，其内容是双方第三人约定将来订立特定合同，而这个特定合同订立后就是"本约"。例如，甲拟向乙借款，乙表示须等一个月后才有资金，于是甲和乙订立借款合同的预约，约定一个月后再订立本约。[1]

---

[1] 韩世远：《合同法总论（第三版）》，法律出版社2011年版，第67页。

《民法典》第四百九十五条第一款规定："当事人约定在将来一定期限内订立合同的认购书、订购书、预定书等，构成预约合同。"但是，并非只要被冠以认购书、订购书、预定书等名称的就是预约。倘若当事人在签订认购书时表示，尚未决定是否购买的，则不成立预约。又如，认购书、意向书满足本约的内容时，应认定为本约。

预约合同是合同，因此对双方当事人有拘束力。当事人应当按照预约，在约定的期限或条件下订立本约，否则将承担违约责任。对此，《民法典》第四百九十五条第二款作出了规定："当事人一方不履行预约合同约定的订立合同义务的，对方可以请求其承担预约合同的违约责任"。

合同能否约定对第三人产生效力？

答 根据《民法典》第四百六十五条第二款的规定，除非法律另有规定，合同一般只对当事人具有法律约束力，对第三人不产生效力，合同一方当事人不得要求合同当事人以外的第三人承担合同项下的义务。发生违约时，只能要求违约的合同当事人承担责任，不能要求第三人承担违约责任。这被称为合同的相对性。

原则上,合同当事人应向另一方当事人履行债务,但是合同当事人可以约定向第三人履行债务,《民法典》第五百二十二条就规定了"向第三人履行的合同",此时存在"利他合同",并分为两种不同的情形:第一,债务人可以向第三人履行,但第三人没有直接请求债务人履行的权利,债务人未向第三人履行债务或者履行不符合约定的,应向合同中的债权人承担违约责任;第二,法律规定或者当事人约定第三人可以直接请求债务人向其履行债务,第三人在合理期限内没有明确拒绝的,该约定对第三人产生效力,第三人可以请求债务人对其承担违约责任。

此外,《民法典》第五百二十三条规定了"由第三人履行的合同",当事人约定由第三人向债权人履行债务,第三人不履行债务或者履行债务不符合约定的,债务人应当向债权人承担违约责任。但是,这一为第三人设定义务的合同对第三人没有约束力,债权人不得请求第三人履行合同约定的义务。

【案例】 合同当事人以外的第三人自愿为自己设立义务的，合同对该第三人有约束力吗？

案例简介：甲公司拖欠乙公司货款共计人民币879万元，为保障债务履行，陈某作为合同当事人外的第三人，向甲公司出具《还款书》，表明：愿以自有房屋过户给乙公司以冲抵甲公司对乙公司的债务。[1]

知识点：由第三人履行的合同是指以第三人给付为内容的涉他合同，即合同当事双方约定，合同所设定的债务由第三人向债权人履行。但是，第三人不是涉他合同的当事人，不应承担合同义务，合同的债权人对于第三人没有直接请求给付的权利；在第三人不给付或者给付不符合约定时，债权人只能请求债务人承担违约责任。本案中的《还款书》并不符合上述法律特征，《还款书》表明，陈某向乙公司作出承诺，愿以自有房屋过户给乙公司以冲抵甲公司对乙公司的债务。第三人向债权人作出的单方承诺，等同于为自己设定给付义务，同时放弃

---

[1] 参见最高人民法院（2014）民申字第393号民事判决书。

请求对方给付对价的权利,在债权人和第三人间产生了债的关系,债权人能够直接请求第三人给付。

在帮助悬赏的人找到狗之后,可以请求该悬赏人支付报酬吗?

答 可以。《民法典》第四百九十九条对悬赏广告作了规定,"悬赏人以公开方式声明对完成特定行为的人支付报酬的"即所谓的悬赏广告。行为人完成悬赏广告中所述的特定行为——寻物行为(即"被悬赏行为"),可以请求悬赏人支付报酬。请求悬赏人支付报酬需要满足三个条件:第一,从悬赏文本中能清楚地得出悬赏人允诺给予报酬,在开玩笑的情况下不存在悬赏广告;第二,悬赏广告以公开的方式表示,包括对特定群体的公开表示,例如在居住小区、大学校园、工业园区的橱窗内张贴悬赏告示,但不要求所有人都必须知道该悬赏广告;第三,请求悬赏人支付报酬的人,应完成被悬赏行为。多人先后完成被悬赏行为的,仅由首先完成的人享有报酬请求权;多人同时完成被悬赏行为的,应当平均分配报酬;多人合作完成特定行为的,应当兼顾贡献程度合理分配报酬。

如何理解按份之债是法律版的 AA 制？

答 按份之债包括按份债权和按份债务。《民法典》第五百一十七条规定："债权人为二人以上，标的可分，按照份额各自享有债权的，为按份债权；债务人为二人以上，标的可分，按照份额各自负担债务的，为按份债务。按份债权人或者按份债务人的份额难以确定的，视为份额相同。"所谓"可分"，指的是一个整体给付可以分成多个性质相同的部分，而不改变其价值或本质。例如，当标的物为金钱或一百头羊时，给付是可分的，而标的物为一只活的动物时，给付不可分。

按份债权的情况下，多个债权人分别对债务人享有一定份额的债权，不得超出自己所享有的债权份额请求债务人履行偿还义务。例如，甲和乙按约定份额共有一处房屋，二人欲出卖该房屋给丙，则甲和乙仅能在自己的份额范围内请求丙支付房款。按份债务的情况下，多个债务人分别对债权人承担一定份额的债务，债权人只能在各个债务人各自承担的债务范畴内请求债务人履行偿还义务。例如，甲将房屋出租给乙、丙两兄弟共同居住，且约定乙、丙各自承担一半房租，则甲只能向乙和丙收取其相应部分的房租，若乙不按期支付房租，甲不能请求丙支付全部的房租。

综上,在按份之债的情况下,多个债权人或多个债务人之间的债权或债务界限明确,各自在自己的份额内请求债务人履行债务或者向债权人偿还债务,份额难以确定的则视为份额相同,这与日常生活中明确算账的"AA 制"非常相似。

为什么说连带债务为债权人增加了保险系数?

答 根据《民法典》第五百一十八条,"连带债务"是指债权人有两个及以上债务人,该多个债务人分别承担履行整体债务的义务。例如,甲借钱给乙、丙、丁三人,分别为 10 万元、20 万元和 30 万元,约定乙、丙、丁承担连带责任,若债务到期时三人均不偿还欠款,甲有权请求乙、丙或丁中的任何一人或者多人偿还全部 60 万元的欠款。因此,对于债权人而言,各债务人之间承担连带债务意味着只要其中一个债务人有偿债能力,即使其他债务人都无力清偿也不影响债权的完全履行,这无疑为债权人的债权得到实现增加了保险系数。

与连带债务相对应的就是前一问题所述"法律版的 AA 制"——按份债务,若前例中乙、丙、丁承担按份责任,则债权人甲仅能分别请求乙、丙和丁偿还10万元、20万元和30万元。这意味着按份债权的完全实现取决于每一债务人的偿债能力。

如何理解，连带债务看似连带，实则也要"明算账"？

答 虽然连带债务为债权人增加了保险系数，但是根据《民法典》第五百一十九条的规定，实际承担债务超过自己份额的连带债务人，有权就超出部分在其他连带债务人未履行的份额范围内向其追偿。例如，甲借钱给乙、丙、丁三人，分别为10万元、20万元和30万元，约定乙、丙、丁承担连带责任。若债务到期时丙、丁不还款，甲有权请求乙偿还三人的全部60万元债务。但是乙向甲清偿后，有权就超出部分向丙、丁在其未履行债务份额的范围内追偿，即乙有权请求丙向其偿还20万元、请求丁向其偿还30万元。

可见，在对外关系上，连带债务人承担连带责任——任何一个连带债务人经债权人的请求，都有义务履行偿还全部债务的义务；在内部关系上，各连带债务人"明算账"——任何一人或者多人代替其他连带债务人向债权人履行债务的，对于超过自己应承担份额的部分,有权向实际未承担或者未完全承担偿债义务的债务人追偿。

因疫情致租用的商铺一直无法营业,能否请求房东减免租金?

答 可以。因疫情致商铺一直无法营业可以认定为"情势变更"。《民法典》第五百三十三条规定了"情势变更":"合同成立后,合同的基础条件发生了当事人在订立合同时无法预见的、不属于商业风险的重大变化,继续履行合同对于当事人一方明显不公平的,受不利影响的当事人可以与对方重新协商;在合理期限内协商不成的,当事人可以请求人民法院或者仲裁机构变更或者解除合同。"判断是否属于情势变更,需要满足两个条件:第一,合同成立的基础发生了变化,且这个变化是当事人在订立合同的时候无法预见,也不属于商业风险的变化;第二,在合同成立的基础上,发生上述变化后继续履行合同对一方当事人明显不公平的。情势变更的法律后果是:首先,双方当事人需要重新协商;其次,只有在合理期限内协商不成的情况下,才能向法院或仲裁机构请求变更或者解除合同。

情势变更区别于不可抗力和商业风险。不可抗力与情势变更的主要区别在于：两者虽然都构成履行障碍，但程度不同，不可抗力已构成不能履行，情势变更则是有的未达到不能履行的程度，有的达到不能履行的程度，但如果强行履行，将导致显示公平。[1]情势变更与商业风险的区别取决于对可预见性的判断，在内容上既要求预见风险的类型，比如价格的波动程度，也要衡量变故的剧烈程度，例如正常或超常。[2]

因疫情致商铺无法营业属于订立租赁合同时无法预见且不属于商业风险的、客观的重大变化。在此情形下，并非因承租人个人商业判断失误导致商店无法经营，而是一方面隔离政策不鼓励商店开放，另一方面商店即使开业也难以盈利，仍旧要求承租人按期足额支付租金有失公允。因此，疫情导致租用的商铺一直无法营业构成情势变更，承租人可以与房东协商减免租金事宜；协商不成的，可以请求人民法院或者仲裁机构变更合同租金。

---

[1] 韩世远：《合同法总论（第三版）》，法律出版社2011年版，第384页。
[2] 韩世远：《合同法总论（第三版）》，法律出版社2011年版，第386页。

【案例】 因疫情致租用的商铺无法营业,如何请求减免租金,能减免多少?

案例简介:甲和乙购买了一间商铺。2020年1月18日,甲、乙与丙签订《商铺委托管理协议》,约定将商铺委托给丙统一管理及转租;期限自2019年11月1日至2021年10月31日,丙对委托管理期内的房屋(铺面)有独立自主经营权,有权决定房屋的使用方式,有权将房屋转租给第三方使用;对于与商铺管理以及权益有关的事项,须经业主委员会或者70%业主表决通过。因受疫情影响,丙与其他商户于2020年2月9日向业主委员会及业主提出倡议书,倡议减免一个月租金及减半收取二个月租金。2020年4月28日,业主委员会发出回复函,同意减免一个月租金。甲、乙认为丙不能免交一个月租金1761.5元,遂提起诉讼。[1]

知识点:甲、乙与丙签订的《商铺委托管理协议》成立且有效,双方均应按合同约定履行自己的义务。但在疫情这一

---

[1] 参见湖南省衡南县人民法院(2020)湘0422民初773号民事判决书。

无法预见因素的影响下，如果继续履行合同对于商户而言是显失公平的，向业主及业主委员会申请减免租金符合常理。业主委员会在考虑商户及业主各自利益前提下，为平衡各自损失及铺面发展，同意减免一个月租金，并未过分造成甲、乙损失。同时，甲、乙所签订的委托管理协议也约定了就商铺管理以及权益有关的事项，业主委员会有权决定。故就业主委员会所作出的未过分损害原告及其他业主权益的决定，原告应按合同约定履行，即同意业主委员会的决定。故法院对于甲、乙要求丙再支付一个月租金的诉讼请求不予支持。

债务人一直不向他的债务人追债，导致自身无法偿债的，债权人怎么办？

答 债权人可以行使代位权。《民法典》第五百三十五条对代位权作了规定："因债务人怠于行使其债权或者与该债权有关的从权利，影响债权人的到期债权实现的，债权人可以向人民法院请求以自己的名义代位行使债务人对相对人的权利，但是该权利专属于债务人自身的除外。"为了防止债务人财产不当减少导致债权人债权无法实现，法律赋予债权人替代债务人向他的债务人行使债权的权利。比如,甲对乙有1万元金钱债权,乙除了对丙拥有1万元金钱债权外,别无财产,但乙始终不积极主张其债权,此时甲可以代位乙请求丙清偿。[1]

需要注意的是,当债务人的权利专属于债务人自身时,债权人不可以代为追债。《民法典》第五百三十五条同时规定,债务人的权利专属于其自身的,债权人不得行使代位权。例如,第三人因在交通事故中撞伤债务人,需要向债务人支付人身损害赔偿费,即使债务人怠于向第三人追债,由于该人身损害赔偿债务专属于债务人自身,债权人不得代为追债。

债权人的撤销权如何让"老赖"的财产无处可逃?

答 "老赖"可能通过各种方式处置自己的财产,妨碍债权人的债权实现的,债权人有权通过诉讼撤销"老赖"处置其财产的行为。对于"老赖"无偿处置其财产权益的,债权人可以请求法院撤销"老赖"的行为。对此,《民法典》第五百三十八条规定:"债务人以放弃其债权、放弃债权担保、

---

[1] 韩世远:《合同法总论(第三版)》,法律出版社2011年版,第325页。

无偿转让财产等方式无偿处分财产权益，或者恶意延长其到期债权的履行期限，影响债权人的债权实现的，债权人可以请求人民法院撤销债务人的行为。"对于"老赖"以不合理价格交易其财产时，须满足"老赖"的交易相对方知道或应当知道这一行为的真实目的，即该交易相对方是恶意的，债权人才可以请求法院撤销"老赖"的行为。对此，《民法典》第五百三十九条规定："债务人以明显不合理的低价转让财产、以明显不合理的高价受让他人财产或者为他人的债务提供担保，影响债权人的债权实现，债务人的相对人知道或者应当知道该情形的，债权人可以请求人民法院撤销债务人的行为。"但是，根据《民法典》第五百四十条的规定，债权人行使撤销权的范围以债权人的债权为限。具体而言，如果债务人处置的财产可分，债权人只能撤销自己债权范围内的部分；如果债务人处分的财产不可分，债权人须撤销整个处置财产行为。

债权人行使撤销权必须在法律规定的期间内，对此《民法典》第五百四十一条的规定："撤销权自债权人知道或应当知道撤销事由之日起一年内行使。自债务人的行为发生之日起五年内没有行使撤销权的，该撤销权消灭。"

【案例】 利用财产保全妨碍其他债权人实现权利,合法利益受损的债权人怎么办?

案例简介:张某起诉田某要求归还借款本息30万元,随后朱某亦提起诉讼,要求田某归还借款20万元及利息并申请财产保全,法院裁定查封田某房产。朱某与田某借贷纠纷一案,经法院调解达成调解协议:田某自愿一次性偿还朱某借款20万元及利息。张某与田某借贷纠纷一案,法院经审理后判决田某给付张某借款本息30万元并承担诉讼和保全费用。该判决生效后,田某未履行还款义务,张遂申请法院强制执行。执行过程中,张某得知朱某已先行申请查封了田某的房产,而且在田某未向其履行还款义务的情况下,朱某既不要求解除对房产的查封又不向法院申请强制执行。张某结合自己了解的朱某和田某的相关情况,认为朱某和田某系相互串通,虚构债权债务并通过虚假诉讼的方式以达到逃避法院执行的目的,遂向法院提出撤销之诉。[1]

---

[1] 参见江苏省徐州市中级人民法院(2016)苏03民终4817号民事判决书。

知识点：债权人提起第三人撤销之诉，主张债务人与案外人通过另行提起的虚假诉讼获取调解书，并对债务人的财产采取保全措施且不实际执行，损害债权人的合法利益。经法院审理，认为债务人与案外人另行提起的民事诉讼属于虚假诉讼，对于债权人的诉讼请求应当予以支持。

第三人能否替债务人还债？

答 日常生活中第三人替债务人还债的情形在法律上可以作多种理解，可以是第三人代为履行债务，可以是债务转让，也可以是债务加入，下面逐一分析。

第一，第三人代为履行债务。此种情形下，由于合同只能约束合同当事人，债权人只能请求债务人履行债务。不过，根据《民法典》第五百二十四条的规定，对履行具有合法利益的第三人有权向债权人履行，此时第三人代为履行不需要经债权人同意。常见的第三人"对履行债务具有合法利益"的情况是，债务人面临强制执行，而第三人对被执行物有利益。例如，第三人以自己的保时捷汽车为债务人设立质权，债务人到期不履行债务的，债权人就将保时捷拍卖获得清偿，此时若第三人不希望自己的爱车被拍卖,作为对履行债务有利益的人,可以代债务人清偿债务。

但是,只能由债务人本人履行的债务,根据《民法典》第五百二十四条的规定,不得由第三人代为履行。这一规定的理论基础在于债权人与债务人之间高度的信赖关系。[1]例如债权人与某知名钢琴家订立演艺合同,该合同只能通过该钢琴家亲自履行。

第二,债务人转让债务导致债务人更换。根据《民法典》第五百五十一条的规定:"债务人将债务的全部或者部分转移给第三人的,应当经债权人同意。债务人或者第三人可以催告债权人在合理期限内予以同意,债权人未作表示的,视为不同意。"通过债务人和第三人之间的合意转让债务,应当对债权人予以保护,因为债务人的变更直接关系到债权能否实现。因此,债务转让须取得债权人同意,未经债权人同意的,不产生债务转让的效力。

第三,新债务人加入,与原债务人共同负担债务。根据

---

[1] 案例引自杨立新、郭明瑞主编,咸兆岳、郝丽燕、孙犀铭编著:《〈中华人民共和国民法典·合同编〉释义》,人民出版社2020年版,第73页。

《民法典》第五百五十二条的规定:"第三人与债务人约定加入债务并通知债权人,或者第三人向债权人表示愿意加入债务,债权人未在合理期限内明确拒绝的,债权人可以请求第三人在其愿意承担的债务范围内和债务人承担连带债务。"债务加入对债权人的债权有担保的功能并无不利。因此,第三人可以通过单方面的通知完成债务加入。

借款人还给银行的钱不足以清偿其前后向该银行办理的数笔贷款的,如何确定先还哪笔贷款?

答 这本质上是关于债务履行的抵充顺序的问题。根据《民法典》第五百六十条的规定,借款人有数笔银行贷款没有清偿,某次还给银行的钱不足以清偿所有贷款的,应按如下顺序确定先还哪笔贷款:

(一)借款人与银行对抵充顺序有约定的,以双方约定的顺序为准;

(二)借款人与银行没有约定抵充顺序的,优先用于清偿已经到期的贷款;

(三)已经到期的贷款金额大于借款人该次偿还金额的,

优先用于偿还缺乏担保或者担保最少的债务；

（四）没有担保或者担保相等的情况下，优先用于清偿借款人负担较重的债务。此处所谓"负担较重"包括高利息、连带债务等借款人不偿还借款需要承担更多负担的情形；

（五）多笔贷款负担相同的，按照债务到期的先后顺序清偿；

（六）多笔贷款同时到期的，按照债务比例清偿。

债权人无正当理由拒绝接受债务人的履行，会发生什么后果？

答 虽然合同中一般不会明确约定债权人要在债务履行期限届满之日接受债务人的履行，但这属于债权人的默示义务——配合债务人履行债务，因此，当债权人出现"无正当理由拒绝接受债务人的履行"的情形，就是所谓"受领迟延"。《民法典》第五百八十九条的规定："债务人按照约定履行债务，债权人无正当理由拒绝受领的，债务人可以请求债权人赔偿增加的费用。在债权人受领迟延期间，债务人无须支付利息。"

受领迟延的法律后果分为两类：第一，对于非金钱债务，债权人无正当理由拒绝接受债务人的履行，因此导致债务人需要增加支出的，包括但不限于仓储费、易腐物品的毁损、再次运送的费用等因为债权人无正当理由拒绝接受而额外增加的费用；第二，对于金钱债务，为避免债权人无正当理由拒绝受领，反而可以因此从债权人处收取更多利息的这种情形的出现，债权人无正当理由拒绝受领债务人偿还借款的，自债务人向债权人提出履行之日起，不再需要向债权人支付利息。

第二章 买卖合同

什么是买卖合同？

答 买卖合同是商品交换最普遍的形式，是民事主体在交易活动中广泛使用的合同。《民法典》第五百九十五条对买卖合同作了定义："买卖合同是出卖人转移标的物的所有权于买受人，买受人支付价款的合同。"移转标的物所有权的一方为出卖人，支付价款的一方为买受人，由出卖人出卖而买受人受领的对象是买卖合同的标的物。买卖合同的标的物包括动产、不动产，也包括无形的物，如电、水、气、热力等。依据该条规定，买卖合同包含以下四个特征：

第一，买卖合同是典型的有偿合同。买卖合同的实质是以等价有偿的方式转让标的物的所有权，即出卖人移转标的物的所有权于买方，买方向出卖人支付价款，这是买卖合同最基本的特征，使其与赠与合同相区别。第二，买卖合同是典型的双务合同。在买卖合同中，买方和卖方都享有一定权利，承担一定义务。而且，其权利和义务存在对应关系，即买方的权利就是卖方的义务，买方的义务就是卖方的权利。依据《民法典》第五百九十七条、第五百九十八条和第五百九十九条之规定，出卖人负有向买受人交付标的物，移转标的物所有权及相关重要单证资料的义务。因出卖人未取得处分权致使义务无法履行，买受人可以解除合同并请求出卖人承担违约责任。买受人则负有支付价款，及时受领标的物等义务。第三，买卖合同自双方当事人意思表示一致就可以成立，交付标的物不是买卖合同成立的必要条件。第四，买卖合同一般不要求书面形式，房屋买卖合同是个例外。除法律另有规定外，当事人可以自由选择合同的形式，包括口头形式、书面形式和电子数据等其他形式。

顾客购买的冰箱已被申请了外观设计专利，该专利权是否也属于顾客？

答 不属于。知识产权是一种无形产权，是公民对其脑力劳动创造的精神财富所应享有的合法权利，包括专利权、商标权和著作权。知识产权虽然必须通过一定的物质载体才能表现出来，但知识产权的客体并非是它的物质载体，而是智力成果，是无形的精神财富，客观上无法被人们实际占有和控制。标的物的知识产权与所有权是可以分离的，两者是并行于标的物上的独立权利。依据《民法典》第六百条的规定，在买卖合同中，出卖人转让的仅仅是标的物的所有权，而不包括知识产权，因为知识产权也是一种法律上的权利，具有独立的财产价值。

不过，上述原则存在两种例外：第一，法律另有规定的情形。《著作权法》第十八条规定："美术等作品原件所有权的转移，不视为作品著作权的转移，但美术作品原件的展览权由原件所有人享有。"展览权是指有权许可或禁止他人公开陈列美术作品、摄影作品的原件或者复印件的权利。若展览权不随原件所有权而转移，那么所有权人的权利实质上无法行使。第二,当事人另有约定的情形,即当事人在买卖约定之外,另行达成了知识产权的转让合意。故一般而言,顾客购买冰箱后只能取得冰箱的所有权,专利权仍属于发明冰箱的专利权人拥有,并不随冰箱的移转而移转。

需要运输的货物交付期限和交付地点如何确定,约定不明的如何处理?

❷ 《民法典》第六百零一条和第六百零二条规定了买卖合同中需要运输的货物交付期限:双方当事人约定交付期间的,出卖人可以在该交付期间内的任何时间交付,但应当在交付前通知买受人。出卖人提前交付货物的,应取得买受人的同意,否则买受人有权拒收。当事人未约定货物的交付期限或者约定不明确的,可以协议补充;不能达成补充协议的,按照合同有关条款或交易习惯确定;仍不能确定的,可以随时交付,但应当给买受人必要的准备时间。

《民法典》第六百零三条规定了买卖合同中需要运输的货物的交付地点。出卖人应当按照约定的地点交付货物。当事人未约定交付地点或者约定不明确的,可以协议补充,不能达成补充协议的，按照合同有关条款或者交易习惯确定，仍不能确定的，按照以下标准确定：首先，货物需要运输的，出卖人应当将货物交付给第一承运人以运交给买受人，即货交承运人的地点为交付地点。其次，货物不需要运输的，出卖人和买受人订立合同时知道货物在某一地点的，出卖人应当在该地点交付货物；不知道货物在某一地点的，应当在出卖人订立合同时的营业地交付货物。

货物在运输途中毁损、灭失的，风险由谁负担？

🅐 买卖合同中的风险，是指因不可归责于买卖双方当事人的事由，导致货物毁损、灭失的事实。买卖合同中的风险负担问题，是指买卖合同生效后、合同履行完毕前由谁来承担货物损失，具体表现为买受人是否还需要支付价款。若风险未转移，则出卖人承担风险。货物毁损灭失的，买受人无需支付价款。若风险已转移，则买受人承担风险。货物毁损灭失的，买受人仍需支付价款。

在一般规则下，依据《民法典》第六百零四条的规定，风险负担的移转采用"交付主义"。货物毁损、灭失的风险，在货物交付前，由出卖人承担；交付后，由买受人承担。即无论是动产还是不动产，只要没有特别约定，均以交付为标志转移风险。风险负担的移转与货物所有权的移转并不挂钩。即使出卖人尚未向买受人移转买卖货物的所有权，只要出卖人已经向买受人完成出卖货物的交付，风险即移转给买受人承担。关于货物在运输途中毁损、灭失的风险负担，在《民法典》第六百零七条中有详细规定：第一，双方约定或者一方指定交付地点的，货物在约定地点或者指定地点交付时风险即转由买受人承担，故货物在运输途中毁损、灭失的，风险由出卖人承担。第二，双方没有约定交付地点或者指定交付地点的，即出卖人货交承运人的地点为交付地点，此时货物在运输途中毁损、灭失的，风险由买受人承担。

在特殊规则下，依据《民法典》第六百零六条的规定："出卖人出卖交由承运人运输的在途标的物，除当事人另有约定外，毁损、灭失的风险自合同成立时起由买受人承担。"具体而言，若当事人无特别约定，出卖人出卖交由承运人运输的在途货物，货物在运输途中毁损灭失的风险，在合同成立前由出卖人承担，在合同成立后由买受人承担。

【案例】 出卖人将货物交由承运人运输，货物在运输途中毁损、灭失的，风险由谁承担？

案例简介：2017年11月10日，甲公司与张某签订电动车销售协议及购销合同各一份，约定了车辆订单的数量、规格型号、价款为112 000元。甲公司为张某安排车辆运输，运费由张某承担，张某也可安排车辆自提。张某于合同签订之日支付甲公司定金10 000元，于2017年11月25日支付车款102 000元。2017年11月28日甲公司经丙车业公司联系，将车辆交由实际承运人丁承运，丙车业公司与丁的司机戊签订了货物运输合同。在运输过程中，2017年11月30日运输车辆在某县境内发生交通事故，所运车辆损坏。故张某将甲公司诉至法院，要求甲公司返还定金及购车款。[1]

知识点：《民法典》第六百零三条第一款、第二款第一项规定："出卖人应当按照约定的地点交付标的物。当事人没有约定交付地点或者约定不明确，依据本法第五百一十条的规

---

[1] 参见山东省武城县人民法院（2019）鲁1428民初1291号民事判决书。

定仍不能确定的，适用下列规定：标的物需要运输的，出卖人应当将标的物交付给第一承运人以运交给买受人。"《民法典》第六百零七条规定："出卖人按照约定将标的物运送至买受人指定地点并交付给承运人后，标的物毁损、灭失的风险由买受人承担。"

本案中，双方销售协议及购销合同中约定甲公司为张某安排车辆运输，运费由张某承担。由于合同中没有约定交付地点且车辆需运输，而车辆确已发货且在运输途中因交通事故受损，故能认定车辆已经由甲公司实际交付给了承运人丁承运。根据法律规定，应当认为，被告甲公司作为出卖人已经履行了货物交付义务，由买受人张某承担车辆在运输途中毁损、灭失的风险。

出卖设有抵押权的车辆，且故意不告诉购买人的，购买人有什么救济措施？

答《民法典》第六百一十二条规定："出卖人就交付的标的物，负有保证第三人对该标的物不享有任何权利的义务，但是法律另有规定的除外。"据此，出卖人应当承担关于标的物权利的瑕疵担保义务。瑕疵担保义务，是指出卖人担保其所交付的标的物符合买卖合同的约定或者法律规定的品质、价值和效用，不存在标的物外观瑕疵或隐藏瑕疵的义务。出卖人出卖设有抵押权的车辆，却故意不告诉购买人，会对其经济利益造成重大影响。

根据购买人是否知道或者应当知道第三人对买卖的车辆享有抵押权，分为以下几种情形：第一，依据《民法典》第六百一十三条之规定，在合同订立时，购买人知道或者应当知道第三人对买卖的车辆享有抵押权的，出卖人不承担该瑕疵担保义务。法律不保护非善意第三人。第二，依据《民法典》第六百一十四条之规定，购买人在订立合同时，不知道且不应当知道车辆设有抵押，在合同履行时，购买人有确切证据证明第三人可能就车辆主张抵押权的，可以在出卖人未提供适当担保时，中止支付相应的价款。第三，依据《民法典》第六百一十八条之规定，买卖双方约定减轻或者免除出卖人对车辆瑕疵承担的责任，因出卖人故意不告知购买人车辆的权利瑕疵的，出卖人无权主张减轻或者免除责任。

出卖人交付的货物存在质量问题的,可能承担什么责任?

答 《民法典》第六百一十七条规定:"出卖人交付的标的物不符合质量要求的,买受人可以依据本法第五百八十二条至第五百八十四条的规定请求承担违约责任。"

据此,出卖人交付的货物存在质量问题的,具体将承担下述责任。

第一,交付的货物存在质量问题不符合约定的,出卖人应当按照当事人的约定承担违约责任。对违约责任没有约定或者约定不明确,买受人根据货物的性质以及损失的大小,可以合理选择请求出卖人承担修理、重作、更换、退货、减少价款或者报酬等违约责任。

第二,出卖人交付货物存在质量问题不符合约定的,在采取补救措施后,买受人还有其他损失的,应当赔偿损失。第三,出卖人交付货物存在质量问题不符合约定,造成买受人损失的,损失赔偿额应相当于因违约所造成的损失,包括交付不存在质量问题的货物后可以获得的利益;但是,不得超过出卖人订立合同时预见到或者应当预见到的因违约可能造成的损失。

买受人要对收到的货物进行检验吗?

答 买受人对收到的货物有及时检验义务。在买卖合同中,若买受人未在"约定"或"法定"的异议期内,就货物的瑕疵对出卖人提出异议,则视为出卖人交付的货物不存在瑕疵。换言之,就该货物在交付时事实上具有的瑕疵,买受人丧失请求出卖人承担违约责任的权利。所谓"瑕疵",是指标的物于风险移转至买受人时具有的不符合合同约定或法律规定的品质,以至于不能实现合同目的或致使其价值或效用减少。不过,出卖人无权请求买受人履行及时检验义务,而是未履行及时检验义务的买受人不得再请求出卖人对货物瑕疵承担违约责任。

依据《民法典》第六百二十一条至六百二十四条的规定,检验义务中关于检验期与检验标准有如下要点:第一,当事人约定的检验期内,买受人应将检验不合格的结果及时通知出卖人,怠于通知视为出卖人交付的货物不存在瑕疵。第二,当事人没有约定检验期的,需要区分外观瑕疵与隐蔽瑕疵:其一,外观瑕疵。所谓外观瑕疵,是指数量、颜色等能够直观识别的瑕疵,例如交付的货物数量缺少、颜色不符、型号不符。对于外观瑕疵，一般要求在收货时及时检验，并且将其对货物的异议通知出卖人。当事人约定的检验期过短，根据货物的性质、交易习惯，买受人在检验期间内难以完成全面检验的，该期间仅视为买受人对外观瑕疵提出异议的期间。其二，隐蔽瑕疵。所谓隐蔽瑕疵，是指内部结构、材质等不能直观识别的瑕疵。例如充电时电池爆炸、内存不符。对于隐蔽瑕疵，买受人应当在发现或者应当发现货物不符合约定之日起的合理期限内，并且在收到货物之日起二年（货物有质保期的，以质保期为准）内，将其对货物的异议通知出卖人。但是，出卖人在交付时即已知道或应知货物的质量、数量不符合约定的，买受人检验通知不受上述期限限制，即法律不保护恶意的出卖人。

【案例】 买卖合同没有约定标的物检验期间，买受人应当及时检验

案例简介：2011年5月20日，甲在某某镇城东市场某某号的彩票专卖店购买第10102期电脑型体育彩票（竞猜类胜平负）共计100张，购买金额共计10 000元。甲填写了一张投注

单,意向为18、19、32、44。此后,上述的彩票开奖后,甲发现其所持的100张彩票中有42张彩票数码与其当初投注意向不一致,即:应为18、19、32、44,实为18、19、32、46。就此情况,甲于彩票开奖后与体彩中心进行了交涉,但双方未达成一致。故原告甲诉至法院。[1]

知识点:买受人收到标的物时应当在约定的检验期间内检验。没有约定检验期间的,应当及时检验。本案中,甲在购买了体育彩票后,应当及时对所购彩票进行查验,以确定所购彩票是否与自己的投注意向一致,如存异议,应在合理的时间内(彩票开奖前)与体彩中心交涉以解决问题。如果在合理的时间内,甲并未就所购彩票与投注意向不一致的事情与体彩中心进行交涉以便及时解决问题,甲的行为应被视为其对所购彩票的认可。虽然甲在开奖后发现所购彩票与投注意向不一致,但甲购买时疏于审查的行为和在合理时间内未提出异议的行为所产生的后果应由其自负,否则不符合民法上的诚实信用原则,有失公允。

---

[1] 参见北京市第一中级人民法院(2011)一中民终字第10399号民事判决书。

送来的整套家具中有一件不符合要求，顾客可以要求退掉整套家具吗？

答 不能。《民法典》第六百三十二条规定："标的物为数物，其中一物不符合约定，买受人可以就该物解除。但是，该物与他物分离使标的物的价值显受损害的，买受人可以就数物解除合同。"本条是根据数物是否具有可分性，对合同可解除的范围进行不同的规定。买卖合同的标的物可以是一物或数物，标的物有数物而其中一种不符合约定的，原则上只能就该物行使解除权，解除效力不及于其他标的物，但是，如果不符合约定的物与他物具有不可分的属性，即其分离会明显损害标的物价值的，当事人可就该数物解除合同。

整套家具依据其性质并非不可分物，家具与家具之间的分离一般情况下不会导致其他家具的价值显受损害，除当事人在合同中另有约定外，送来的整套家具中有一件不符合要求的，顾客可以向商家要求退换有瑕疵的家具，而没有理由要求退掉整套家具。

买受人分期付款购买手机,却不支付到期价款,出卖人该怎么办?

答 分期付款,是人们在经济生活中普遍使用的一种消费方式,它能有效解决消费者的购买欲望与现阶段购买能力之间的矛盾。分期付款买卖,是指双方当事人约定买受人于一定期限内分批支付价款的买卖。在分期付款买卖中,买受人将应付的总价款在一定期间内至少分三次向出卖人支付。分期付款的安排使得出卖人处于不利的地位,所以需要予以特殊的保护。依据《民法典》第六百三十四条之规定,在分期付款买卖中,买受人分期付款购买手机,未支付到期价款的数额达到全部价款的五分之一以上,经出卖人催告后在合理期限内仍未支付到期价款的,出卖人有权对买受人择一主张以下权利:

其一,请求买受人支付手机全部价款,即一次性支付剩余的全部价款;其二,行使法定解除权解除手机买卖合同。由此产生的法律后果有如下几种。第一,出卖人有权从买受人处取回手机。第二,出卖人有权要求买受人支付该手机的使用费。当事人对手机使用费的数额没有约定的,可以参照当地同类手机的租金标准确定。第三，手机发生毁损的，出卖人有权请求买受人支付赔偿金。第四，出卖人应当返还买受人已经支付的手机价款。上述使用费、赔偿金，可以从手机价款中扣除。值得注意的是，若当事人在买卖合同中约定出卖人可以扣留手机价款不予返还的，其约定无效。

上述"五分之一以上"的比例系强制性规范，出卖人与买受人约定违反该比例而损害买受人利益的，约定无效，仍然按照"五分之一以上"这一比例执行。不过，出卖人与买受人的约定违反该比例却有利于买受人的，约定有效，应按照约定比例执行。

交付的货物与样品存在同样瑕疵的，出卖人要承担什么责任？

答 样品买卖，是指当事人双方约定一定的样品、出卖人交付的货物必须与样品具有相同品质的买卖。若出卖人交付的货物不符合封存的样品及其文字说明，出卖人构成瑕疵给付，应承担违约责任。依据《民法典》第六百三十五条的规定，当事人应当封存样品，并可以对样品质量予以说明，出卖人交付的货物应当与样品及其说明的质量相同。若封存的样品质量与文字说明不一致，出卖人与买受人又不能就质量标准达成一致，分两种情况确定出卖人交付货物的质量标准：第一，样品封存后外观和内在品质没有发生变化的，应当以样品表明的质量为准，而非关于样品的文字说明。第二，样品封存后外观和内在品质发生变化，或者当事人对是否发生变化有争议而又无法查明的，应当以文字说明为准，不再以样品为准。

根据《民法典》第六百三十六条的规定，交付的货物与样品存在同样瑕疵的，买受人不知道样品有瑕疵的，即使交付的货物与样品相同，仍属于违约行为。此时，出卖人须交付符合同种物通常质量标准的标的物，才不属于违约，无需承担违约责任。

商品的试用期如何确定？试用人的哪些行为可以视为其同意购买？试用品意外毁损的损失由谁承担？

❓ 试用买卖，是指根据双方当事人的约定，在买卖合同成立时出卖人将商品交付给买受人试用，若买受人在试用期内认可该买卖则买卖合同自认可时生效的特殊买卖。依据《民法典》第六百三十八条的规定，试用买卖合同具有两个特征：第一，其本质上是一种附加条件的买卖合同，自买受人认可时合同生效；第二，买受人最终是否购买，完全取决于其自愿，即买受人享有"购买自由"。

关于商品试用期的确定，《民法典》第六百三十七条规定：第一，试用买卖的当事人可以约定商品的试用期间；第二，对试用期没有约定或者约定不明确，可以协议补充；不能达成补充协议的，按照合同有关条款或交易习惯确定；仍不能确定的，由出卖人确定。

根据《民法典》第六百三十八条的规定，试用人的下列行为，可以推定其同意购买试用品。（一）沉默。试用期届满，买受人对是否购买商品未作表示的，视为购买。（二）明示。试用买卖的买受人在试用期内已经支付一部分价款的，应当认定买受人同意购买。（三）推定。在试用期内，买受人对标的物实施了出卖、出租、设定担保物权等非试用行为的，应当认定买受人同意购买。关于试用品意外毁损灭失的损失，依据《民法典》第六百四十条的规定，应当由出卖人承担。

【案例】 买受人的哪些行为可以视为其同意购买试用标的物?

案例简介:A公司欲采购一批高尔夫电动车,让B公司提供车辆进行试用,若A公司对试用车辆满意便签订批量买卖合同。2014年8月,双方签订一份《电动车试用协议》,约定由B公司提供产品给A公司试用,试用期限为3个月,即2014年8月19日至2014年11月19日,试用期满,若电动车无严重质量问题,由A公司按双方合同价款购买;若A公司未在B公司采购,B公司将收回电动车。2014年11月19日试用期满后,双方未签订买卖合同,B公司也未将车辆收回,该车一直存放在A公司。因在使用中发生故障,A公司于2015年11月支出700元对该车进行了维修。故B公司将A公司诉至法院,请求判令A公司支付该试用车辆的货款。[1]

知识点:《民法典》第六百三十八条规定了推定买受人同意购买试用标的物行为:试用期间届满,买受人对是否购买商品未作表示的,视为购买;在试用期内,买受人对标的物实施

---

[1] 参见海南省第一中级人民法院(2017)琼96民终2289号民事判决书。

了非试用行为的，应当认定买受人同意购买。本案中，A公司在试用期满后仍占有和使用试用车辆，在试用过程中还因车辆发生故障，自行对车辆进行维修并支付维修费，该行为已超出了试用行为的范围，应视为A公司同意购买该试用车辆，其与B公司已形成事实上的买卖合同关系。

出卖人对于已卖出的货物，能否保留所有权？

答 依据《民法典》第六百四十一条的规定，保留所有权买卖的定义可以归纳为：在买卖合同中，当事人可以约定出卖人先行交付货物，在买受人未履行支付价款或者其他义务时，出卖人保留货物的所有权，以担保买受人合同义务的履行。值得注意的是，保留所有权仅适用于"动产"买卖，不适用于不动产买卖。当事人就不动产买卖合同约定保留所有权的，该约定违反物权法定，不发生效力。

《民法典》第六百四十二条、第六百四十三条对于所有权保留制度，在吸收司法解释规定的基础上作了较为详细的规定：第一，货物已交付，但按照约定，价款付清之前货物所有权不转移。第二，出卖人保留的所有权，未经登记不得对抗善意第三人。例如第三人不知道买受人无所有权，且出卖人未登记。第三，出卖人可取回货物的情形包括：一，买受人未按照约定支付价款，经催告后在合理期限内仍未支付；二，买受人未按照约定完成特定条件；三，买受人将货物出卖、出质或者作出其他不当处分，取回的货物价值明显减少的，出卖人有权请求买受人赔偿损失。第四，买受人的回赎权。买受人在双方约定或者出卖人指定的合理回赎期限内消除出卖人取回货物的事由的，可以请求回赎货物。买受人在回赎期限内没有回赎货物，出卖人可以以合理价格出卖货物，另行出卖货物所得价款依次扣除取回费用、保管费用、再交易费用、利息以及没有清偿的价款后仍有剩余的，应当返还原买受人；有不足的，出卖人有权要求原买受人清偿。但是原买受人有证据证明出卖人另行出卖货物的价格明显低于市场价格的除外。

第三章　赠与合同

什么是赠与合同？

答 生活中的赠与行为十分常见，为了保障当事人的权利，签订赠与合同是有效及必要的。《民法典》第六百五十七条给出了赠与合同的定义："赠与合同，是指赠与人将自己的财产无偿给予受赠人，受赠人表示接受赠与的合同。"在赠与合同中，转让财产的一方当事人为赠与人，接受财产的一方当事人为受赠人，赠与的财产可以是物，也可以是财产权利。

赠与合同具有以下特征。第一，赠与合同是单务合同、无偿合同。赠与合同中只有赠与人负有给付义务，受赠人没有对应的给付义务。赠与时可以要求受赠人承诺不转赠第三人，但这不是受赠人对赠与人的给付义务。第二，赠与人与受赠人意思表示一致则赠与合同成立，赠与财产的交付不是合同的成立要件。第三，赠与合同的成立和生效不要求特定形式。《民法典》对赠与合同的形式未作特别规定，当事人可以自由选择合同的形式，包括口头形式、书面形式和电子数据等其他形式。但赠与的财产依法需要办理登记等手续的，应当办理有关手续。

赠与人能否"出尔反尔"，不兑现诺言？

答 赠与人在一定条件下可以"出尔反尔"、不兑现诺言。

依据《民法典》第六百五十八条、第六百六十五条之规定，赠与合同成立并生效后，赠与人享有任意撤销权，撤销权人撤销赠与的，可以向受赠人请求返还赠与的财产。根据该条，赠与人行使任意撤销权，须具备以下两个条件。第一，须在赠与人将赠与财产的权利转移给受赠人之前。赠与动产的，须尚未交付；赠与的财产依法需要办理登记手续的，须于有关手续办理完毕前。第二，经过公证的赠与合同或者依法不得撤销的具有救灾、扶贫、助残等公益、道德义务性质的赠与合同，不得任意撤销。赠与人不交付赠与财产的，受赠人可以请求交付。依据《民法典》第六百六十条第二款之规定，因赠与人故意或者重大过失致使赠与财产毁损、灭失的，赠与人应当承担违约损害赔偿责任。

《民法典》第六百六十六条还规定了另一种穷困抗辩的情形："赠与人的经济状况显著恶化，严重影响其生产经营或者家庭生活的，可以不再履行赠与义务。"故赠与人出现本条规定的情形时，不受前述特殊性质的赠与合同的限制，可以不再履行赠与义务。

【案例】 基于道德义务性质的赠与合同，赠与人享有任意撤销权吗？

案例简介：2016年11月17日，李甲与陈乙协议离婚，并在离婚协议中约定两人的女儿陈丙由李甲抚养，陈乙名下位于308号房产归女儿陈丙所有，贷款由陈乙继续偿还，李甲和陈丙共同居住，陈丙成年后陈乙将房产过户给陈丙。上述协议签订后，李甲与女儿陈丙一直居住在该房屋，直到2019年7月，李甲与陈乙发生矛盾，陈乙反悔，主张其在房屋过户前享有赠与撤销权。[1]

知识点：依据离婚协议约定夫妻一方将自己的财产份额赠与对方或者子女，这种为了解除婚姻关系或协议子女抚养的赠与合同，是以变更双方身份关系为动机的，是双方得以协议离婚的基础。本案中李甲与陈乙的离婚协议内容具有有关涉婚生子女更好抚养和成长的道德义务性质，属于《民法典》第六百六十条规定中的特殊性质的赠与合同，故陈乙不

---

[1] 参见北京市第一中级人民法院（2020）京01民终1909号民事判决书。

享有任意撤销权。

赠与财产有瑕疵的，赠与人要承担责任吗？

答 瑕疵担保责任，是指在交易活动中一方当事人移转标的物给另一方当事人时，应担保该标的物无瑕疵，如移转的标的物有瑕疵，则应当向对方当事人承担责任。该瑕疵担保责任可分为权利瑕疵担保责任和物的瑕疵担保责任，前者为担保标的物上权利无瑕疵的责任，后者为担保标的物的质量无瑕疵的责任。

赠与合同是典型的无偿合同，赠与人是否需要承担赠与标的物的瑕疵担保责任，依据《民法典》第六百六十二条之规定，分三种情形：第一，赠与的财产有瑕疵的，赠与人不承担责任；第二，附义务的赠与，所赠与的财产有瑕疵的，赠与人在附义务的限度内承担与出卖人相同的责任；第三，赠与人故意不告知瑕疵或者保证无瑕疵，造成受赠人损失的，应当承担赔偿责任。所谓保证无瑕疵，指保证赠与财产普通的无瑕疵，而非保证具有特定品质。

【案例】 喝了亲家赠送的药酒后意外死亡，家属能否要求亲家承担责任？

案例简介：2016年6月，甲在明知"制川乌"有毒性的情况下，将配制含有"制川乌"等中药成分的药酒，以每瓶300元的价格卖给乙。2016年7月底，乙见饮酒后疾病症状有所缓解，即通过女儿把其中一瓶未开封的药酒赠给同样患有腰腿疼痛病的亲家丙服用。2016年8月底，丙吃晚饭时喝了该药酒后身体不适，出现口唇麻木、呕吐等症状，后送至医院抢救，经抢救无效死亡。经鉴定，丙符合因乌头碱中毒致呼吸循环衰竭而死亡。丙家属在向甲索赔后，将乙诉至法院，认为被告乙赠送药酒的目的是缓解丙的腰腿疼痛，其应当在保证丙生命安全的情况下提高丙的健康程度，但被告乙赠与的药酒中含有致命的乌头碱成分，导致丙死亡的严重后果，违反了被告乙赠予丙的初衷，严重违反了合同目的，侵犯了丙及其家属的合法权益。[1]

---

[1] 参见江苏省南京市六合区人民法院（2019）苏0116民初5038号民事判决书。

知识点：赠与合同是赠与人将自己的财产无偿给予受赠人，受赠人表示接受赠与的合同。《民法典》六百六十二条明确规定，赠与合同中，赠与的财产有瑕疵的，赠与人不承担责任。赠与人故意不告知瑕疵或者保证无瑕疵，造成受赠人损失的，应当承担损害赔偿责任。赠与人承担损害赔偿责任的情形只有两种，即赠与人故意不告知瑕疵或者保证无瑕疵。

本案中，被告乙在赠与丙药酒之前，已饮用了该药酒，由此可以推定被告乙应不知晓该药酒存在瑕疵，乙饮用后腰腿疼痛症状有所缓解后，基于双方之间的姻亲关系，乙将未开封的同款药酒赠与同样患有腰腿疼痛病的丙饮服，以缓解丙的病痛，可以认定乙既未故意不告知瑕疵，也未保证无瑕疵的情形。因此，法院驳回了丙家属要求乙承担赔偿责任的诉讼请求。

如何对付"忘恩负义"的受赠人？

答 无论任何类型的赠与合同，亦无论赠与财产的权利是否已经移转给受赠人，依据《民法典》第六百六十三条之规定，受赠人有下列情形之一的，赠与人享有法定撤销权：第一，严重侵害赠与人或者赠与人近亲属的合法权益；第二，对赠与人有扶养义务而不履行；第三，不履行赠与合同约定的义务。该条还规定，赠与人的法定撤销权，自知道或者应当知道撤销事由之日起一年内行使。

依据《民法典》第六百六十四条、六百四十五条的规定，因受赠人的违法行为致使赠与人死亡或者丧失民事行为能力的，赠与人的继承人或者法定代理人可以撤销赠与。赠与人的继承人或者法定代理人的撤销权，自知道或者应当知道撤销事由之日起六个月内行使。撤销权人撤销赠与的，可以向受赠人请求返还赠与的财产。因此，对于"忘恩负义"的受赠人，出现上述法定情形时可以撤销赠与，要求对方返还赠与的财产。

第四章　借款合同

什么是借款合同？

答　《民法典》第六百六十七条对借款合同作出定义："借款合同是借款人向贷款人借款，到期返还借款并支付利息的合同。"出借款项的人称为贷款人，收取款项的人称为借款人。

借款合同主要包括两类：一是贷款人为银行或非银行类金融机构与借款人所订立的合同；二是贷款人为银行或非银行类金融机构以外的人所进行的借贷活动，又称民间借贷。

依据《民法典》第六百六十八条的规定，借款合同应当采用书面形式，但是自然人之间的借款合同采用何种形式，由当事人约定。借款合同一般包括的内容有：借款种类、币种、用途、借款的数额、利率、还款期限和还款方式等。按照《民法典》第六百六十九条的规定，借款人在订立借款合同前，有向贷款人如实告知与借款有关的业务活动和财务状况的真实情况的法定义务。依据《民法典》第六百七十一条的规定，借款合同成立并生效后，贷款人有义务按照约定提供贷款，借款人有义务按照约定收取借款，否则违反义务的一方应承担违约责任。并且，借款合同生效后，借款人按照约定的用途使用借款是其重要义务之一，因为借款用途涉及贷款人贷款资金的安全，与借款人能否按期偿还借款有直接的关系，所以借款用途往往是借款合同的主要内容之一。依据《民法典》第六百七十三条，借款人未按照约定的用途使用借款的属于违约行为，贷款人可以停止发放贷款、提前收回借款或解除合同，并可按照约定对借款人计收罚息。

【案例】 职业放贷人的借款合同因违反法律强制性规定而无效

案例简介:某自然人 A 与自然人 B 于 2018 年 5 月 9 日签订借款合同一份,合同约定 B 向 A 借款 20 000 元,借款期限自 2018 年 5 月 9 日至 2018 年 6 月 9 日。当日 A 通过银行转账方式向 B 转账支付 20 000 元,B 向 A 出具借据、收条各一份,载明借到 A 人民币 20 000 元整。B 收到银行转账后向 A 支付了借款服务费 4 000 元。借款到期后,因向 B 催要无果,故 A 诉至法院。后经法院查明,A 与其他人员 C、D 等均存在借款合同纠纷案并于法院分别立案,案件数量共计十余件。[1]本案中 A 与 B 签订的是否属于借款合同?该合同效力能否被法院认可?

知识点:本案中自然人 A 未经相关部门批准,以营利为目的,通过向社会不特定对象提供资金以赚取高额利息,出借行为具有反复性、经常性。原告 A 擅自从事经常性的贷款义

---

[1] 参见河南省郑州市二七区人民法院(2019)豫 0103 民初 8695 号民事判决书。

务，属于从事非法金融业务行为，其与被告B签订的借款合同违反了法律的强制性规定，该合同无效。无效的合同自始没有法律约束力。合同无效，因该合同取得的财产，应当予以返还。被告B因该合同取得的财产，应当予以返还。

借款的利息能否预先在本金中扣除？

答 《民法典》第六百七十条规定："借款的利息不得预先在本金中扣除。利息预先在本金中扣除的，应当按照实际借款数额返还借款并计算利息。"借据、收据、欠条等债权凭证载明的借款金额一般认定为本金，但预先在本金中扣除利息的，则应将实际出借的金额认定为本金。这是因为预先在本金中扣除利息的行为实际上变相提高了借款利率。如甲与乙签订的借款合同中约定甲出借50 000元给乙，后甲向乙以银行转账的方式转款50 000元，同日乙向甲支付"服务费"7 000元。这一案件中，甲出借给乙借款本金50 000元的同日收取了乙支付的"服务费"7 000元，视为预先在本金中扣除了利息，则甲实际出借的金额为43 000元。同时，自逾期还款之日起至款项实际退还完毕之日止的利息计算应以43 000元为基数。

借款人提前或逾期返还借款的，利息如何计算？

答 依据《民法典》第六百七十六条的规定，借款人逾期返还借款的，应当按照约定或者国家有关规定支付逾期利息。首先，如果属于银行借款合同的，借款人逾期还款的，可以加收罚息，罚息的利率为在借款合同载明的贷款利率水平上加收30%～50%。如果属于民间借贷的，按照以下情况处理：（一）借贷双方对逾期利率有约定的，从其约定，但是以不超过合同成立时一年期贷款市场报价利率的四倍为限；（二）既未约定借期内利率，也未约定逾期利率，出借人可以主张借款人自逾期还款之日起承担逾期还款违约责任；（三）约定了借期内利率但是未约定逾期利率，出借人可以主张借款人自逾期还款之日起按照借期内利率支付资金占用期间利息；（四）出借人与借款人既约定了逾期利率，又约定了违约金或者其他费用，出借人可以选择主张逾期利息、违约金或者其他费用，也可以一并主张，但是总计不得超过合同成立时一年期贷款市场报价利率的四倍。

《民法典》第六百七十七条规定："借款人提前返还借款的，除当事人另有约定外，应当按照实际借款的期间计算利息。"合同约定的返还期限是借款人作为债务人享有履行的期限利益，提前还款可以视为借款人放弃债务履行的期限利益，不应因此承担违约责任。如果当事人就提前还款的费用补偿有约定的，按照约定履行；如果当事人没有约定的，则应按照实际借款的期间计算利息。如双方本约定借款期限为一年，但借款后5个月后，借款人就提前还款，应按照实际借款时间即5个月计算利息。

【案例】 借款人逾期还款的，如何计算利息？

案情简介：2017年6月28日，甲能源公司与乙信托公司签订《信托贷款合同》，合同约定：乙信托公司向甲能源公司提供信托贷款，贷款利率为9%/年，按日计息，信托贷款本金按照自放款日（含）起至到期日（不含）止的期间计算利息。贷款期限内，借款人未按照合同规定的期限支付的利息，按合同规定的贷款利率每季计收复利，贷款逾期后改按罚息利率计收复利。对逾期贷款或贷款人宣布立即到期的贷款，从逾期或限期提前还款之日起在合同约定的利率基础上加收50%向借款人计收罚息，直到清偿本息为止。2017年7月24日，乙信托公司向甲能源公司发放信托贷款,截至2017年12月21日,甲能源公司欠息682.5万元。2018年1月10日,乙信托公司起诉至法院,要求甲能源公司提前偿还信托贷款本息。[1]

知识点:借贷双方对逾期利率有约定的,从其约定,但是以不超过合同成立时一年期贷款市场报价利率的四倍为限。甲能源公司与乙信托公司签订的《信托贷款合同》明确约定了利息、复利以及逾期利息的计算方式,故乙信托公司有权要求甲能源公司支付限期提前还款之日以前所欠利息及复利,以及限期提前还款之日以后按年利率9%上浮50%即13.5%计算的逾期利息。

借款合同对利息没有约定或约定不明的,如何处理?对利息支付期限没有约定或约定不明的,利息如何支付?

答 依据《民法典》第六百八十条的规定,借款合同对支付利息没有约定的,无论是金融机构的借款还是民间借贷,均

---

[1] 参见最高人民法院(2019)最高法民终989号民事判决书。

视为没有利息，即借款人无须支付利息。如果借款合同虽然对支付利息有约定，但是约定不明的。如果是自然人之间的借贷关系，对利息约定不明的，视为没有利息；除自然人之间借贷的外，借贷双方对借贷利息约定不明，出借人主张利息的，当事人可以通过补充协议加以明确，如果达不成补充协议的，可以按照当地或者当事人的交易方式、交易习惯、市场利率等因素确定利息。

依据《民法典》第六百七十四条的规定，如果借款合同对利息支付的期限没有约定或约定不明确的，首先由当事人协议补充；不能达成补充协议的，按照合同目的或者交易习惯通过合同解释确定；仍然不能确定的，一是借款期限不满一年的，应当在返还借款时一并支付利息，二是借款期间一年以上的，应当在每届满一年时支付，剩余期间不满一年的，应当在返还借款时一并支付。

自然人之间的借款合同何时成立？

❷　自然人之间的借款合同，是指借款人与贷款人均为自然人而订立的借款合同，属于民间借贷的一种。自然人之间的

借款合同一般情况下发生在熟人之间，金额通常比较小。自然人之间的借款合同不仅需要双方当事人的合意，还要有贷款人的实际提供借款行为。《民法典》第六百七十九条规定："自然人之间的借款合同，自贷款人提供借款时成立。"

随着非现金支付方式愈发成为一种趋势，贷款人提供借款的方式也更加多样化。自然人之间的借款合同具有下列情形之一的，可以视为合同成立：（一）以现金支付的，自借款人收到借款时合同成立；（二）以银行转账、网上电子汇款等形式支付的，自资金到达借款人账户时合同成立；（三）以票据交付的，自借款人依法取得票据权利时合同成立；（四）出借人将特定资金账户支配权授权给借款人的，自借款人取得对该账户实际支配权时合同成立；（五）出借人以与借款人约定的其他方式提供借款并实际履行完成时合同成立。

第五章　保证合同

什么是保证合同？

❀《民法典》第六百八十一条对保证合同作出定义：

"保证合同是为保障债权的实现，保证人和债权人约定，当债务人不履行到期债务或者发生当事人约定的情形时，保证人履行债务或者承担责任的合同。"保证合同可以从以下几个方面来理解。

第一，保证合同的主体为保证人和债权人，保证合同的成立与生效需要考察订立保证合同时合同主体的行为能力、意思表示等。债务人不属于保证合同的主体，但属于利害关系人。保证人有为保证担保的意思表示，以及债权人有接受保证担保的意思表示而达成的合意是保证合同成立的必要条款。

第二，保证合同的目的是为担保主债权的实现，因此从属性是保证合同的核心属性，保证合同在成立、生效、范围、转移、消灭等方面从属于主债权债务合同。依据《民法典》第六百八十二条，主债权债务合同无效的，保证合同无效，但是法律另有规定的除外。保证合同被确认无效后，债务人、保证人、债权人有过错的，应当根据其过错各自承担相应的民事责任。

第三，保证合同具有无偿性、单务性的特征。保证人为保证债权人的债权实现而承担保证义务，债权人无需对保证人支付对价。至于保证人受债务人委托而提供保证，可能向债务人收取费用,但因为债务人并非保证合同双方当事人,债务人向保证人支付的费用不是保证合同中债权人要支付的对价。

最后,保证合同一般采用书面形式,一般包括以下内容:被保证的主债权种类、数额,债务人履行债务的期限,保证的方式、范围和期间等。当保证合同不具备上述主要内容时依然能够成立,上述内容可以通过补充协议或有关规定进行补正。保证合同的订立方式主要包括三种:一是在主合同之外单独订立的保证合同;二是在主合同中订立保证条款或在主合同上签字盖章;三是第三人以书面形式向债权人作出保证。

【案例】 公司复函能否构成保证?

案情简介:甲公司与乙空调器物资配套公司素有业务往来,2006年1月17日,乙空调器物资配套公司确认欠甲公司货款21 886 688.14元,并经甲公司认可,将上述债务转让给丙空调器厂承担。其后,空调器厂并未向甲公司支付欠款。同年3月21日,乙公司的母公司丁公司复函甲公司称:

"……我司将敦促空调器厂尽快筹措还款;请贵公司相信我公司作为上市公司的信誉,如果空调器厂确实无能力全部还欠款,对其不能归还的货款,我公司可以考虑代替其对贵公司承担还款责任。"丁公司称复函不是担保书或者担保,在复函中并无提供一般保证的意思表示,不应承担保证责任。而甲公司主张,该复函使得甲公司相信丁公司的承诺,丁公司应依其承诺承担保证责任。[1]

知识点:丁公司出具复函的目的是对空调器厂拖欠航星公司货款的偿还问题作出债务安排。丁公司作为上市公司,出具复函的目的足以使相对人产生信赖利益,相信他会依据复函的内容承担保证责任,因此该复函构成一般保证。

什么是一般保证?什么是连带责任保证?

答 依据《民法典》第六百八十六条的规定,保证人承担保证责任的方式包括一般保证和连带责任保证。当事人在保证

---

[1] 参见最高人民法院(2009)民提字第7号民事判决书。

合同中对保证方式没有约定或约定不明确的,按照一般保证承担保证责任。具体而言,一般保证是指当事人在保证合同中约定,债务人不能履行债务时,由保证人承担保证责任的保证方式;连带责任保证是指当事人在保证合同中约定保证人和债务人对债务承担连带责任的保证方式。两者最大的差异在于保证人是否享有先诉抗辩权。

对于一般保证,保证人享有先诉抗辩权。先诉抗辩权是指保证人在主合同纠纷未经审判或者仲裁,并就债务人财产依法强制执行仍不能履行债务前,有权拒绝向债权人承担保证责任。按照《民法典》第六百八十七条的规定,先诉抗辩权可因以下原因消灭:(一)债务人下落不明,且无财产可供执行;(二)人民法院已经受理债务人破产案件;(三)债权人有证据证明债务人的财产不足以履行全部债务或者丧失履行债务能力;(四)保证人书面放弃本款规定的权利。

对于连带责任保证,保证人不享有先诉抗辩权。依据《民法典》第六百八十八条的规定,债务人在主合同约定的履行期限届满前没有履行债务或者发生当事人约定的情形时,债权人既可以请求债务人履行债务,也可以请求保证人在其保证范围内承担保证责任,债务人与保证人对债务履行没有顺序和主次的区分。连带责任保证方式中不论债务人是否有偿债能力,债权人均可请求保证人承担保证责任。

为什么说一般保证是一种为债务人"兜底"的保证方式?

答 由于一般保证下保证人享有先诉抗辩权,债务人与保证人就债务的履行有顺序和主次之分,保证人劣后于债务人承担责任,即为债务人"兜底"。《民法典》第六百八十七条第二款规定:"一般保证的保证人在主合同纠纷未经审判或者仲裁,并就债务人财产依法强制执行仍不能履行债务前,有权拒绝向债权人承担保证责任。"换言之,债权人在向保证人请求承担责任之前,应先请求债务人履行债务,就债务人的财产强制执行后,可能出现债务人无财产可供清偿,或者债务人仅有部分财产可供清偿的情形,对于仍不能清偿部分的债务由保证人承担保证责任。一般保证中保证人的先诉抗辩权的性质,是一种延期的抗辩权,暂时延续债权人请求权效力的发生,并不是对债权人请求权的消灭。这反映出一般保证责任的补充性特点,即主债务人不能履行债务时,保证人才负履行义务,保证人享有顺序利益。

最高额保证中，保证人对于超出借款限额的债务需要承担保证责任吗？

答 不用。依据《民法典》第六百九十条的规定，最高额保证合同是指保证人与债权人约定以保证人在最高债权额限度内就一定期间连续发生的债权提供保障而订立的合同。最高额保证债权的确定，除了适用《民法典》"保证合同"一章的规定外，可参照适用《民法典》对最高额抵押权的有关规定。

从保护保证人的角度出发，若最高额保证合同中约定将主债权及利息、违约金、损害赔偿金和实现债权的费用全部并入最高额范围内，并且最终的保证责任以最高限额为准，超过部分保证人无须再承担保证责任，否则可能会导致债权人怠于行使债权或债务人恶意逃逸债务导致保证人的保证责任无限扩大，不利于保证人利益的维护。

【案例】 **最高额保证对超过约定担保债权最高额的借款本金及利息是否担责？**

案情简介：2011 年 12 月 12 日、12 月 31 日，甲银行与乙医院分别签订两份《流动资金借款合同》，甲银行发放给乙医院金额总计 4 000 万元的流动资金贷款。丙公司与甲银行于 2011 年 12 月 12 日签订《最高额保证合同》，合同约定丙公司作为保证人为甲银行与乙医院在 2011 年 12 月 12 日至 2012 年 4 月 12 日期间签订的全部主合同提供最高额保证担保。主合同指甲银行与乙医院因流动资金借款而订立的授信业务合同。保证人担保的最高债权额为 4 000 万元。截至 2013 年 11 月 25 日止，债务人乙医院尚欠借款本金 3 804.741 622 万元及利息 338.025 671 万元，丙公司对上述借款本金及利息是否承担连带保证责任？[1]

知识点：根据《民法典》第六百九十条的规定，保证人应在约定的最高债权额限度内就一定期间连续发生的债权提供保证，对超过的部分不承担保证责任。债务人乙医院借款本金及利息总计已超过了最高额保证合同约定的担保债权最高额的限度的约定，保证人丙公司仅在担保债权最高额的限度内承担保证责任。

---

[1] 参见湖南省长沙市中级人民法院（2013）长中民二初字第 00130 号民事判决书。

保证期间如何确定？为什么说保证期间是保证责任的"生命周期"？

答 所谓保证期间，是指保证人承担保证责任的期间。依据《民法典》第六百九十二条的规定，可按照以下顺序确定保证期间：首先，债权人与保证人可以约定保证期间，保证期间由双方的约定确定；其次，如果保证人与债权人约定的保证期间早于主债务履行期限或与主债务履行期限同时届满的，视为没有约定；最后，如果保证期间没有约定或约定不明确的，保证期间为主债务履行期限届满之日起六个月。保证期间的起算时间点为主债务履行届满之日，如果债务人与债权人就主债务履行期间没有约定或约定不明确的，则债权人应当催告债务人履行，在催告的通知中明确给对方合理的宽限期，宽限期届满之日起开始计算保证期间。

保证期间是保证责任的"生命周期"，这是因为债权人应在保证期间内主张权利，否则按照《民法典》第六百九十三的规定，保证期间届满前债权人未主张权利的，保证人不再承担保证责任。具体而言，第一，债权人应在保证期间届满前主张权利；第二，一般保证中，债权人通过提起诉讼或申请仲裁的方式向债务人主张权利。连带责任保证中,债权人可通过向保证人发出请求其承担保证责任的通知主张权利;第三,一般保证中债权人提起诉讼或申请仲裁的方式应作广义理解,是指将诉状、申请书等法律文件提交给法院或约定的仲裁机构,申请支付令、破产申请、债权申报、强制执行申请等均属于该种方式。保证期间的意义在于促使债权人及时行使对保证人的权利,避免保证人长期处于承担债务的不利状态,平衡债权人和保证人之间的利益。

何时开始计算保证债务的诉讼时效?

答 保证债务依据保证合同产生,债权人对保证人享有请求保证人承担保证债务的权利。因此保证债务的诉讼时效也就是债权人对保证人的请求权诉讼时效,根据《民法典》第六百九十四条的规定,保证债务的诉讼时效起算因保证责任承担方式的不同而有所区分。

对于一般保证,首先,债权人须在保证期间内向债务人提起诉讼或申请仲裁,如果未在保证期间内对债务人提出请求,则保证人不再承担保证责任。其次,一般保证人不能请求由债务人先履行债务，即先诉抗辩权消灭。否则，债权人请求保证人承担保证责任的权利处于受先诉抗辩权的阻止状态。只有一般保证人先诉抗辩权消灭，债权人能够行使其请求权时，保证债务的诉讼时效开始计算。对于连带责任保证，因为保证人没有先诉抗辩权，所以在债务履行期限届满后，或保证期间届满前债权人都可以直接请求保证人承担保证责任。从债权人向保证人行使请求权之日起，保证债务的诉讼时效开始计算。

主债权债务的变更对于被"蒙在鼓里"的保证人的保证责任有什么影响？

答 债权人与债务人协议变更主债权债务内容的，依据《民法典》第六百九十五条第一款的规定，原则上需要取得保证人的同意，否则对保证人不产生效力。但是，在未经保证人书面同意的情况下，如果变更后债务减轻的，例如降低借款利率，则保证人对变更后的债务依然承担保证责任；如果变更后债务加重的，那么保证人对加重的部分不承担保证责任。需要注意的是，这里保证人的书面同意既可以是变更前的同意，也可以是变更后的承认或追认。保证人的书面同意可以是同意的书面通知，也可以在变更后的主债权债务合同上签字盖章等。

债权人与债务人协议变更主债权债务履行期限的，依据《民法典》第六百九十五条第二款的规定，不论是延长履行期限还是缩短履行期限都应该经过保证人的书面同意。未经保证人书面同意的，保证期间不受影响。具体而言，一是原保证合同约定的保证期间不变，二是保证期间的起算时间不受影响，即仍然从主债务原来的履行期限届满之日起计算。

债权人变更的、债权人将全部或部分债权转让给第三人的，根据《民法典》第六百九十六条的规定，如果双方未有特别约定，不需经过保证人的同意，但债权人负有通知保证人的义务，未通知保证人的，该债权转让对保证人不发生效力。不发生效力指的是保证人不对受让人承担保证责任，如果保证人向原债权人履行了保证责任的，则保证人的保证债务消灭。若债权人通知了保证人的，则保证人应对受让人承担相应的保证责任。但是如果债权人与保证人约定明确禁止债权转让的，债权人将债权全部或部分转让给第三人的，须经保证人书面同意，否则保证人对受让人不承担保证责任，即保证人的保证责任不随主债权的转让而转让。

债务人变更的，依据《民法典》第六百九十七条的规定，分为两种情形。第一,第三人加入与原债务人共同承担债务的,保证责任不受影响,因为新的债务人加入后,使得债务的履行更有保障。第二,第三人替代原债务人成为新债务人,原债务人免除责任的,保证人对未经其同意转移的债务不再承担保证责任,除非债权人和保证人另有约定。

两个以上保证人对同一债务提供保证的,如何承担保证责任?

答 两个以上保证人对同一债务提供保证的,称为共同保证。共同保证可以依一个保证合同而成立,也可以依数个保证合同而成立,而且数个保证合同可以同时或先后成立,数人之间也不必须有意思联络。共同保证分为按份共同保证和连带共同保证。《民法典》第六百九十九条对共同保证的保证人如何承担保证责任作了规定。

按份共同保证是指数个保证人在保证合同中约定了各个保证人应承担保证责任的份额,共同保证的保证人应当按照保证合同约定的保证份额承担保证责任,债权人只能在各个保证人承担的份额范围内请求保证人承担保证责任。连带共同保证是指保证合同中未约定各个保证人应承担的保证责任份额，各个保证人均在保证范围内对同一债务承担连带清偿责任。债权人可以同时或先后请求任意一个或几个保证人承担部分或全部保证责任，保证人不得主张分摊承担保证责任。

【案例】 连带共同保证的保证人之间如何承担保证责任？

案情简介：甲公司因购买原材料向乙银行借款 3 000 000 元，由丙公司和王某、孙某分别为该笔借款提供担保。2012 年 3 月 28 日，王某、孙某与乙银行签订《保证合同》一份，约定：王某、孙某为甲公司主合同项下的全部或部分债务提供保证担保，担保的主债权为 3 000 000 元；主合同债务期限为 12 个月，自 2012 年 3 月 31 日至 2013 年 3 月 31 日；保证方式为连带责任保证。2012 年 3 月 30 日，丙公司与乙银行签订《保证合同》一份，合同约定内容同上述，各保证人未约定担保份额。贷款期限届满后，甲公司未能归还贷款本息 2 044 756.98 元。2013 年 4 月 2 日，乙银行划走丙信用担保公司账上 1 544 756.98 元，用于偿还甲公司差欠该行的贷款本息。同日，王某、孙某通过委托代理人马某归还贷款 500 000 元。

后丙公司向法院起诉，请求甲公司偿还丙公司的代偿款，请求王某、孙某各承担二分之一的偿还责任。[1]

知识点：本案中丙公司与王某、孙某分别与甲公司订立保证合同，约定保证方式为连带责任保证，因此成立连带共同保证。根据《民法典》第六百六十九条，乙银行作为债权人有权请求任何一个保证人在其保证范围内承担保证责任。由于各保证人内部未约定分担份额，各保证人应平均分担。现丙公司清偿的数额已超出其平均应分担的份额，依照《民法典》总则第一百七十八条第二款的规定，对其他保证人有追偿权。

第六章　租赁合同

什么是租赁合同？租赁合同的期限对租赁合同有何影响？

答　《民法典》第七百零三条对租赁合同作出定义："租赁合同是出租人将租赁物交付给承租人使用、收益，承租人支付

---

[1]　参见江苏省盐城市中级人民法院（2017）苏09民终3709号民事判决书。

租金的合同"。《民法典》第七百零四条规定，租赁合同的内容一般包括租赁物的名称、数量、用途、租赁期限、租金及其支付期限和方式、租赁物维修等条款。除此之外，当事人还可以约定押金、违约责任、争议解决等条款。

出租人有以下法定义务：第一，依据《民法典》第七百零八条的规定，出租人负有交付租赁物的义务；第二，出租人在租赁期间有保持租赁物符合约定用途的义务；第三，依据《民法典》第七百一十二条、第七百一十三条的规定，如果当事人没有另外约定，出租人负有维修租赁物的义务。租赁物非因承租人的过错发生损坏，影响到承租人的正常使用收益时，出租人负有维修义务，承租人可以请求出租人在合理期限内维修，出租人未履行维修义务的，承租人可以自行维修，维修费用由出租人承担。因租赁物维修影响承租人使用的，承租人可以请求减少租金或延长租期。

承租人有以下法定义务：第一，承租人负有交付租金的义务；第二，按照《民法典》第七百零九条至第七百一十一条的规定，承租人负有按照约定的方法使用租赁物的义务。承租人按照约定的方法或根据租赁物的性质使用租赁物，致使租赁物受到损耗的，不承担赔偿责任。承租人违反此项义务的，出租人可以解除合同并请求赔偿损失；第三，《民法典》第七百一十四条规定，承租人负有妥善保管租赁物的义务。违反此项义务的，承租人应当承担赔偿责任；第四，根据《民法典》第七百一十五条规定，承租人对租赁物的改善或增设他物应经出租人的同意，因为涉及租赁物价值的改变。未经出租人同意的改善或增设他物，出租人可以请求恢复原状，即拆除增设之物，或请求赔偿损失。

关于租赁合同的期限，《民法典》第七百零五条的规定："租赁期限最长不得超过二十年，双方在租赁合同中约定的租赁期限超过二十年的，超过部分无效。"租赁期限届满，当事人可以续订租赁合同，但是续订的期限也不得超过二十年。租赁期限对租赁合同形式也产生影响，按照《民法典》第七百零七条的规定，租赁期限六个月以上的，应当采用书面形式。未采用书面形式导致租赁期限不确定的，视为不定期租赁，当事人一方可以随时通知另一方终止合同。

承租人能否将租赁物转租他人？

答 依据《民法典》第七百一十六条的规定，承租人可以将租赁物转租给他人,但有以下限制。第一,承租人的转租应经出租人的同意。第二,承租人转租的,承租人与出租人之间的租赁合同继续有效。第三人造成租赁物损失的,由承租人承担赔偿责任,而不论承租人是否有过失。第三,依据《民法典》第七百一十七条的规定,承租人转租给第三人的转租期限不能超过租赁合同的剩余期限,超过的期限对出租人不具有法律约束力,除非出租人与承租人另有约定。承租人转租未经出租人同意的,属于非法转租,出租人可以解除租赁合同,并可请求承租人承担违约责任或赔偿责任。值得注意的是,按照《民法典》第七百一十八条的规定,转租事实发生时虽然没有经得出租人的同意,但承租人转租后,出租人知道或者应当知道转租事实的,且在六个月内没有提出异议,视为出租人同意转租。这是为了避免转租当事人长期处于转租关系不确定和不稳定的状态,对出租人的意思表示加以期限限制。

【案例】 承租人未经同意转租房屋给第三人,出租人能否解除租赁合同?

案例简介:2006年3月20日,刘某与胡某签订《房屋租赁合同》一份，合同约定，刘某将坐落于某市某路37号某医院1—2层（含1个店面）约900平方米的房屋租赁给原告胡某使用，租赁期限自2006年6月1日起至2016年5月31日止。合同第六条还约定，合同期内，未经甲方同意，乙方不得将承租的房屋转租他人。胡某将从刘某处租来的房屋用于经营宾馆，2007年2月15日胡某未经刘某同意将该宾馆转让给陈某，合同约定期限自2007年2月16日起至2016年5月31日止。刘某得知胡某将承租房转租给他人后，于2007年12月18日向胡某发出《解除合同通知书》，通知原告解除签订的租赁合同，并立即腾退房屋。故胡某诉至法院，要求法院确认《解除合同通知书》无解除效力，双方签订的租赁合同继续履行，并责令被告刘某承担赔偿责任。[1]

知识点：承租人与出租人签订的房屋租赁合同是双方的真实意思表示，不违反法律规定，属有效合同。承租人在承租

---

[1] 参见浙江省衢州市柯城区人民法院（2008）柯民二初字第126号民事判决书。

期间违反合同约定,未经出租人同意,擅自将承租房屋转租给第三人,已构成违约。出租人要求解除双方签订的租赁合同,符合合同约定和法律规定。

承租人拖欠租金的,次承租人能否代为支付?

答 依据《民法典》第七百一十九条第一款的规定,承租人拖欠租金的,次承租人可以代承租人支付其欠付的租金和违约金,但是转租合同对出租人不具有法律约束力的除外。这是因为如果承租人持续拖欠租金,出租人可能会选择解除租赁合同,并有权请求承租人或次承租人返还租赁物,会造成次承租人无法继续使用租赁物。因此在合法转租情形下,承租人拖欠租金的,次承租人可以代为支付租金和违约金,所谓合法转租是指经过出租人同意的转租,转租对出租人有约束力,出租人对次承租人的代为支付行为不得拒绝。但如果转租合同对出租人不具有法律约束力的,次承租人代为支付租金和违约金的,出租人可以同意也可以拒绝,这些情形一般包括未经出租人同意的转租,虽经出租人同意但是转租合同无效或被撤销的。

何谓"买卖不破租赁"?

答《民法典》第七百二十五条规定:"租赁物在承租人按照租赁合同占有期限内发生所有权变动的,不影响租赁合同的效力。""买卖不破租赁"是指在租赁合同占有期限内,租赁物所有权的变动并不导致租赁关系的解除,是法律为保护租赁关系所作的特别规定。

"买卖不破租赁"需要满足以下几个条件:第一,租赁合同成立且有效;第二,承租人因为租赁合同占有租赁物;第三,所有权发生变动的时间发生在承租人占有租赁物期限内;第四,承租人愿意继续履行原租赁合同。最典型的情形是,出租人将房屋出租给承租人,承租人此时基于租赁合同占有房屋,后出租人将房屋卖给第三人,根据"买卖不破租赁"原则,承租人有权依据租赁合同继续占有使用该房屋,第三人不能要求承租人搬出房屋。

"买卖不破租赁"产生的法律效果是:第一,原租赁合同的权利义务不发生改变。第二,在租赁合同关系中,买受人取代原出租人,成为新的出租人,租赁合同继续有效,承租人有权继续占有租赁物并对其使用和收益。

【案例】 先租后卖，受让人能否要求租客腾退房屋？

案情简介：某市某路170号房屋原为甲公司所有，2002年7月8日，经法院判决甲公司应向乙银行偿还人民币1500万元及美金125万元。后乙银行申请强制执行，执行过程中，甲公司与丙公司达成协议，将170号房屋1号楼、4号楼以380万元价格转让给丙公司，用于抵偿部分债务。2012年5月16日，甲公司与丙公司签订协议书，约定双方同意将某市某路170号房屋过户至丁公司名下。后上述房屋于2013年3月4日过户登记至丁公司名下。王某系甲公司员工，于20世纪90年代即居住在170号2栋（2-1-1）号房屋（72.50平方米）并一直居住至今，这也是以前职工福利政策之一。丁公司向法院起诉请求王某腾退房屋。[1]

知识点：王某与其服务的公司实际成立房屋租赁合同关系。丁公司虽是在法院执行过程中成为房屋受让人，但仍然

---

[1] 参见湖北省武汉市中级人民法院（2018）鄂01民终7032号民事判决书。

属于与原权利人形成交易合意后，支付约定的对价并完成权属登记权属转移。王某租赁、占有房屋在先，在租赁合同期满前占有有合法依据，根据"买卖不破租赁"原则，房屋所有权的变动，并不影响租赁合同的效力，故法院不支持丁公司的诉讼请求。

承租人在哪些情形下可以解除合同？

答 根据《民法典》的相关规定，承租人在以下四种情形下可以解除合同。

第一，租赁物存在权利瑕疵导致无法使用的，承租人享有合同解除权。《民法典》第七百二十四条规定的具体适用条件包括：首先，租赁物无法使用并非因承租人的原因导致。其次，存在法定情形之一的：（一）司法机关或者行政机关基于司法程序或者行政执法程序对租赁物查封、扣押；（二）租赁物权属有争议；（三）租赁物违反法律、行政法规关于使用条件的强制性规定。

第二，依据《民法典》第七百二十九条的规定，因不可归责于承租人的事由，租赁物全部或部分毁损、灭失的，导致合同目的不能实现，承租人可以解除合同。

第三，依据《民法典》第七百三十条规定，租赁期限没有约定或约定不明确的，承租人可以解除合同。不定期租赁的，承租人可以随时解除合同，只需在合理期限之前通知对方。如果当事人对租赁期限没有约定或约定不明确的，可以协议补充，达不成补充协议的，按照合同相关条款或交易习惯确定，仍不能确定的，视为不定期租赁。此外，租赁期限六个月以上的租赁未采用书面形式致租期不能确定的，同样视为不定期租赁，承租人在上述情形下可以随时解除合同。

第四，《民法典》第七百三十一条规定了租赁物质量不合格时承租人的解除权。租赁物存在质量瑕疵，危及承租人的安全或者健康的，不论承租人在合同订立时是否知道租赁物存在质量瑕疵的，承租人均有权随时通知出租人解除合同。

如何保护承租人的优先购买权？

答 承租人所享有的优先购买权，依据《民法典》第七百二十六条第一款，是指租赁期间出租人出卖房屋时，承租人享有以同等条件优先购买的权利。优先购买权是一项法定权利,不论双方是否在合同中约定,承租人都享有该项权利。出租人在出卖租赁房屋前负有通知承租人的义务,以保护承租人的优先购买权。通知的内容应当包括与第三人交易的主要条件,如交易价格、支付方法、支付时间等。按照《民法典》第七百二十六条第二款规定,承租人应在收到通知后的十五日内行使优先购买权,否则视为放弃优先购买权。

承租人的优先购买权可能受到侵害或妨害而不能行使,包括但不限于以下情形:一是出租人未履行通知义务,致使出租人未能行使优先购买权,主要是指出租人能通知而不通知,或因过失而未通知,或通知的内容不符合要求等;二是出租人与第三人串通,为损害出租人利益而订立合同,例如故意以不合理高价签订合同,迫使出租人放弃优先购买权。

《民法典》第七百二十八条规定:"出租人未通知承租人或者有其他妨害承租人行使优先购买权情形的,承租人可以请求出租人承担损害赔偿责任。但是,出租人与第三人订立的房屋买卖合同效力不受影响。"关于损害赔偿的范围,应当包括出租人购买类似房屋需要多支出的价款损失以及其他附带损失,例如合理支出的中介费等。所谓不影响出租人与第三人买卖合同的效力,是指出租人与第三人订立的买卖合同依然有效。

第七章 运输合同

什么是运输合同？客运合同什么时候成立？

答 《民法典》第八百零九条规定："运输合同是承运人将旅客或者货物从起运点运输到约定地点，旅客、托运人或者收货人支付票款或者运输费用的合同。"运输合同包括客运合同和货运合同，是日常生活中常见的合同，客运合同更是与我们日常生活息息相关，无论是乘坐飞机还是高铁，或出门乘坐出租车都离不开客运合同。运输合同的主体是承运人、旅客或托运人。承运人负有将旅客或货物按约定期限或合理期限内，按约定或通常运输线路，将旅客、货物运送至约定地点的义务。旅客、托运人或者收货人负有向承运人支付票款或者运输费用的义务。

客运合同是运输合同的一种。《民法典》第八百一十四条规定："客运合同自承运人向旅客出具客票时成立，但当事人另有约定或另有交易习惯的除外。"例如乘坐高铁，承运人公布的价目表、班次时刻表等构成对旅客的要约邀请，旅客的购票行为构成对承运人的要约,承运人向旅客出具客票的行为构成对旅客要约的承诺,此时合同成立。但当事人另有约定或另有交易习惯的客运合同成立时间不受此限制。例如乘坐出租车,根据交易习惯,承运人往往在到达约定地点即合同义务履行完毕时,方才出具客票,此时应该依照交易习惯,认为客运合同在旅客上车时即告成立。

旅客乘运有哪些义务,应注意哪些事项?

答 旅客承运有下列义务和注意事项。

第一,旅客有按照有效客票记载的时间、班次和座位号乘坐的义务。根据《民法典》八百一十五条规定,旅客不得无票乘坐、不得乘坐超过客票记载的路程、不得乘坐比所购客票级别高的座位、不得持不符合减价条件的优惠客票乘坐。出现以上情况时,承运人可以按照规定加收票款,旅客拒付的承运人可以拒绝运输。

第二,旅客因为自身原因无法按照客票记载时间乘坐的,应在约定期限内办理退票或者变更手续。根据《民法典》第八百一十六条规定,如果超过约定时间未办理退票或者变更的，承运人可以不退还票款，并不再承担运输义务。

第三，根据《民法典》第八百一十七条的规定，旅客乘坐时随身携带的行李应该符合约定的数量限制和品类要求，有超出数量限制或品类要求的行李需要携带的，应该办理托运手续。

第四，根据《民法典》第八百一十八条的规定，旅客随身携带或托运的行李中，不得夹带易燃、易爆、有毒、有腐蚀性、有放射性以及可能危及运输工具上人身和财产安全的危险物品和违禁物品，否则承运人可以将以上物品卸下、销毁或送交有关部门，旅客坚持携带或夹带的，承运人应当拒绝运输。

承运人对于"霸座"行为可以采取什么措施？

答 根据《民法典》第八百一十五条规定："旅客应当按照有效客票记载的时间、班次和座位号乘坐。旅客无票乘坐、超程乘坐、越级乘坐或者持不符合减价条件的优惠客票乘坐的，应当补交票款，承运人可以按照规定加收票款；旅客不支付票款的，承运人可以拒绝运输。"

按照有效客票记载的时间、班次和座位号乘坐，既是旅客的权利，也是旅客和承运人之间运输合同的内容。"霸座"

行为即旅客未按照客票记载的时间、班次和座位号乘坐，而是霸占了其他旅客的座位，无论是无票乘坐、有票乘坐但超出客票记载路程，还是乘坐了比客票级别更高的座位，都属于超出运输合同行使权利的行为。此时承运人可以按照规定向旅客加收票款，若旅客补交票款，则视为对原运输合同内容的补充，或未买票的旅客补充订立了运输合同；若旅客拒绝补交票款，则可认定旅客没有补充订立运输合同的意思表示，承运人可以在适当地点要求无票或超程乘坐的旅客下车，要求有票但越级乘坐的旅客返回座位。

假使旅客有票，虽未按客票记载的座位号乘坐但未超程也未越级，只是霸占了同等票价的旅客的座位，此时，若被占座位旅客同意，则旅客之间达成了互换座位的合意，不存在"霸座"行为；若被占座位旅客不同意，虽然不属于上述几种情况，但承运人有保障每个旅客按合同行使权利的义务，因此可以要求霸座旅客返回自己的座位。

货运合同的托运人和收货人有哪些义务？

答　货运合同的托运人有下列义务。第一，向承运人表明货物运输的必要情况。《民法典》第八百二十五条规定，货物运输的必要情况包括收货人的姓名、名称或者凭指示的收货人，货物的名称、性质、重量、数量，收货地点等。第二，办理有关手续并提交相关文件给承运人。根据《民法典》第八百二十六条的规定，托运人应当办理好货物运输需要的相关手续，例如审批手续、检验手续等，并将办理手续的相关文件提交给承运人。第三，合理包装货物。《民法典》第八百二十七条规定，托运人应该按照与承运人约定的方式包装货物，没有约定或约定不明确的可以协议补充，不能协议的按照合同相关条款或交易习惯确定，仍不能确定的按照通用方式包装，没有通用方式的应当采取足以保护标的物且有利于节约资源、保护生态环境的包装方式。托运易燃易爆、有毒、有腐蚀性、有放射性等危险物品的，应当按照国家有关危险物品运输的规定对危险物品妥善包装，明示危险物品标志和标签，并将有关危险物品的名称、性质和防范措施的书面材料提交承运人。

收货人有下列义务。第一，及时提货。《民法典》第八百三十条规定，收货人应该在接到承运人的收货通知后及时收货，收货人逾期提货的应当向承运人支付保管费等费用。第二,按约定期限检验货物。根据《民法典》第八百三十一条,收货人有在提货时,按约定检查货物的义务,没有约定检验货物期限或约定不明确的可以协议补充,不能协议的按照合同相关条款或交易习惯确定,仍不能确定的应当在合理期限内检验货物。

【案例】 承运人卸货失误,导致收货人拒绝向托运人支付货款的,承运人是否要承担赔偿责任?

案例简介:收货人某甲与托运人某乙签订了水泥买卖合同,某乙便与承运人某丁签订了货物运输合同,决定由某丁将水泥运送给某甲。某丁在运送水泥到达目的地后,将水泥卸进了矿粉罐,导致某甲无法使用,某甲因此拒绝向某乙支付水泥货款。[1]

知识点:《民法典》第八百三十二条规定:"承运人对运输过程中货物的损毁、灭失承担赔偿责任。但是,承运人证

---

[1] 参见山东省菏泽市中级人民法院(2019)鲁17民终1451号民事判决书。

明货物的损毁、灭失是因不可抗力、货物本身的自然性质或者合理损耗以及托运人、收货人的过错造成的，不承担赔偿责任。"在上述案例中，承运人某丁在依约将货物交由收货人某甲时，运输义务才算履行完成。但某丁在卸货时，由于自己的过错，错误地将水泥卸进矿粉罐，导致水泥无法使用，符合《民法典》第八百三十二条中货物损毁、灭失的情形。水泥的损毁、灭失不是由于不可抗力、货物本身的自然性质或合理损耗以及托运人、收货人的过错造成的，因此承运人需对此承担赔偿责任。

第八章　委托合同与中介合同

什么是委托合同？

答　日常生活中总有一些情况下需要他人出面帮助我们处理事务，小至代收快递，大至签订商业合同，只要不属于违反法律的禁止性规定或者因人身性质无法委托的事项，都可以委托他人处理。《民法典》第九百一十九条规定："委托合同是委托人和受托人约定，由受托人处理委托人事务的合同。"委托合同的双方主体分别为委托人和受托人，其中委托他人为自己处理事务的一方为委托人，接受委托为他人处理事务的一方为受托人。委托合同自委托人和受托人达成约定时即告成立，这个约定可以是书面约定，也可以是口头约定，约定的形式不影响委托合同的效力。委托合同的合同标的是受托人为委托人处理事务的劳务，可以是有偿合同也可以是无偿合同。无论是有偿还是无偿，委托合同都是双务合同，委托合同的委托人有预先支付处理事务所需费用的义务，如果是有偿委托，委托人还有支付报酬的义务。受托人有义务向委托人报告事务、亲自处理委托事务、转交委托事务所取得的财产。

受托人应如何做到"受人之托，忠人之事"？

答 受托人是委托合同中受他人委托为他人处理事务的人，受托人接受了委托人的委托就意味着他必须为委托人的利益考量，在处理委托事务时尽努力使委托人的利益最大化。

受托人在处理委托事务时应尽到下列义务。

第一，按照委托人的指示处理委托事务。《民法典》第九百二十二条规定，受托人在处理事务时，需要遵照委托人的意愿进行处理，不得随意变更处理方式。如果情况变化需要变更处理方式的，需要经过委托人的同意；紧急情况下来不及联系委托人的，为了保护委托人的利益可以先行处理，但事后应该及时将相关情况报告给委托人。

第二，亲自处理委托事务。委托是基于委托人对受托人的信任产生的，因此受托人必须亲自处理事务，不能随意转交他人处理。根据《民法典》第九百二十三条规定，受托人擅自将委托事务转委托给第三人的，应对第三人的行为承担责任。但经过委托人同意或追认的转委托，由于接受转委托的第三人能力也受到了委托人的认可，所以受托人不对委托人向第三人的直接指示承担责任，仅就第三人的选任和自己对第三人的指示承担责任。

第三，向委托人报告事务。《民法典》第九百二十四条规定，受托人应该及时向委托人报告委托事务的进展，若有约定则按照合同约定进行报告，若没有约定则应在有必要报告时及时报告。

第四，向委托人转交处理委托事务财产。受托人既然是替委托人处理事务，其行为的出发点应是为了委托人的利益，那么在处理委托事务时所获得的财产及其孳息自然应该归属于委托人。《民法典》第九百二十七条规定，受托人在处理委托人事务过程中获取的财物及其孳息都应该转交给委托人。

第五，向委托人承担赔偿责任。根据《民法典》第九百二十九条规定，当受托人给委托人造成损失时，有承担赔偿的义务，有偿委托中只要是因为受托人过错造成的损失都应该承担赔偿责任，无偿委托中只有当损失是因为受托人的故意或重大过失造成时受托人才承担赔偿责任。

受托人以自己的名义与第三人签订合同的，该合同可以约束委托人吗？

答 受托人在权限范围内以自己的名义与第三人签订合同，第三人在签订合同时知晓受托人与委托人之间的代理关系的，该合同直接约束委托人和第三人。因此，受托人以自己的名义与第三人签订的合同若要直接约束委托人需满足以下条件，但有确切证据证明该合同只约束受托人与第三人的除外。

第一，受托人与第三人签订的合同内容应在委托人对自己授权的范围之内。由于委托关系的存在，委托人授予了受托人一定范围的权限，在授权范围内受托人按照委托人的意愿替委托人处理事务，此时受托人的行为即代表了委托人的意志，因此即使受托人是以自己的名义与第三人签订合同的，该合同也直接约束委托人。但若受托人与第三人签订的合同内容超出委托人对其授权的范围，则该合同不能直接约束委托人。

第二，第三人在签订合同时知晓委托人与受托人之间的代理关系。满足这一条件说明受托人虽然是以自己的名义与第三人签订合同的，但第三人在签订合同时知晓受托人是在替委托人处理事务，也即知晓自己与受托人所签订的合同效果是作用在委托人身上的，与委托人直接与第三人签订合同的效果一致，因此第三人和委托人都直接受该合同的约束。

受托人在哪些情形下可以要求委托人赔偿自己的损失？

答 出现以下情形时，受托人可以要求委托人赔偿自己的损失。

第一，处理委托事务时因不可归责于受托人的原因受到损失的。委托合同中，受托人接受委托人的委托，按照委托人的意愿处理事务，是在为了委托人的利益处理事务，事务处理利益的最终享有者是委托人，同理处理委托事务的风险也应该由委托人承担。因此《民法典》第九百三十条规定，受托人处理委托事务时，因不可归责于受托人的事由使之遭受到损失，受托人可以向委托人请求赔偿损失。

第二，委托人委托第三人处理委托事务造成受托人损失的。委托关系是建立在信赖基础上的，受托人需经委托人同意才能转委托，委托人若要委托受托人之外的第三人处理委托事务，亦要经过受托人同意。由此，《民法典》第九百三十一条规定，委托人经受托人同意，委托第三人处理委托事务，因此造成受托人损失的，受托人有权请求委托人赔偿损失。

第三，委托人解除合同造成受托人损失的。根据《民法典》九百三十三条规定，委托合同双方可以随时解除合同。因解除合同造成对方损失的，除不可归责于解除方当事人的事由，无偿委托合同的解除方应当赔偿因解除时间不当造成的直接损失，有偿委托合同的解除方应当赔偿对方的直接损失和合同履行后可以获得的利益。

【案例】 受托人侵害委托人利益的应承担赔偿责任

案例简介：原告周某甲、周某乙系兄弟关系，某房屋原属两人共有。2011年11月4日,周某甲、周某乙及其妻子惠某作为借款人,与出借人孙某签订《抵押借款协议书》,载明借款金额45万元,期限自2011年11月4日至2012年1月3日止,月息为银行同期贷款利率的四倍,借款人以某房屋为该笔借款及利息提供抵押担保。经孙某介绍,两原告与被告王某丙签订《委托书》,约定其全权委托王某丙代为办理某房屋的如下事宜:"代为办理上述房地产的抵押登记手续,签订抵押合同,办理相关公证手续;委托期限自2012年1月4日起至2013年1月3日止。"两原告及惠某另在载有如下内容的《委托书风险声明书》上签名捺指印:"对办理系争房屋委托书公证的法律意义及所产生的一切法律后果均已明确知悉,并完全理解,包括但不限于下列告知内容:受托人在委托期限和权限内办理委托事项的法律后果均由我们承担,委托人可能将房屋以低价出售导致我们的相关利益受到损失。"当日,上海市金山公证处就《抵押借款协议》和《委托书》及相关事宜一并办理了公证。

借款到期后,因两原告及惠某未能归还借款,王某丙应孙某要求并根据其决定的价格出售某房屋。在上海某房地产经纪事务所的居间下,王某丙与案外人薛某于2012年2月2日签订房屋买卖合同,约定转让价款50万元。2012年2月16日,薛某按照789 568元的计税价格支付交易契税23 687.04元,并将购房款50万元汇入王某丙银行账户。同期,王某丙将其中的45万元汇入孙某银行账户。同年3月5日,某房屋产权过户至薛某名下。同月10日,薛某户籍迁入系争房屋。同年9月,薛某起诉两原告迁出某房屋,后撤回起诉。2013年3月,两原告以房屋买卖合同纠纷为由起诉薛某及王某丙,要求确认薛某与王某丙签订的房屋买卖合同无效,将系争房屋产权恢复登记到两原告名下。该案审理中,薛某表示自愿补偿两原告30万元。同年5月21日,上海市杨浦区人民法院作出判决[1],认为薛某购买某房屋系其真实意思表示,购房目的正当,两原告未提供相应证据证明薛某与王某丙恶意串通,故判令驳回两原告要求确认该房屋买卖合同无效的诉讼请求;准予薛某自愿支付两原告30万元。周某甲不服该判决提出上诉。同年9月23日,上海市第二中级人民法院作出判决[2],认定周某甲、周某

---

[1] 参见上海市杨浦区人民法院(2013)杨民四(民)初字第562号民事判决书。
[2] 参见上海市第二中级人民法院(2013)沪二中民二(民)终字第1623号民事判决书。

乙将某房屋委托王某丙出售并收取房款系其真实意思表示，周某甲的上诉请求缺乏依据。若周某甲、周某乙认为受托人未尽到职责给其造成了损失，可另行要求受托人承担相应责任。据此，判决驳回周某甲提出的上诉，维持原判。后两原告就此提起诉讼。

知识点：一、关于被告王某丙是否违反了委托合同项下的义务。被告作为受托人，依法应当按照两原告的指示处理委托事务，向其报告委托事务的处理情况并转交处理委托事务取得的财产。但被告在出售房屋过程中，事先并未以任何方式告知两原告其将出售房屋，事后也未将售房款转交给两原告。在双方并未约定房屋售价的情况下，被告并未试图听取两原告意见，而是在明知孙某并非委托合同当事人、并不享有以委托人身份发布指示之权利的情况下，仍然按照孙某的要求，依据两原告的欠款数额确定房屋售价，并将售房款交付给孙某。委托书虽列明了被告的权限，但应同时注意到委托书在向交易相对人对外昭示受托人行为正当性方面的作用，而不意味着受托人可以无视委托人的真实意愿与切身利益滥用委托人授予的权利。被告作为受托人，应本着诚实信用的原则，依法善意处理售房事宜，尽到合理的注意义务。然而，在房屋市场价格存在多种公开、便捷的询价途径情况下，纵观被告出售某房屋的过程，其主观上显然具有放任两原告财产利益受损结果发生的间接故意，且该种委托合同项下的主观过错亦不因被告对外法律行为的有效性而受到否定。

二、在借贷关系中，出借人为防止借款无法按期收回而要求借款人提供不动产作为债权担保的，双方应签订抵押合同并办理抵押物登记。出借人回避抵押担保制度，选择指定第三人与借款人签订委托合同并由该第三人取得出售借款人的不动产等重大权利的，此时委托合同虽意在实现抵押担保功能，但其项下的权利义务关系仍应受委托合同的法律规则之制约。

三、在委托合同项下，受托人负有遵照委托人指示，本着诚实信用的原则在授权范围内依法善意处理委托事务之法定义务。受托人无视委托人的真实意愿与切身利益，转而根据出借人指令恶意处分委托人财产，即使该处分行为对交易相对方发生效力，受托人仍应就其严重侵害委托人利益的行为承担相应赔偿责任。

什么是中介合同？中介人有哪些权利和义务？委托人私下与第三人订立合同有何后果？

答 根据《民法典》第九百六十一条规定："中介合同是中介人向委托人报告订立合同的机会或者提供订立合同的媒介服务，委托人支付报酬的合同。"中介合同是双务、有偿合同，合同双方主体为中介人和委托人，中介人有向委托人报告订立合同的机会或者提供订立合同的媒介服务的义务，而委托人有向中介人支付报酬的义务。

中介人有向委托人如实报告的义务。根据《民法典》第九百二十六条规定，中介人应该向委托人如实报告与合同订立相关的事项，中介人若未如实报告或者弄虚作假导致委托人利益受损的，不能主张中介报酬，并且还需向委托人承担赔偿责任。

中介人有向委托人主张报酬和必要费用的权利。根据《民法典》第九百六十三条规定，中介人促成合同成立的，有向委托人主张报酬的权利。委托人在接受中介服务后，利用中介人提供的交易机会或者媒介服务绕开中介人直接订立合同的，中介人依然有向委托人主张报酬的权利。中介人未促成合同订立的，不能主张报酬，但可以依约向委托人主张从事中介活动的必要费用。

根据《民法典》九百六十五条，委托人在接受中介人的服务后，利用中介人提供的交易机会或者媒介服务，与第三人直接订立合同的，仍负有向中介人支付报酬的义务。因此，若委托人在接受了中介人的服务后，试图绕开中介人以规避支付中介报酬的义务，即使委托人与第三人直接签订了合同，仍需向中介人支付报酬。

第九章　物业服务合同

什么是物业服务合同？

答　根据《民法典》第九百三十七条的规定，物业服务合同是物业服务人提供物业服务，业主支付物业费的合同。结合《民法典》第九百四十二条，物业服务人提供的物业服务具体包括：在物业服务区域内，为业主提供建筑物及其附属设施的维修养护、环境卫生和相关秩序的管理维护等物业服务。

应当注意到,此处的业主指全体业主,而非单独的业主个人。这是因为,《民法典》合同编的"物业服务合同"一章与物权编的"建筑物区分所有权"一章紧密联系,后者在第二百七十八条规定了物业服务人的选聘和解聘应由业主共同决定,二者对业主的理解应保持一致,界定为全体业主。并且,物业服务合同的内容通常涉及全体业主的共有利益,因此应当将全体业主作为物业服务合同的当事人。相应地,物业服务合同对全体业主产生约束力,单个业主不得单方面变更或解除合同,也不得拒绝物业服务或拒绝支付物业费用。

房产开发商选聘物业公司并与之订立前期物业服务合同的,业主是否受该合同约束?业主能否提前终止前期物业服务合同?

答 受该合同约束,可以提前终止。商品房完工之后,就需要有物业对小区进行维护和管理,在业主们购房、入住、选聘物业公司之前,房产开发商为了达到维持小区正常秩序的目的,会先行选聘物业公司为小区提供物业服务。根据《民法典》第九百三十九条规定:"建设单位依法与物业服务人订立的前期物业服务合同,以及业主委员会与业主大会依法选聘的物业服务人订立的服务合同,对业主具有法律约束力。"前期物业服务合同指的就是业主委员会与业主大会选聘物业服务人之前,房地产开发商与其所选聘的物业服务人签订的物业服务合同。为了保证小区的正常管理和维护,在业主大会与业主委员会选聘物业服务人之前,房地产开发商先行与物业公司签订物业服务合同,是为了保障小区的正常秩序,符合全体业主的共同利益,因此业主虽未参与物业服务人的选聘与合同的签订,但仍受其约束。

业主大会和业主委员会在成立之后,可以另外选聘物业服务人签订物业服务合同。业主大会与业主委员会与物业服务人签订的物业服务合同生效之时,即使房地产开发商先行订立的物业服务合同未到合同期限,也立即宣告终止。

物业服务期满后,业主未作出续聘或另行选聘物业公司的决定,原物业公司继续提供物业服务的,业主是否应支付物业费?

答 应当。根据《民法典》第九百四十八条规定:"物业服务期限届满后，业主没有依法作出续聘或者另聘物业服务人的决定，物业服务人继续提供物业服务的，原物业服务合同继续有效，但服务期限为不定期。"通常情形下合同期满效力即告终止，双方当事人不再负有合同义务，但根据《民法典》第九百四十八条的规定，在物业合同到期后，如果业主没有另外聘请新的物业服务人，而原物业公司继续提供物业服务的，物业服务合同有效。这是因为物业服务合同在本质上属于委托合同，是基于业主与物业服务公司之间的信赖订立的，在合同到期后，业主并未另聘物业公司，此时原物业公司继续提供物业服务的行为以及业主接受原物业公司服务的行为，体现出双方仍然对彼此保有信赖基础，因此应该认为原有的物业服务合同继续有效。但由于此时未订立续聘的物业服务合同，因此服务期限为不定期。

物业服务合同终止后，业主尚未选聘新物业公司的，原物业公司应否继续提供服务？业主是否应支付物业费？

❓ 原物业公司应该继续提供服务，业主也应该向原物业公司支付物业费。《民法典》第九百五十条规定:"物业服务合同终止后,在业主或者业主大会选聘的新物业服务人或者决定自行管理的业主接管之前,原物业服务人应当继续处理物业服务事项,并可以请求业主支付该期间的物业费。"物业服务合同到期后,如果业主没有选聘新的物业服务人,则原有物业合同继续有效,但若业主决定选聘新的物业服务人来进行物业服务或者自行管理,则原有物业合同宣告终止。按照一般法律原理,合同终止则合同双方不再互负权利义务,也即原物业公司不再负有继续提供物业服务的义务,而业主也同样不再负有支付物业费的义务。但根据《民法典》的规定,在新的物业服务人或决定自行管理的业主接管物业服务之前,原有的物业服务人应该继续向业主们提供物业服务,这是基于物业服务行为的连续性所要求的。物业对于小区的安全、保洁、秩序维护等各个方面都有不可或缺的重要作用,且物业服务合同的履行是连续性的,因此虽然物业合同已经终止,但《民法典》仍要求物业公司继续提供物业服务。而出于权利义务的一致性,原物业公司向业主们继续提供物业服务,那么业主自然有向原物业公司支付物业费的义务。

第十章　合伙合同

什么是合伙合同？合伙如何进行利润分配与亏损分担？合伙人如何转让财产份额？

答　合伙是如今社会中十分常见的企业组织形式。《民法典》第九百六十七条规定："合伙合同是两个以上合伙人为了共同的事业目的，订立的共享收益、共担风险的协议。"合伙合同由两个以上合伙人共同签订。不同于一般合同双方主体的对立关系，合伙合同的合同当事人是出于共同的事业目的签订的合伙合同，合伙人共同出资、共同经营、共享收益、共担风险。

关于合伙的利润分配和亏损分担，合伙人之间关于合伙的利润分配按照合伙合同的约定进行；合伙合同中未对利润分配进行约定的，由合伙人协商决定分配比例；协商不成的，按照合伙人的实缴出资比例进行分配；无法确定出资比例的由合伙人平均分配。

根据《民法典》第九百七十四条规定："除合伙合同另有

约定外,合伙人向合伙人以外的人转让其全部或者部分财产份额的,须经其他合伙人一致同意。"合伙合同是合伙人为了共同的事业目的签订的合同,合伙人之间共享收益、共担风险,具有很强的人合性。当合伙人向合伙人转让财产份额时,因为并未破坏合伙的人合性,因此合伙人基于处分自己财产的权利,可以转让合伙的财产份额。但当合伙人向合伙人之外的人转让其合伙财产份额时,出于对人合性的保护,需要经过其他合伙人的一致同意方可进行转让。如合伙合同对转让财产份额另有规定,则根据合同规定进行财产份额的转让。

【案例】 未经所有合伙人同意而参与合伙企业实际管理能否成为合伙人?

案例简介:甲与乙两人合伙对一项工程进行投资,后甲与丙又签订合同,在合同中约定了对同一项工程的权利、义务、股份分配等内容作出约定,该合同并未经过乙的同意。后甲乙丙三人对这项工程共同经营,丙作为股东参与管理,并对该工程的财务收支等事项签署相关票据。在股东大会中,甲乙丙三人都在股东签字处签字确认,并在当日订立的工程分配收据中签字确认。[1]

知识点：未经所有合伙人同意但实际参与企业管理，其他合伙人未提出异议的，可以认定形成合伙关系。合伙是带有一定人身性质的信任关系，合伙人为达成共同目的而在协商、自愿的基础上达成协议或约定，是合伙成立的前提和基础。上述案例中，甲与丙签订的合同中明确规定了双方的权利、义务及股份分配等内容，系双方当事人真实意思表示，且不违反法律强制性规定，是合法有效对当事人有约束力的。虽然未经另外一名合伙人乙的同意，但丙在协议签订后，作为股东参与该工程的管理，其签署相关票据、在股东签名处以及工程款分配收据中签名确认的行为并未收到乙的反对意见，因此不能因为甲与丙签协议时未经乙同意便认定丙不具有合伙人身份，应该认定甲乙丙三人之间形成合伙关系。

合伙事务的执行如何决定和实施？

答 合伙具有很强的人合属性，所有合伙人都以自身的全

---

[1] 参见最高人民法院（2020）最高法民申2627号民事裁定书。

部财产来承担合伙的债务，因此合伙事务的决定在原则上需经所有合伙人一致同意，但合伙合同中有另外规定的，则根据合同的约定来决定。

合伙事务的执行原则上也是由全体合伙人共同执行，但出于效率或其他因素的考量，合伙人可以按照合伙合同的约定或全体合伙人的一致决定选出执行事务合伙人，将合伙事务委托给一个或数个执行合伙人执行。合伙事务委托给执行合伙人之后，剩余合伙人就不再参与合伙事务的执行，但对执行合伙人有监督权。数个合伙人分别执行合伙事务时，执行合伙人可以对其他合伙人执行的事务提出异议，一旦有执行合伙人提出异议，被提出异议的合伙人就应当暂停该事务的执行。

第十一章　其他典型合同

若借不到足够的钱买新设备，能否"另辟蹊径"，先租后还？

答　可以。实践中常常出现这样的情形，工厂需要更新设备，但却没有充足的资金全款购买，如果直接租赁难以满足设备的款式型号与供应商的选择需求，此时融资租赁就能很好地解决资金缺乏和选择受限这两方面的问题。《民法典》第七百三十五条规定："融资租赁合同是出租人根据承租人对出卖人、租赁物的选择，向出卖人购买租赁物，提供给承租人使用，承租人支付租金的合同。"此时，没有充足资金购买设备的承租人可以通过与出租人签订融资租赁合同，自主选择租赁物及租赁物的出卖人，在出租人获得租赁物所有权后，以向出租人支付租金的方式获得租赁物的使用权。

与普通租赁相比，融资租赁有如下特点。第一，合同形式不同。融资租赁合同是要式合同，必须采用书面的方式签订。而普通租赁合同只在租赁期超过6个月时，才要求采用书面形式。第二，承租人与租赁物出卖人的关系不同。融资租赁中，承租人对租赁物及出卖人拥有选择权，出租人需根据承租人对出卖人、租赁物的选择订立买卖合同，出卖人向承租人交付标的物，承租人享有与受领标的物有关的买受人权利。普通租赁中承租人与租赁物出卖人不存在法律关系。第三，出租人是否承担租赁物瑕疵担保责任不同。融资租赁中，由于租赁物及出卖人皆由承租人选择，因此除承租人依赖出租人技能确定租赁物或出租人干预选择租赁物外，出租人不承担租赁物不符合约定或不符合使用目的的责任,即瑕疵担保责任。普通租赁中,租赁物瑕疵担保责任由出租人承担。第四,租赁到期后租赁物归属不同。融资租赁中,租赁双方可以对租期届满后租赁物的归属进行约定,承租人可能获得租赁物所有权。普通租赁中,租期届满时承租人应当返还租赁物。

【案例】 融资租赁中的承租人和出卖人可以是同一人吗?

案例简介:某甲为达到融资目的,与某乙商议,就自有的商业地产与某乙开展融资租赁业务。基于此,甲乙双方签署了《商品房买卖合同》及其补充协议,某乙从某甲处购入房产。随后,甲乙双方签订《融资租赁合同》,甲承诺按照合同约定向乙承租其从自己处所购的房产,并按照要求向乙按期支付租金。[1]

知识点:融资租赁中的承租人和出卖人可以是同一人。根据《最高人民法院关于审理融资租赁合同纠纷案件适用法律

---

[1] 参见最高人民法院(2019)最高法民终1677号民事判决书。

问题的解释》第二条规定："承租人将其自有物出卖给出租人，再通过融资租赁合同将租赁物从出租人处租回的，人民法院不应仅以承租人和出卖人系同一人为由认定不构成融资租赁合同。"因此，出卖人与承租人为一人并不影响融资租赁关系的形成，是否构成融资租赁需要从实质进行判断。本案中，某甲以筹措资金为目的，将其拥有真实所有权并有权处分的租赁物转让给某乙，某乙受让租赁物后与某甲签订融资租赁合同，将租赁物出租给某甲，某甲按合同向某乙支付租金，符合融资租赁的特征，甲乙之间构成融资租赁关系。

若未来会有一笔钱进账，如何现在就把这笔钱变现？

答 可以与保理人签订保理合同。假设某人未来有一笔钱进账，那么就意味着此人手中有一笔应收账款，但应收账款毕竟不是现金流，如何才能将未来的进账转变为此刻的现金，保理人的存在为解决这一难题提供了思路。《民法典》第七百六十一条规定："保理合同是应收账款债权人将现有或者将有的应收账款转让给保理人，保理人提供资金融通、应收账款管理或者催收、应收账款债务人付款担保等服务的合同。"

根据《民法典》的规定，应收账款债权人可以通过与保理人签订书面保理合同，将现有债权或未来债权转让给保理人，以此实现变现的目的。

当事人可以在保理合同中自主约定保理为有追索权的保理还是无追索权的保理。有追索权的保理在法律性质上属于让与担保，保理人在保理融资本息到期后可以选择向应收账款债权人主张返还保理融资本息或回购应收账款债权，也可以选择向应收账款债务人主张应收账款债权。保理人若选择向债务人主张应收账款，其所获清偿超出融资款本息及相关费用的部分，应返还给应收账款债权人。无追索权的保理在法律性质上属于债权转让，保理融资本息到期后，保理人只能向应收账款债务人主张应收账款债权，且保理人不负清算义务，即保理人主张应收账款债权不能满足融资款本息及相关费用时，不得向债权人主张返还融资款本息或回购应收债权；保理人主张应收账款债权所得超出融资款本息及相关费用的部分，也无须向债权人返还。[1]

---

[1] 案例引自杨立新、郭明瑞主编，戚兆岳、郝丽燕、孙犀铭编著：《〈中华人民共和国民法典·合同编〉释义》，人民出版社2020年版，第325～326页。

【案例】 虚构基础债权债务是否影响保理合同的有效性?

案例简介：甲与乙签订了《保理合同》约定甲采用赊销的方式向丙销售货物，并向乙申请获得有追索权的保理业务服务，乙作为保理商，在甲将商务合同下的应收账款转让给乙方的前提下，向甲提供综合性金融服务。甲在每次申请保理预付款时，均向乙提交了《应收账款转让书（部分）》、《应收账款转让申请书》、保理预付款支用单，丙亦每次出具付款承诺书及回执。但甲丙之间并不存在真实的基础贸易关系，甲丙之间的债权债务关系系二人通谋虚构。[1]

知识点：虚构基础债权债务不影响保理合同的有效性。保理业务是一种以应收账款转让为核心的综合性金融服务业务，尽管应收账款所对应的基础合同与保理合同之间存在关联性，但两者仍系相互独立的合同关系，故基础合同不成立或无效并不必然导致保理合同无效。上述案例中，《应收账款转让

---

[1] 参见最高人民法院（2019）最高法民申 2994 号民事裁定书。

通知书》、付款承诺及回执等材料足以让乙对其基础合同真实存在产生合理信赖，故而甲丙不得以基础合同虚假为由对抗作为善意方的乙。

请家政公司对即将搬入的新房提供保洁，应签订什么合同？

答 应签订承揽合同。请家政公司为新房提供保洁是如今很常见的服务，家政公司通过自己的劳动，按照屋主的要求对房屋进行保养清洁，并将自己的工作成果交付给屋主，屋主与家政公司之间构成承揽合同关系。根据《民法典》第七百七十条规定："承揽合同是承揽人按照定作人的要求完成工作，交付工作成果，定作人支付报酬的合同。"合同双方主体为定作人和承揽人，例如请家政公司为新房提供保洁服务、请裁缝为自己修改衣服等都是承揽合同关系。在邀请家政公司对即将搬入的新房提供保洁的时候，家政公司是承揽合同关系中的承揽人，有按照定作人要求为新房进行保洁工作的义务，而屋主则为定作人，有向承揽人支付报酬的义务。

签订承揽合同后，承揽人应以自己的设备、技术和劳力完成主要工作，没有特别约定或经定作人同意，承揽人不得擅自将主要工作交由第三人完成，否则定作人有权解除合同。承揽人可以将其承揽的辅助工作交由第三人完成，无须经过定作人同意。承揽人与定作人有特别约定或经过定作人同意后将主要工作交由第三人完成的，以及承揽人将辅助工作交由第三人完成的，承揽人应就该第三人完成的工作成果向定作人负责。定作人在承揽人完成工作前享有对承揽合同的任意解除权，但应当赔偿承揽人的损失。

【案例】 购买生产线并要求提供技术指导和安装服务，构成买卖合同法律关系还是承揽合同法律关系？

案例简介：甲与乙签订了一份《设备合同》，约定甲向乙出售一条短纤维生产线以及合同中技术附件规定的"技术资料"和"技术服务"。此后，双方又签订了一份《安装合同》，约定由甲为乙承担此生产线的工程设计和安装，并在合同附件中列出了甲应向乙提交的具体技术文件。在履行合同的过程中，乙并未对甲的生产有任何指令，也未对其进行监督，且甲提供给乙的生产线与提供给其他购买人的配置相似,可以在市面上正常流通。[1]

知识点:甲与乙构成买卖合同法律关系。买卖合同与承揽合同具有一定的相似性,但两者的权利义务内容不同。买卖合同以转移标的物为目的,标的物一般是种类物,具有通用性,买受人不具有对产品生产过程进行监督检查的权利。而承揽合同则以获得特定的工作成果为合同目的,标的物一般是按照定作人的要求制作,具有特定性,且定作人对承揽人的监督权使得前者对产品的成产过程具有一定的控制性。上述案例中,虽然乙在购买生产线的同时要求甲为自己提供技术资料和技术指导安装服务,但该生产线不具有定做性,乙对生产线的设计、配置、采购、安装等过程不具有实际控制和监督的权利,与承揽合同定作人对工作内容进行监督检查的特征不符。甲为乙提供的技术服务属于买卖合同的附随义务,不属于承揽合同中由承揽人按照定作人的要求专门制作的情形。

---

[1] 参见最高人民法院(2019)最高法民再383号民事判决书。

什么是保管合同？保管人和寄存人有哪些义务？

答 保管合同是保管人保管寄存人交付的保管物，并返还该物的合同。保管合同双方主体分别是保管人和寄存人，除当事人另有约定之外，保管合同自寄存人交付保管物给保管人起成立。保管合同的标的物不仅限于动产，不动产例如房屋、果园等亦可成为保管合同的标的物。

保管人有以下义务。第一，出具保管凭证。根据《民法典》第八百九十一条规定，除另有交易习惯外，保管人在寄存人交付保管物后，应当向寄存人出具保管凭证。第二，妥善保管保管物。这是保管人最基本的义务，根据《民法典》第八百九十二条规定，如果当事人约定了保管场所或保管方法，保管人应该按照约定进行保管，除紧急情况或为维护寄存人利益外不得擅自改变。第三，亲自保管。根据《民法典》第八百九十四条规定，除当事人另有约定外，保管人不得将保管物转交第三人保管。保管人擅自将保管物交由第三人保管造成保管物损失的，应当向寄存人承担赔偿责任。第四，不得使用保管物。保管人虽然没有使保管物升值的义务，但有尽力避免保管物价值减损的义务，因此根据《民法典》第八百九十五条规定,保管人不得使用或许可他人使用保管物。第五,返还保管物。根据《民法典》第九百条规定,保管人负有在保管结束后向寄存人返还保管物及其孳息的义务。如果在保管期间第三人对保管物主张权利,除依法对保管物采取保全或者执行措施之外,保管人仍应该向寄存人返还保管物。

寄存人有以下义务。第一,支付保管费。《民法典》第八百八十九条规定,有偿保管的寄存人应该按照约定向保管人支付保管费,没有约定或约定不明确的可以协议补充,不能协议的按照合同相关条款或交易习惯确定,仍不能确定的视为无偿保管,此时寄存人不承担支付保管费的义务。第二,告知和声明义务。根据《民法典》第八百九十三条规定,如果保管物有瑕疵,或者根据其性质需要特殊保管措施的,寄存人应该告知保管人,否则保管人不承担保管物损失的赔偿责任。如果因为寄存人未告知致使保管人遭受损失,除非保管人明知或应知且未采取补救措施外,寄存人还应当承担对保管人的赔偿责任。《民法典》第八百九十八条规定,如果保管物为货币、有价证券或者其他贵重物品的,寄存人应当向保管人声明,寄存人未声明则如果保管物毁损、灭失后,保管人仅需按一般物品进行赔偿。

第十二章　准合同

"多管闲事"遭受损失，可以请求受益人补偿吗？

答　问题中所提"多管闲事"本质上是无因管理。根据《民法典》第九百七十九条之规定，无因管理需要满足以下四个构成要件。第一，管理事务。这里的管理仅限于积极的作为管理，比如帮外出旅游的邻居家扑火，消极不作为的行为，不属于管理行为。第二，管理他人的事务。管理人主观上要有为他人管理事务的意思。第三，为他人利益管理他人的事务，这一方面要求管理人在管理的过程中认识到这是在管理他人的事务，另一方面要求管理人主观上有为了他人利益才做管理行为的思想。这排除了为自己利益而间接管理他人的事务的情形，比如汽车驾驶员为了自己能顺利通过马路，将马路中间的电动车推至马路边的行为不属于为他人利益管理他人的事务。第四，没有法定或者约定的义务而作出管理行为。所谓法定义务，多是指法律规定的赡养、抚养、夫妻扶养义务等。所谓约定义务，包括委托、代理等基于合同关系所产生的义务。

至于无因管理致损,管理人能否请求受益人补偿,需要分不同情形分别讨论。第一,"多管闲事"不符合受益人真实意思,且受益人的真实意思不违反法律或者违背公序良俗的,不得请求受益者予以补偿。例如,甲有一危房,周围四处无人,因此其举家搬迁至市区,乙路过危房主动帮其修缮。由于乙的修缮行为不符合甲的真实意思——遗弃该危房,乙不得请求甲补偿修缮费用。第二,"多管闲事"不符合受益人真实意思,但受益人的真实意思违反法律或者违背公序良俗的,可以请求受益者予以补偿。例如,前述案件中,甲的危房周围高楼林立,人流量大,不及时修缮有危及路人或周边住宅的可能性,即使甲本意不希望再修缮该房,由于甲的该真实意思违背公序良俗,乙仍然可以请求甲补偿修缮费用。第三,"多管闲事"符合受益人真实意思的,可以请求受益者予以补偿。例如援救落水者、将车祸受伤者送去医院等能推测符合受益者真实意思的,可以在事后请求受益人补偿因此产生的费用。

"多管闲事"的人在法律上有哪些义务?

答 法律规定了无因管理的管理人有注意义务、继续管理义务、通知义务和报告义务四大义务。也就是说,"多管闲事"并不意味着管理人可以随心所欲地管理,一旦开始实施管理行为,管理人就要履行这四项义务。

第一,注意义务。《民法典》第九百八十一条第一句规定了管理人的注意义务:无因管理应当采取有利于受益人的方法实施管理行为。比如帮助他人修缮危房时,应选用对人体无害或者毒害较小的装修材料。第二,继续管理义务。《民法典》第九百八十一条第二句规定了管理人的继续管理义务:中断无因管理对受益人不利的,无正当理由不得中断。比如,送车祸受伤者前往医院,中途无正当理由不得将伤者抛弃在路边。这意味着,一旦开始管理,中途不得无理由随意中断管理。第三,通知义务。《民法典》第九百八十二条规定了通知义务:在时间允许的情况下,管理人应当在通知受益人之后,等待受益人的指示。由于危房修缮并非十万火急,修缮者应当在"多管闲事"时先通知房主,待房主同意后,才开始帮其修缮。但是,若受益人遇车祸奄奄一息,一方面,受益人重度昏迷无法作出指示,另一方面,情况十分紧急且不需要等待受益人指示,即可直接开始"多管闲事"。第四,报告义务。《民法典》第九百八十三条规定了报告义务:管理结束后,管理人应当向受益人报告管理事务的情况。管理人管理事务取得的财产，应当及时转交给受益人。

"不义之财"可以安枕无忧地享受吗？

答 一般情况下不可以。这个问题本质上是不当得利的返还问题。一般来说，构成不当得利需要满足以下四点：第一，一方取得财产利益；第二，取得财产没有法律上的依据；第三，他方受有损失；第四，一方取得利益与他方受有损失之间有因果关系。题中所说"不义之财"，即没有法律依据取得不当利益的，根据《民法典》第九百八十五条之规定，一般情况下受损失的人可以请求取得"不义之财"之人返还取得的"不义之财"，包括《民法典》第九百八十八条规定的，得利人已经将"不义之财"无偿转让给第三人的，受损失的人可以请求第三人在无偿取得的范围内承担返还义务。但这里需要注意的是，向第三人请求不当得利返还的前提是，第三人取得该"不义之财"是无偿的。

根据《民法典》第九百八十五条至第九百八十七条之规定，出现以下情形的，受损失的人不得提出前述返还请求：

（一）为履行道德义务而进行的给付。例如，资助山区小孩读书，虽无法律依据，但是系基于道德所为的给付，不构成不当得利，资助人不得请求山区孩子返还资助费用。（二）债务到期之前的清偿。甲向乙借款100万元，约定2020年9月1日为还款日，2020年5月1日，甲买彩票中奖500万元，当天即归还借款。这里乙在2020年5月1日接受甲的还款，并不属于严格意义上的"不义之财"，因为甲受领还款有借款协议作为法律依据。（三）明知无给付义务而进行的债务清偿。由于给付人本人对自己受损失是明知的，法律不对其多加保护，正所谓"法律不保护躺在权利上睡觉的人"。（四）得利人不知道且不应当知道取得的利益没有法律依据，取得的利益已经不存在的。关于此项，以下述案件为例。

【案例】 不当得利必然要返还吗?

案例简介：2014年5月5日，路桥公司作为甲方与作为乙方的刘某、案外人辛某签订一份《项目施工管理目标责任书》约定："乙方作为G320国道进贤绕城新线B标段工程的实际承包方行使项目经理的权利和义务，代表甲方实施上述工程项目的施工管理。第一笔融资款到位后,优先偿还刘某2000万元……"等内容。后,刘某先后向路桥公司转入2000万元,路桥公司随后将其中600万元转入市政公司,市政公司在次日将该600万元转入辛某控制的某公司,后该600万元用于偿还辛某个人债务及其他支出。后辛某因此被判合同诈骗罪。路桥公司以不当得利为由起诉市政公司,请求返还600万元合同保证金款项及利息。[1]

知识点:最高法院认为虽市政公司无法律根据取得600万元利益,致刘某受到600万元损失,二者之间构成不当得利,但因市政公司在取得600万元的次日,即按照辛某的指示将该600万元转出至辛某掌控的某公司,就市政公司而言,其所获利益已不存在,是否仍应负有向刘某返还600万元及相应利息的义务,还应在不当得利的法律效果层面,尤其在不当得利受益人的返还义务范围上予以检视。

该案中,无证据证明,市政公司对辛某合同诈骗知情,其在对该600万元款项的收取、占有以及嗣后的转出上,主

---

[1] 参见最高人民法院(2017)最高法民再287号民事判决书。

观上均为善意。市政公司作为善意受益人，其返还义务的范围应以现存利益为限，没有现存利益的，不再负有不当利益的返还义务。也就是说，在市政公司收取的600万元已于次日转出、所获利益不存在的情况下，市政公司对受损人刘某不再负返还义务。